Víctor Campa Mendoza

La Problemática
de las Etnias
en México

Tercera Edición

(Corregida y aumentada)

SCientyc Ediciones

Primera Edición en Español: 1995
© Víctor Campa Mendoza
© SCientyc Ediciones

ISBN: 970-91590-0-3
SEP, DGDA REG. No. 60910

Segunda Edición en Español: 1997
Corregida y Aumentada
© Víctor Campa Mendoza
© SCientyc Ediciones

ISBN: 970-91-590-3-8
SEP, DGDA REG. No. 99448

Tercera Edición en Español: 1998
Corregida y Aumentada
© Víctor Campa Mendoza
© Secretaría de Educación, Cultura y Deporte
  del Estado de Durango
© Instituto Tecnológico de Durango
© SCientyc Ediciones

ISBN: 970-91590-2-X
SEP. DGDA REG. 99448

Portada:
La Noche de los Pobres o *El Sueño,* una de la obras maestras de Diego Rivera,
pintadas en la S.E.P. (fragmento del mural). Publicado en el libro
"Los Murales de Diego Rivera en la Secretaría de Educación Pública"

Contraportada:
La Noche de los Pobres o *El Sueño,* detalle.

"Reproducciones autorizadas por el Instituto Nacional de Bellas Artes y Literatura".

IMPRESO EN MÉXICO
1998

Víctor Campa Mendoza

LA PROBLEMÁTICA
DE LAS ETNIAS
EN MÉXICO

Esta obra la dedico con toda devoción a los pueblos indígenas de México y de América.

Víctor Campa Mendoza

AGRADECIMIENTO

Sirva este trabajo como preludio de investigación abierta para los interesados en resolver la problemática indígena de América y del mundo.

Dedico esta obra a mi Madre y a mi familia, que me alentaron en la tarea de la vida.

Mi profundo agradecimiento por el patrocinio como coeditores a la Secretaría de Educación, Cultura y Deporte del Estado de Durango SEC y D, al Instituto Tecnológico de Durango ITD, y por la ayuda desinteresada de la Presidencia de la Comisión de Asuntos Indígenas del Senado de la República, del Ing. Emiliano Hernández Camargo, de la Senadora Cirila Sánchez Mendoza, Ing. Francisco Gamboa Herrera, Ing. Jesús Ruvalcaba González, Lic. Francisco Canales y Lic. María Isabel Cámara Cabrales, por todos sus esfuerzos y acciones dirigidos para facilitar la consumación de esta tercera edición, que han servido para estrechar más los lazos de amistad que unen a los pueblos de México y de otros países. Muchas gracias por su apoyo y comprensión porque gracias a su ayuda, se hizo realidad la difusión de esta obra con proyección internacional en beneficio de los pueblos indígenas de México y de todo el mundo.

ACERCA DEL AUTOR

El Licenciado en Derecho VÍCTOR CAMPA MENDOZA, oriundo de la ciudad de Durango, México, desde muy joven laboró en la Imprenta, colaborando en la Revista "El Mensajero Forestal"; trabajando como impresor y luego como editorialista costeó sus estudios en la Escuela Secundaria y Preparatoria Nocturna de la U.J.E.D. Inicia sus estudios superiores en la Universidad Nacional Autónoma de México (UNAM), concluyéndolos en la Universidad Juárez del Estado de Durango (UJED). Director de la revista "Observador Universitario" informativo mensual de la Escuela Preparatoria Nocturna de la UJED. 1965-1966 y fue miembro del Consejo Editorial de la revista de Investigaciones Jurídicas de la Facultad de Derecho de la UJED (1975-1976). Fungió como Secretario General del CEN de Tribuna de la Juventud, participó en la obra editorial de esta Organización en los libros "Polémica Nacional", "Confrontación Política Nacional", "Los Tribunales Agrarios en México", "Cárdenas, visionario de la Liberación Nacional", "Las Relaciones de México con el Vaticano", "Los Energéticos, los Indocumentados y el Petróleo como factores en la Economía México-Estados Unidos·". Entre sus trabajos se encuentran: Estudios Socioeconómico de la Zona Indígena Tepehuana del Estado de Durango titulado "PROGRAMA DE DESARROLLO INTEGRAL PARA LA ZONA INDÍGENA TEPEHUANA 1982" (IEPES); copartícipe en la preparación del Programa Nacional para el sistema de la educación abierta del Plan Nacional de Desarrollo 1988-1994; elaboración de la Monografía "LA MINERÍA EN EL ESTADO DE DURANGO"; colaborador en la edición: "VERSIÓN FACSIMILAR CONMEMORATIVA AL

CONSTITUYENTE DE QUERÉTARO DE 1917", ed. Senado de la República y Comisión Permanente del Congreso, México, 1985; participó como ponente en la Segunda Reunión de Instituciones del Sistema de Educación Abierta Básica, Media Superior y Superior, S.E.P. México, 1988; miembro Asesor en la Coordinación de Asesores del C.E.N., de la Confederación Nacional Campesina C.N.C. en Publicaciones y Medios, participando en la Constitución del Congreso Agrario Permanente C.A.P., 1989 autor del artículo "El Pensamiento Político de Francisco Villa 1992"; autor del Módulo "Nociones del Derecho en General con relación al Derecho del Trabajo", ed. Instituto Tecnológico de Durango DGIT-SEIT–SEP., Durango, México, 1995; ponente en el "Foro Nacional sobre las Relaciones de los Indígenas como integrantes del Estado Mexicano" organizado por el Gobierno Federal y el Poder Legislativo Federal, en los Estados de Durango y Oaxaca 1996; participante en las JORNADAS LASCASIANAS "Las propuestas de las Naciones Unidas y el Sistema Interamericano de los Derechos de los Pueblos Indígenas" organizada por el Instituto de Investigaciones Jurídicas UNAM e Instituto de Investigaciones Jurídicas de la UJED, Durango Dgo., mayo de 1997; y como ponente en el Workshop "La Costumbre Jurídica India como sistema de derecho" realizado en el Instituto Internacional de Sociología Jurídica de Oñati Guipuzkoa, Euskadi, España, Julio de 1997.

Profesor de tiempo completo en el Instituto Tecnológico de Durango. S.E.P.

CONTENIDO

Prólogo (Primera Edición) .... **xv**

Prólogo (Segunda Edición) .... **xxiii**

Prólogo (Tercera Edición) .... **xxvii**

Introducción **1**

I. La Problemática Indigenista **9**
 Problemas indígenas y campesinos
Origen de la problemática
Situación del problema agrario contemporáneo
Un problema sin solución, un llamado doloroso:
 Denuncias que cayeron en el olvido
Integración y Aculturación
Paternalismo y razón de Estado
Racismo y Liberalismo
Racismo
Liberalismo
Economía indígena
Trabajo colectivo
El autoconsumo
Referencias   **ix**

II. Cambios **33**

Los cambios en el proceso de integración y aculturación indígena
Cambio Social
Cambio Cultural
Proceso de Aculturación
Aculturación
Integración
Aspectos, corrientes, enfoques y soluciones para
    el cambio cultural
Cambio Lingüístico
Educación Bicultural
Cambio Económico
   ¿Existe una Economía Indígena?
Cambio Ideológico
El indigenismo y el indianismo
El Indigenismo
El Indianismo
El Occidentalismo de Derecha
El Occidentalismo de Izquierda
La Ideología Indígena
Cambio Político
Política Indigenista
La Política Indigenista Actual
Nueva Política Indígena Internacional
Reclamos de la Reunión Cochabamba
Conclusiones
Referencias

III. Propuesta de Solución **89**

Planeación Democrática Socio-Económica
Programa Nacional de Desarrollo Integral Indígena
Diagnóstico General
Propuesta
Proyecto
Objetivos Generales

Objetivos Específicos Educacionales
Políticas y Estrategias
Agrupación poblacional por zonas étnicas
Estructura aproximada de la propiedad rústica al término
        de la Reforma Agraria.
Datos comparativos no coincidentes a la población indígena
        y a la estructura de la propiedad rústica.
Referencias

IV. **Problemas Jurídico-Político-Legislativo** **119**
Relaciones Jurídico-Políticas: Legislación
Los derechos y culturas indigenas, su legislación
El E.Z.L.N. vs FACMLM
Derechos Humanos de los Indígenas
Los Derechos Humanos y sus fuentes:
        Derecho Internacional ONU-OTI
Legislación y Democracia Electoral
Diálogo de paz en Chiapas
Propuestas de Cambio del EZLN: Reformas Constitucionales:
    Demandas y Propuestas
    Comunidad y Autonomía: Derechos Indígenas y Autonomía
    Territorio y Tierra
    Desarrollo y Recursos Naturales
    Justicia, Derechos Políticos y Representación Política Nacional
Cultura y Educación
Anexo Reformas Constitucionales
    Anexo
Síntesis de la Segunda Fase del Diálogo de Paz en Chiapas
Consensos
Derecho Consuetudinario
Observaciones acerca del Derecho Consuetudinario
Crítica a las propuestas de Reformas Constitucionales hechas por el EZLN
        Antropólogos-Indigenistas- Juristas y Líderes Indigenistas
Cuestionamientos a los Acuerdos de Paz del EZLN
Derecho Colectivo vs Derecho Positivo

Los derechos de las minorías

Consulta nacional sobre derechos y participación indígena:
Resumen temático
Usos y costumbres en la organización política de las
comunidades indígenas
Cultura indígena
Participación y representación política de los indígenas
Impartición de justicia y derechos humanos
Desarrollo y bienestar social
Territorio y patrimonio indígena

Respuestas del Gobierno Federal; Iniciativa de Ley, Sobre Derechos
y Cultura Indigenas.

Primera Propuesta de Iniciativa de Ley de Reformas a
la Constitución

Segunda Propuesta de Iniciativa de Ley de Reformas a la
Constitución hecha por la COCOPA y el EZLN

Iniciativa de la COCOPA

Observaciones del Gobierno Federal

Constitucionalidad o Inconstitucionalidad de las reformas o adiciones a la
Carta Magna
Inconstitucionalidad y Autonomía
La Constitucionalidad y el derecho consuetudinario indígena
¿La autonomía de los pueblos indígenas es anticonstitucional?

El Derecho Consuetudinario de los Pueblos Indigenas
La integración y marginación del sistema jurídico oral
Pluralismo jurídico
Reconocimiento del derecho consuetudinario indígena

Costumbre Jurídica en la trasmisión de poderes

Referencias

V. SEMBLANZA HISTÓRICA **247**
El desarrollo de las Etnias de México, su migración, relación
e influencia con los demás pueblos americanos.
El origen del hombre Americano

Antecedentes, migración y la Influencia entre las
    culturas indígenas del Continente Americano.
Origen.
    Viruelas Naturales Inoculadas: El Matlazahuatl
Las tribus indígenas de Norteamérica, Su interrelación e influencia en las
    culturas indígenas de México.
    Antecedentes e Influencias
La Tradición Tolteca-Aztatlan en la metalurgia
Las Culturas Mesoamericanas: Olmeca, Maya, Teotihuacana y Mexica, su influen-
    cia y aportaciones en la cultura americana.
Las Culturas Olmeca, Maya, Teotihuacana y Mexica
    Cultura Olmeca
    Cultura Maya
        Costumbres
    Cultura Teotihuacana
    Cultura Mexica:
    Genealogia del señorio Mexica
    Cultura Gubernamental del Estado Mexica.
    Organización Social.
    Economía Mexica.
    Ideología. cosmogonía y religión de los Mexicas.
    Una concepción matemática del universo
    Concepción místico-guerrera
    Concepción estética del universo y la vida
    El conocimiento científico entre los Mexicas.
    Códices.
    La composición Matemática, Astronónica y Cronológica de los Mexicas.
    Mesoamérica antes de la conquista:
        Organización política económica
        Cosmología.
        Botánica y Medicina
        Conocimiento de la Naturaleza, el Arte de la Medicina
El sincretismo de la conquista en el Continente Americano y la sincronía entre
    las culturas indígenas con la cultura occidental

Sincronización o aculturación de los pueblos mestizos de
Norteamérica y Centroamérica.
Encuentro de dos mundos: migración a los Estados Unidos.
La región sur Indoamericana de Estados Unidos
Tratado de Guadalupe, Hidalgo. Méx. 1848.
Flujos migratorios.
Período 1875-1910
Período 1910-1929
Período 1929-1980
Las Leyes de Inmigración y Naturalización de 1952 y de 1988.
Iniciativas de reforma a la Ley de Inmigración y Naturalización
de los Estados Unidos 1994-1995.
El Proyecto de reformas inmigratorias de Estados Unidos afecta a los indocumen-
tados latinoamericanos.
Declaraciones de la CIDH y de la Iglesia Católica mexicana sobre los Derechos
Humanos de los Emigrantes a E.U.A.
Nueva Ley de Inmigración en E.U.A.
La migración indígena
La emigración indígena a los Estados Unidos.
Referencias.

Epílogo 217
Referencias

Bibliografía 233

Indice de cuadros 240

Indice de obras y fotografías 240

"Reproducciones autorizadas por el Instituto Nacional de Bellas Artes y Literatura".

PRÓLOGO
(Primera Edición)

El primero de enero de 1994 los zapatistas de la Sierra de Chiapas rompieron con cien años de silencio mostrando la evidencia del México real, el México de los marginados, el México de los indios. Desde la perspectiva histórica este acontecimiento nos remite a la última guerra indígena en territorio nacional. A finales del siglo pasado con la derrota de los Yaquis se dio por concluido el periodo de las sublevaciones indias que había marcado continuidad desde los primeros días de la Colonia; a lo largo y ancho de la Nueva España Colonial y de la República del siglo pasado, se eslabonó una historia de rebeliones indígenas que dejaron a su paso el exterminio de muchos pueblos y la evidencia de una heroica resistencia en defensa de la preservación cultural; desde 1521 hasta la década de 1890 se sucedieron sin interrupción este tipo de movimientos. Con la derrota de los yaquis se cerró aquel ciclo y se inició uno nuevo bajo el signo de las políticas oficiales sustentadas en modelos de integración bajo el disfraz de un demagógico "humanitarismo" que desde el principio se tradujo en despojo, y marginación, no obstante las "buenas intenciones" pregonadas en discursos y sancionadas en las leyes del gobierno porfirista y aún después en la obra legislativa de los gobiernos emanados de la Constitución de 1917; la historia demuestra que en 75 años la familia revolucionaria (PNR; PRM; PRI) no acertó en sus políticas para resolver los problemas de marginación, injusticia, despojo y miseria en que viven millones de "indios" mexicanos. En la historia documental de los últimos 75 años se acumularon toneladas de papel y kilómetros de discursos en favor de los "indios" y la única conclusión que se puede sacar de todo ello se define en una palabra: demagogia.

Frente a esa realidad, en el extremo de la marginación, el levantamiento del 1o. de enero, significa que a la vuelta de 100 años se retorna el camino casi olvidado de la resistencia activa, surgiendo con ello una bandera general para todas las etnias de América que han sufrido el mismo trato de injusticia que están denunciando los indígenas chiapanecos.

Contra la sublevación del 1o. de enero la respuesta inmediata del Gobierno se orientó hacia la solución militar y más adelante la presión nacional e internacional obligó el cambio de estrategia, decidiéndose una "cuarentena política" en Chiapas con el fin de aislar el movimiento y reducirlo a un problema de carácter local cuya solución se pretende lograr en base a: concentración de enormes contingentes militares; recursos económicos de diversas Secretarías, que han iniciado una campaña política como la que se instrumentó en el estado de Guerrero en los tiempos del cabañismo. Durante los últimos meses el Ejercito Nacional ha profundizado el avance territorial en base a una estrategia dual que consiste en neutralizar a la población a través de obras de apoyo tales como la construcción de caminos, viviendas, escuelas, casas y programas de salud, mientras que por otra parte se desampara a las comunidades que representan la base de apoyo social de los indígenas en armas. En términos generales, se recurre a las viejas tácticas que el carrancismo aplicó en 1916-1920 contra las bases sociales del villismo en los estados de Chihuahua y Durango. Con todo esto se pretende aislar políticamente la zona del conflicto, separándola del contexto Nacional como si los efectos de la marginación sólo tuvieran que ver con las etnias del estado de Chiapas.

Para la mayoría de los mexicanos sin embargo, está claro que la problemática que se denuncia desde el extremo sur, corresponde plenamente a la situación nacional. En mayor o menor grado, cada mexicano se ha impactado con el movimiento zapatista. Desde Durango Víctor Campa, autor del presente ensayo asume una posición frente al problema y por su propia iniciativa elabora una recopilación de textos clásicos sobre la problemática indígena en México, construyendo sus propias reflexiones, presentando propuestas jurídicas y políticas para una solución de fondo. Con este trabajo intelectual el autor demuestra la realidad que han vivido las etnias en México tomando como referencia su entorno inmediato, es decir la situación del Norte de México, donde el caso de los Rarámuris se refleja cabalmente en Chiapas, en Oaxaca, en Guerrero y en todo el mapa de la marginación y la injusticia indígena.

Los Rarámuris ocupan uno de los territorios más extendidos en el Norte de México; actualmente están distribuidos en una zona geográfica de aproximadamente 60 mil kilómetros cuadrados correspondientes a 23 Municipios donde se agrupan más de 100 pueblos, aproximadamente 1000 rancherías y un número indeterminado de establecimientos menores que sobreviven en las regiones más apartadas de la Sierra Madre Occidental. A principios del siglo pasado el territorio era mucho más extenso e incluía las llanuras y lomerios del Noroeste y Sur del estado de Chihuahua así como una parte del Norte de Durango; sin embargo a partir de 1850 las comunidades Rarámuris se fueron desplazando hacia la Sierra empujadas por la presión de los colonos mestizos y el despojo que ejercieron los terratenientes asociados con las compañías deslindadoras porfiristas.

A pesar de todo y contra todo, el Rarámuri ha preservado una cultura apegada a los ritmos de la naturaleza, produciendo únicamente para la subsistencia por medio de una agricultura rudimentaria y el pastoreo de ovejas y cabras. Esta forma de producción para la subsistencia expresa una concepción cultural totalmente extraña para la sociedad mestiza, pero al mismo tiempo representa una gran desventaja para los rarámuris, pues en la práctica ello dio lugar a que en los ejidos y mancomunes indígenas se localizaran grandes extensiones de tierra codiciadas por los colonos mestizos que no disponían de una mejor alternativa para resolver sus necesidades de tierras, de tal forma que desde el siglo pasado se inició un proceso de invasión que trajo consigo el desplazamiento de muchas comunidades indígenas Rarámuris; el caso de Tomochic durante 1850-1880 es ilustrativo de este proceso que tuvo lugar en todo el país.

Durante el siglo XX las compañías madereras violentaron sistemáticamente la organización social Rarámuri desplazando a estos de las zonas boscosas y convirtiendo a miles de jefes de familia en peones super explotados por las mismas compañías. En otros casos cuando las comunidades poseen los derechos sobre el bosque, los agentes de las compañías madereras introducen la corrupción de los representantes o establecen sistemas de cacicazgo al servicio de las mismas compañías. A lo largo del siglo los gobiernos del Estado han elaborado incontables programas de atención a la tarahumara sin ningún resultado y en muchos casos las mismas instituciones oficiales o los representantes de éstas se han convertido en los peores enemigos del Rarámuri. Cuando se investigue la historia de la propiedad agraria en la Sierra Tarahumara se escribirán muchas páginas con todos los casos en que comunidades como Guachochic, Baqueachic, Humariza, etc., han sido despojadas de sus tierras ante la complacencia y en muchos casos la complicidad de las autoridades agrarias y de otros funcionarios de gobierno.

Lo que ha sucedido en Chiapas a partir del 1o. de enero de 1994 podría ser el caso de los Rarámuris, puesto que también ellos han sufrido el régimen de injusticia, desde que llegaron los colonizadores a estas tierras; algunos historiadores han sugerido que éstos son dóciles y sumisos por naturaleza; los hechos nos hablan de otra realidad: durante 100 años (1650-1750) los Rarámuris se sublevaron una y otra vez hasta el agotamiento que seguramente los llevó a intuir que su pueblo estaba a punto de la extinción en el camino de la guerra; de esta manera la docilidad se puede interpretar como un acto de resistencia histórica pasiva para evitar el rompimiento de la continuidad; y si no, que se recuerde como fue que desaparecieron del mapa de la Nueva Vizcaya los Tobosos, los Conchos, los Salineros y tantas etnias de las cuales sólo quedó la historia de sus guerras.

Esta realidad desde la perspectiva de los Rarámuris fue lo que puso en evidencia el movimiento de Chiapas y seguramente representó una de las grandes motivaciones para que Víctor Campa tomara la decisión de elaborar el presente trabajo que puede interpretarse como un acto de conciencia y de compromiso en favor de los mexicanos más desprotegidos, los indígenas.

El presente ensayo se divide en tres capítulos: en una primera parte se analiza la situación general en que viven las etnias de México y algunas de las líneas políticas y económicas que se han aplicado a través de las instituciones oficiales: denuncias referentes a la explotación de los recursos naturales, el alcoholismo, paternalismo y destrucción de las expresiones culturales y formas de organización. Exponiendo sus propias reflexiones el autor se apoya en pequeños textos de investigadores reconocidos como especialistas en el tema: Manuel Gamio, Fernando Benitez, Alfonso Fabila, Gonzalo Aguirre Beltrán, Roger Bartra, Luis Villoro, Alejandra Moreno Toscano, Rodolfo Estavenhagen, Alfonso Caso, Sergio de la Peña, entre otros, aparecen citados en esta primera parte.

En la segunda parte se hace un recorrido histórico para demostrar de qué manera se han transformado las etnias bajo la influencia, primero del colonizador español y luego durante el México Independiente. Resalta el optimismo que se expresaba por parte de los gobiernos de la Revolución, que a mediados del presente siglo concentraban su atención a los programas educativos como un medio de integración "para que los indios dejaran de ser Indios". Por cierto que los esfuerzos oficiales en pos de construir una identidad nacional afectaron profundamente a todas las etnias indígenas, pero sus efectos llegaron aún más lejos porque se trastocaron también las expresiones de cultura regional en el afán de establecer una identidad recurriendo a la promoción de símbolos nacionales que no podían corresponder a ese objetivo (y las consecuencias de este proceso siguen vigentes) con el charro, el jarabe tapatío, el mariachi, la china poblana, etc., se pretendió uniformizar la cultura nacional. Este problema aparece implícito en buena parte de las citas dedicadas a los proyectos de integración, a lo largo de este segundo capítulo que es el más extenso de la obra.

Por último se aborda el tema de las propuestas de solución partiendo de la premisa de que el problema es de todos los mexicanos. "Los programas de mejoramiento y desarrollo de las etnias han estado mal planificados. Sus objetivos, estrategias y metas, desde su elaboración, estuvieron equivocados, muestra palpable de ello la observamos en los resultados. . . Para que se den las bases firmes, es necesario que las autoridades superiores de la política nacional se conviertan en verdaderos coordinadores del problema de las etnias mexicanas y tomen decisiones con responsabilidad, las obligaciones y facultades plenas conferidas por las leyes mexicanas y la Constitución Política de los Estados Unidos Mexicanos. Con la creación de un pacto nacional de desarrollo Indígena, de acuerdo a un programa nacional de desarrollo integral que forme parte de los programas del Plan Nacional de Desarrollo, donde haya una participación activa de todos los sectores de la sociedad mexicana." (Campa Víctor, Las Etnias de México, pág. . .).

La obra de Víctor Campa tiene el mérito de presentar globalmente el problema de las etnias de México; es un estudio en base a la recopilación de fuentes. Para los estudiantes será de gran utilidad porque cada referencia ofrece la posibilidad de profundizar en el tema. Para el lector interesado en conocer el problema más allá del discurso oficial, o dispuesto a asumir una posición en estos momentos en que se llama la atención desde Chiapas, aquí encontrará ideas, reflexiones, críticas, pero sobre todo el ejemplo de compromiso que transmite el autor desde el momento en que decidió contribuir con su esfuerzo intelectual a difundir este problema.

Víctor Campa Mendoza nació en Durango el 28 de julio de 1942 y su formación intelectual se fue construyendo en el escenario de una sociedad aprisionada en los esquemas del pensamiento feudal que se proyectaba desde una dirección eclesiástica aferrada al pasado y una clase capitalista improductiva que atesoraba sus recursos en la propiedad urbana, mientras que desde Monterrey el grupo Industrial se aprovechaba de las riquezas minerales del Cerro del Mercado; por eso Campa junto con la mayoría de los estudiantes de su generación caminaron sus primeros pasos en las luchas juveniles de los años 60 para recuperar el legendario Cerro del Mercado en beneficio del empobrecido estado de Durango.

Como profesionista ha dedicado muchos años a actividades relacionadas con la educación y a finales de los años 70's hizo un largo recorrido a través de las comunidades indígenas del estado de Durango, experiencia que lo enfrentó a la realidad de un mundo, hasta entonces, para él desconocido, el mundo de los indios. A partir de este encuentro se interesó más en todos los problemas relacionados con esta sociedad y recorrió otras entidades aprendiendo todo lo que tenía que ver con las expresiones culturales de cada una de las etnias que fue conociendo: tradiciones, creencias, modo de producción, mitos sobre el origen del hombre, sobre la muerte, pero lo que más le impactó en todo este período de aprendizaje fue la constante injusticia que a cada paso encontraba en las comunidades que iba recorriendo, esto en contraste con el desinterés y la ignorancia de la gente de la ciudad.

Además del presente trabajo, el autor ha recopilado una buena cantidad de relatos y leyendas entre las comunidades del estado de Durango. En Santa María de Ocotlán se reunió un día con un grupo de ancianos para que le hablaran de la vida de su pueblo y le relataron que muchos años atrás habitaron esa región del mezquital unos pigmeos que vivían en lo que ahora se conoce como La Joya. El mayor de los ancianos, un hombre enjuto que aparentaba la edad de 100 años empezó a hablar y todos callaron, dijo que en las tierras de Durango habían existido gigantes, y que un día desaparecieron porque "tata dios" les ordenó que se resguardaran en unas grandes cuevas y que las sellaran a piedra y lodo, porque el mundo se iba a acabar y todos se iban a morir con la llegada del maligno, manifestado en un gas verde que se iba a meter en las plantas y seres vivos, destruyéndolo todo. Los gigantes acataron la voz, se encerraron en cuevas y desde entonces ahí están. El autor preguntó del lugar y se le contestó que eso era un secreto del pueblo y que solamente a uno de cada generación se le revelaba. Este relato nos remite a la leyenda mexica de Quetzalcóatl y los hombres barbados; la llegada del maligno asume diversas formas y es una constante en la mitología indígena de América; el gas verde es obra del hombre blanco, o es el mismo hombre blanco que llega destruyéndolo todo como se ha hecho en México y América.

Respecto al origen del presente libro el autor me expuso con toda sencillez que después del primero de enero de 1994 se sintió obligado a solidarizarse con los indígenas y que escogió esta vía, porque considera que hay un desconocimiento generalizado sobre las alternativas para mejorar la situación de las etnias. Considera también que este material puede ser un medio de concientizar a la sociedad, especialmente a los jóvenes.

Cuando el autor me hizo la invitación para escribir el prólogo le expresé que no se encontraba ante la persona indicada, recomendándole que buscara la participación de algún especialista en el tema, finalmente acepté hacer una lectura detenida del ensayo y como consecuencia de ello el presente texto. Sólo me resta expresar que me resultó conmovedor el hecho de que Víctor Campa dedicó muchos meses a buscar bibliografía, leer, analizar y seleccionar los textos; elaborar sus reflexiones y luego disponer de algunos créditos concedidos para lograr producir este libro en el momento en que considera que es más necesario, es decir ahora, antes que someterse a los tiempos, intereses y procedimientos de las editoriales. Esta situación fue determinante cuando acepté finalmente escribir un prólogo. Concluye con estas líneas y ahora queda el lector con Víctor Campa y su obra.

Jesús Vargas Valdéz

PRÓLOGO
(Segunda Edición)

La problemática indígena en México es muy profunda, hunde sus raíces en el pasado de la conquista y colonización de estas tierras, y aún hoy, el drama se conserva latente al través del extenso territorio nacional.

No bastó la espada y la cruz como puntas de lanza para sojuzgar a los naturales de esta parte y otras del continente, ni tampoco el sojuzgamiento que se estableció a través de las encomiendas en el sur y centro, y en las congregaciones y congregas en el norte, para aprovechar su mano de obra no solo barata sino regalada en beneficio de la producción de las haciendas; en tanto que otros grupos indígenas se mantenían remontados en las serranías, alejados de los colonizadores.

Seguimos apuntando que no solo bastó lo que acabamos de afirmar, sino además, se pretendió establecer a través de un raciocinio francamente fracturado, una absurda inferioridad del indígena, al grado de que los teóricos religiosos llegaron a sostener que el indígena no era un ser humano porque no tenía alma y por consecuencia no se le debía considerar como tal.

Fray Bartolomé de las Casas, el ferviente defensor de los indígenas, lucharía incansablemente contra su contraparte, la gran corriente de pensadores religiosos que en su mayoría llenaban el esquema del aparato eclesiástico, para hacerles ver que no tenían razón en lo que afirmaban, al contrario, les sostenía que el indígena era un ser humano como cualquier otro, habiendo sentado un precedente de suma importancia para la posteridad, pero sin haber logrado los propósitos que lo animaron en aquella lucha desigual en que casi sólo se enfrentaba a una corriente supraconservadora incrustada en las estructuras políticas del reino.

Los indígenas como verdaderos entes humanos, con pleno raciocinio, desde el momento mismo de la conquista, ante el embate y atrocidades cruentas de los conquistadores, opusieron una vehemente resistencia, para defender sus vidas, religiones y tradiciones, defensa de la inferioridad ante la superioridad militar que habrá de prolongarse durante toda la colonia y aun más allá, pues los movimientos y rebeliones se extenderían hacia el norte de México desde el proceso de conquista y colonización hasta1821, en que después de tres siglos de dominio habría de caer en definitiva la Corona, y declararse en consecuencia la independencia de México, que amacizó la corriente liberal que se iniciaba a ultranza.

El liberalismo del siglo XIX, producto del criollismo, que en lo fundamental también lo componían elementos destacados del régimen del colonato, también sostuvieron erróneamente la inferioridad de los indígenas, manteniéndolos siempre en las labores de peonaje y relegados en sus refugios naturales que aun se localizan en las abrupatas serranías.

Para complementar el sentido de inferioridad de la multiplicidad de étnias, los liberales trataron de desaparecer la propiedad comunal, sosteniendo que estas unidades económicas eran improductivas, y en base a ese criterio, y en las consecuentes leyes de reforma relativas, propiciaron, al igual que en la política seguida contra la propiedad eclesiástica de manos muertas, que las propiedades comunidades también salieran al mercadeo, iniciándose así una serie de despojos de tierras en perjuicio de las comunidades indígenas.

Estos hechos llegarían a su clímax durante el porfiriato por la política cientificista, que postulaba, en un aspecto general, que la cultura superior de fines del siglo XIX en el mundo residía en europa y norteamérica y que esa superioridad se basaba en las cualidades innatas de sus pueblos y que la "cultura india" era inferior por naturaleza y que con el tiempo tendría que sucumbir; lo que desde luego era erróneo pues a la fecha no ha sucumbido, existen millones de indígenas al través de la amplia geografía del territorio nacional, soportando aun una cruel marginación.

Los postulados de esta grotesca doctrina positivista, en conjunto con la del laissezfaire, sostenidas con vigor en México desde 1890 hasta 1910, permitieron que se acentuara la diferenciación de las clases sociales y se sostuviera asimismo que mientras México creciera, los indios tendrían que permanecer sujetos a los únicos trabajos para los que eran capaces: peones y trabajadores no especializados de las minas y las fábricas, esquema con el que se lograrían las máximas libertades de oportunidades y crecimiento en beneficio por supuesto no de los asalariados y no asalariados sino de las altas clases sociales.

En contrasentido a esta política contraindigenista, seguida desde la colonia, el México independiente y hasta el porfiriato, de momento cambió de tajo debido al movimiento revolucionario de principios del presente siglo, que dió nuevos elementos para que se sustentaran nuevos criterios sobre la inferioridad de los indígenas, pero lo lamentable fue, que se dio sólamente en "buenas intenciones", en los hechos los indígenas no obstante que han sido siempre tema de políticas solidarias derivadas de los objetivos que se persiguieron con el mencionado movimiento social de 1910, la verdad es que no ha habido un plan serio que permita una gradual incorporación del indígena a la vida social en general, actualmente subsisten con las condiciones precarias de siempre.

Víctor Campa Mendoza, autor del presente trabajo, entra en ese mundo de la vida de los indígenas, su antepasado y presencia actual, que contradictoriamente es desconocido por la mayoría de los mexicanos, y se profundiza sobre sus problemas y en su drama existencial, para recordarnos, a través de una serie de informaciones de carácter histórico y apreciaciones complementadas con importantes puntos de vista de connotados especialistas sobre el tema, que en nuestra patria los indígenas también son mexicanos y que son un importante sector de nuestra sociedad.

En lo personal comparto la idea de Victor Campa, de que para una integral incorporación del mundo indígena al desarrollo general del país, se precisa de un amplio programa de obras infraestructurales, sobretodo de comunicación y de industrias de transformación de la materia prima que en abundancia poseen, sobretodo la forestal, que permitan acabar con su dispersión histórica, a la vez que reiniciarían nuevos estilos de vida en comunidad; lo que además se complementaría con la diversidad de programas de apoyo educativo y social que ya existen, no los necesarios, pero de alguna manera existen propiciados por el gobierno, aunque lo fundamental, consideramos reiterativamente, son los infraestructurales, que pueden convertirse en el medio idóneo para su integración a la vida social, económica y cultural del país, lo que constituye un reto gigantesco que es válido y justo enfrentarlo.

Lo interesante de esta obra de Victor Campa, sobre la que hacemos una breve reflexión, es que reune toda esa pluralidad de temas fundamentales que nos llevan a ese mundo de los indígenas, que por siempre ha existido en nuestra patria, incluso antes de la conformación de la nueva nacionalidad surgida del mestizaje del que somos parte, y que en forma de raza pura aún subsiste en gran cantidad, pero relegada y olvidada por los aberrantes raciocinios contra los que luchó en su tiempo Las Casas, y subrayamos que no obstante el radical impacto de la revolución de 1910, que trató de acabar con esos criterios absurdos, lo reiteramos, increíblemente aún subsisten para verguenza de la sociedad mexicana.

Entre otros agregados, la obra cuenta en esta segunda edición, con un capítulo que me ha parecido importante y que está relacionado con la legislación indígena, que retoma en un muy interesante epílogo del trabajo, que considera como el vehículo más idóneo para realizar los cambios que urgen hacerse a fin de que se empiece a materializar realmente una política firme de integración del indígena a la sociedad en general; el problema debe considerarse con la reforma del estado y el aspecto legislativo se convertirá en un soporte necesario, aunque asienta que los cambios legislativos no serán garantía suficiente pero si indispensables para los objetivos que se persiguen, por lo que deberán ir combinados con los planes de orden económico y social que son fundamentales.

También destaca el término de "autonomía" que se ha estado manejando para dar relevancia al problema de los indígenas, asentando que se deben reconocer todas las formas de gobierno indígena y la autonomía puede ser resuelta en base a la autonomía de que gozan los municipios, para que tenga congruencia con las normas de la Constitución Política de los Estados Unidos Mexicanos, con apego a lo estipulado en los artículos 4º y 115 constitucionales, tópico que seguramente continuará en debate.

Después de este breve punto de vista sobre el origen y evolución del drama de los indígenas de México, que no difiere de la problemática de las otras étnias de otras regiones del continente, dejamos en manos del lector esta importante obra que logra su principal objetivo, despertar nuestra conciencia para que recapacitemos acerca de esta realidad palpitante que vive el indígena, quien desesperado se enrola por el camino violento para que sean escuchados sus ancestrales miserias.

Los problemas de los indígenas desde luego son problemas sociales que pueden ser combatidos y resueltos por el propio hombre, sobretodo a partir de los diversos niveles de gobierno. Muchas ideas e imaginación se encuentran plasmadas en diversos medios de información escrita con las cuales se puede atacar el problema de fondo. El presente trabajo aporta un esfuerzo muy valioso al respecto, y pienso que esa aportación que hace Victor Campa en su libro "La Problemática de las Etnias en México" es también con una loable intención solidaria.

Antonio Arreola Valenzuela

PRÓLOGO
(Tercera Edición)

En enero de 1994, no sólo me sorprendió la rebelión "Zapatista" en Chiapas —como a muchos otros mexicanos—; también me sorprendió la tinta fácil que desde entonces corrió para dar, en los periódicos y en otros medios de comunicación, una clara explicación y una pronta solución al conflicto. Yo mismo me encontre en algún momento sumido en la mar de simplificaciones.

Creo que una excepción ha sido la de Víctor Campa Mendoza. Su libro "La Problemática de las Etnias en México" es distinto. Por un lado, desde hace años, y no por no reaccionar a lo imprevisto, Campa ha sido investigador de los pueblos nativos de México, como lo demuestran sus estudios sobre los tepehuanes, en Durango. Su Problemática, aunque sale a luz tras la guerra en el sureste, no puede por tanto considerarse un libro apresurado que meramente responda a un repentino estallido de violencia. Por otro lado, Campa no busca vendernos aquí sus explicaciones y soluciones. Es más humilde, y por eso más certero: busca entender y resumir las que desde hace décadas otros académicos han dado al asunto. Con su esfuerzo logra mostrarnos que este asunto no es nada simple.

En un primer capítulo, Campa repasa algunas interpretaciones a los problemas entre las etnias, según diversos autores han identificado su origen. Campa llama entonces nuestra atención hacia los despojos de tierras que aún desde antes de la conquista española sufrieron unos grupos a costa de otros; también hacia las formas de organización social, de propiedad y de producción que las etnias han preservado; es más, hacia el desarrollo cultural distinto y apartado del resto de la nación característico de muchas etnias, con los correlativos fenómenos de racismo y de integración forzada según varias formas de paternalismo o de legalismo liberal.

Si en este primer capítulo Campa nos ofrece una amplia "fotografía" de la problemática de las etnias, en el segundo capítulo nos permite apreciar aún mejor la magnitud de los problemas: nos los muestra como en "película", es decir, nos permite reconocerlos según su "dinamismo" y según "el cambio". Entonces Campa repasa una serie de procesos y de acciones humanas que producen ese cambio y hacen del cambio en sí un problema más. Considerando los procesos, Campa sopesa las dinámicas sociales, culturales y económicas, según éstas afectan menos o más el desarrollo de los grupos indígenas. Considerando las acciones humanas, Campa analiza una serie de actitudes y políticas que han guiado a las instituciones públicas en repetidas ocasiones de la vida nacional, entre otras, el indigenismo, el indianismo y el occidentalismo de derecha y de izquierda. Campa se detiene también en el rol de la educación como agente de cambio y como problema desde el contexto multilingüe que caracteriza a las etnias mexicanas.

En el tercer capítulo, para poder nosotros apreciar aun mejor la complejidad de la problemática, Campa identifica en ella un componente adicional: los programas oficiales que, en distintos momentos de la historia moderna, los gobiernos de la república han puesto en marcha para "ayudar" a las etnias a salir adelante. Campa sopesa los limitados alcances de estos programas en el contexto multilingüe de los grupos indígenas mexicanos.

En la segunda edición de su libro Campa añade un cuarto capítulo. Éste aborda el componente jurídico de la problemática. Muestra cómo varias propuestas legales de solución al conflicto de Chiapas —y al atraso de los grupos indígenas en general—, aunque bien intencionadas, podrían caer en graves contradicciones y generar peores problemas si no cuidan de afinar ciertos detalles.

En ésta que es la tercera edición de su libro, Campa inserta un quinto capítulo. en él Campa resume las hazañas culturales que las naciones nativas de México han logrado a través de la historia, entre otras, su mitología, sus matemáticas, su astronomía y su medicina. Es, en cierto modo, una llamada de atención para hacer nuestras las valiosísimas contribuciones a la humanidad de nuestros connacionales.

En breve, con su *La Problemática de las Etnias en México*, Campa evita que tropecemos en las explicaciones y las soluciones fáciles a un problema que tiene siglos en México. Pero también nos estimula a buscar las respuestas completas y adecuadas.

Dr. Arturo Zárate Ruiz
Investigador

INTRODUCCIÓN

El problema de las etnias en México, ahora, recupera importancia como uno de los prioritarios a resolver, debido al levantamiento indígena en Chiapas ocurrido en enero de 1994, que acompañado por actos armados, acres demandas y una serie de discusiones que se convirtieron para algunos, en verdaderas banderas y excusas políticas, e iniciativas con tintes de proselitismo electoral, para otros.

El presente llamado tiene la intención desinteresada y sincera de participación dentro del orden de la política indigenista, para contribuir a la solución de la añeja y lastimosa problemática de las etnias de nuestro país. El estigma indígena se encuentra en toda América, no es un mal solamente mexicano, existe hace más de quinientos años. La historia de la tragedia indígena hispanoamericana, de todos es conocida, se inicia con la conquista, desde el arribo del hombre occidental a América; en la época en la que los sacerdotes misioneros ya se pronunciaban como defensores de los derechos de los naturales de nuestro Continente. En México, el goce pleno de los derechos negados a los indígenas se han venido cobrando con sangre y fuego a lo largo de nuestra historia. Ahora y siempre el pueblo mexicano ha luchado para que al indígena se le haga justicia, para ello se han venido manifestando, con insistencia, sacerdotes, antropólogos, escritores, pensadores humanistas, grupos políticos e instituciones nacionales e internacionales, todos versados en materia sobre el problema de las etnias; inquietudes que aquí se recopilan como muestra de la consternación y preocupación que aflige a todo mexicano que oye, ve, lee y relee y a cada momento se pregunta: ¿hasta cuándo se dará solución a la encrucijada indigenista?

"Sobre la situación infrahumana del indígena se ha corrido mucha tinta, análisis científicos, denuncias ardientes". Así lo afirma Roger Bartra,[1] pero poco se ha actuado con hechos desinteresados para remediarla.

Respecto al problema a tratar, se han discutido y expuesto un sinnúmero de situaciones sobre la integración y la aculturación, que aquí se plantean.

Se ha dicho que al indígena se le han arrebatado su cultura y su sistema económico, comprobado está, que estos seres marginados sí están incorporados a la economía nacional y si están integrados a ésta, sería un error tratar de sugerir como solución, crear otro modelo económico especial para el indígena. Como ya está integrado al modelo económico mexicano, es más práctico y viable incorporarlo más a éste con justicia social, sin explotación ni violencia.

Ya no existe el mito del indígena desintegrado, que no es suficientemente hábil para introducirse a la sociedad integral. El indígena no es un ser inferior, este supuesto está fuera de contexto; ahora y nunca ha tenido razón de ser. Las razas o pueblos, hoy relegados, fueron grandes civilizaciones mientras las actualmente desarrolladas vivían en la barbarie, todos han tenido su momento y su tiempo. Los super hombres y super razas no existen, tenemos como ejemplo a: Benito Juárez, Nelson Mandela, Martin Luther King, Mahatma Gandhi, y otros. Al indígena hay que reivindicarlo, porque como mexicano debe tener capacidad jurídica de goce y de ejercicio plenos; devolverle íntegramente sus derechos individuales y sociales (humanos), no tratarlo como un ciudadano de segunda, sino darle y propiciar para él mayores oportunidades, tratarlo justamente como a todo mexicano.

Como respuesta a este asunto tan doloroso e inhumano, al final de esta propuesta, se sugiere un plan de mejoramiento indígena global integral-interdisciplinario, que corrobore lo anteriormente afirmado, para poder contribuir en algo en la solución de este complicado problema; sugerencia, que para algunos no será la vía correcta a seguir, pero que conste como ejemplo solidario para que avezados en el tema, planteen más soluciones congruentes a la realidad de los tiempos que vive México y el resto del mundo, respecto a la propuesta de modelo de nación que deseamos para avanzar en el progreso del concierto de naciones; porque ansiosos esperan nuestros indígenas hermanos de sangre y de patria, antes que la desesperación, el hambre y la miseria, los orillen a la fuerza bélica así como aconteció en la Independencia, la Reforma y la Revolución de 1910.

Para dar a conocer esta problemática y tratar de encontrar la solución de la misma, en este tema de trabajo se ha seleccionado un orden de exposición de contenido en tres partes:

PRIMERA. Trata en forma general y sintetizada de una recopilación de citas de resumen: opiniones y análisis de las principales autoridades literarias en asuntos indígenas y de versados especialistas que han incursionado en la investigación de la problemática de las etnias, destacando algunos de los aspectos más sobresalientes de sus aportaciones, relacionados a las distintas causas generadoras del problema; parte que ha sido estructurada con la intención de mostrar al lector un panorama general de la situación y obtenga un conocimiento preliminar aceptable, y se interiorice en el problema en discusión.

SEGUNDA. De los conceptos expuestos en la primera parte, unos se han aumentado y adaptado; a éstos se han intercalado otros, que son aportaciones de los mencionados escritores, relacionadas al enfoque dado por ellos mismos y consisten en citas de resumen y textuales largas. También hay enfoques de otros tratadistas que aparecen en esta segunda parte; conceptos que se desprenden de nuestro tema seleccionado "La problemática de las etnias en México". A esta Segunda Parte se le ha denominado "Cambios": Cambio Social, Cambio Cultural, Cambio Lingüístico, Cambio Económico, Cambio Ideológico y Cambio Político. Selección de opiniones, como dice Rodolfo Stavenhagen, que representan: "Una amplia literatura descriptiva y teórica que han servido de base para los lineamientos generales de la política indígena. En distintos enfoques utilizados por los diferentes autores",[2] en el análisis de la problemática de las etnias de los conceptos utilizados, como han sido los de cultura, ideología, economía, social, etnia, política, etc., con enfoque y opiniones diferentes.

"Cambios" que se consideran como auténticas conclusiones de protesta que surgen de los autores citados, pero con diferentes puntos de vista , como se pudieran dar en el sistema corporativo (social) y en el sistema liberal (mercado libre); conceptos que se han retomado y ajustado de acuerdo a las necesidades del orden y el contenido aquí señalados.

TERCERA. Ya asimilado el contexto de las partes anteriores, que están planteadas para que nos sirvan en apoyo a la tercera: la primera, como síntesis del contenido general de la temática; la segunda como análisis, crítica descriptiva y conclusiones de los autores seleccionados, en las que nos basamos de acuerdo a diagnóstico para sugerir soluciones, con la intención de tratar de resolver la problemática de las etnias de acuerdo a un Programa Nacional de Desarrollo Integral Indígena, bajo un pacto nacional especial para la política indigenista en el que intervengan y se comprometan todos los sectores sociales de nuestro país.

Parte correlacionada con las anteriores y posteriores que conforman el contenido de esta obra, en solución a los problemas indígenas, en aplicación a las recomendaciones sobre la política indigenista nacional a seguir, de acuerdo a la planeación democrática, en la cual participarían los indígenas; en observancia a los artículos de las garantías individuales y sociales, en apego especial a los artículos 25, 26, 28, 73 y 85 Constitucionales, sobre la Planeación democrática, política, económica y facultad de los poderes Legislativo y Ejecutivo Federales en la creación, asignación, distribución, ejecución y evaluación del gasto público: planes y programas de desarrollo nacional de acuerdo a presupuesto por programas.

CUARTA. Sin la parte jurídica-político-legislativa todas las propuestas, demandas políticas y estrategias aquí formuladas, no tendrían fundamento legal como obligaciones y derechos. Para que se den los cambios social, cultural, educativo, económico e ideológico, es necesario se realice primeramente el cambio jurídico-político-legislativo. Aquí se muestran los análisis, demandas, propuestas y soluciones de las aportaciones de los indigenistas del EZLN, investigadores académicos, analistas independientes, así como los Foros convocados por el Ejecutivo Federal y el Congreso de la Unión.

QUINTA. Expuestas la síntesis, análisis, soluciones y propuestas de las partes anteriores convergentes al problema étnico en México, para una mejor apreciación global de la evolución de esta situación, se describe como parte final una semblanza histórica de las formas socio-culturales de los pueblos precolombinos, en especial de las civilizaciones norte- mesoamericanas: su origen, desarrollo, esplendor, decadencia y destrucción, así como la influencia, interrelación, presencia en el pasado y presente de acuerdo a la migración de los grupos étnicos sobrevivientes que en el paso de su gloriosa participación y en su afanoso peregrinar han contribuido en el acervo económico-cultural universal, en conjunto con la cultura mestiza dentro del proceso ascendente por alcanzar un lugar digno entre los estratos sociales del mundo, partes también del todo de la existencia humana. Estos bárbaros o grupos marginados de hoy con el tiempo en silencio, con mesura, sigilo y sabiduría podría ser el pueblo mayoritario entre los pobladores de Norteamérica,

Es oportuno reiterar, que la mayoría de las aportaciones aquí reunidas, se deben a los especialistas seleccionados —creemos que hasta hoy no hay nada estudiado con tanta profundidad como lo hacen ellos— que no haya sido considerado en la materia, aunque desde luego no se encuentran incluidos todos en estas anotaciones.

El acervo cultural aportado por estos esforzados autores, es un universo de luces respecto al tema tan amplio, que sería imposible incluirlo todo. En lo que sí hay un consenso de conclusiones de estos ilustres pensadores que han tenido que luchar con las armas de las letras, es en la reivindicación del indígena y en el consenso de que el mejor reconocimiento que se les pueda rendir, es el de encontrar trascendentes soluciones que concreticen la respuesta a la problemática de las etnias.

Con este estudio no se trata de realizar un trabajo de investigación científica del problema, no llena los requisitos sistemáticos del procedimiento metodológico de investigación; ni se pretende proponer la mejor solución absoluta, sino colaborar para que existan otras opciones que sean más eficientes y útiles a las respuestas de solución al problema planteado. La finalidad más bien estriba en despertar inquietudes transformadoras en soluciones viables en comparación de los programas aplicados hasta hoy por la política tradicional indigenista que han venido fallando en tiempo, oportunidad, aplicabilidad y viabilidad —ya obsoleta—; a la vez inducir para que se den avances innovadores inmediatos, claros y justos, tomando en consideración toda iniciativa cambiante en beneficio del mejoramiento del nivel de vida del indígena, respetando su idiosincracia y cultura y que espera ansioso se le tienda la mano de hermano.

REFERENCIAS

1. **Roger Bartra.** Campesinado y Poder Político en México, ed. INI 1982, p. 73.
2. **Rodolfo Stavenhagen.** Problemas Etnicos y Campesinos, ed. INI-FCE México, 1989, p. 11.

I
LA PROBLEMÁTICA INDIGENISTA

PROBLEMAS INDÍGENAS Y CAMPESINOS
ORIGEN DE LA PROBLEMÁTICA

Las grandes luchas en la historia de los pueblos se han dado por la posesión de la tierra. El problema de la propiedad y la tenencia de la tierra, para algunos observadores es el principal a resolver respecto a la Problemática de las Etnias en toda América. Los problemas de la tenencia, la propiedad de la tierra, recursos naturales, territorio y nación, siempre han sido el principal generador de los movimientos armados en México, desde antes de la conquista de los occidentales hasta nuestros tiempos, el cual se demostrará en el despeje y desarrollo de nuestro tema en discusión, como una de las variables de análisis de esta Problemática.

En esta parte se plantea el origen y desarrollo de los problemas agrarios y formas de organización social de los indígenas y los campesinos en México, que desde antes de la conquista a nuestros tiempos, han estado afectando la política económica y social tradicional de este sector. Al respecto, adentrandonos en el tema, Alfredo López Austin, da a entender que la política económica y social precolombina en torno al elemento tierra si era funcionable, expone al respecto:

> En las sociedades indígenas mesoamericanas, el sistema político socio-económico, sí funcionaba, y la economía de éstas estaba basada preponderantemente en la producción agrícola; estas sociedades estaban estructuradas como formaciones en las que diversas comunidades propietarias colectivas de la tierra

11

con una producción agrícola integral, coexistían con un poderoso aparato gubernamental centralizado que se sustentaba en el tributo extraído a los productores directos, miembros de las comunidades a través de las mismas.

La producción básica era la agricultura. Los agricultores usufructuaban la mayor parte de la tierra con fundamento en la distribución que cada comunidad hacía entre las familias de productores directos. Otra parte de las tierras de propiedad comunal eran trabajadas en común, y los productos se destinaban a los gastos de la comunidad y al pago de los tributos. La producción artesanal mayoritaria estaba organizada sobre la base de la comunidad agrícola. Muchos especialistas eran al mismo tiempo agricultores que dividían su tiempo entre ambos tipos de actividades, o se habían convertido en artesanos de tiempo completo, conservando su forma original de organización. La esclavitud, en el sentido estricto del término, no existía, por lo que la explotación se daba fundamentalmente sobre hombres libres: agricultores con derechos de usufructo (miembros de comunidades propietarias de las tierras).

La explotación dentro de la economía indígena, especialmente en la mexica, se daba por medio de la apropiación que hacía el grupo dominante de una parte del producto que excedía al indispensable para asegurar la subsistencia de los productores. También se beneficiaba del trabajo directo de los miembros de la comunidad, que acudían a las obras públicas o que contribuían con servicios al sostenimiento particular de determinados funcionarios. No se daba la explotación a través de la propiedad privada de los medios de producción. Sin embargo, eran importantes los "falsos feudos", a través de los cuales ciertos miembros del grupo dominante, por concesión del soberano, se apropiaban en forma directa de los bienes y servicios que en un territorio dado se entregaban como tributo. El grupo privilegiado obtenía el grueso del tributo en forma colectiva, fundando su derecho en la retribución como dirigente de la sociedad global; quedaban así fusionados el aparato gubernamental, el grupo privilegiado y el complejo de los linajes gobernantes.

Todo este organismo dominante estaba personificado en el tlatoani (señor supremo que hacía descansar su poder en su vínculo con la divinidad), quien distribuía la tierra, regía el culto, propiciaba la producción agrícola, dirigía las actividades militares y mantenía el orden social. Estas características incluyen las sociedades estudiadas entre aquellos cuyo modo de producción dominante, es el denominado asiático. Con estas bases, se explica la existencia de la economía indígena sustentada principalmente en la producción agrícola, que si era costeable.[1]

A continuación, Martha Chávez Padrón nos asevera que el problema agrario se desenvuelve lentamente, en la etapa prehispánica. Antes de la conquista ya se vislumbraba éste por la distribución contrastante entre el calpulli y el calputlalli y las conquistas aztecas que arrebataban tierras a los pueblos sometidos con un impuesto agregado a éstas; con apropiación territorial cuya existencia variaba con las castas.

Entre los pueblos de anáhuac, la distribución territorial rústica era sensible-mente desproporcionada, pues los señores y guerreros detentaban las mejores tierras en cuanto a calidad y cantidad. La gente del pueblo rara vez poseía tierras en grandes proporciones, pues el calpulli era una parcela pequeña y pertenecía al calputlalli como comunidad.[2]

Nos explica Martha Chávez Padrón, respecto a la tenencia de la tierra entre los aztecas, que: "Frente a las demandas de la colectividad, tienen que ver con que sea México donde formalmente nazca el derecho social con sus sub-ramas, cuando este país se encuentra asimismo tras una revolución política-social y encuentra en el fondo de su yo social la antigua sensibilidad aborigen.Cuando lo conquistadores arribaron al Continente Americano y lo sometieron, el con-traste de razas y culturas mantuvieron polémicas condenando o defendiendo a los indígenas. Entraron en lucha los conceptos y el formalismo religioso de la época y así se trató de destruir la ideología aborigen; de determinar su situación de hombres o bestias y en el último caso, si se trataba de hombres libres o esclavos"[3]

Viene al caso, lo dicho por Antonio Arreola Valenzuela, en su obra "Los Orígenes de la Minería en Durango", cita a Everardo Gámiz y a Pastor Rouaix sobre los problemas del despojo de la tierra y la esclavitud: Después de la toma de Tenochtitlan, el indígena fue despojado de sus tierras "el indígena no sólo era explotado en las minas sino también en las haciendas que los utilizaban como simples bestias.[4] En las compra-ventas de bienes inmuebles rurales, aparecen en los inventarios como semovientes.Por lo general, quienes huían eran cazados o restituídos a las minas."[5]

La problemática indígena se acentuó más en el Virreinato con las Leyes de Indias; la legislación colonial fue insuficiente, básicamente segregacionista, y a la vez, proteccionista. Gran parte del problema se inicia con el liberalismo de la Constitución Española de 1812, les concedió la igualdad (a los únicos a los que se les negó fue a los descendientes de los esclavos negros, igualdad que alcanzaron con el Plan de Iguala). Una vez declarada la igualdad, ésta permitió que conservaran sus tradiciones, que eran diferentes y aún opuestas a las de la cultura occidental, tradiciones que se consideraron inferiores en tiempos de la Colonia y en la etapa de la Independencia.

La tendencia proteccionista comienza en el siglo XVI. Para detener la violencia e injusticia de la conquista, por intermedio de los misioneros defensores de los indígenas como Bartolomé de las Casas y Motolinía, su acción culminó con las Leyes de Indias, redujeron al indígena a la minoría de edad, supeditándolo al europeo en un plano de inferioridad.

Al inicio de la Independencia, se trató de suprimir a la sociedad estratificada y racista de la Epoca Novohispana que separaba a las repúblicas de los indios del resto de la comunidad. Miguel Hidalgo y Costilla abolió la esclavitud y José María Morelos y Pavón ratificó esta medida y suprimió las castas para terminar con cualquier diferencia entre los mexicanos. El propósito del liberalismo del siglo XIX fue cambiar la mentalidad de los indígenas, para que participaran de la concepción liberal del progreso, y se tornaran más productivos, atendiendo la idea de vivir para trabajar, en lugar de producir lo mismo para subsistir. Por ello, querían acabar con la propiedad comunal y convertirlos en propietarios individuales.

A pesar de que han transcurrido más de 500 años de la Conquista, hoy subsisten grandes y lacerantes rezagos en nuestras comunidades de marginación, pobreza extrema y analfabetismo.

Tema fundamental de la situación indígena es el de la propiedad de la tierra, el cual se remonta desde la conquista. Desde que este suelo fue conquistado, se les desposeyó de las mejores tierras y se les marginó a los desiertos, montañas y selvas.

Desde antes de la conquista, los pueblos indígenas han funcionado en forma comunitaria; si bien se da una aparente individualización en las parcelas familiares y en los terrenos del fundo legal, la vida comunal en torno al ejido era y sigue siendo en muchos casos fundamental. El fraccionamiento de la propiedad indígena, propio del liberalismo, fue un factor decisivo para la desintegración de las comunidades indígenas.

El despojo de sus tierras, las injusticias y el mal trato, provocó odios y gran malestar que con el tiempo se revertían en contra de los españoles y después contra criollos, mestizos, caciques y ladinos.

En el México independiente, se pretendió solucionar el problema proporcionando tierras a los colonizadores agrícolas en terrenos baldíos no propios para el cultivo. Los latifundios continuaron subsistiendo, en vez de fraccionar las grandes concentraciones territoriales. Durante el segundo Imperio partiendo de su ideología liberal, Maximiliano abolió el peonaje encasillado. Después, en la etapa de Reforma, surgió el problema de la propiedad eclesiástica con la desamortización de los bienes del clero. A partir del Porfiriato, se decretó la colonización, autorizando a compañías particulares realizar los deslindes territoriales, con interpretaciones administrativas que cambiaron el concepto legislativo de títulos originales y favoreciendo intereses personales así como al latifundio.

Cuando la Revolución Mexicana parecía interminable, el Presidente de los Estados Unidos, Woodrow Wilson preguntó a sus asesores cuál era el problema más importante de México a resolver para terminar con esa Revolución tan prolongada que afectaba a Estados Unidos de Norteamérica y contestaron que se trataba de "la posesión de la tierra". Pero Wilson indicó: que debería dárseles tierra", como buen abogado que era, sugirió que: En México se tenía que legislar en materia de la tenencia de la tierra.

La Revolución de 1910, quiso saldar la deuda con los campesinos indígenas, restituyéndoles sus derechos y tierras. Ya en la época revolucionaria, por la concentración de esta problemática agraria, Venustiano Carranza por su parte apuntó que la Reforma Agraria sería "No sólo repartir las tierras hasta llegar al equilibrio en la economía nacional". "Hasta llegar al equilibrio social de las clases sociales".[6]

La Ley Agraria de enero de 1915 y el Artículo 27 Constitucional de donde emanó la Ley Federal de la Reforma Agraria, iniciaron una nueva vida para el derecho agrario mexicano, no antes de contemplar las demandas de Zapata y Villa que lucharon por el reparto agrario haciendo realidad la Reforma Agraria en México. El Agrarismo fue el principio fundamental de Villa y Zapata. La Ley Agraria Villista se refería al fraccionamiento de las grandes propiedades territoriales; los Estados serían los facultados para fijar la extensión máxima de cada dueño; la distribución no sería gratuita sino a título oneroso. En general, se establecía el régimen de la pequeña propiedad individual, con una productividad agrícola y ganadera integral, con cultivos variados para cada clase de tierra de temporal y de riego. El ejido fue propuesto por Zapata y la pequeña propiedad por Villa, fueron la base del actual sistema agrario mexicano.[7]

Más adelante, se utiliza el concepto ejido como una nueva categoría jurídica dentro del sistema de la tenencia de la tierra: "La tierra dotada a los pueblos se denominará ejido y tendrá una extensión suficiente de acuerdo con las necesidades de la población, calidad agrícola del suelo, la topografía del lugar, etc. El mínimo de tierras de dotación, será tal que pueda producir a cada jefe de familia una utilidad diaria equivalente al duplo del jornal medio en la localidad". Se les entregó el usufructo de estas tierras, pero seguían siendo propiedad de la Nación; se declararon inalienables e inembargables los bienes ejidales, prohibiéndose su arrendamiento. Tiempo después, se expidió la Ley de Dotaciones y Restituciones de Tierra, reglamentaria del Artículo 27 Constitucional.

En 1991 se reformó el artículo 27 Constitucional cambiando el usufructo y el uso de la tenencia de la tierra ejidal y comunal por los títulos de propiedad.

SITUACIÓN DEL PROBLEMA AGRARIO CONTEMPORÁNEO

Para hacer más comprensible esta problemática, este trabajo, parodiando el binomio de los problemas del campesino no indígena y la problemática de las etnias en México, que al final de cuentas coinciden en lo mismo, como problema campesino nacional, se adapta el siguiente resumen citando las aportaciones que hacen Everardo Escárcega López y Carlota Botey Estape, en el libro "La recomposición de la Propiedad Social como precondición necesaria para refuncionalizar el Ejido en el orden económico y productivo",[8] afirman que hay muchos y graves rezagos en el campo mexicano, como son los problemas de la tenencia de la tierra y la producción integral en el campo que se dan en los regímenes de la tenencia de la tierra ejidal y comunal (social) y la propiedad privada.

Los autores de referencia consideran que, tanto el ejido como las comunidades agrarias, han sido abandonadas. Hacen un análisis de algunas de las causas principales que han generado la problemática de la marginalización y de la deplorable economía campesina e incursionan en ésto, haciendo una descripción histórica del origen y desarrollo de los diferentes regímenes de la tenencia de la tierra y de los factores de producción agropecuaria en México, de lo cual se hace aquí un extracto preferentemente en relación a la justificación de la participación económica desempeñada referente al ejido. Respecto al ejido, consideran que el proceso de la Reforma Agraria aplicado para destruir el sistema latifundista de la tenencia de la tierra, este sistema concluyó al ser distribuidas las grandes propiedades de la Nación y de los particulares; que sólo resta dar fin a la etapa terminal de regularización y documentación ejidal. Dejan el espacio abierto para dar a entender, que lo que faltaría para finiquitar la Reforma Agraria, es conceder los títulos de propiedad a todos los ejidatarios, y así facilitarles el acceso a la producción eficiente y competitiva.

Para correlacionar estos problemas e hipótesis como variables de la población a investigar, en apoyo a una conclusión final, es importante resaltar la participación del ejido en la economía agrícola como muestra de marginación y atraso que tiene el campesinado mexicano —muestra de investigación aleatoria de la población— ejemplo coincidente también de la marginación del indígena y del campesinado nacional. Se expone de inmediato lo que nos dicen estos autores, que a partir de los últimos tres lustros, empresarios y funcionarios del gobierno, líderes de opinión, de estudiosos de la economía agrícola, cuestionan que el ejido es ineficiente en el orden productivo, afirman que todavía en la actualidad, a pesar de las nuevas reformas a la Ley Federal de la Reforma Agraria, en el fondo de este cuestionamiento, se pretende mostrar o demostrar la incapacidad técnica de los ejidatarios, pero por otra parte, diferentes campesinos y políticos profesionales de variadas tendencias ideológicas, han asumido la defensa argumentando que éste ha sido abandonado por las autoridades gubernamentales al restringírseles el apoyo en materia de crédito, asistencia y asesoría adecuadas para una idónea organización, la cual se traduce en el hecho evidente de una ineficiencia productiva, dando a entender que el grueso de las tierras de carácter social, no están siendo aprovechadas con la debida eficiencia. En verdad sólo difieren en cuanto a las causas del problema que una u otra de las corrientes y tendencias ideológicas para resolver el problema, señalan.[9]

Los citados autores siguen explicando que hasta el momento ninguna de estas corrientes han fundamentado sus planteamientos en un análisis serio de las relaciones de proporcionalidad económica entre tierra y hombres, que están dadas desde la constitución legal de cada núcleo agrario. Se preguntan ¿cuál es la función económica que debe cumplir el ejido como productor de alimentos de materias primas suficientes y baratas? Se vuelven a preguntar: ¿Si el ejido en general y los núcleos agrarios en particular, fueron habilitados materialmente para cubrir las funciones económicas que se les atribuyen? Nos explican contestando a la vez estas cuestiones: Que a lo largo del período de 1917 a 1985, la creación de ejidos, la corporación ejidal no tiene por objeto crear un sistema capaz de cubrir funciones económicas de orden relevante como productor de excedentes para el abasto nacional. Nos dicen que no se trata en esencia, de que la población rural dotada de parcelas de tamaño miserable, adquiera cierta capacidad para producir una parte de satisfactores alimentarios, completando con ello un macro salario obtenido de alquilar la fuerza de trabajo. Afirman que se trata también de que aparte, produzca mano de obra barata para servicio de la gran propiedad, cuya subsistencia garantiza las leyes agrarias de carácter secundario, abiertamente contrapuestas al supremo mandato constitucional. Ampliando esta observación, enfatizando y recomendando que la superficie que deben ocupar estos ejidos para manutención de bestias de trabajo, consumo de leña para estimar la cantidad de tierra de que disponen para producir no es suficiente; consideran también que la cantidad de grano que tienen que consumir para alimentar estos semovientes durante las temporadas de trabajo, es poca; en relación de la exigua tierra que componen los ejidos así constituidos, no han sufrido ningún cambio sustantivo en sus condiciones materiales de origen, a pesar de la nueva legislación para las tierras ejidales y comunales. Demuestran que no pueden cambiar porque la legislación agraria de 1917, sólo disponía que las ampliaciones se procedían después de diez años de constituir cada núcleo ejidal, además de prohibir que se dotaran tierras para ampliación en beneficio de los ejidatarios originales, y además del 26% de todos los ejidos creados hasta 1985, se han otorgado derechos de ejidatarios al 35% de los beneficiados hasta dicho año. Y que sólo bajo ciertas condiciones de excepción, éstos pudieran producir excedentes para el abasto nacional de algunos ejidos creados entre 1916 y 1934. Corroborando ésto, de acuerdo a estos excedentes, la gran mayoría sólo tuvo y tiene posibilidades materiales de autoconsumo, y en algunas ocasiones, ni siquiera para el autoconsumo de sus miembros y familiares.[10]

Escárcega López y Botey Estape sugieren que para aumentar la producción en el ejido, es conveniente otorgarle función económica como entidad productora eficiente. Dicen que para ésto, adicionalmente, se ha instrumentado una política de inducción y apoyo hacia la organización colectiva orientada con el propósito de convertir a cada ejido en una entidad de alta eficiencia productiva, pero los grandes escollos que se presentan, son la falta de tiempo, recursos materiales y humanos (capacitados) y la imposibilidad natural de cambiar a corto plazo la mentalidad del beneficiario en la organización asociada para la producción. Aceptan no negar que en cada sexenio se han dotado algunos núcleos con recursos necesarios para ello, pero éstos constituyen la excepción. Continuando con el tema, estos autores recalcan que: prácticamente el 60% de los núcleos agrarios no tienen ninguna posibilidad de incorporarse al proceso productivo eficiente, ni se les recompone territorialmente, estableciéndose dentro de ellos una equilibrada proporción entre tierra y hombres apoyada en un amplio programa de rehabilitación y capacitación a corto, mediano y largo plazo para producir excedentes e ingresos para sus miembros siquiera equivalentes a un salario mínimo regional.

Enuncian que para elevar la producción, se necesita la inversión privada de asociación, en sociedad con los propietarios ejidales y de comunidades en empresas campesinas, y que al igual que el problema de los minifundios ejidales, los predios particulares que abarcan 861 536 Has., el 57.8% del total nacional, tienen extensiones menores de 5 hectáreas, y que éstas no están cumpliendo una función económica importante de producción de excedentes. Predisponen a la iniciativa privada, cuestionándola en su actitud asumida dentro de la economía nacional de esta forma: ¿Habrá alguna respuesta del sector privado para rentarlas y hacerlas producir mejor?

Escárcega y Botey concluyen que de todo ésto resulta inexplicable la razón de la baja producción y productividad que se dan en este importante sector, sobre todo de que ninguno de sus miembros puede vivir de los productos obtenidos en tan pobres parcelas.

Para concluir con la cita de Escárzaga y Botey: Tanto los ejidatarios y los comuneros, como los minifundistas particulares, tienen la necesidad de dedicar la mayor parte de cada año a otras actividades de donde tienen el más alto porcentaje de su ingreso. Para ellos, la agricultura elemental y la mínima actividad ganadera o forestal que realizan, vienen a presentar una tarea de segundo o tercer orden de importancia en su economía, y que en el ámbito de la producción agropecuaria nacional, estos campesinos constituyen el ejército de la mano de obra que compite en el reducido campo de trabajo asalariado rural con los peones agrícolas carentes de tierra.[11]

Desde luego que en la producción agropecuaria nacional no todo es desaliento, dentro de algunos de los grupos de la propiedad privada de la tierra y de la tenencia de la tierra social, hay resultados de alta producción con excedentes para el consumo nacional y la exportación, contando con pocos privilegiados la tenencia de la tierra social y con muchos privilegiados la propiedad privada.

Por la alta dificultad de resolver el problema del campo mexicano y el tema de la política agraria, son asuntos a tratar e investigar por los grandes especialistas nacionales e internacionales, sería conveniente aclarar por qué unos campesinos no producen y por qué otros si tienen éxito en excedentes de producción, en el abastecimiento nacional e industrialización agropecuaria, y comprobar si la política agraria en México, ha fracasado o no, o ¿ha fracasado el indigenismo?

La política económica social nacional, ha venido de más a menos, de fracaso en fracaso; por el enfrentamiento e incompatibilidad del sistema económico social herencia de los indígenas, en opuesto al sistema liberal occidental; lucha interminable de dos sistemas de vida: el indígena y el occidental. El sistema precolombino ha sido destruido lentamente a través de la historia hasta llegar a su total integración, con excepciones de algunos pueblos que se resisten a perder su estructura idiosincrática de miles de siglos, que a lo largo de todo este trabajo, demostraremos dentro de la Problemática de las Etnias. La finalidad de nuestro trabajo es tomar una postura imparcial, trata de demostrar y exponer al lector esta situación para que el público vea las dos caras del problema en cuestión y el estado de injusticias sobre los indígenas, que ya no pueden soportar.

UN PROBLEMA SIN SOLUCIÓN, UN LLAMADO DOLOROSO: DENUNCIAS QUE CAYERON EN EL OLVIDO

Para mostrar la lamentable situación en que se encuentran inmersas las etnias mexicanas, en esta Primera Parte se presenta una síntesis de varias opiniones sobre este estrujante problema, que entre otros escritores que citaremos, se ha seleccionado inicialmente, el llamado doloroso que hace a todo mexicano el historiador Fernando Benitez, que a juicio generalizado de varios comentaristas, este problema es una de las vergüenzas sociales más grandes de México. Este respetable tratadista social, con sus conmovedoras y enfáticas palabras, nos habla entre otras situaciones, del acervo cultural de las etnias, de la nobleza de sus miembros, de la democracia de estos pueblos, de sus miserias, de los orígenes de ésta, así como de la destrucción de su cultura, sus recursos naturales y estructura social. Benitez habla al mundo lector y se dirige a él en un modo desesperado de auxilio. Resumiendo lo escrito por este autor queda, en esta forma:

> Por supuesto que no es lo mismo hablar de un indio de Xochimilco que de un indio de Yucatán o de la Sierra Madre Occidental. Los seis millones de indios, a fin de nuestro siglo, constituyen un vasto espectro de lenguas, de etnias y de cultura. Más de un millón hablan náhuatl, existe medio millón de mayas, ocho mil son tarahumaras, ochenta mil otomíes, y cien mil hablan idiomas derivados del maya. Los más apartados —huicholes, coras, tepehuanes, tarahumaras— son los que mejor conservan sus antiguas culturas, sus mitos y sus rituales.
>
> Los indios son los únicos demócratas. Ascienden a la gubernatura por servicios gratuitos prestados a la comunidad y este gobierno no figura en la Constitución. Está sometido a presidencias municipales que están en manos de mestizos, sus peores enemigos. Poseen grandes riquezas naturales —todos los bosques—, algunos mares, muchos terrenos comunales, pero como no les hemos enseñado las técnicas de su explotación, es el gobierno, los talamontes y los invasores, los beneficiarios de estas riquezas.
>
> Si me preguntaran que es un indio, no sabría contestar. No se llaman mexicanos —no lo son— sino huicholes o mayas o tarascos. Son humildes, conocen bien la naturaleza de sus tierras, están ligados entre sí de modo fraternal, carecen de bienes, son artesanos muy hábiles, los explotan los ricos finqueros como en el tiempo de Porfirio Díaz, los vendedores de alcohol, los usureros aldeanos, el ejército y los invasores de sus tierras. Viven en un universo sacrilizado, mantienen sus dioses, les aterroriza la sola presencia de los blancos o los mestizos y su sentido mágico-religioso los entrega inermes a sus saqueadores.
>
> El alcohol —plaga de los colonizados—, los radios de transistores y los maestros bilingües, en ese orden, están demoliendo el resto de sus antiguas culturas. ¿Qué hace el Instituto Nacional Indigenista? Muy poca cosa debido a sus escasos recursos y a la falta de coordinación con los Gobernadores y las Secretarías de Estado. Logra mantener escuelas, clínicas, albergues escolares, presta algunos servicios, remedia algunos males y, privado de la educación conveniente a sus necesidades y ajeno a la reforma agraria, se limita a defenderlos.

Es muy posible que sin la intervención del INI su situación sería mucho peor de lo que es en la actualidad.

Somos culpables de la gran miseria de los campesinos y de la gran miseria de los indios, los más pobres de los campesinos. Indio fue por siglos un término peyorativo y lo sigue siendo. Da dolor ver a un tarahumara pedir limosna en la ciudad de Chihuahua mientras los talamontes se hacen millonarios, da dolor tropezar en los caminos de Mayab con ebrios perdidos, tirados como muertos en los caminos, da dolor entrar en las cavernas donde los mixtecos tejen sombreros, da dolor asistir a un ritual de embriaguez colectiva escenificado por los indios de Chiapas, da dolor presenciar como invaden sus tierras los mestizos de la sierra, da dolor verse asaltado en las calles por las Marías llevando a su niño a la espalda, da dolor pensar en el potencial de los niños condenados a un porvenir indigente da dolor que abandonen sus parcelas sin aguas y emigren a las ciudades y pierdan sus valores, da dolor comprobar como destruimos su alma encantada, da dolor su desgracia de siglos y allí están echándonos en cara su humillación y sus harapos.

México pierde con ellos su magia y su misterios. Nos desacralizamos. Esta herida abierta desde el siglo XVI sangra todavía, somos inconscientes del etnocidio. ¿Cómo hablar de igualdad, de libertad, de dignidad, del hombre? Luego protestamos cuando los sudafricanos esclavizan a los negros y los israelitas a los palestinos.

¿De qué sirvieron Fray Bartolomé de las Casas, los doce primeros franciscanos, el Obispo Zumárraga, fundador del Colegio de Tlatelolco, o don Vasco de Quiroga que trajo a nuestro país la utopía de Tomás Moro, todo un programa de humanismo que los gobiernos nunca han retomado?

Desde luego, soy otro muy distinto del que fui gracias a mis largas estancias entre los indios. Trato hoy, sin conseguirlo, de desechar toda idea de creerme importante, de ser un guerrero, es decir, un hombre de conducta impecable, de considerar sagrados los árboles, a los animales y a los peces, de penetrar en un mundo donde impera la solidaridad y la democracia que ellos me enseñaron.

Me asombró entre los otomíes el que vieran a los hombres como dioses, su sentido de la hospitalidad, ese pasarse las noches conversando y riéndose, —ellos los que tienen el poder del silencio—, y su sentido del arte y de la cortesía.

Traté de denunciar los crímenes de que son víctimas, hablé con dos presidentes de su situación. Me oyeron y Echeverría se empeñó en mejorar la vida de los huicholes pero la maquinaria de los intereses creados y las mentiras de los funcionarios impidieron que su esfuerzo tuviera éxito siquiera en ese pequeño grupo.

Mis denuncias cayeron en el vacío, mi voz se perdió en la retórica de los que se decían protectores de los indios y de los campesinos. En ese sentido, aré en el mar.

Nadie me hizo en menor caso. Para mí fueron veinte años ganados, para la causa de los indios, perdidos. ¿Debo llorar y maldecirme a mí mismo?[12]

Desde luego, no es únicamente Benitez el que hace una enérgica protesta sobre la vida paupérrima de las etnias mexicanas, existen además de la suya, varias denuncias concienzudas vistas desde otros puntos muy particulares, magistralmente fundamentadas de una pléyade de historiadores, antropólogos, investigadores, científicos, todos ellos, autoridades de gran peso, versados en el tema. El maestro Alfonso Fabila, refiere el sufrimiento y el proceso de subsistencia, el despojo económico y la destrucción de este grupo humano:

Se trata de comprender en lo concreto y específico, el proceso de subsistencia de una sociedad en subdesarrollo como es el sector indígena en México, que ha sido lesionado en el pasado por un conflicto interétnico, que todavía subsiste a pesar de su antigua situación indocolonial, por lo cual ha sido borrada de la estructura económica actual. Sin embargo, hoy en día lo vemos aparecer bajo una nueva forma, al nivel de las prácticas económica ideológicas de la sociedad mexicana.

La antigua sociedad económica-cultural indígena, fue derrotada, esta situación no es de hoy, sino que viene desde los más antiguos de los tiempos. Siempre sometida a una servidumbre de siglos. Primero por el conquistador español, después por el criollo, y hoy por el mestizo quienes han detectado todos los recursos económicos, que al indígena le podrían haber permitido vivir de una manera racional, por eso ha ido replegándose día a día hacia los desiertos y las montañas, cuyas tierras inhóspitas no permiten vida alguna y por lo mismo, allá el indígena hace una existencia miserable en cualquier aspecto que se le juzgue; aún en el de la libertad individual, porque lo tienen acorralado y sufriendo todos los desprecios.[13]

INTEGRACIÓN Y ACULTURACIÓN

Continuando el orden trazado en este trabajo se insertan algunos puntos de vista del Economista y Profesor Universitario, Roger Bartra, cuando aborda el problema de la aculturación e integración indígena, al cual se ha inducido a la pérdida de su cultura y de su economía, base de apoyo para el control político, Bartra dice que: Sobre la situación infrahumana del indígena, se ha escrito mucho: "análisis científicos, denuncias ardientes. Detrás de ésto se descubre, con tristeza, lo que le depara el destino a los grupos étnicos, donde se descubre la realidad descarnada de pueblos que han perdido su cultura y su sistema económico de vida", por influencia de la sociedad dominante. Continúa diciendo que: "Esta misma sociedad ha resucitado en los mitos de la fusión de tres culturas: indígena, española y mestiza."[14] El autor citado explica como se ha dado esta política de dominación:

El problema indígena a resolver por el Estado, es un instrumento para aceitar la maquinaria política de dominación. Desde este punto de vista, la situación indígena es base de apoyo para facilitar el control político y para lograr que las relaciones de clase no entren en conflicto agudo, basándose en dos formas para estos fines:

1º. El uso de la identidad étnica como medio para controlar a la población: este uso se encuentra siempre detrás de los llamados "cacicazgos".
2º. La afirmación del poder político sobre la base de señalar que el problema indígena ha sido resuelto. Es frecuente encontrar esta idea en los políticos locales que han logrado puestos por elección.

Por una parte encontramos tras el poder un cacique, que durante decenios ha controlado la distribución del agua del riego, la comercialización de la cosecha, el control de la pequeña industria agropecuaria y forestal, y el complicado sistema de favores y deudas que mantienen el férreo control político del cacique sobre los indígenas.

Por otro lado, ni las grandes empresas, ni el gobierno, ven con buenos ojos este sistema de cacicazgo, porque dificulta las posibilidades de introducción de una tecnología y servicios. Sin embargo, tanto empresarios como gobierno, asientan que el "cacicazgo" es "necesario" para controlar la situación.[15]

Bartra deja entrever con esto, que la unión de las tres culturas se da en un proceso de integración que ya también habían analizado Alfonso Fabila, Manuel Gamio, Gonzalo Aguirre Beltrán y M. Coello, M. Lara y H. Cartón, quienes han diferido respecto a la postura del grupo del gobierno; grupo que sustenta que esta integración dio origen a la constitución de la nacionalidad integral, a una nacionalidad mexicana. Supuestos que algunos de los mencionados escritores justifican, más no están de acuerdo en la integración y aculturación violentas. Para conocer en que consiste esta unión, esta integración, se ha escogido la aportación al respecto, de Alfonso Fabila y de Manuel Gamio. Fabila entrelaza la integración con la tendencia culturista, en los siguientes términos:

> El problema indígena, es una de las mayores preocupaciones de la sociedad mexicana, se ha hablado hasta el cansancio de toda una serie de situaciones de: la actitud discriminadora-racista que los indígenas han sido negligentes y apáticos, se dice que es una raza débil, pero eso no quiere decir que no se puede integrar a nuestra sociedad a través de la educación. Así ha nacido la tendencia de la orientación culturista, que trata de ver las causas de la inferioridad de los indígenas en las condiciones climáticas, ecológicas, etc.[16]

Manuel Gamio nos plantea la integración de esta forma:

> El problema principal que se plantea gran parte de la sociedad integrada, es el de que ésto se debe a la apatía, holgazanería e incultura, que limitan las posibilidades de la inmersión de los indígenas en las relaciones de la vida económica moderna. Esto refleja la necesidad imperiosa de "resolver" el problema indígena, integrándolo a la vida "civilizada", de acuerdo a la vieja idea colonial que mantuvo como premisa básica la necesidad de "integración".
> Hoy, por el propio desenvolvimiento económico del país tratando de resolver el problema, los indígenas están siendo engullidos por el desarrollo del

sistema económico imperante en el país, de tal forma que las peculiaridades económicas indigenistas fueron totalmente borradas (estructura comunal, etc.) o refinadas.

Por otra parte, la actitud del gobierno es de enseñarles a sustituir los defectuosos "elementos culturales", busca las causas de la "miseria" de las etnias en el medio geográfico, en la descapitalización y en otros factores "objetivos", no adoptando posiciones discriminatorias.

"Echarle la culpa al "medio" o a causas externas, es eludir el fondo del problema."[17]

Gamio plantea el problema, de integración relacionando la integración con la nacionalidad integral, y esboza que: "Los males del indio no radican en las relaciones sociales sino en los factores objetivos; bastara introducir nuevas condiciones para cambiar la situación". Aguirre Beltrán dice que Gamio recomienda "Que estos objetivos son convenientes implantarlos", así como de la necesidad de la "Constitución de una nacionalidad integral", y que es urgente procurar, no solo la mejoría de los grupos étnicos, sino también hay que enseñarlos a sustituir los defectuosos elementos culturales que en la actualidad hacen tan pobre y difícil su existencia, por otros que satisfagan mejor y hagan mas amplias y diversas sus elementales aspiraciones y necesidades. Remata diciendo que "la actitud del estado requiere que el indígena se integre a la sociedad nacional idealmente en condiciones de igualad"[18]

PATERNALISMO RAZÓN DE ESTADO

Desde otra perspectiva, Gamio y Aguirre Beltrán, plantean el problema de integración indígena y lo identifican con el paternalismo del gobierno hacia el indígena, relacionándolo con la política del Estado como salida a la nacionalidad mexicana. Sobre la tendencia del gobierno, al respecto, Gamio hace la observación siguiente:

Otra actitud del gobierno es el desarrollo de una política paternalista, que trata de defenderlo de los males de la industria moderna o protegerlo de las inclemencias del medio geográfico.

Los seguidores de esta actitud gubernativa, afirman que: "Los indígenas son pobres porque les falta cultura para poder buscar sus satisfactores en forma adecuada y por eso su evolución es lenta.

Para el grupo del gobierno paternalmente, asegura que las soluciones están ligadas a toda esta clase de factores, como lo son la introducción de riego, de nuevas técnicas, industrias, agua potable, caminos, etc.[19]

Bajo el mismo enfoque del paternalismo, y de la nacionalidad mexicana, el Maestro Gonzalo Aguirre Beltrán, desde el punto de vista de la integración, plantea la política indigenista del Estado, por lo que nos explica que el gobierno sustenta este supuesto: "Que a pesar de todos los problemas que sufren y la grave situación de los indígenas, se les reconocen grandes cualidades de una raza superior, por lo difícil de oponerse con resistencia a los problemas que se les presentan". Continúa Aguirre Beltrán, al respecto cree conveniente también apuntar que:

En este caso, la virtud del indígena no es su espiritualidad, sino su capacidad de sufrimiento. Esta concepción desemboca inevitablemente en el reclamo de una actividad gubernamental de tipo paternalista.

Pero por otro lado, no se justifica todo lo que se dice de ellos, que son alcohólicos, incultos, tarados o flojos; la realidad es otra, se debe a que ellos están cansados de tanta explotación, de tantos engaños, de tantos discursos. . . Se dice que no son realmente perezosos, lo que les hace falta es orientación en el trabajo y espíritu de lucha para mejorar su condición económica. Se plantea la posibilidad de integrar al indígena "en condiciones de igualdad", convirtiendo esta posibilidad en una necesidad del Estado. Así la política indigenista, se revela como una razón de Estado: "El indigenismo, fundándose en la condición mestiza de la mayoría de la población del país, y en la incautación del pasado indígena, racionaliza el derecho que cree tener para imponerle al indio una única salida: la nacionalidad mexicana".[20]

RACISMO Y LIBERALISMO

Los escritores Roger Bartra y Luis Villoro, tocan la problemática en discusión sobre los tópicos del racismo y el liberalismo económico nacional de "modernización" para integrar al indígena al progreso nacional, como clase menesterosa en forma discriminatoria. Bartra, nos ilustra al respecto de la discriminación y el liberalismo, retomando las palabras de Aguirre Beltrán, proyectándolas hacia el racismo.

RACISMO

Explicando más o menos que en algunas regiones étnicas, el mestizo trata mal al indígena que va en contra de la política de la administración oficial indigenista: " Para el indigenismo oficial, la política del gobierno es facilitar el pase de una situación de casta a otra de clase para que el indígena se integre a la sociedad nacional, idealmente, en condiciones de igualdad" y que los modernos empresarios ven a los indígenas, más que como clase, como una casta inferior, que gasta lo que no tiene porque no sabe administrarse, por lo que se presenta favorablemente como factor de consumo. Observándose en la realidad que el proceso de integración y culturación no conlleva la eliminación de las "deformaciones" ideológicas racistas, porque pese a la labor del gobierno por desarrollar al indígena y llevarle la "civilización" el grueso de las clase pudientes, continuará observándolos como razas inferiores.[21]

LIBERALISMO

Continúa Bartra recomendando que conviene tomar nota para dejar claro el concepto peyorativo "indio" que se tiene por causa de los mecanismos discriminatorios de explotación liberal, recapacitando respecto al tema, en base a esta interpretación:

> La ruptura de las formas típicamente campesinas encadenadas a la economía nacional a través de una "modernización" más o menos acelerada, dejaría de requerir de mecanismos discriminatorios. Al fin y al cabo esta "modernización" no significa el final de la "explotación", sino su racionalización. De esta forma, el indigenismo liberal penetró a través de funcionarios, administradores y maestros, pero representaba intereses económicos y políticos que aún no se habían desarrollado en las zonas étnicas.
>
> Se descubre que para esta nueva ideología racista, el concepto "indio" no es el mismo que para los viejos usureros ladinos: Para el comerciante mestizo,

el "indio" es el personaje real y concreto que le compre mercancías caras y le vende productos baratos, para éste, el indígena es un campesino pobre.[22]

Roger Bartra, cita en su obra "Campesinado y Poder Político en México", a Luis Villoro, en la parte correspondiente a la crítica del liberalismo económico, completando Bartra, su idea del liberalismo económico, respecto al mito del indígena desintegrado. Bartra se basa en las palabras de Villoro y afirma que:

«Para el empresario, el indio es la imagen ideal del jornalero, le basta con que un hombre necesite vender su fuerza de trabajo para caer en la categoría de indio. La perfecta justificación de explotación moderna, le ha proporcionado a los indígenas los medios para integrarse en condiciones de "igualdad" a la economía nacional; quienes no logran superarse, siguen siendo indios, son inferiores, no han sido capaces de integrarse.

Así se crea el mito del indígena desintegrado, que no es suficientemente hábil para integrarse a la sociedad nacional. El mito se plantea porque el indio es pobre y explotado porque es un ser inferior. Así, por esta razón, se tiene el interés en que la categoría "indio" o "indígena" se mantenga viva, independientemente de que tenga o no una realidad étnica.

La verdad es que la clase capitalista es la liquidadora del indígena como categoría étnica y cultural; ha causado la muerte del indígena, pero necesita de su cadáver como escudo ideológico».[23]

ECONOMÍA INDÍGENA

De esta manera proseguimos sintetizando los comentarios relacionados al tema, ilustrando al lector respecto a las opiniones acerca de la situación de la economía indígena, mencionaremos los trabajos de M. Coello. S.M. Lara, H. Cartón, y de R. Bartra.

En primer lugar, empezaremos con la cuestión que plantean M. Coello, S.M. Lara y H. Cartón que empiezan con la interrogante acerca de la existencia de la economía indígena en México:

Aquí cabe hacer una pregunta muy importante, ¿existe una economía indígena?

La economía indígena implicaría la existencia de una situación económica diferente con respecto al sector obrero y al sector campesino. Sustentado ésto bajo el postulado de que: el indígena constituye una categoría social diferente del resto de la población, sea por su "inferioridad racial", por el "clima", por "su cultura", por las formas de dominación, etc.

Varios estudios realizados recientemente, demuestran claramente que los indígenas, se encuentran totalmente integrados a la estructura económica global del país.

Por ésto, cualquier teoría que plantee la necesidad de integrar al indígena a la Nación, en realidad no hace más que justificar el proceso de integración de "aculturación", que ya ha acontecido, que es un hecho consumado. . . Se descubre que el indígena es explotado como el campesino y como el obrero y que las formas económicas tradicionales de origen prehispánico o indo-colonial, tales como el trabajo colectivo, la propiedad comunal, las formas de distribución de la riqueza, el autoconsumo y la organización comunal, son mecanismos que ya no cumplen su función original y que, además, no son peculiares privativas de la población indígena sino de todo el campesinado.[24]

TRABAJO COLECTIVO

Segundo planteamiento económico: Trabajo Colectivo. Es esta una de las aportaciones que en el aspecto económico, entre otras, hace Roger Bartra, luchador incansable por la reivindicación del indígena para contribuir a ir despejando las dificultades para resolver la problemática de las etnias:

El trabajo colectivo, de los pocos trabajos que se conservan, se encuentra muy desligado de la base productiva propia de la comunidad; los sistemas de ayuda mutua han quedado relegados a trabajos tales como la construcción de escuelas, de vivienda, caminos, etc. Casi siempre bajo el control del Estado, que de esa manera se ahorra considerables inversiones en el pago de la mano de obra.

La propiedad ejidal, como forma jurídica peculiar de comunidad indígena, ha perdido su razón de ser. En la realidad, no se diferencia de la propiedad ejidal (modalidad jurídica creada por la Reforma Agraria, que cede en usufructo privado parcelas de pequeña extensión). En la mayor parte de los casos, se trata de tierras fértiles o boscosas que operan en forma idéntica a la sección comunal de la tierra ejidal.[25]

EL AUTOCONSUMO

Roger Bartra, con su peculiar postura, va esclareciendo el problema económico de las etnias bajo el siguiente enfoque, sustentando que: "El autoconsumo es un rasgo importante de toda economía campesina. El autoconsumo del indígena no constituye un modo de producción, sino una forma de distribución. Su antigua productividad, la economía natural, ha sido sustituida por una economía mercantil simple".

Bartra nos dice al final de cuentas que no existe un modo de producción indígena diferente al sistema económico mexicano: "En fin, no existe "un modo de producción indígena" diferente de la economía simple. Esto no quiere decir que en las relaciones de mercado no se cuelen comerciantes, parásitos, usureros, acaparadores e intermediarios que se aprovechen del desconocimiento que tiene el indígena del idioma español y de la falta de educación para apropiarse de la riqueza producida por las regiones étnicas".[26]

REFERENCIAS

1. **Alfredo López Austin.** Cuerpo Humano e Ideología, UNAM, México, 1980, pp. 11, 12 y 13.
2. **Martha Chávez Padrón.** El Derecho Agrario en México, ed. Porrúa, S.A., México, 1974, p. 19.
3. Ibid. p. 20.
4. **Antonio Arreola Valenzuela.** Lor Orígenes de la Minería en Durango. op. cit., Everardo Gámiz. Historia del Estado de Durango, ed. particular, México, 1953, pp. 71, 72-148.
5. Ibid. , **Pastor Rouaix**, op. cit., p. 464
6. **Martha Chávez Padrón.** El Derecho Agrario en México, ed. Porrúa, S.A., México,1974, pp. 21-22
7. **Ley General Agraria.** Expedida por Fco. Villa, Gral. en Jefe de Operaciones del Ejército Convencionista, Cd. de León, Gto., 24 de Mayo de 1915.

8. **Everardo Escárcega López y Carlota Botey Estape.** La recomposición de la Propiedad Social como precondición necesaria para refuncionalizar el Ejido, en el orden económico productivo. ed. CEHAM, México,1990. p. 17.

9. Ibid. pp. 23-27.

10. Ibid. p. 28.

11. Ibid. p. 29.

12. **Fernando Benitez.** El Libro de los Desastres, ed. INI-FCE, Méx. 1981. Los Indígenas de México, Serie mayor, 7a. Reimpresión, ed. ERA, México, 1991.

13. **Alfonso Fabila.** Valle del Mezquital, ed. Cultura México, 1938, pp. 56-57.

14. **Roger Bartra.** Campesinado y Poder Político en México, ed. INI 1982, p. 73.

15. **Roger Bartra.** Campesinado y Poder Político en México, ed. Era, 2a. reimpresión 1988, p. 80.

16. **Alfonso Fabila.** Valle del Mezquital, ed. Cultura México, 1938, p. 147.

17. **Manuel Gamio.** 1935, citado por Eduardo en Arqueología e Indigenismo, Sep. Setentas, No. 24, 1977, p. 183.

18. **Manuel Gamio.** Forjando una Patria, 2a. ed. Porrúa México, 1960, p. 94.

19. Ibid. p. 95.

20. **Gonzalo Aguirre Beltrán.** "El indigenismo y su contribución a la idea de nacionalidad". América Indígena, Vol. XXIX, pp. 397-435, Instituto Indigenista Interamericano, México, 1969, p. 404.

21. **Roger Bartra.** Campesinado y Poder Político en México, ed. Era, 2a. reimpresión, 1988, pp. 80-81.

22. **Roger Bartra.** Campesinado y Poder Político en México, ed. Era, 2a. reimpresión, 1988, pp. 87-90.

23. **Luis Villoro.** Los grandes momentos del indigenismo en México, ed. El Colegio de México, 1950.

24. **M. Coello. S.M. Lara y H. Cartón.** "Capitalismo y Campesinado Indígena" y Luisa Pare "Relaciones Interétnicas y Relaciones de Clase", en "Estudio sobre Relaciones Interétnicas en México", Informe presentado a la Reunión sobre Relaciones Interétnicas en América Latina y el Caribe, UNESCO, Ciudad de México, 1-5 de julio de 1974.

25. **Roger Bartra.** Campesinado y Poder Político en México, 2a. ed. Era. México, 1988, pp. 85-86.

26. Ibid. p. 86.

II
CAMBIOS

LOS CAMBIOS EN EL PROCESO DE INTEGRACIÓN Y LA ACULTURACIÓN INDÍGENA

Los cambios sociales iniciados con la conquista de América, fueron crueles y violentos y han repercutido grandemente en las culturas indígenas latinoamericanas, transformando radicalmente la estructura política, económica y social de las naciones indígenas. En México como en los demás pueblos hispanoamericanos, estos cambios tienen su origen en la conquista militar y espiritual. La militar fue de una violencia tan cruel que motivó la intervención de la corona española para propiciar el surgimiento de una política deliberada de protección al indígena, y fuera desplazada la participación militar, por la intervención aculturista de los misioneros, a quienes se proporcionaron toda clase de facilidades y libertades en la realización de la integración de los indígenas a la cultura occidental. Así, la hispanización y la occidentalización de los indios se convirtieron desde entonces en funciones de Estado.

Alejandra Moreno Toscano, en la Historia de México, editados por el Colegio de México, en la que comparte créditos con otros historiadores, nos narra esta situación, más o menos en estos términos:

> Los misioneros hicieron estudios de las lenguas y las costumbres prehispánicas. Es por eso que la conquista espiritual se liga directamente con el nacimiento de los estudios etnográficos en el nuevo mundo. Los misioneros desplegaron una gran actividad en el estudio de las lenguas indígenas. Se estudió la estructura interna de las lenguas indígenas. Muchas de ellas fueron alfabe-

35

tizadas. Se estudió la estructura interna de las principales lenguas y se recopilaron importantes vocabularios con definiciones, con las definiciones precisas y los diversos significados de cada palabra. Además, se tradujeron numerosas obras religiosas a las lenguas indígenas, así como la aplicación de métodos de enseñanza (y evangelización) que utilizaron simultáneamente las capacidades audiovisuales del individuo.

El convertir masivamente a los indígenas y con ello justificar la conquista, produjo la creación de instituciones originales, la aplicación de métodos y técnicas de conocimiento desconocidos en occidente. Una gran parte de estos procedimientos y de instituciones se derivaron de la observación y estudio de las actividades prehispánicas.

Es pues en el siglo XVI, el siglo de la conquista, el momento en que se rediseñan las relaciones sociales de estos pueblos. La conquista militar y la conquista espiritual, partes integrantes de un mismo proceso, dejando dibujada las líneas generales de acción que seguirá la Nueva España.[1]

A finales del siglo XVII, en Nueva España, estas líneas generales de acción, asentadas por la contribución de Bernardino de Sahagún, Vasco de Quiroga, Pedro de Gante, Bartolomé de las Casas, entre otros, fueron retomadas por cuenta propia, pero con otro enfoque, por misioneros jesuitas de la corriente del ilustrismo y de la escuela humanista: Francisco Xavier Clavijero, Juan Luis Mainero, Rafael Compoy, entre otros, que aunadas a otras causas de liberación criolla y mestiza, desembocaron en la independencia. Los jesuitas fueron expulsados por luchar por la dignificación y liberación de los indígenas, y por ser los maestros ideológicos de los insurgentes que nos legaron las libertades y derechos de que hoy gozamos.

La influencia religiosa ha sido determinante en los cambios sociales de México. Su presencia en algunas ocasiones se ha confundido entre las formas ideológicas y políticas del país, parecidas como se presenta hoy la situación indígena y campesina en el Estado de Chiapas, donde se ha visto claramente la participación de las iglesias protestante, evangélica y católica.

Así como las ideas de emancipación de jesuitas y enciclopedistas dejan las bases para que se diera la secuencia de una serie de cambios interminables en la nueva nación mexicana; en otra etapa, las ideas masónicas y religiosas entran en pugna para dar juego al cambio reformista y de intervención, y tratando de

La influencia religiosa ha sido determinante en los cambios de México; participando misioneros, jesuitas, masones. La virgen de Guadalupe ha ido al frente de los ejércitos de Hidalgo, Morelos, Zapata y Villa.

justificar cada tendencia, su posición como clase dominante conservadora una, y liberal la otra, la primera representando a la clase adinerada y la segunda más bien a mestizos e indígenas pobres y deprimidos. Después, en la Revolución de 1910, recrudecen todos los rencores de esta clase agraviada que toma las armas; Revolución en la que se lucha por la reivindicación de los derechos de los campesinos, indígenas y obreros; movimiento por el cual se cohesionan más las clases populares nacionales en torno a un mestizaje más sólido absorbiendo a más indígenas; cambios bruscos que repercuten, más aún, en destruir las estructuras de Estado de las naciones indígenas. Como señala Gonzalo Aguirre Beltrán, el cambio de 1910, es de tal trascendencia para las etnias que puede hablarse de una rehabilitación del proceso aculturativo en el Siglo XVI.

Gonzalo Aguirre Beltrán es preciso al corroborar todo lo anterior, afirmando que: "En todos los siglos que preceden al Siglo XVI de la gran aculturación, las razas autóctonas no sólo de México, sino de todo el continente americano, fueron sojuzgadas y oprimidas por el invasor europeo, después por los criollos y los mestizos, hasta nuestros días, y son explotados por ladinos, latifundistas, caciques y finqueros, que les pagan salarios de hambre y les dan un trato inhumano".

Rodolfo Stavenhagen, es más contundente al delimitar lo afirmado por Aguirre Beltrán: "En tanto, miembros de las clases sociales explotados como los indígenas, luchan por sus reivindicaciones económicas; como campesinos, sin tierra, luchan por obtener crédito, asistencia técnica, recursos productivos y precios justos por sus productos; como artesanos demandan acceso a los insumos y los mercados, y procuran la eliminación de intermediarios y usureros; como jornaleros y trabajadores, exigen empleo, el pago del salario mínimo, el respeto a sus derechos laborales y las prestaciones de los trabajadores".[2]

En general, luchan para que se respeten sus derechos humanos, individuales y sociales. Estamos en tiempos de cambios por la inconformidad ancestral que hace crisis y está latente un estallido violento para reivindicar esos derechos. Cambios que se realizarán ¿pacífica o violentamente? Los mexicanos queremos armonía, equilibrio y paz para consolidar nuestras aspiraciones como nación del futuro y no sucumbir a la anarquía y al exterminio como pueblo libre, soberano y democrático. Todos estos razonamientos e inquietudes se exponen más detalladamente a continuación en esta II Parte denominada "Cambios": Social, Cultural, Lingüístico, Económico, Político e Ideológico.

CAMBIO SOCIAL

Gonzalo Aguirre Beltrán en su obra "El Proceso de Aculturación", al final del tema "Cambio Social" nos ofrece una conclusión que sintetiza espléndidamente, explicando como se está dando y cómo debe darse este cambio. Nos instruye al respecto y establece las directrices de éste:

> El Cambio Social pudo ser, desde luego, forzosamente implantado al pasar el poder de la antigua élite heredera de los privilegios coloniales, a las clases campesinas y a la obrera en formación. Los cambios en las relaciones posicionales de los grupos sociales y étnicos, que integraban el país, fueron inmediatos; pero el cambio social no corrió parejo con el cambio cultural. Las prácticas y procesos de acción —las costumbres de la gente no pudieron ser modificadas de la noche a la mañana— con la misma rapidez con que se llevó a cabo la avanzada transformación social. Debido a ella, la reforma agraria, cambio social, no fue seguida de una reforma agrícola, cambio cultural; ni la industrialización de una concomitante mudanza tecnológica.[3]

Beltrán, nos insta a reflexionar para definir concretamente, cuales son los objetivos a realizar de acuerdo a las actividades que debemos emprender. No únicamente hacer responsable al Gobierno y a los explotadores de los indígenas, sino a toda la sociedad; Cambio Social que abarque tanto al indígena como al mestizo:

> La tarea a emprender, en todo programa de desarrollo de la comunidad, es la de acortar la distancia que existe entre el cambio social, violentamente impuesto por la Revolución, y el rezago cultural en que permanecen los grupos étnicos subdesarrollados. El cambio cultural habrá de implantarse mediante un ataque multidimensional, que abarque tanto al indígena como al mestizo que componen la integración regional, y que considere la elevación de los niveles socioculturales hasta el punto de lograr una síntesis de los dos grupos de conflicto. Para ello es indispensable poner en marcha sistemas de acción conducidos a promover cambios en la estructura y en la dinámica de la población, en la interdependencia económica, en la configuración lingüístico-educativa,

en la religión y en la salubridad, en los tipos de recreación y en las formas de expresividad estética.[4]

CAMBIO CULTURAL: PROCESO DE ACULTURACIÓN

Aguirre Beltrán refiere que la unión de lo socio-cultural es la síntesis del cambio social y cultural; es una simbiosis que da como resultado lento y antagónico la aculturación e integración. Estas son sus tesis:

ACULTURACIÓN

"Es el proceso de cambio que emerge del contacto de grupos que participan de culturas distintas. Se caracteriza por el desarrollo continuado de un conflicto de fuerzas, entre formas de vida de sentido opuesto que tienden a su total identificación y se manifiesta, objetivamente en su existencia a niveles variados de contradicción".[5]

Beltrán afirma que la aculturación e integración aunque sean opuestas se derivan de la integración inter-cultural o asociación; nexo del cual nos servimos para orientar y delimitar la dirección definida en la búsqueda de la solución del problema, fijar los límites, las relaciones y las implicaciones contradictorias del proceso de cambio, para definir a cada uno de ellos, y que el proceso de integración inter-cultural o asociación en opuesto de la aculturación, su determinación dialéctica implica variaciones en las cualidades que le son ajenas, pero no en la dinámica de su desarrollo, por lo que su definición puede ser la siguiente:

INTEGRACIÓN

"Es el proceso de cambio que emerge de la conjunción de grupos que participan de estructuras sociales distintas. Se caracteriza por el desarrollo continuado de un conflicto de fuerzas, entre sistemas de relaciones posicionales de sentido opuesto, que tienden a organizarse en un plano de igualdad y se manifiesta objetivamente en su existencia, a niveles variables de contra posición."[6]

Beltrán va despejando la tesis respecto al conflicto de fuerzas que intervienen en el proceso de integración y aculturación:

En el proceso de aculturación, actúan dos fuerzas antagónicas: La una tiende a la concentración del agregado social opuesto, es decir, se propone la incorporación de los individuos que componen la comunidad disímil dentro de la estructura social del grupo dominante. La otra contrariamente tiende a la dispersión de los grupos en conflicto para mantenerlos independientes. De la integración de estas dos fuerzas y de la mayor o menor denominación de una o de otra, emerge el proceso de conversión que se manifiesta a niveles distintos de integración o asociación. La interdependencia de escala menor entre dos grupos sociales distintos de un primero y muy bajo nivel de integración, es el de la conversión paralela. El continuar de la escala está constituido por conversión alternativa en la que los individuos de los grupos en contacto, durante un lapso determinado pero reiterativo, pasan a formar parte de la estructura social del grupo opuesto. La integración polar, los grupos en contacto, han alcanzado a construir una social donde la interdependencia creciente de los grupos en simbiosis ha llegado al grado de convertirse en uno solo. Deja de ser una conversión o polarización intercultural o de castas, para ser una polarización de tipo clasista. Creando un nuevo conflicto de fuerzas en la que la polarización de clases sociales habrá de resolverse en la síntesis de una sociedad sin clases.[7]

Gonzalo Aguirre Beltrán remata magistralmente estos supuestos, aterrizando, en esta forma: "Llegamos así en el análisis del proceso de la aculturación, a la necesidad de enfocarlo de acuerdo con el criterio integral que sostiene con énfasis la escuela mexicana, y que resume la dualidad aparente que existe entre cultura y sociedad, entre intercambio cultural e interacción social entre niveles de aculturación y niveles de asociación o integración."[8] Que nos presenta a continuación:

Cuadro 1. Integración del cambio socio cultural

	Niveles de Aculturación	*Niveles de Integración*
Tesis	Aceptación	Concentración
vs		
Antitesis	Reacción	Dispersión
=		
Síntesis	Adaptación	Conversión
	i) Consensal	i) Paralela
	ii) Selectiva	ii) Alternativa
	iii) Sincrética	iii) Polar

Gonzalo Aguirre Beltrán, "Proceso de Aculturación" 1988.

Todavía aún más, Aguirre Beltrán analiza y define cada uno de los niveles de acuerdo al esquema propuesto, anteponiendo sistemáticamente la tesis y antítesis, dando como resultado la síntesis de la aculturación e integración en la adaptación y conversión social para inducir al Cambio Socio-Cultural: "El enfoque integral del proceso del cambio, conforme al esquema anunciado, nos permite explicarnos las contradicciones múltiples que objetivamente se observan en las distintas situaciones aculturativas y proporciona, un sistema lógico normativo que nos guía a la acción implementada para inducir al cambio socio-cultural y para modificar esta acción a tono con el momento que se encuentra el proceso de desarrollo."[9]

ASPECTOS, CORRIENTES, ENFOQUES Y SOLUCIONES PARA EL CAMBIO CULTURAL

En respuesta al cambio socio-cultural actual del indígena, el antropólogo Rodolfo Stavenhagen, expone diversas tendencias de solución de diferentes corrientes las cuales plantea con reflexión prudente y cuidadosa, a través de un análisis de los diferentes aspectos expuestos por él, discute a la vez las tesis formuladas por otros autores versados respecto al cambio cultural, bajo el enfoque clasista, dualista y pluralista:

La solución que han propuesto los defensores del enfoque culturalista, ha sido el cambio cultural o la aculturación de los grupos indígenas a la cultura dominante; la incorporación o integración de los indígenas a los moldes de la cultura nacional, con riesgo de la desaparición de las culturas indígenas, considerando que su continuada existencia representaba no sólo un impedimento para el desarrollo de las comunidades indígenas mismas; sino incluso un obstáculo al desarrollo y a la integración nacional. De acuerdo a este enfoque, el progreso de la nación pasa necesariamente por la eliminación de las culturas indígenas y basarse en el fomento de una sola cultura nacional homogénea, la mestiza. Para lograr el objetivo, se ha utilizado la política educativa, pasando por diferentes etapas: la castellanización, la alfabetización, se optó durante mucho tiempo por la enseñanza directa en español desde los primeros años de la escuela primaria. Posteriormente se fue implantando la educación bilingüe alfabetizando y enseñando al niño indígena primeramente en su lengua materna y solamente una vez que hubiera adquirido el dominio de las primeras letras, se pasaba a la enseñanza del español como segunda lengua. El objetivo básico de la acción educativa, sigue siendo la castellanización de los grupos indígenas y la implantación de los mismos programas escolares que prevalecen en el resto de la República.

El enfoque culturista preconiza que una vez superado el escollo de las diferencias culturales, las comunidades indígenas podrán salir rápidamente del atraso económico en que se encuentran, pudiendo aprobar plenamente los distintos programas de desarrollo económico y social que lleva a cabo el gobierno federal en las zonas rurales del país.

El enfoque clasista reconoce que la base fundamental de la pobreza de estas comunidades se encuentra en la explotación económica a la que han estado sujetas desde hace siglos. Dicen que la gran mayoría de la población indígena está compuesta de campesinos pobres (ejidatarios, minifundistas o comuneros), de jornaleros agrícolas, de artesanos o de trabajadores eventuales, que son explotados por la clase dominante de la sociedad nacional. Su explotación, dada por su situación de clase, es decir, con respecto a los medios de producción, es más aguda debido precisamente a las características culturales que los definen como indígenas.

Los partidarios del enfoque clasista, consideran a las culturas indígenas como un obstáculo a la integración clasista de la sociedad. Proponen, como solución al atraso y la pobreza de las comunidades indígenas, la pronta proletarización de los campesinos indígenas, el rompimiento de sus vínculos culturales con su comunidad y su incorporación plena y llena a las filas del proletariado nacional y de sus luchas. De acuerdo con el enfoque clasista, el progreso de la nación también pasa necesariamente por la eliminación de las culturas indígenas y el "problema indígena" sólo desaparecerá mediante la lucha de clases y la liberación del proletariado nacional.[10]

Stavenhaguen da a entender este carácter crítico del enfoque clasista y dualista al acudir en cita de Aguirre Beltrán, que los partidarios de la tendencia dualista, se basan en:

«El concepto de sociedad dual, explica una teoría de proceso de modernización en la que el proceso de cambio social tiene lugar a lo largo de un continuum en uno de cuyos extremos se halla el "tradicionalismo" y en el otro la "modernidad" o "modernismo", continuum que presenta varias dimensiones posibles. En general, el dualismo se refiere a ciertos tipos de organización social y económica, y obviamente tiene también una misión geográfica, dado a que en un mapa las áreas "tradicionales" pueden distinguirse fácilmente de las "modernas". Las comunidades indígenas de América, se hayan en el sector "tradicional" de la sociedad dual; sin embargo, no son las únicas sino que se consideran igualmente tradicionales gran parte del campesinado indígenas y de las poblaciones de las pequeñas ciudades provincianas —por lo menos en cuanto al contraste que presentan con el sector urbano moderno».[11]

Comunidades indígenas a las que Gonzalo Aguirre Beltrán ya en 1960 había ubicado y presentado su versión, para lo cual utilizó un lenguaje claro y directo; Stavenhagen cita lo dicho por éste respecto a las áreas de refugio: «Las comunidades indígenas ocupan una posición particularmente atrasada dentro del sector tradicional y tienden a verse relegadas a las regiones ecológicas menos atractivas, las que Aguirre Beltrán llama Las áreas de Refugio».[12]

Stavenhagen explica los problemas pluralistas y dualistas, así:

El enfoque pluralista y dualista, plantean tres problemas fundamentales:

1. La naturaleza del proceso histórico que ha conducido a la situación actual;
2. La naturaleza del sistema global dentro del cual se mantienen el pluralismo y el dualismo; y
3. La naturaleza de las fuerzas y tendencias dinámicas que introducen cambios sociales y económicos en una situación de pluralismo y dualismo.[13]

Continúa Stavenhagen, hablando de la simetría del cambio, del ritmo del énfasis, de la forma de estos enfoques; analiza sus tendencias, plantea observaciones que sólo son posibles o no, gracias al análisis crítico que han desarrollado otros observadores, como son, aquellos que han contribuido al cambio sociocultural de la política indigenista.

Respecto a estas teorías o tendencias, Stavenhagen realza la influencia de la fuerza del cambio en el proceso de aculturación; recurre a las palabras de Aguirre Beltrán: «Ninguna estructura de dominación es inmutable, y a través del tiempo la situación que hemos descrito se ha visto sujeta a la influencia de la fuerza del cambio, La principal tendencia ha sido hacia la absorción por parte de la "sociedad nacional", de las culturas indígenas. Desde la época colonial, los indios han sido asimilados individualmente a la sociedad global y los diversos grupos indígenas han sufrido un profundo proceso de aculturación».[14]

Stavenhagen analiza el enfoque pluralista y dualista en base a los tres problemas planteados, seleccionando como punto de partida los conocimientos vertidos por el maestro Alfonso Caso respecto al objetivo transformador de los indios como participantes de la cultura nacional para que se integren y dejen de ser indios:

Con el desarrollo del Estado nacional, los políticos y los intelectuales liberales, insistieron en la necesidad de la integración nacional de las sociedades latinoamericanas, considerando la existencia de las culturas indígenas "no integradas" como un obstáculo para ello. La integración nacional llegó a significar la desaparición de las cultural indígenas y la incorporación de los indios al patrón dominante. Esta llegó a hacer la política oficial de varios gobiernos latinoamericanos en años recientes, a través de agencias gubernamentales especializadas dedicadas a los asuntos indígenas. El sistema educativo ha sido el principal instrumento de incorporación. Si bien en ocasiones se ha fomentado la alfabetización en lenguas indígenas (más como un instrumento de aprendizaje que como un fin en sí mismo), el objetivo principal sigue siendo el transformar a los indios en planos participantes de la cultura nacional y por lo tanto, dejar de ser indios.[15]

En síntesis, Stavenhagen sostiene que cuando el indio deja de ser indio, la culturación de éste lo conduce a un proceso de marginalización o subproletarización y de desculturización que implica la desaparición de las cultura indígenas (etnocidio), y que la pluriculturalidad sería el resultado de todo ésto, y el ser místico del mestizo sería el aportador de la nacionalidad; apreciaciones que se resumen a continuación:

Cuando un indio deja de serlo —a través de la asimilación individual o de la aculturación colectiva— se incorpora a una estructura de clase específica y no a una "sociedad nacional" abstracta. En términos generales (hay excepciones) ésto ocurre en el nivel más bajo en la estructura de clases. Actualmente en América Latina ésto implica un proceso decreciente de marginalización. La marginalidad se ha convertido en uno de los rasgos principales asociados con la actual situación de subdesarrollo en América Latina, del que es una manifestación importante.

De esa manera, la incorporación de los indios a la sociedad nacional (ya sea por decisión gubernamental o por proceso espontáneo), conduce frecuentemente a un proceso de marginalización. Queda por responder la respuesta de si los indios han ganado algo en este proceso de incorporación nacional y de pérdida cultural.[16]

La marginalización o subproletarización, como resultado de un cambio estructural y/o de esfuerzos orientados hacia la asimilación o incorporación de los indios a la "cultura nacional", lo cual implica la desaparición a largo plazo de las culturas indígenas restantes en lo que se pudiera llamar con exactitud en etnocidio.

La posibilidad de un desarrollo cultural autónomo de los grupos étnicos indígenas, en un nivel de igualdad con los mestizos, dentro de un marco de transformación económica y social de la sociedad global. Este tipo de evolución únicamente podría tenerse una vez que hubiera desaparecido la estructura colonial interna, como parte de una política cultural que no exigiera la muerte cultural de los indios en nombre de la integración nacional.

El problema se plantea cuando vemos que la "incorporación nacional" de los indios en el nivel cultural de marginalización se ve acompañada de un acelerado proceso de desculturación sin un correspondiente proceso de integración cultural. El proceso de cambio cultural que están sufriendo los indígenas en la actualidad, puede ser visto tanto como un proceso de aculturación (ésto es: pérdida de cultura) y de desculturación (adquisición de nuevos y diferentes elementos culturales). Para la persona que está involucrada en este proceso, los marcos de referencia tradicionales para el comportamiento colectivo e individual, pierden relevancia, pero aún no ha logrado establecer un nuevo marco de referencia significativo. No pasa de ser una esperanza el creer que un proceso de integración nacional, transformaría a los campesinos indígenas en típicos miembros de una emergente clase trabajadora media.[17]

La alternativa consistiría en que la sociedad nacional y sus representantes aceptaran y garantizaran la libertad para el desarrollo cultural de los grupos indígenas subordinados. Ello equivaldría al reconocimiento de que esos grupos poseen una dinámica cultural propia que no ha de evolucionar necesariamente en dirección de una mayor asimilación á la "cultura nacional", tal y como ha sido definida por los grupos mestizos dominantes. Más aún, sería necesario que los gobiernos nacionales definieran políticas culturales específicas, con el fin de fomentar y fortalecer el desarrollo cultural de estos grupos. No consistirá en una forma de sincretismo social y cultural, en el cual el segmento mestizo dominante absorbiera las culturas indígenas sobrevivientes, sino más bien en una coexistencia de ambas dentro de un contexto de pluralismo cultural. Esta alternativa exige que los responsables de la política cultural, reinterpreten y reflexionen acerca de la naturaleza de la dinámica de las relaciones inter-étnicas contemporáneas, y en particular, acerca del modelo de tipo de sociedad en el que deseamos vivir mañana.

A pesar de que en México habitan más de cincuenta grupos étnicos diferentes que hablan otras tantas lenguas indígenas, —aparte del español—, sólo hasta muy recientemente que se admite oficialmente la pluriculturalidad de la Nación, gracias a lo idealizado por Vasconcelos —llegó a reconocerse en el ser místico del mestizo el ser portador de la nacionalidad, como fruto y síntesis de dos civilizaciones.[18]

Stavenhagen, todavía va a redondear estos conceptos, finalizando al hacer los contrastes del pluralismo cultural que pueden debilitar a la nacionalidad mexicana, concluye, mencionando las políticas de cambios en las sociedades plurales:

> En el escenario global, la nacionalidad mexicana ha quedado firmemente establecida. No existen ya los peligros que debilitaban a la Nación durante el siglo pasado, aunque ahora existen otros (dependencia económica, enajenación cultural, etc.). Ha llegado el momento de reconocer abiertamente que la coexistencia en el territorio nacional de grupos sociales con culturas distintas, no representan una amenaza para la nacionalidad ni un obstáculo para el desarrollo económico del país. Más bien por el contrario, el pluralismo cultural existente (representado sobre todo por los grupos indígenas), constituye un aporte vivo e infinitamente rico a la cultura nacional, y la fortalece justamente ante la enajenación cultural vinculada a los diversos mecanismos de la dependencia externa.[19]

CAMBIO LINGÜÍSTICO

En este aspecto, Gonzalo Aguirre Beltrán, resume el problema lingüístico en la siguiente forma:

> El examen del proceso de aculturación lingüística, nos ha llevado al conocimiento de los distintos niveles de contradicción que presentan las varias comunidades de una misma región intercultural. La intensidad mayor o menor que en un momento dado ostenta una u otra de las fuerzas interactuantes, determina el grado de conversión del grupo indígena minoritario, con respecto a la sociedad nacional. Hemos analizado los factores socioculturales que intervienen en la situación lingüística y alteran la naturaleza de la integración regional, que puede ser productiva o improductiva, según debilite o fortalezca la cohesión interna de la comunidad bajo asedio. Parece indudable que la comprensión así adquirida, puede y debe ser aplicada en la implementación de un programa dirigido a lograr la uniformidad lingüística y la armonía étnica dentro de las extensas fronteras de una nación para todos.
>
> Un programa con tales contenidos de propósito, habrá de incluir necesariamente medidas que conduzcan, en primer término, a una revalorización de

las lenguas nativas, tanto en el consenso nacional como en el local. La reducción de la escritura latina de las lenguas y dialectos indígenas y la producción de una literatura abundante y aceptable que fije, ya tenga la dispersión e incremente la continuidad del grupo en el tiempo y en el espacio. Asimismo, habrá de constituir en la enseñanza de la lengua oficial, hasta el punto de lograr el total bilingüismo de la pluralidad de comunidades indias.[20]

EDUCACION BICULTURAL

En cuanto a la castellanización y educación bicultural, Stavenhagen refiere las actitudes que han asumido las autoridades educativas en los tiempos actuales, a saber:

Las autoridades educativas han reconocido que los esfuerzos por castellanizar totalmente a la población indígena monolingüe del país sólo pueden lograrse en el marco de la educación bilingüe y bicultural. La educación bicultural descansa en el hecho que para nuestros grupos indígenas el español es una lengua extraña, propia de quienes no sólo son ajenos a la comunidad indígena, sino a menudo hostiles a ella. El español es de mestizos ladinos que frecuentemente se identifican con los elementos explotadores u opresores de los indígenas.[21]

Prosigue el autor aseverando que: "La imposición del español en la escuela, sin tomar en consideración los factores de las relaciones sociales, costumbrismos y rituales, casos en los cuales sólo se habla estrictamente la lengua materna, producen profundos conflictos psicológicos en el educando y contribuye a la descomposición social de la comunidad."

Continúa explicando el autor mencionado, que la educación bilingüe y bicultural se enfrentan a diversos problemas sin solución como son: el nivel de escolaridad, la carencia de material didáctico; adecuación de los libros de texto; unificación y estandarización de las principales lenguas; necesidad de programas y de personal especializado.

En cambio la enseñanza del español como segunda lengua, junto con la aplicación de los programas escolares en lengua indígena, permiten el desarrollo integral de capacidades del niño en el marco de su propia cultura. Esta es la base de la educación bilingüe y bicultural. Pero este enfoque se enfrenta a diversos problemas:

a) ¿Hasta qué nivel de escolaridad deberá llevarse la educación bicultural? Ante la posición extrema tradicional de que toda la enseñanza formal deberá hacerse solamente en español, puede caerse en la posición contraria de que toda la enseñanza, incluso al nivel universitario, debería hacerse en lengua indígena. La solución que se ha venido aplicando es otra: se alfabetiza primero en lengua indígena y se imparte enseñanza formal, en la medida de lo posible, en lengua indígena durante los primeros años de primaria. Al mismo tiempo se inicia la enseñanza de ciertas materias en español, y al pasar a años superiores el español desplaza totalmente a la lengua indígena como instrumento de escolarización. En el futuro, la enseñanza de ciertas materias en lengua indígena, junto con la enseñanza de otras en español, podrá extenderse hasta los niveles secundarios.

b) ¿Entre qué grupos indígenas deberá practicarse la educación bicultural? Las experiencias de educación bilingüe que han venido aplicando la SEP y el Instituto Nacional Indigenista desde hace catorce años, sólo se llevan a cabo entre algunos grupos indígenas del país, por carencia de recursos para hacerlas extensivas a todos. En consecuencia, es necesario establecer prioridades. Un criterio puede ser el número de hablantes, siendo los más numerosos los mayas, nahuas, zapotecos, mixtecos, mazahuas, otomíes, purépechas, totonacos, mazatecos y algunos otros grupos que tienen decenas o centenas de miles de hablantes cada uno. En cambio, entre los grupos muy pequeños (seris, lacandones, etc., cuyos hablantes no pasan de algunos centenares o miles) sería poco realista un programa de esta naturaleza.

c) La carencia de material didáctico en lengua indígena para la mayoría de los grupos. Se han elaborado cartillas en algunas lenguas, pero se requiere de un esfuerzo considerable y de largo alcance para dotar a los principales grupos de material didáctico en sus propias lenguas. Esta debe ser una tarea permanente cuyos frutos se lograrán sólo en muchos años.

d) La necesaria adecuación de los libros de texto y materiales didácticos en español a las condiciones y características culturales de las regiones indígenas en que serán usados. También esta es una tarea difícil y larga pero necesaria.

e) La unificación y estandarización de las principales lenguas indígenas que se hablan en el país, ya que existen múltiples variantes y dialectos debido al aislamiento secular de las comunidades y a la ausencia, hasta hace poco, de una política lingüística y cultural del Estado tendiente a la preservación y desarrollo de ese patrimonio nacional que son las lenguas indígenas.

f) La necesidad de programas para fomentar diversas actividades culturales bilingües y en lenguas indígenas para fortalecer y complementar la enseñanza bicultural en la escuela y dar apoyo a la personalidad étnica de los diversos grupos indígenas.

g) La ausencia de personal especializado de niveles alto y medio para desarrollar la educación bicultural y la necesidad de capacitar a maestros, investigadores, promotores y técnicos en este campo.

La educación bicultural es la solución contemporánea a los viejos problemas de la educación en las comunidades indígenas, y responde a demandas cada vez más insistentes que estas mismas comunidades vienen planteando desde hace tiempo.[22]

Para concluir, Stavenhagen, considera que puede afirmarse generalmente, que:

Castellanizar a los grupos indígenas significa dotarles de la lengua oficial de la nación, del idioma vehicular a través del cual todos los mexicanos nos entendemos, de un instrumento fundamental para lograr el desarrollo económico y social. Esto, que parece tan obvio y sencillo, sin embargo, no es. El problema no estriba en la meta como tal, sino en los mecanismos utilizados por el gobierno para alcanzarla. Así, la enseñanza del español no representa una ruptura con la cultura local sino que forma parte de un proceso de escolarización general. Con este método, los niños indígenas aprenden el español como segunda lengua pero también reciben educación general en su propio idioma. Por lo tanto, pueden asimilar la lengua vehicular nacional sin mayores dificultades y sin que aparezca como un elemento extraño y perturbador de su propia cultura."[23]

Para aclarar con precisión esta situación, Aguirre Beltrán se refiere a Ricardo Pozas (1956):

«La condición para que un grupo lingüístico minoritario (que funciona dentro de otro mayor con una lengua diferente) convierta su lengua en un idioma escrito como la manifestación superior de su cultura y pueda desarrollar una literatura en forma natural y espontánea, requiere: a) Que posea un desarrollo económico propio al nivel del grupo mayoritario; b) Que viva un grado de civilización relativamente elevado que le permita utilizar la lengua escrita como un medio de comunicación e información; c) que tenga la conciencia de una base histórica distinta a la del grupo mayoritario, dentro del cual existe. Tales condiciones no se dan en ninguno de los 51 grupos lingüísticos de México; por el contrario, su situación, en relación con el núcleo mayoritario, es la de grupos cuyo desarrollo económico se encuentra en un nivel más bajo; su grado de civilización no les permite aún utilizar la escritura de su lengua como medio de comunicación e información y su condición histórica es la de grupos que se han ido fundiendo a la trayectoria histórica común de México, a partir de la terminación de la Conquista." La aserción que antecede partes de premisas falsas al establecer que el simbolismo visual representa la manifestación superior de la cultura y, en consecuencia, que no puede desarrollarse una literatura natural y espontánea si el idioma no ha sido reducido a escritura. La lingüística ha demostrado que el idioma escrito corresponde palabra por palabra al idioma hablado y que los símbolos visuales son transferencias de los símbolos hablados, ésto es, símbolos de símbolos. No existe, pues, razón alguna para asignar superioridad a la transferencia sobre el original, como tampoco calificaríamos de superior a la partitura en cifra sobre la música misma. Por otra parte, la etnografía ha recogido, y recoge diariamente, un cúmulo extraordinario de literatura natural y espontánea en pueblos prealfabetos, de lo que se infiere que la expresión literaria no requiere como condición la existencia previa de un simbolismo escrito. Mucho menos, desde luego, la existencia de un desarrollo económico determinado, un grado de civilización avanzado y demás características del status del grupo étnico minoritario que no afectan el valor lingüístico o intrínseco del idioma sino su valor social o extrínseco. Es precisamente la confusión, que a menudo se introduce, entre el valor lingüístico y el valor social de una lengua la que da visos de certidumbre a conclusiones dogmáticas encaminadas a adscribir, consciente o inconscientemente, una inferioridad intrínseca a las lenguas indígenas. Sapir (1954) : 27 a este respecto dice: "El más importante de todos los simbolismos lingüísticos visuales es, por supuesto, el de la palabra manuscrita o impresa, al cual, desde el punto de vista de las funciones motoras, corresponde toda la serie de movimientos exquisitamente coordinados cuyo resultado es la acción de escribir, a mano o a máquina, o cualquier otro método gráfico de representar el habla. En estos nuevos tipos de simbolismo, el rasgo que es esencialmente importante para nuestro conocimiento. . . es que, dentro del sistema, cada uno de los elementos (letra o palabra escrita) corresponde a un elemento determinado (sonido o grupo de sonidos o palabra pronunciada) del sistema primario. Así, pues, el lenguaje escrito equivale punto por punto a ese modo inicial que es el lenguaje hablado. Las formas escritas son símbolos secundarios de las habladas —símbolos de símbolos—." El mismo Sapir (1949):108; señala el rol de la escritura: "La multiplicación de las técnicas de comunicación a largo alcance tiene dos importantes resultados. En primer lugar, incrementar el radio inconsútil de la comunicación, de tal manera que, para ciertos propósitos, la totalidad del mundo civilizado viene a convertirse en el equivalente psicológico de una tribu primitiva. En segundo lugar, disminuye la importancia de la simple contigüidad geográfica.»[24]

CAMBIO ECONÓMICO

El cambio económico indígena es tratado por Gonzalo Aguirre Beltrán, M. Coello., S.M. Lara, Rodolfo Stavenhagen, Roger Bartra y Sergio de la Peña, desde diferentes enfoques. Para Gonzalo Aguirre Beltrán, se trata de:

> El proceso de cambio cultural y social, en las funciones producción, estratégicas, está modificando en forma drástica la estructura económica de las regiones de refugio. El cambio acelerado y profundizado por el movimiento revolucionario de 1910, es de tal naturaleza trascendente que bien puede hablarse de una rehabilitación del proceso aculturativo iniciado en el siglo XVI o, tal vez, de un nuevo contacto de culturas que está afectando, sustancialmente, la presencia de la estructura colonial hasta las mismas regiones de refugio, inmunes al progreso.
>
> Una nueva polarización agrícola-industrial, viene tomando forma. Evidencia de ello es el incremento y la movilidad de la población, bajo el impulso de los niveles de vida; atractivos que le ofrece la urbe moderna; el desarrollo cada vez más dilatado de una extensa red vial que, con la motorización de los

transportes, ha roto el aislamiento y la autosuficiencia regional; la mejoría estimable de las condiciones del medio, con aumento progresivo de la expectación de vida, y por último, más no por eso menos importante, la difusión persistente de la educación escolar entre los campesinos, que ha hecho disminuir de un censo a otro, el número de analfabetos y, en parte, el de indígenas monolingües apegados a su cultura de comunidad.[25]

Visto lo anterior, Aguirre Beltrán, confirma que la estructura económica de las "regiones de refugio" ha sufrido cambios drásticos, pero nos deja entrever que todavía quedan vestigios de aquella, sin embargo, M. Coello. S.M. Lara y H. Cartón, afirman que la estructura económica indígena ha sido engullida totalmente integrada por efectos de un proceso de aculturación a la estructura económica global del país:

¿EXISTE UNA ECONOMÍA INDÍGENA?

Hipótesis que ha servido como proposición para aclarar y definir los diferentes supuestos que han emanado de la existencia, destrucción, sustitución y situación de la estructura económica de los pueblos indígenas. En el "Campesinado y Poder Político en México", Roger Bartra analiza las ideas expresadas por los teóricos del indigenismo, para aclarar esta situación, va explicando que:

> La presencia de las formas específicas de explotación económica del indígena, implicaría la existencia de una situación económica diferente del indígena con respecto al obrero o al campesino. De hecho, todas las posiciones dentro de la ideología indigenista, parten del postulado siguiente: El indígena constituye una categoría social diferente del resto de la población (sea por su "inferioridad social", por "el clima", por su "cultura", por las "formas de dominación", etcétera). Con ésto no se quiere decir que cualquier posición que piense al indígena como categoría diferenciada, es parte de lo que llamamos ideología indigenista.[26]

Para dejar definida la discusión sobre la situación de la economía indígena, Roger Bartra, amplía el punto de vista anterior conforme a las opiniones de M. Coello S. M. Lara y H. Cartón:

«Varios estudios realizados recientemente, demuestran claramente que los indígenas (definidos provisionalmente por la lengua que hablan), se encuentran totalmente integrados a la estructura económica global del país. Por ésto, cualquiera que se plantee la necesidad de integrar al indígena a la nación, en realidad no hace más que justificar un proceso de integración "aculturación" que ya ha acontecido que es un hecho consumado. Es decir, trata de justificar la forma en que está integrado él a la sociedad mexicana.»[27]

Rodolfo Stavenhagen, explica por su parte, que esta integración no se refiere a una estructura económica propia del indígena, sino se trata de un modo de producción integrado a la estructura económica global del país, denominado "Modo de Producción Pre-Capitalista" o "Modo de Producción Campesino o Mercantil Simple".

Stavenhagen explica la tesis sobre el modo de producción campesino, más o menos como sigue:

La existencia de más de cincuenta grupos lingüísticos indígenas en el país, representa la supervivencia en la formación social mexicana de un modo de producción pre-capitalista, que se encuentra sin embargo, articulado y subordinado al modo de producción capitalista dominante.

El modo de producción pre-capitalista, también llamado campesino o mercantil simple, se caracterizaría fundamentalmente por la producción en pequeña escala y en pequeñas unidades productivas, principalmente por el consumo familiar y local. Estas unidades productivas, estrechamente vinculadas entre sí por una red de relaciones sociales comunitarias y corporativas, transfieren sus escasos excedentes al sistema capitalista dominante mediante una serie de mecanismos de intercambio desigual y de explotación mercantil y laboral.

La solución del problema de la subordinación colonial de las comunidades indígenas se plantea, como la necesaria desaparición del modo de producción pre-capitalista y la modernización de las relaciones económicas: La "modernización" de la explotación. Sin desaparecer los elementos de las culturas indígenas, ya que no sería un estigma asociado a las diversas formas de explotación económica pre-capitalista.[28]

Roger Bartra, plantea asimismo, el problema desde otra perspectiva, su crítica se basa en la no existencia de un modo de producción indigenista, apoyándose en el supuesto de Sergio de la Peña, nos indica que: «El autoconsumo es un rango importante de toda economía campesina, de ninguna manera algo peculiar de las comunidades indígenas. Como hemos demostrado en otra parte, el autoconsumo no constituye un modo de producción, sino una forma de distribución. Su antigua base productiva, la economía natural, ha sido sustituida por una economía mercantil simple.»[29] Bartra, al hablar del modo de producción indígena en su obra "El Campesinado y el Poder Político en México", advierte señalando la contradicción entre la existencia del modo de producción indígena y la economía mercantil simple, que desde otro enfoque sustenta que no existe un modo de producción indígena diferente al capitalista:

> Estudios recientes permiten afirmar que la organización económica de la comunidad no es, ni con mucho, autosuficiente. Los resultados de estas investigaciones, demuestran que porcentajes muy elevados de los gastos de la comunidad, provienen de los ingresos realizados en el exterior: por concepto de trabajos como jornaleros, como obreros industriales, como trabajador doméstico, como trabajadores migratorios en el sur de Estados Unidos, etcétera. Es decir, que la existencia de la comunidad no se explica por si misma. En fin, no existe un "modo de producción indígena", diferente a la economía mercantil simple o capitalista.[30]

Para ampliar más los fundamentos a estos puntos de vista de las "funciones de producción" "regiones de refugio" o de la categoría e inferioridad social, vienen a colación los conceptos vertidos por Rodolfo Stavenhagen, aclarándonos que:

> Enfatizar la clase y descuidar la cultura es tan unilateral como enfatizar la cultura y descuidar la clase. La toma de conciencia clasista y la toma de conciencia étnica, son dos procesos paralelos y ligados entre sí dialécticamente, es decir, se incluyen recíprocamente. En la situación actual de México subdesarrollado y dependiente, la penetración plena de las relaciones capitalistas de producción en las comunidades indígenas y la virtud de descomposición de éstas no acelera el proceso de proletarización sino el de lumperm proletarización y marginalización de las masas indígenas. Si a ello se agrega la desculturización,

es decir, la progresiva desaparición de las culturas indígenas, México tendrá en pocos años una masa de población sin raíces, de clases sin raíces comunitarias y sin raíces culturales de ninguna especie.

En cambio una política de desarrollo en beneficio de las comunidades indígenas tiene que tomar en cuenta los factores siguientes:

a) Aumentar la capacidad de cada comunidad indígena para satisfacer, en la medida de lo posible, el mayor número de necesidades básicas de su población con sus propios recursos;

b) Reducir al mínimo la extracción de riqueza de la comunidad hacia otros sectores de la sociedad que ocurre a través del intercambio desigual y de la transferencia de recursos productivos fuera de la comunidad hacia otros sectores de la sociedad que ocurre a través del intercambio desigual y de las transferencias de recursos productivos fuera de la sociedad;

c) Procurar la satisfacción de las demandas de los grupos indígenas en cuanto miembros de diversas clases sociales, en lo agrario, en lo económico, en lo laboral;

d) Pugnar por la autodeterminación política de las comunidades indígenas en cuanto a las medidas y toma de decisiones que afectan su propio porvenir, y su activa participación democrática en otros niveles decisorios;

e) Lograr el máximo desarrollo de las culturas indígenas a través de políticas educativas y culturales diseñadas no para destruirlas sino para fortalecerlas.

Con base en lo anterior, los grupos indígenas lograrán su inserción en la sociedad nacional no ya como clases y etnias explotadas y oprimidas, sino como grupos sociales que en pie de igualdad con los demás sectores populares del país lucharán por su bienestar y por el de la nación simultáneamente, en cuanto a sus intereses de clase y a sus intereses étnicos se refiere.[31]

CAMBIO IDEOLÓGICO

Para Gonzalo Aguirre Beltrán, la ideología indigenista no tiene su origen en las ideas propias de los indígenas como grupo; sostiene que la base orgánica de esta ideología no está representada por el indio sino por el mestizo, por lo que es conveniente dejar definidos los conceptos de: indigenismo, indio, mestizo, indianismo, indigenismo oficial, e ideología indígena para resolver el problema del indígena y a partir de ésta se de el concepto del cambio ideológico.

EL INDIGENISMO Y EL INDIANISMO

¿Cómo entender la ideología indígena?. Para conocer sus supuestos, acudimos a las conceptualizaciones de Gonzalo Aguirre Beltrán:

> **El indigenismo** es la expresión cultural de un fenómeno biológico, el mestizaje, el cual resulta inteligible solo como producto de la emergencia y elevación del mestizo en el plano histórico. La teoría social que norma la acción política de los países latinoamericanos respecto al indio, es lo que recibe la designación de indigenismo, pero la base orgánica de tal ideología está representada, no ciertamente por el indio, sino por el mestizo. El indigenismo requiere como condición sine qua non de ser, el substratum humano que le suministra el mestizaje. Este a su vez, requiere, para dar contenido y significación a la vida, el sistema axiológico que el indigenismo solo puede proporcionarle. La interdependencia entre la base orgánica y la expresión cultural deviene indispensable.
>
> Es así comprensible que sean los países latinoamericanos, donde el mestizaje ocupa posiciones de control y dirección, y en los que la población india es numerosa, los que estén dando forma, sentido y función a una política indigenista realmente normativa. México en el norte y el Alto Perú en el sur, son los núcleos ideológicos de un movimiento que tiene como amplia área de difusión, al conjunto de naciones comprendidas en el término expresivo de Mestizo-Americanos. En ambos países, el considerable porcentaje de población mestiza, se encuentra alimentado por una tradición y un contingente indígena importante.[32]

Aguirre Beltrán acerca del binomio indio-mestizo, cita a Franz Tamayo, quien escribía hacia 1910: «En el mestizo perdura el físico del indio y la inteligencia del Blanco. El proceso esteriosis, en el cual el híbrido resultante de la mezcla de dos tipos puros, representa cualidades superiores a los tipos de donde procede, trasladado al campo social, sirvió para elaborar la teoría racista del mestizo en el momento de una emergencia.»

Prosigue Aguirre Beltrán, al tratar el mestizaje, citando las palabras de Villoro:

«La síntesis racial y cultural, el mestizo representó no sólo el instrumento de la unificación nacional, sino la unidad misma. La aspiración a la homogeneidad era su propia realización. Divino ejemplo vivo del proceso que habría de conducir a la constitución de una nacionalidad uniforme en su tipo morfológico y en las formas de la vida social. Al contemplarse asimismo y tomar conciencia del mensaje de unidad que tenía por misión, volvió el mestizo los ojos a la realidad externa y encontró al indio, a la alteridad del indio, como el motivo de su inalcanzada aferración y en el indigenismo unidad y fusión con el indio y puso la meta de su total realización. "Villoro (1950):175; de quien son estas ideas, agrega: Solo porque el individuo está ahí, separado, en su radical aislamiento, se hace consciente al mestizo de su propio ideal. Al buscar la salvación del indígena, el mestizo se encuentra a sí mismo.»[33]

Dos conceptos polémicos "indigenismo" e "indianismo" son definidos por el antropólogo Aguirre Beltrán:

El indigenismo, ideología del mestizo, método y técnica de unificación nacional, es un proceso vivo, dinámico, que, como el mestizaje mismo, toma su origen en el cruzamiento e interacción de dos fuerzas de signo opuesto: el indianismo y el occidentalismo.

El indianismo es la expresión cultural del indio y de lo indio; el occidentalismo es la expresión cultural del europeo-español, francés y del estadounidense, principalmente. El indigenismo no es una transacción entre dos fuerzas contrarias, es la resultante del choque y juego de las tendencias dispares y, por ello, varía en el tiempo y en el espacio según la intensidad que, en un momento o en un país determinado, alcance una u otra de las fuerzas en conflicto. A veces, el indigenismo se acerca peligrosamente al indianismo; en acciones, se aproxima demasiado al occidentalismo; pero nunca se identifica con una o ambas tendencias, puesto que su misma razón de ser dependen del equilibrio que pueda guardar entre los dos polos de atracción.

El indianismo se expresa directamente por el indio o a través de personas o agencias que se identifican con lo indio. En el primer caso, la expresión se realiza bajo condiciones de extrema tensión que llevan a grupos más o menos

numerosos de comunidades indias a unirse y a enfrentarse en reacción violenta
a la cultura dominante. Las rebeliones indias, frecuentes en el pasado, menos
comunes en el presente, son patente manifestación de la inconformidad del
indio ante una situación indeseable.[34]

EL OCCIDENTALISMO DE DERECHA
Y EL OCCIDENTALISMO DE IZQUIERDA

Aguirre Beltrán llega a la conclusión de que en la teoría que sustenta al
occidentalismo, existen dos tendencias que influyen grandemente en el indigenismo:

> **El occidentalismo** se expresa menos por los europeos y estadounidenses
> mismos que, al través de mestizos y criollos se identifican con la cultura oc-
> cidental. Presenta dos posturas opuestas: la izquierda y la derecha. **El Occi-
> dentalismo de Izquierda** se acerca tanto al indigenismo, que hay ocasiones
> en que materialmente es imposible demarcar las fronteras de separación.
>
> Esta postura ha sido sostenida por estudiosos que consideran que la situa-
> ción actual del indio es debida exclusiva, o casi exclusivamente, a las condi-
> ciones económicas derivadas de su "status" de clase baja, y equiparan en
> posición con la de todos los campesinos sometidos al régimen de explotación
> feudal o colonial. Consecuentemente, su reivindicación forma parte del cuadro
> general de la liberación económica de las masas proletarias.
>
> **El Occidentalismo de Derecha** se caracteriza por una supra-valoración de
> lo europeo o lo estadounidense, que a menudo, lo lleva a mantener actitudes
> o soluciones racistas. Las indudables ventajas tecnológicas de la cultura indus-
> trial, comparadas con los sencillos logros de la tecnología india, pone frente
> a sus ojos, el tremendo estado de subdesarrollo en que su país se encuentra y
> otorga a la industrialización la capacidad de resolver, por sí sola, la situación
> indeseable. La concomitante infravaloración de lo indio impide ver en el nativo
> un ente libre, y en su cultura un sistema organizado de valores. Pugna por una
> rápida e impositiva occidentalización que no toma en cuenta el respeto a la
> personalidad y a las formas de vida ya tradicionalmente elaboradas. . . Sus
> prácticas y creencias, su economía constitutiva, la organización social y política,

las expresiones de su arte primitivo, todo, debe ser sustituido, compulsivamente si es preciso, por los moldes superiores de la cultura occidental.[35]

La teoría del occidentalismo de Aguirre Beltrán, se corrobora con la filosofía de la incorporación: Formas menos violentas que se presentan a la manera clásica, estructuradas de la siguiente manera:

> Formas menos bruscas del occidentalismo, son las que norman la filosofía de la incorporación, que durante mucho tiempo ha seguido los sistemas educativos Mestizo-Americanas. La castellanización directa, la prohibición de la enseñanza en idioma vernáculo, y el uso de éste por maestros y alumnos, la ridiculización de las instituciones indias y de las sanciones que le dan validez y el respeto por las formas de endoculturización, propios a la cultura de comunidad, ha sido método ineficaz para incorporar a la civilización a individuos que tienen ideas y patrones de acción establecidos cuya sustitución resisten denodadamente.
>
> La política de incorporación, comete el error de considerar a los indios y a sus instituciones como recipientes vacíos, o casi vacíos, pasivamente dispuestos a llenar el hueco de su ignorancia con los conocimientos de la ciencia occidental. Ante el fracaso del método, racionaliza su incompetencia y la atribuye a una capacidad ingrata del indígena para adquirir formas superiores de cultura y pasa a considerar a toda la población india como un lastre en la marcha del proceso de la nación.[36]

Para entender el origen de la idea "indio", Rodolfo Stavenhagen, en su obra "Problemas Étnicos y Campesinos", cita a Guillermo Bonfil Batalla, para definirla:

> «La idea del indio fue una invención de los colonizadores españoles, que ha sido mantenida por sus sucesores nacionales. De hecho, no existe una población indígena, sino más bien un amplio número de grupos étnicos con sus propias culturas y personalidades: aymaras, quechuas, mayas, purépechas, zapotecas, otomíes, náhuatls, etc.. Al agruparlos bajo el nombre genérico de indígenas o indios y negarles cualquier distinción cultural, los grupos dominantes de la sociedad nacional han actuado conforme a la manera colonial clásica.» [37]

Conforme a esta interpretación de la ideología indigenista, enfatiza Rodolfo Stavenhagen las ideas de Aguirre Beltrán, afirmando que: "En nuestros días oficial y ampliamente se sostiene que la "cultura nacional" es equivalente al segmento mestizo dominante".[38]

Así como se afirma que si el mestizo y el indígena respectivamente, son la base y el pilar de la ideología indigenista gubernamental, Roger Bartra, con sus propias palabras, al exponer sus tesis, nos explica cómo está conformado el indigenismo oficial:

Encontramos dos formas básicas de manipulación del problema indígena:

1. El uso de la identidad étnica como medio para controlar a la población: Este uso se encuentra casi siempre detrás de los llamados cacicazgos.
2. La afirmación del poder político sobre las bases a señalar que el problema indígena ha sido resuelto por el gobierno: Es frecuente encontrar esta idea en los políticos locales que han logrado puestos (diputaciones, etcétera) por elección.[39]

Para el indigenismo oficial, la política del gobierno debe facilitar el pase de una situación de casta a otra de clase para que el indígena se integre a la sociedad nacional, independientemente en condiciones de igualdad.[40]

Una nueva condición de clase no implica, ni siquiera idealmente, una situación de igualdad. Ya hemos observado cómo los más modernos empresarios ven a los indios, más que como clase, como una casta inferior. Lo que se observa en la realidad, es que el proceso de integración y aculturación del indio no conlleva a la eliminación de las deformaciones ideológicas racistas, sino que, —por el contrario— la eleva a un nuevo plano. Porque pese a la labor de los tecnócratas, por desarrollar al indígena y llevarle la civilización.

¿El grueso de la burguesía rural continúa observándolos como a razas inferiores? Sin duda debe ser porque la sociedad actual sigue requiriendo de la existencia del fenómeno de la discriminación.[41]

Para concluir la revisión a la ideología indígena, la idea "indio", al indigenismo y a la cultura nacional, basta recordar el pensamiento de Aguirre Beltrán que nos ofrece el concepto indigenismo-mestizaje, que junto con las ideas de "cultura nacional" constituye, la médula de la ideología indigenista: "El indigenismo, fundándose en la condición mestiza de la mayoría de la población del país, y en la incautación del pasado indígena, racionaliza el derecho que cree tener para imponerle al indio una única salida: la nacionalidad mexicana. En nuestros días, oficial y ampliamente se sostiene la idea de que la "cultura nacional" es el equivalente a la cultura del segmento mestizo dominante.[42]

LA IDEOLOGÍA INDÍGENA

Roger Bartra, sugiere que el punto de partida del análisis de la problemática indígena para localizar las "supervivencias" del pasado indígena que aún puedan existir; no es tarea que se deja a la antropología tradicional, sino la que aparece bajo la nueva forma de prácticas ideológicas, expresándose así: "Hoy en día, las antiguas instituciones de los indígenas, su economía tradicional, sus costumbres, su religión, apenas si aparecen precariamente, totalmente sumergidas, deformadas y dominadas por las estructuras de la sociedad dominante. No obstante detrás del vocablo indio, se descubre una red de explotación que bajo formas nuevas parece recrear la antigua dominación colonial del indio".[43]

Respecto a la situación de la economía de la sociedad explotadora del indio, Bartra afirma que: "Nuestra labor ha de ser la de intentar comprender lo correcto y específico de una sociedad subdesarrollada que ha sido lesionada en el pasado por un conflicto inter-étnico y que aún respira por la herida; es decir, la antigua situación indo-colonial, que ha sido borrada de la estructura económica, aparece bajo nueva forma al nivel de las prácticas ideológicas de la sociedad mexicana".[44]

Bartra, al abordar el tema de la ideología indigenista, recuerda que uno de los más grandes fundadores e impulsores del indigenismo, Manuel Gamio, se hacía la misma pregunta acerca de la corriente discriminatoria inventora de la ideología de la supuesta inferioridad del indígena, a partir de la cual se desarrolla una política paternalista demagógica y manipulativa en el proceso de facilitar el pase a una situación de casta a otra de clase para que se integre al progreso nacional, así Gamio nos cuestiona que: ";Por qué no sabe el indio pensar, dirigir, hacer revoluciones pensantes, tomando como forma de mayoría de la población, siendo sus energías físicas tal vez superiores y proyectando aptitudes intelectuales comparables a las de cualquier raza del mundo? Esto se debe al modo de ser, al estado evolutivo de nuestra civilización indígena, a la etapa intelectual en que están estacionados sus individuos".[45]

Al comentar la obra de Manuel Gamio "Forjando una Patria", Bartra, enfatiza en que se ha ido cumpliendo con lo expresado desde 1960, y nos explica que: "El pensamiento de Gamio, inspirado en Boas, refleja la necesidad imperiosa de resolver el problema indígena, integrando a la vida civilizada a una población que no era considerada apta. Por supuesto, el desarrollo posterior de la política indigenista no mantuvo los rasgos de corte colonial racista, pero mantuvo como premisa básica la necesidad de la integración",[46] y continúa diciendo que:

> Manuel Gamio, en 1935, ya para entonces nos aclara la necesidad de introducir situaciones nuevas para dar solución a los problemas étnicos en pro del adelanto de la población total, así como de la constitución de una nacionalidad integral, es de urgencia procurar no sólo la mejoría económica de los grupos que estamos discutiendo, sino que también hay que enseñarles a sustituir los defectuosos elementos culturales que en la actualidad hacen tan pobre y difícil su existencia, por otros que satisfagan mejor y hagan más amplias y diversas sus elementales aspiraciones y necesidades.[47]

Bartra amplía lo expuesto por Gamio respecto al término "indio" basándose en la situación análoga descrita por Luis Villoro, de esta forma:

> Para el nuevo capitalista, indio es la imagen ideal del jornalero, el peón, el proletario; poco le importa si habla o no una lengua vernácula, si tiene costumbres peculiares, le basta con que un hombre sea harapiento que necesita vender su fuerza de trabajo, para caer en la categoría de indio. El concepto de indio le proporciona la perfecta justificación de la explotación a que se sujetan sus asalariados:
> La sociedad moderna le ha proporcionado a los indígenas los medios para integrarse a condiciones de igualdad a la economía nacional; quienes no logran superarse, siguen siendo indios, son inferiores, no son capaces de integrarse". . . Así se crea el mito del indígena desintegrado que no es suficientemente inteligente o hábil para ascender en la sociedad nacional. Este mito trata de encubrir el hecho real de la explotación con la pantalla de una supuesta desintegración;

se plantea que el indio es pobre y explotado porque es un ser inferior. De esta manera, la situación del indio permite ocultar y encubrir la explotación generalizada típica de las relaciones de producción capitalista. La nueva burguesía está interesada en que la categoría indio o indígena se mantenga viva independientemente de que tenga o no una realidad étnica y cultural. La verdad de que esta clase es la liquidadora del indígena como categoría étnica y cultural, ha causado la muerte del indígena, pero necesita de su cadáver como escudo ideológico.[48]

CAMBIO POLÍTICO
POLÍTICA INDIGENISTA

Iniciamos aquí de nuevo el análisis del significado de la política indigenista con palabras del multicitado Gonzalo Aguirre Beltrán: "La única base sana en la que puede apoyarse una política indigenista, es realmente normativa.La persistencia, aún numerosa de grupos étnicos apegados a su cultura de comunicar, obliga a la continuidad de la política indigenista. Esta ha sufrido alteraciones que han afinado sus métodos desde que la tomaron en sus manos estudiosos entrenados en las ciencias sociales", y nos dice que: "La teoría de acción y de la investigación integrales", propuestas originalmente por Gamio y "hoy considerablemente perfeccionada por las contribuciones que han suministrado el trabajo práctico de los distintos países mestizo-americanos, ha desembocado en México, en la constitución de proyectos regionales de desarrollo de comunidades que con el nombre de Centros Coordinadores, representan un notable adelanto en el proceso de integración indio-mestizo".[49] Para definir la política indigenista mexicana, Aguirre Beltrán refiere la política internacional indigenista de los derechos del indígena originada en el Congreso de la Paz, Bolivia, 1954, el entonces Vicepresidente de Bolivia, Hernán Siles Suazo, propuso una declaración de los derechos del indio que fue adoptada por unanimidad y que resume, en sus ocho incisos, una doctrina común a Mestizo-América.[50] Política basada en lo siguiente:

CONSIDERANDO: Que la Declaración Universal de los Derechos del Hombre, aprobada por las Naciones Unidas, consagra de manera general los

derechos del ser humano y que los primeros Congresos Indigenistas Inter-
americanos se han proclamado para las poblaciones indígenas americanas, en
pleno ejercicio de sus derechos económicos, políticos y sociales, se resuelve
proclamar:

I. El derecho vital a la tierra y a la libertad.

II. El derecho al voto universal para participar directamente en la constitución de los poderes del Estado.

III. El derecho al trato igualitario, condenándose todo concepto y práctica
de discriminación racial.

IV. El derecho a la organización comunitaria, sindical y cooperativa.

V. El derecho al trabajo apropiadamente remunerado y a la protección de
las leyes sociales.

VI. El derecho a los beneficios de los servicios públicos, en proporción a
la densidad demográfica, las contribuciones económicas y las necesidades de las poblaciones indígenas.

VII. El derecho al respeto de sus culturas tradicionales e incorporación de
éstas a la técnica moderna.

VIII. El derecho a la educación integral.

Aguirre Beltrán, recomienda una eficaz y adecuada planeación del proceso
de las regiones de refugio para que tomen en cuenta, entre otras circunstancias,
las siguientes:

1. El aprovechamiento antes inaccesible de los recursos naturales y humanos
a base a una tecnología científica;

2. La utilización de la mano de obra agrícola y su organización en asociaciones
que hagan uso del crédito, sujetas a normas e ideología de un alto contenido
social;

3. La inversión y formación de capital; y

4. La expansión de las funciones productivas estratégicas, como la generación
de energía eléctrica, la maquinación de la agricultura y otras innovaciones
que redunden en un progreso de productividad, es la tarea que tiene ante
sí, en materia de cambio económico, con proyectos regionales de desarrollo
integral.

En esa planeación tiene papel relevante un programa educativo que respalde y fortalezca el cambio económico.[51]

Para Aguirre Beltrán, los resultados de la política indigenista, entre otros, son los siguientes:

La UNESCO en cooperación con el Instituto Nacional Indigenista de México, llevó a cabo una investigación sobre los métodos y técnicas empleados en este país para facilitar la integración social de los grupos que no participan plenamente en la vida de la comunidad nacional. El Instituto publicó la versión castellana del estudio en el tomo VI de sus memorias bajo el rubro: Métodos y resultados de la política indigenista en México, 1954; con las contribuciones de Alfonso Caso, Silvio Zavala, José Miranda, Moisés González Navarro, Gonzalo Aguirre Beltrán y Ricardo Pozas A., que abarcan los períodos precortesiano, colonial, independiente y actual.[52]

Respecto a la planeación de los programas indígenas, Rodolfo Stavenhagen hace hincapié en la programación de la política cultural, bajo el siguiente comentario:

Los grupos indígenas han demostrado tener una capacidad de resistencia cultural ante su inminente desaparición. Hoy en día se reconoce que el progreso económico y social está reñido con la preservación y fomento de las culturas vivas indígenas. Por el contrario, una política cultural de respeto a los grupos indígenas es la mayor garantía para el éxito de los programas de desarrollo económico y social, reconociendo siempre que la finalidad de toda acción gubernamental debe ser el bienestar material y espiritual del hombre. Que incluya necesariamente el rescate del patrimonio cultural de los indígenas, así como el fomento del respeto y la dignificación de las lenguas indígenas como componentes de la cultura nacional.

Esta constituye una tarea a largo plazo, ya que no es fácil saldar la cuenta que la sociedad nacional tiene con sus componentes más débiles y marginados desde hace más de quinientos años.[53]

LA POLÍTICA INDIGENISTA ACTUAL

Ya lo dijo Gonzalo Aguirre Beltrán: la única base sana en la que puede apoyarse una política indigenista, es realmente normativa. Para reconocer la presencia de los grupos étnicos apegados a su cultura, en los tiempos actuales, se debe obligar a lograr la continuidad de la política indigenista. El gobierno federal la amplía en base a los métodos ya señalados aquí, y se pronuncia a favor dándole un rango constitucional, así lo enuncia el escritor Javier López Moreno en su obra: "Reformas Constitucionales para la Modernización" (1994) en la Parte VII. "Los indígenas"; reformas en la política indigenista, en reconocimiento a éstos nuestros connacionales, de la cual citamos los siguientes párrafos:

> Reconocerlos iguales y distintos, reconocernos como una nación pluricultural y pluriétnica, y así decirlo en la Constitución, resultaba indispensable. A México jamás lo asumiremos como una empresa de salvación personal. Mucho menos como una sociedad anónima, por más que anónimos, por nuestras injusticias, sean relegados muchos de nuestros compatriotas. No lo olvidemos; los indígenas abrieron el camino y trazaron el rumbo porque constituyen el proyecto de nación que tenemos.
>
> ¿Por qué no reconocerlos sin segregarlos? ¿Por qué no cuidar el manantial de su cultura?
>
> La sociedad democrática no acaba de cuajar porque aunque nuestras libertades están enhiestas, la justicia en algunos casos la hemos postrado . Era preciso dar mayor sustento a las libertades para que la justicia sea hecho cotidiano, entre todos realizada y por todos merecida, para que no sea de unos cuantos, debe existir una sociedad democrática con justicia.
>
> Todos comemos tres veces al día y por ir a la escuela podemos pensar de mil modos distintos sin agravio de nuestros principios y valores fundamentales donde converjan la salud, la seguridad y el empleo y que nos reconozcamos iguales en la pluralidad y la igualdad de nuestros derechos; la reforma constitucional que aspira a reconocer expresamente el modo de ser y de estar en los indígenas. Para perseverar en una sociedad más democrática por el esfuerzo compartido de tal forma que se resuelvan los problemas o conflictos y por medio de las instituciones se gobierne el cambio y se aliente la transformación.

La inversión social no se mide en estados financieros, se trata de estados de ánimo, de tranquilidad colectiva, de dispersión para seguir avanzando pese a las adversidades."[54]

Del mismo autor Javier López Moreno, es oportuno dar a conocer como sustento al cambio político indigenista, las políticas nuevas, por lo que es conveniente citar las aportaciones provenientes de la Iniciativa de Ley del Ejecutivo del Gobierno Federal, para lo cual fuera publicado el 27 de enero de 1992, el Decreto que adiciona el Artículo 4º Constitucional, con un primer párrafo que establece:

La Nación Mexicana tiene una composición pluricultural sustentada originalmente en sus pueblos indígenas. La Ley protegerá y promoverá el desarrollo de sus lenguas, culturas, usos, costumbres, recursos y formas específicas de organización social, y garantizará a sus integrantes el efectivo acceso de la jurisdicción del Estado. En los juicios y procedimientos agrarios en que aquéllos sean parte, se tomarán en cuenta sus prácticas y costumbres jurídicas en los términos que establece la ley.[55]

Javier López Moreno, abunda en el aspecto normativo constitucional:

Los indios son una viva realidad nacional. Frente a ellos el poder público estableció por largo tiempo una relación que hablaba de "Integración"; luego esta actitud fue abandonada y en su lugar se habló de respeto, aliento y exhaltación. . .

La iniciativa de la reforma constitucional enviada por el Poder Ejecutivo Federal, resaltó el principio de igualdad y el compromiso solidario con los indígenas, como gratitud por haber éstos enriquecido nuestro patrimonio natural, histórico y cultural, así como otras aportaciones consideradas como las raíces más profundas de nuestra historia y nacionalidad a pesar de las condiciones adversas y distantes de la equidad y el bienestar, y para ejercer la solidaridad comunitaria y con nuestro país, expresan hoy su indisoluble vínculo con los valores más arraigados del pueblo de México."[56]

Cabe mencionar, como antecedente de reforma constitucional, de justicia para los indígenas, que el 7 de abril de 1989 quedó instalada la Comisión

Nacional de Justicia para los Pueblos Indígenas de México, dependiente del Instituto Nacional Indigenista. Su principal tarea fue estudiar la pertinencia de una reforma constitucional encaminada a crear los instrumentos jurídicos necesarios para superar la injusticia que afecta a los pueblos indígenas.

En base al criterio de la política normativa indigenista, el discurso del Presidente de la República Mexicana, Ernesto Zedillo Ponce de León, pronunciado el 15 de febrero de 1995, en relación de los problemas de los indígenas en Chiapas, resaltó, entre otras cosas, respecto a las vías de participación libre, crítica y plural en México, que están abiertas y permanecerán abiertas, como así lo señala la democracia, para contribuir a un mejor orden político, dando los primeros pasos en respuesta a la problemática indígena, y que los pasos que se den, sean para iniciar la atención de los rezagos sociales, que entraña un nuevo ordenamiento para los indígenas basado en el referido Artículo 4º Constitucional, de acuerdo a una Ley Reglamentaria al párrafo primero del citado artículo; vías a seguir en apego a la Ley, donde están abiertos los cauces para que todos contribuyan a la atención de las demandas sociales. Se trata en conjunto de los primeros pasos para iniciar la atención a rezagos sociales, y no permitir el retorno a conductas de prepotencia, revanchismo y abusos que ofendieron la dignidad de los indígenas.

El Primer Mandatario de la Nación, dijo con énfasis que: "se trata de una política social para evitar en las regiones étnicas los rezagos que se acumulan, los que no son recientes, sino ancestrales y centenarios. Para lo que los gobiernos emanados de la revolución hicieron valiosos esfuerzos en combatir retrasos y olvidos, pero no fue suficiente, completo."

También, asentó en el discurso referido, que la igualdad de los indígenas exige un "esfuerzo adicional extraordinario", ya que la igualdad de los indígenas "tiene que ser realidad, moralmente la Nación no admite otra respuesta" y dijo que en ese concepto de justicia, se propondrán leyes y defensores especializados en asuntos indígenas, ministerios públicos dedicados a la seguridad y a la justicia de los grupos étnicos: "Queremos que los indios de México ejerzan plenamente los mismos derechos políticos que el resto de la población. . . Que la democracia de éstos sea tan buena como la que construyamos con el esfuerzo de todos, en todo el país."

En apoyo y para ejercer la solidaridad comunitaria de bienestar y desarrollo, el Primer Mandatario de la República Mexicana, anunció que la inversión pública ha destinado un monto de 2,200 millones de nuevos pesos para apoyar proyectos productivos en el Programa 26 de Solidaridad, propuestos y decididos por las propias organizaciones con fondos de Solidaridad Municipal como instrumento del nuevo federalismo, reforzados, y por lo que toca a las comunas indígenas, éstas recibirán 1,000 millones de nuevos pesos para obras y proyectos sociales decididos por ellos mismos. En las zonas prioritarias se canalizarán 500 millones de nuevos pesos este año, dijo el Presidente de México.

Regresando a la Iniciativa de Reforma del Artículo 4o. Constitucional, al respecto, Javier López Moreno refiere en síntesis la política actual indigenista del Gobierno Federal:

La iniciativa se basa en el profundo respeto a los pueblos y las comunidades indígenas con toda su diversidad. Los reconoce como portadores de conocimientos y tradiciones que enriquecen nuestro patrimonio, como promotores de la solidaridad en su sentido más profundo, pero sobre todo, como sujetos de libertad.

Rehuye toda forma y vestigio de paternalismo, reafirmando el respeto a la libertad y plena ciudadanía de los indígenas.

Proporciona una base jurídica para proteger las diferencias que enriquecen al conjunto de la nación, pero no crea ningún privilegio ni establece una categoría diferente entre los mexicanos.

Corresponde con el principio de solidaridad para enfrentar la desigualdad y la injusticia con la participación de la sociedad.

La iniciativa no agrega complejidad, sólo la reconoce y admite como parte del proyecto democrático de la nación.

No restringe libertades individuales ni se contrapone con las garantías sociales. Por el contrario, las enriquece al incluir las diferencias culturales colectivas e históricas como parte de la libertad y diversidad de nuestra sociedad.

Hoy estamos siendo testigos de cómo la dimensión étnica y cultural omitida y sumergida se vuelve factor decisivo en el destino de estados y naciones.

La pluralidad cultural es consustancial a la democracia, por lo que no puede ni debe soslayarse. Por eso proponemos que la vida democrática de la nación se enriquezca con el reconocimiento de la diversidad cultural como sujeto de libertad e igualdad. Para ello nos apoyamos en el firme cimiento de nuestra

Constitución Política, que postula la justicia, la libertad y la democracia como aspiraciones supremas y forma de vida de la nación.

El Constituyente de 1917, consciente de la deuda histórica con los pueblos indígenas, legisló para restituir la posesión de la tierra injustamente despojada a las comunidades indígenas. También estableció que los núcleos que guardaban el estado comunal fueran reconocidos y titulados. Esas decisiones sentaron las bases del indigenismo del Estado mexicano, y en esa corriente se inscribe esta propuesta.[57]

NUEVA POLÍTICA INDÍGENA INTERNACIONAL.

Las demandas y las aspiraciones de los pueblos indígenas de México, son las mismas que las de los indígenas de nuestro Continente. Las políticas a seguir, aprobadas en diversos congresos, reuniones y convenios, al celebrarse, se identificaron con la necesidad de que se reconozca la situación política, económica y social actual de estos pueblos; misma que México ha retomado junto con las políticas que constituyen la parte medular de los pronunciamientos y demandas del movimiento libertador indígena que ahora estamos viviendo en nuestro país. Mencionaremos algunas de las perspectivas señaladas para conocer la nueva política indígena internacional.

El investigador del Instituto de Investigaciones Jurídicas de la Universidad Nacional Autónoma de México (UNAM), Dr. José Emilio Ordóñez Cifuentes, en el marco de los movimientos indígenas en el mundo, enfatiza la importancia de estas reuniones y congresos. En primer lugar, expone la resonancia que ha tenido la Reunión de Cochabamba, Bolivia, en donde se puso de manifiesto que los indígenas son los que tienen el menor índice de desarrollo humano, y por tal motivo, se les incluye como grupos vulnerables en la O.N.U.[58] En dicha reunión se expresó que en la actualidad los pueblos indígenas de diversos lugares del mundo, reclaman un nuevo tipo de relación con el Estado, y no la que se ha venido dando semejante a un proceso de colonización, pero, que a pesar de todo lo que se argumenta tienen derecho a plantear la secesión; sin embargo, no lo han hecho. Asimismo, en esa reunión el consenso general fue que el Artículo 169 de la OIT no dejó satisfechas a las comunidades indígenas.

El investigador va demostrando lo dicho basándose en las aportaciones de las políticas a seguir por los pueblos indígenas de América, que han resultado bajo los acuerdos y demandas generadas en las reuniones que cita, como son: Las Declaraciones de Managua, Madrid, Quito, Yelaju, Las Cumbres Indígenas convocadas por la Premio Nobel Rigoberta Menchú, la de Oaxtepec, Méx., entre otras.

En la Cumbre Indígena de Oaxtepec, los representantes de los pueblos indígenas, expresaron:

> Constatamos que nuestra condición ha continuado empeorando a lo largo del Año Internacional de las poblaciones indígenas, 1993, proclamado por la O.N.U. Sigue el desalojo de las tierras, la falta de reconocimiento y la aplicación efectiva de las leyes elementales, mayor degradación del medio ambiente; se agudiza el uso irracional de nuestros recursos naturales, violaciones masivas y flagrantes de nuestros derechos humanos, persecución contra nuestros dirigentes, violencia contra nuestras mujeres, el racismo, y políticas de ajuste estructural; el pago de la deuda externa y las políticas neoliberales generan enormes impactos negativos sobre la salud, empleo, educación y las condiciones de vida de nuestros pueblos.[59]

Continuando su exposición el Dr. Ordóñez nos explica que en la Cumbre Indígena de Bokok, Chimaltenango, Guatemala, se hizo eco en lo anterior cuando se consigna:

> Frente a este panorama sombrío . . .las culturas milenarias que encarnan nuestros pueblos, emergen como una voz de esperanza de un futuro más equilibrado y justo, como lo ha demostrado la historia. Queremos recuperar la salud de la Madre Tierra, y restablecer las relaciones igualitarias de respeto mutuo y de solidaridad entre las personas, los pueblos y las distintas naciones del mundo.[60]

El doctor Ordóñez prosigue narrando la problemática y señala que en la Primera Asamblea de la Iniciativa Indígena para la Paz, celebrada en la Ciudad de México el 10 de mayo de 1994, se llegó a las siguientes conclusiones:

• Monitorear las violaciones de los derechos de los pueblos indígenas y promover soluciones pacíficas de los conflictos que afecten a los pueblos indigenas del mundo.

- Trabajar para que el reconocimiento y protección de los derechos de los pueblos indígenas, tanto a nivel nacional como internacional, se hagan efectivos.
- Se reconoció que en la actualidad no existe en las Naciones Unidas, en la Corte Mundial, ni dentro de muchos Estados, un mecanismo efectivo y accesible para la mediación, la solución pacífica de controversias o la prevención de conflictos entre los Estados y Pueblos Indígenas.[61]

El doctor Ordóñez nos relata los acuerdos a que llegaron los asistentes al XI Congreso Indigenista Interamericano: "la búsqueda de nuevas formas de relación entre gobernantes y gobernados, lleva obligadamente a la corresponsabilidad entre el gobierno y la población en la toma de decisiones . . .particularmente si se trata de la relación con los pueblos portadores de culturas vivas distintas". Subrayaron, que los pueblos indígenas deben ser partícipes y gestores de los programas que se realicen en el conjunto de ellos. . . También, hace referencia a lo concertado en la Cumbre de Madrid, en el Convenio Constitutivo del Fondo para el Desarrollo de los Pueblos Indígenas de América Latina y El Caribe, que al establecer el objetivo del Fondo, los Jefes de Estados y gobiernos dieron su apoyo a las "Promociones de autodesarrollo para los pueblos y comunidades y organizaciones indígenas de América Latina y El Caribe" . . .De acuerdo a las aportaciones en relación a las políticas aplicables, en Bokok, Chimaltenango, Guatemala, acordaron en la declaración final que: "[sus] aportes para la construcción de un nuevo modelo de sociedad, deben ser complementados con el apoyo y solidaridad de la sociedad, los estados nacionales y los diferentes organismos internacionales, con el propósito de lograr el establecimiento de nuevas relaciones en un marco de convivencia plurilingüe y multiétnica". . . En la Cumbre de Oaxtepex, reiteraron: "no es por el camino de la confrontación como habremos de constituír nuestras relaciones entre nuestros pueblos y los Estados nacionales. Será el diálogo, el respeto mutuo y el trato digno en el concierto de naciones y al interior de los pueblos, lo que nos permita alcanzar una nueva relación con los pueblos indígenas."[62]

En el II Encuentro Continental de Naciones, Pueblos y Organizaciones Indígenas (CONIC), celebrado del 8 al 13 de octubre de 1993 en el Centro Ceremonial Otomí del pueblo de Nahñú, en México, (con la participación de Delegados de Norteamérica, México, Centroamérica, Región andina y la Región

Cono Sur), se plantearon la autodeterminación, legislación, y los derechos indígenas en diez puntos:

1. Ratificar el Acuerdo de Quito, en el que el principal objetivo es su libre determinación como pueblos; el reconocimiento como tales, por parte de la comunidad internacional, y en especial, por las Naciones Unidas. Advirtieron que el reconocimiento como pueblo ha tenido una participación limitada tanto en el Convenio 169 de la O.I.T. como el Tratado Internacional del Fondo para el Desarrollo de los Pueblos Indígenas de América Latina y El Caribe. Advirtieron que sólo la Declaración Universal de los Derechos de los Pueblos Indios asume en su integridad el reconocimiento a sus derechos como pueblos.

2. El reconocimiento de los derechos debe ser visto como un avance y logro de tantos años de lucha y no como una concesión u obsequio generoso de los Estados.

3. Manifestaron su preocupación por falta de voluntad política de los Estados para asumir con responsabilidad el trabajar hacia la plena vigencia de sus derechos. Señalaron que: una muestra palpable de la actitud de los Estados del Continente en contra de nuestros derechos, se advierte la falta de interés que han puesto en sacar adelante un supuesto instrumento de protección interamericana. Demandamos a la O.E.A. y a los Estados de la región la creación de mecanismos para garantizar la plena participación de nuestros pueblos en la elaboración del mismo. Demandamos a la O.E.A. la desaparición del Instituto Indigenista Interamericano, mismo que debe ser sustituído por un organismo bipartito, con la plena participación de los pueblos indios del Continente.

4. Reconocieron, no obstante, la importancia de cambios jurídicos, pero instaron a la lucha para seguir presionando a los gobiernos para que continúen en dicha tarea.

5. Puntualizaron que: "...la oposición de los estados nacionales al reconocimiento de nuestros derechos, tienen su origen principalmente en la propia conformación de los Estados-Naciones, por su naturaleza excluyente de nuestros pueblos y que la historia les ha enseñado "...que no basta con que éstos se declaren pluriculturales ó pluriétnicos porque esta declaratoria no los modifica en nada. Es necesario acumular fuerza política y trabajar en

alianza con algunos sectores mestizos para lograr modificar de origen el Estado, refrendarlo otra vez; constituir Estados multinacionales que reconozcan la coexistencia de múltiples pueblos bajo un mismo Estado. . .".

6. La construcción de Estados multinacionales a corto plazo: ". . .la cancelación definitiva de todo indigenismo; de los indigenismos de los Estados, de las iglesias, de los partidos, de los organismos, de los organismos no gubernamentales (ONG), de la sociedad no indígena. La cancelación de todo indigenismo, es la primera condición de aceptación del derecho de autodeterminación de nuestros pueblos; significa el reconocimiento de nuestra autonomía y el ejercicio del autogobierno en nuestras regiones".

7. El pleno respeto a sus formas de impartición de justicia. Los Estados deben reconocer la existencia de nuestros sistemas jurídicos indígenas y abandonar la práctica de un integracionismo jurídico que hasta ahora existe tanto en las leyes nacionales como en las normas internacionales. . . Consideraron que la interpretación sigue privando en relativismo jurídico que acepta algunas políticas no otras prácticas, por lo que en realidad se les niega a reconocer el derecho de sus pueblos a impartir justicia a partir de su propia identidad.

8. El derecho a su autonomía como pueblos.

9. La poca eficiencia de los instrumentos internacionales y el poco compromiso e interés de los Estados por cumplir las obligaciones jurídicas contraídas mediante convenios y tratados, se debe a la ausencia de los pueblos en la estructura del sistema de Naciones Unidas. Se estimó la conveniencia del reconocimiento de los pueblos indios como miembros de la ONU. Se planteó como meta trabajar para que cuando la ONU celebre su 50º Aniversario, ésta se plantee su reestructuración para que incluya la presencia indígena.

10. Condenaron los actos de violencia y genocidio en contra de sus hermanos indios, y particularmente referidos al momento de la celebración del encuentro contra los yanomami y askanikas de Brasil y el Perú.[63]

RECLAMOS DE LA REUNIÓN DE COCHABAMBA

Todo el conjunto de derechos recogidos en los instrumentos internacionales de derechos humanos, son aplicables a los pueblos indígenas.

- La Declaración Universal de Derechos Humanos.
- El Pacto Internacional de Derechos Económicos, Sociales y Culturales.
- La Convención Internacional sobre la Eliminación de todas las formas de Discriminación Racial.
- La Convención contra la Tortura y otros tratos o penas crueles, inhumanos o degradantes.
- La Convención sobre la Eliminación de todas las formas de Discriminación contra la Mujer.
- La Convención sobre los Derechos del Niño.
- La Convención y el Protocolo sobre el Estatuto de los Refugiados.
- La Convención Americana sobre Derechos y Deberes del Hombre.
- La Convención Americana sobre Derechos Humanos.
- El Convenio Nº 169 de la OIT.

CONCLUSIONES

Llegar a plantear conclusiones completas y adecuadas en los temas centrales, subtemas en especial en cada uno de los problemas específicos planteados para obtener una respuesta satisfactoria, sería imposible; ni los más versados en este problema lo han logrado plenamente. No ha habido por parte de estos escritores un planteamiento o plan sistemáticamente estructurado, dado lo escabroso de la encrucijada indígena y por su magnitud de alta dificultad de solución. Ni los enfoques, críticas, análisis, soluciones para el cambio citados en estas páginas, y soluciones de integración, aculturación y occidentalización que se han experimentado durante cinco siglos, han sido suficientes para lograr la incorporación, política económica y social, así como el desarrollo integral de los grupos étnicos renuentes. Sin embargo, nuestro planteamiento obligado, como lo es en todo trabajo, es llegar a una conclusión y como resultante, a una propuesta de solución acorde al diagnóstico.

Ya se ha mencionado en forma general esta problemática, se ha dicho que existen miseria, pobreza, limitaciones, protestas, reclamos e inconformidades; es lo que encontramos en las zonas de las etnias distribuidas a lo ancho y largo del territorio nacional. Todas las propuestas de solución al respecto, han sido débiles ante la magnitud del problema indígena, que se presenta como coyuntural para definir el futuro de México. Su solución que responde al clamor generalizado de justicia para los indígenas, y que se perfila como de principal importancia a resolver como se percibe en las anotaciones de las páginas de este estudio, describen; que las condiciones de vida de los indígenas son infrahumanas, que en las etnias más alejadas geográficamente siempre ha existido la pobreza hasta llegar a los límites de la miseria y a la muerte por inanición, en algunas de ellas ya pulula el espectro de la hambruna; ya se encuentra ésta con más notoriedad entre los indios tarahumaras de Chihuahua. Al respecto nos planteamos que no es posible quedarnos impávidos ante este lastimoso y vergonzante problema, que sería lo último que podría padecer la humanidad entera para concluir en la amenaza apocalíptica de la guerra, hambre, peste y muerte (exterminio).

Nos cuestionamos cómo es visto México ante los ojos del mundo respecto al problema indígena de la guerra, hambre, muerte y exterminio de las etnias. Fenomenología por la cual hemos caído en la degradación de nuestros valores y principios morales, espirituales, cívicos, patrios y constitucionales, algunos se contestarán, que este panorama es visto con horror y desprecio.

El fenómeno de la hambruna en todas partes producirá la degradación del género humano. Imperdonable es que dentro de nuestro género miles se mueran por hambre y nos quedemos inactivos, impotentes para impedirlo. Es inconcebible observar a personas que mueren de hambre en nuestro país y ante nuestros propios ojos; en parte la mayoría de nosotros tenemos culpa de ésto por nuestras limitaciones, debido a nuestra miseria moral, espiritual, física e intelectual y en ocasiones a la miseria económica.

Por humanidad, en México se debe impulsar una política de justicia social para el indígena, una política de solución para erradicar la pobreza, la desigualdad, el atropello, la marginación y las circunstancias económicas de miseria que los oprime. Los que han sido víctimas de toda clase de abusos, vejaciones, violencias, crímenes (de hambre y de etnocidio), asesinatos, robos, despojo de derechos individuales, humanos y sociales, despojo de tierra, desculturación, aculturación; esclavitud por parte de mestizos, caciques, blancos, autoridades y toda clase de personas sin escrúpulos. Los indígenas han sufrido en carne propia toda clase de escarnios que sólo han sembrado y creado en ellos rencor, violencia, desconfianza, odio, venganza, conflictos, complejos, deficiencias, inhibiciones, incapacidad, enfermedad, miseria, hambre y desempleo. Esos males y desgracias han padecido a través de su desafortunada existencia, desde la conquista y después cuando fueron relegados a los lugares del olvido.

Pero, ¿cómo resolver la problemática indígena? ¿Será un imposible? Es tan difícil . . .es como querer resolver también los otros problemas de los demás miembros de la población necesitada de nuestro país. ¿Cómo, entonces? Será poco a poco como se ha venido procediendo en todos los demás casos de necesidades nacionales en el devenir de nuestro desarrollo histórico político, económico y social, con empeño y decisión; contribuyendo y participando todos equitativamente, con sacrificios y trabajo de unos y luchar por otros por una causa común y posición digna y consciente para el progreso, bajo un pacto y un proyecto nacional en donde sean reales la justicia, la equidad, e igualdad de oportunidades y derechos a estos nuestros connacionales como miembros que son de una nación democrática. Es tiempo de abatir en beneficio de ellos, desempleo, analfabetismo, segregación económica, pobreza, falta de vivienda, insalubridad, inseguridad, injusticia, improductividad, inconformidad, odio y desesperanza, así como terminar con la guerra, la agresión y la rebelión.

Para combatir la pobreza de los indígenas y las condiciones de injusticia y miseria, todas las personas deben participar no únicamente con alimentos y buenos deseos, sino en todos los sentidos para el desarrollo integral del indígena; al indígena hay que inducirlo a participar, ¿pero cómo encaminarlo o estructurarlo a que participe? Si se le quiere ayudar no hay que ofrecerle dádivas o políticas populistas de paternalismo oficial, hay que enseñarle a pensar a trabajar, prepararlo para que pueda tomar decisiones en un futuro próximo, con expectativas de igualdad en los medios o modos de producción.

Para terminar con la marginación y pobreza del indígena, es prioritario aparte de las soluciones dadas anteriormente en cada una de las propuestas de "Cambio" es urgente tomar las siguientes medidas coyonturales:

- Evitar la corrupción dirigida en perjuicio de éstos, y entre los indígenas con sus propios hermanos como ocurre en la subcultura del cacicazgo.
- Crear y propiciar mejores expectativas de producción, económicas, empresariales, políticas, de empleo, aprovechamiento de las habilidades en las artes (artesanías), de paz, de justicia y seguridad económica.
- Planear a largo plazo el desarrollo integral. (Si hay desarrollo hay paz y seguridad). Hay todo. Este es un tema importantísimo al que hay que dar prioridad.

- Invertir y producir para abatir la pobreza y la miseria con la creación de fuentes de trabajo y generación de empleos. La pobreza no se puede disminuír si hay bajas en la inversión en el sector primario, en el gasto social en este rubro.
- Resolver el problema de la justicia social.
- Aumentar el gasto público para combatir la pobreza y lograr el avance social, si no habrá un mayor desequilibrio de la economía nacional.
- Equilibrar las finanzas públicas a lo largo de estos seis años por medio de actividades empresariales y sociales. El gobierno está obligado a aumentar el gasto social para lograr la mejora de las condiciones de pobreza de esa mayoría de la población que ha sido sacrificada.
- Abatir y acabar la pobreza para tratar de lograr una economía más justa sobre bases económicas más sólidas, si no se quiere tener mayor problema social en las poblaciones rurales y urbanas marginadas, así como ha sucedido en el Estado de Chiapas.
- Establecer programas que permitan reivindicar a los indígenas; que les permita integrarse plenamente al progreso del país, ahora con más razón en observancia y cumplimiento al mandato de la Constitución Política de los Estados Unidos Mexicanos, del Artículo 4º Constitucional que protege al indígena. En cuanto a esta reforma de la Constitución, se incluya la Ley Reglamentaria del párrafo primero del Artículo 4º Constitucional para que garantice los derechos y todas las investigaciones que se han realizado encauzadas a solucionar la problemática de las etnias conforme a un método científico de investigación con su respectivo diagnóstico, planeación, evaluación y solución.
- Legislar en materia de derechos y cultura indígenas: autonomía, territorio, derechos consuetudinario, justicia y derechos humanos

Los problemas y necesidades del gasto social no se solucionarán con programas públicos aislados y discontinuos; para ello es necesario capitalizar el campo con recuperación e inversión del capital invertido, el Artículo 27 Constitucional se reformó para que haya inversión en el campo, pero algunos intereses políticos y el sistema de la tenencia de la tierra como ocurre en Chiapas y en otras regiones del país, se oponen a esta reforma así como se resisten también el modo de producción indígena y el sistema político y social de los pueblos o naciones indígenas como ya se señaló en los anteriores análisis de este trabajo.

Sin embargo, el problema está encima: ¿cómo resolverlo bajo el sistema corporativista (justicia social) o de la libre empresa para combatir la pobreza y equilibrar la economía?

REFERENCIAS

1. **Alejandra Moreno Tozcano.** Historia Mínima de México, ed. El Colegio de México, 1981, pp. 57, 59 y 61.
2. **Gonzalo Aguirre Beltrán.** El Proceso de Aculturación y el Cambio Ideológico, ed. INI-FCE, México, 1992, p. 14.
3. Ibid. p. 56.
4. Ibid. pp. 56-57.
5. Ibid., pp. 47-48.
6. Ibid. p. 48.
7. Ibid. pp. 48-49.
8. Ibid. p. 50.
9. Ibid. p. 51.
10. **Rodolfo Stavenhagen.** Problemas Etnicos y Campesinos, ed. INI-FCE, México, 1988, pp. 12-15.
11. Ibid. p. 22.
12. **Gonzalo Aguirre Beltrán.** Regiones de Refugio, México, ed. INI Instituto Panamericano, Ediciones Especiales 1967, p. 46.
13. **Rodolfo Stavenhagen.** Problemas Etnicos y Campesinos, ed. INI-FCE, México, 1988, p. 23.
14. **Gonzalo Aguirre Beltrán.** El Proceso de Aculturación, ed. UNAM, México, 1957.
15. **Alfonso Caso.** Los Fines de la Acción Indigenista en México, Revista Internacional del Trabajo, México, 1955, p. 52.
16. **Rodolfo Stavenhagen.** Sociología y Subdesarrollo, ed. Nuestro Tiempo, México, 1972, Cap. 3.
17. **Rodolfo Stavenhagen.** Problemas Etnicos y Campesinos, ed. INI FCE, México, 1988, p. 31.
18. Ibid. pp. 31-32.
19. Ibid. pp. 33-34.
20. **Gonzalo Aguirre Beltrán.** Obra Antropológica VI. El Proceso de Aculturación, ed. U.A.V.-INI-FCE, México, 1992, pp. 112-113.

21. **Rodolfo Stavenhagen.** Problemas Etnicos y Campesinos, ed. UAEV., Gob. del Edo. de Ver., FCE, México, 1992, p. 55.
22. Ibid. p. 56.
23. Ibid. pp. 58-59.
24. **Gonzalo Aguirre Beltrán.** El Proceso de Aculturación y el Cambio Ideológico, ed. UAEV, México, 1992, p. 213.
25. Ibid. pp. 92-93.
26. **Roger Bartra.** Campesinado y Poder Político en México, ed. Era. 2a. Reimpresión, México, 1988, p. 85.
27. **Coello S.M. Lara y H. Cartón.** "Capitalismo y Campesinado Indígena", y Luisa Pare, "Relaciones Interétnicas y Relaciones de Clase", en Estudio sobre las Relaciones Interétnicas en América Latina y El Caribe, UNESCO, Ciudad de México, Julio de 1974, pp. 1-5.
28. **Rodolfo Stavenhagen.** Problemas Etnicos y Campesinos, ed. INI, CNCA, México, 1990, pp. 15-16.
29. **C.F. R. Bartra.** op. cit. Sergio de la Peña. Los flujos monetarios y la producción en varias comunidades del Valle del Mezquital, investigación inédita.
30. **Roger Bartra.** El Campesinado y el Poder Político en México, ed. Era, reimpresión 1988, p. 86.
31. **Rodolfo Stavenhagen.** Problemas Etnicos y Campesinos, ed. INI-FCE, México, 1990, pp. 18-19.
32. **Gonzalo Aguirre Beltrán.** Proceso de Aculturación y el Cambio Ideológico, ed. UAEV, FCE, México, 1992, p. 113.
33. Ibid., p. 119.
34. Ibid., pp. 119-121.
35. Ibid., pp. 123-124.
36. Ibid., p. 121.
37. **Guillermo Bonfil Batalla.** "El concepto de indio en América: Una categoría de la situación colonial", en Anales de Antropología, IX, 1972; y Carlos Guzmán Bokler y Jean-LOUP Herbert, Guatemala: Una interpretación histórico-social, México, 1970, Siglo XXI Editores.
38. **Gonzalo Aguirre Beltrán.** op cit. et al. El autor, un conato antropológico, autoridad en los problemas de aculturación indígena.
39. **Roger Bartra.** Campesinado y Poder Político en México, ed. Era, 2a. reimpresión 1988, p. 80.

40. **Gonzalo Aguirre Beltrán.** El Proceso de Aculturación 2a. ed. Comunidad Indígena de Ciencias Sociales de la Universidad Iberoamericana, México, 1970, p. 404.

41. **Roger Bartra.** El Campesinado y el Poder Político en México, ed., Era, 2a. reimpresión, 1988, p. 81.

42. **Gonzalo Aguirre Beltrán.** "El Indigenismo y su contribución a la idea de Nacionalidad", América Indígena, Vol. XXIX pp. 35, 39 y 74, Instituto Indigenista Interamericano, 1969, p. 404.

43. **Roger Bartra.** El Campesinado y el Poder Político en México, ed. Era, 2a. reimpresión, México, 1988, p. 72.

44. Ibid. p. 72.

45. **Manuel Gamio.** 1935, cit. Eduardo Mateos en Arqueología e Indigenismo, Sep. Setentas, No. 24, México, 1972, p. 183.

46. **Roger Bartra.** El Campesinado y el Poder Político en México, ed. Era, 2a. Reimpresión, 1988, pp. 76.

47. **Manuel Gamio.** 1935, cit. Eduardo Mateos, en Arqueología e Indigenismo, Sep. Setentas, No. 24, México, 1972, p. 183.

48. **Luis Villoro.** Los grandes momentos del indigenismo en México, ed. Colegio de México; 1950, ob. cit. Roger Bartra, El Campesinado y el Poder Político en México, ed. Era, 1988, p. 91.

49. **Gonzalo Aguirre Beltrán.** El Proceso de Aculturación y el Cambio Ideológico, ed. UAEV-INI, Gob. del Edo. de Ver., México 1992, p. 128.

50. **Acta Final del Tercer Congreso Indigenista Interamericano**, celebrado en La Paz, Bolivia (2-13 de Agosto de 1954). op. cit., Gonzalo Aguirre Beltrán, INI, Gob. del Edo. de Ver., 1992, pp. 128-129.

51. **Gonzalo Aguirre Beltrán.** El Proceso de Aculturación y el Cambio Socio-cultural en México, ed. UAEV, INI-FCE, 1992, p. 93.

52. Ibid. p. 218.

53. **Rodolfo Stavenhagen.** Problemas Etnicos y Campesinos, ed. INI, FCE, México, 1989, pp. 51-52.

54. **Javier López Moreno.** Reformas Constitucionales para la Modernización, 1ra. ed. FCE, México, 1994. pp. 188-189.

55. Ibid. p. 187.

56. Ibid. p. 186.

57. Ibid. p. 189.

58. **Bolivia, Vicepresidencia de la República.** Informe de la Reunión Preparatoria Latino-americana y del Caribe sobre el Decenio Internacional de los Pueblos Indígenas, Cochabamba, Bolivia, 30 de mayo al 1 de junio de 1994.

59. **Declaraciones de Oaxtepec.** prrfs. 3 y 4. Resolución sobre el Plan de Acción para el proyecto de Declaración de la O.N.U., Los Derechos de los Pueblos Indígenas, 4 y 8 de octubre de 1993, Oaxtepec., Mor. México.

60. **Primera Cumbre Indígena de Chimaltenanco, Guatemala**, 24 y 28 de mayo de 1993. Cumbre de Bokok-convocada por Rigoberta Menchú Tuan, en su calidad de Premio Nobel de la Paz y Embajadora de Buena Voluntad de la O.N.U para el Año Internacional de las Poblacione Indígenas.

61. **Acuerdos y Resoluciones.** Primera Asamblea de la Iniciativa Indígena para la Paz, México, mayo 9-11 de 1994.

62. **Declaración de Managua**, párrrafos 6 y 7.

63. **CONIC,** Resolutivos del II Encuentro Continental de Naciones Pueblos y Organizaciones Indígenas, Declaraciones de Temoaya, México, Centro Ceremonial Otomí, octubre de 1993.

III

PROPUESTA
DE SOLUCIÓN

PLANEACIÓN DEMOCRÁTICA
SOCIO-ECONÓMICA

PROGRAMA NACIONAL DE DESARROLLO INTEGRAL INDÍGENA
(Modelo Especial de Mejoramiento Integral)

DIAGNÓSTICO GENERAL

Diagnóstico que se pone a consideración en base a todo lo anteriormente expuesto para que se tomen medidas urgentes respecto al equilibrio político, económico-social de los indígenas.

De los planes y programas inter y unidisciplinarios de algunas dependencias federales y estatales, algunos están cumpliendo sus objetivos, pero otros avanzan en forma muy lenta y esporádicamente. El tortuguismo de integración al desarrollo, en las zonas étnicas está presente; en la actualidad, no cuentan con infraestructura favorable. La infraestructura es sumamente incipiente. Ésta, desde el punto de vista de desarrollo, es el problema medular en estas zonas. Aparte de los demás problemas que se presentan como es el abandono del medio rural, por no existir ninguna orientación a las actividades primarias de crecimiento, éstas se convierten en zonas expulsadoras de mano de obra. Por falta de organización, capacitación, administración, tecnología, comercialización agropecuaria o por una economía integral y por lo aislado e inaccesible que se encuentran las parcelas y predios, el crecimiento de las actividades agrícolas, ganaderas, mineras, es insuficiente para absorber a la población que va arribando al progreso productivo, desplazada del campo. Las etnias mexicanas no tienen ningún grado de instrucción formal. La actividad agropecuaria va disminuyendo dado a que la actividad ganadera va creciendo. En lo forestal y minero la existencia técnica y tecnológica industrial para la explotación, representa problemas en su aprovechamiento racional; en lo forestal, la tala supera a la conservación reforestada. Lo accidentado e inhóspito de algunos terrenos dificulta el desarrollo de las actividades comerciales, mineras, turísticas y marítimas por no tener comunicación con casi todos los pequeños pueblos y rancherías lo que constituye una marginación económica. La falta de caminos, así como de energía eléctrica es correlativo al lentisísimo desarrollo de las regiones. La energía eléctrica y el agua potable en sí no existen. Las enfermedades proliferan muy fácilmente por falta de medicinas, de nutrición y por las costumbres religiosas. Las condiciones de vivienda junto con la educación son factores de los índices de mortalidad y morbilidad. Es alarmante la escasez de alimentos hasta llegar a lo increíble, únicamente se acostumbra una comida regular al día y en ocasiones los indígenas no comen en todo el día. De acuerdo a los últimos censos de población económicamente activa, el sector primario obtuvo ingresos menores a los niveles nacionales más bajos En estas regiones prevalece la desigualdad de la distribución de la riqueza y las necesidades son alarmantes por no satisfacer los bienes de consumo de primer orden. La tecnología, la industrialización y la técnica son nulas.

Este Diagnóstico General tiene respuesta afirmativa al constatarse lo expuesto en él; corroborándose lo dicho con las observaciones de los investigadores como son las de Javier López Moreno, José Luis Calva, así como las encuestas aplicadas por el INEGI, investigaciones del ITAM y de la UNAM, que entre otros tratadistas nacionales y extranjeros analizan la grave situación socio-económica actual, que como el indígena, atraviesan las clases pobres en México.

Según datos proporcionados por Javier López Moreno, (1994), extiende lo dicho en este diagnóstico, en su obra "Reformas Constitucionales para la Modernización", que confirma lo anterior:

Los indígenas están en la raíz de la liberación de México. Sin embargo, el encuentro de nuestras insuficiencias en ese universo carece de nombre: poblaciones sin desarrollo productivo, sin luz, sin agua para beber, sin acceso físico, sin elementales servicios de salud, sin suficientes escuelas. Se colmaron de atraso; el avance social no lo han conocido ni en las estadísticas. Los siglos amontonados obscurecieron el horizonte de sus vidas. Por generaciones, mujeres y hombres se consumieron en la impaciente espera de una mañana menos terrible, y dejaron a sus hijos la herencia de sus penas y deudas.

En las montañas, la selva y el desierto se arraciman comunidades que apenas hablan español pero dominan el lenguaje del hambre y las largas vigilias. No están inertes, sin embargo, están prodigiosamente vivas, con la vitalidad y pujanza nacida del instinto primario capaz de sobreponerse a la extinción. Ahí están, constituyen sociedades en ebullición que practican, además una solidaridad más alta y más entrañable que la nuestra, la de los ladinos. Son por lo general labriegos que aman a la tierra aunque ésta casi sea hosca y avara. Persisten en hacer lo mismo porque no saben hacer otras cosas: Pueden hacerlas y muy bien, pero casi nadie les ha dicho como, ni porque, ni para que. Es nuestra la responsabilidad.

Como consecuencia de dilatados procesos históricos, los indígenas se encuentran en posición objetiva de desigualdad económica, social y para acceder a la jurisdicción efectiva del Estado son muchos y graves los rezagos que los afectan. Las carencias se concentran desproporcionadamente en las comunidades indígenas, conformando un círculo vicioso en el que la pobreza se reproduce y perpetúa.[1]

En ampliación a este diagnóstico, como muestra del desequilibrio social y económico como deuda social, consistente en la pobreza nacional, en la cual está incluido el indígena, a continuación se expresan algunos de los factores principales de la desigualdad dentro del panorama general socio-económico de México:

José Luis Calva, académico de la UNAM, en su documento titulado "La deuda social heredada por el nuevo gobierno presidencial de bienestar para todos" (1994), asienta que la distribución familiar del ingreso sufrió una agresiva regresión el sexenio pasado. El 40% de los hogares con menores ingresos disminuyó su participación en el ingreso familiar total del 14.36% en 1984 al 12.68% en 1992. En sentido contrario, el 20% de la población con mayores ingresos aumentó su participación del 49.5% en 1984 al 54.18% en 1992". Asimismo, el maestro universitario de referencia, José Luis Calva nos informa que: "Las dimensiones de pobreza en México, según cifras oficiales arrojadas en la Encuesta Nacional de Ingreso-Gasto publicado en el INEGI, indican que entre los años de 1989 y 1992 las disparidades en el ingreso muestran que el 20% más pobre participa de sólo 5% del ingreso total. Denisse Dresser, investigador del ITAM, señala que los Estados que presentan mayores índices de pobreza son: Chiapas, Oaxaca, Yucatán y Guerrero, entidades que concentran el 20% del gasto total en asistencia social."

Por otro lado, análisis financieros de empresas trasnacionales radicadas en la Ciudad de México, han señalado "que la pobreza en el campo adquiere un carácter desestabilizado en amplias zonas del país", afirman que la realidad indica que la desigualdad social extrema es un detonante de inestabilidad política" (caso Chiapas, Michoacán, Oaxaca, Guerrero y Yucatán, con mayoría de población indígena). Continúa hablando Calva, al respecto: "La política de topes salariales por debajo del índice inflacionario y la nula generación de empleos, ha provocado una severa contracción de la participación de los salarios en el producto nacional. La crisis que enfrentamos no únicamente es lastimosa en el campo y en las zonas indígenas, sino en todo el país, se debe en gran parte a las acciones que motivan la implementación de la política económica y otras causas mucho más graves" (que es otro tema a tratar y evaluar aparte por todos los mexicanos). Sin embargo, a pesar de todo, el problema está encima, hay que resolverlo si queremos existir como nación para el Siglo XXI. Con estos breves datos, se observa que la pobreza extrema se encuentra más aguda entre los habitantes de las entidades federativas que cuentan con población mayoritaria indígena.

Por la alta dificultad de resolución de los problemas indígenas y del campo, requieren de mayor atención para elevar el nivel de vida de la población; la vida económica, política y social de las comunidades, vuelve ahora más difícil, precisar la asignación de recursos, por efectos de la devaluación. La instrumentación de la política económica para enfocarla a la realidad nacional y al agro mexicano, habrá de ocupar un lugar muy importante.

Al respecto, existen algunas opiniones de los sectores sociales nacionales, de que el capitalismo mexicano debe democratizarse o morir. Dar más oportunidades de participación a toda la población, a todos los sectores, en la que participen las clases alta, media y pobre como partes inversionistas del sistema económico porque el goce, la detentación y distribución de la riqueza nacional debe ser democrático y no se monopolice en unos cuantos, en un grupo estrechamente reducido de familias, no suceda así, al contrario, exista una movilización de nuestra economía de acuerdo a las circunstancias y necesidades modernas que requieren la economía internacional sin rezagos y estancamientos en la economía nacional mexicana. Hay un consenso popular, de que es necesario reactivar la economía de la clase media y baja, para que la clase alta no sea una privilegiada minoría pudiente que dirija los destinos de los mexicanos; la clase media no desaparezca, y la baja que en México se acerca al 90% pobre y menesterosa, hasta llegar ésta última al 30% en condiciones paupérrimas de subsistencia del total nacional, para ésto se pide que estas condiciones se mejoren.

Reactivar y engrandecer a la mediana, pequeña y microempresa. Si éstas son más fuertes, será más vigorosa, más sana, más moral, justa y no se enferme o muera la gran empresa; haya más justicia social y un sistema económico nacional equilibrado, democrático, sin estancamientos, sin rezagos, sin privilegios y sin monopolios, en aplicación al mandato del Artículo 28 Constitucional. Si no se democratiza el sistema político, económico y social mexicano, podría ser su última oportunidad al final del Siglo XX para vivir como nación libre, soberana, federal y nacionalista.

En conclusión, las etnias mexicanas, en el entorno nacional económico señalado, presentan una situación alarmante de extremoso retraso no de tercer mundo, sino de cuarto o quinto, gravemente en subdesarrollo declinante, con deformaciones sociales y económicas que afectan al equilibrio socioeconómico de la nación mexicana y a la paz social, que debemos tomar en cuenta porque simplemente, hasta un niño lo entiende, si hay miseria, hay hambre, si no hay comida no hay paz.

Ante estas alarmantes circunstancias expuestas en el presente trabajo y apoyándonos en los argumentos, peticiones y demandas aquí considerados, hacemos un doloroso y vergonzante llamado en auxilio de los marginados, para sepultar esta vergüenza nacional de falta de moral y falta de espiritualidad de los que derrochan superfluamente los bienes de la nación.

Dejemos el paternalismo, los rencores y complejos, actuemos rápidamente, emprendamos la conquista fraternal para ganarnos el cariño y la amistad de nuestros indígenas mexicanos, apliquemos la ciencia, sabiduría y el amor gregario con espíritu patriótico nacionalista y solidario; con ética universal no patriotera. Juntemos el esfuerzo y recursos posibles públicos y privados para resolver este preocupante problema. Hagamos un examen de conciencia, un examen o análisis de acuerdo a un diagnóstico general con su respectivo estudio político, cultural, social y económico para la elaboración de un justo plan.

Esto representaría un esfuerzo en beneficio de todos. Desde luego, la tarea de un desarrollo indígena requiere de asignación de recursos del gasto social, lo cual es muy difícil por los efectos de la devaluación del peso mexicano, aunque como medidas para abatir la inflación a causa de la deuda interna y externa pública y privada, será necesario reducir el gasto público que permita un nivel estable. Contraer el gasto corriente, entre otros, como es el de posponer algunos proyectos de inversión.

La presente Propuesta de Solución para el Desarrollo de las Etnias no está mal fundada, se sustenta en base a los ajustes de emergencia del Gobierno Federal dado a que estos ajustes serán para dejar los recursos para el combate a la pobreza y a la miseria en México.

La solución de la problemática de las etnias no espera. Las demandas bélicas de solución del sur de nuestro país, no son las únicas presiones o factores causantes de la baja de las reservas del Banco de México, sino también de la salida de recursos que dejó a nuestra economía sin respaldo a causa del pago de la Deuda Externa e Interna, principalmente, por el desequilibrio de la cuenta corriente, en especial, del costo de tesobonos; grave daño que le hicieron a México. Todo esto junto con el costo de la Guerra del Sur de México, es el resultado del costo social. Pero ¿qué culpa tienen los indígenas de las ambiciones y errores de los demás, que repercuten afectando a toda la sociedad mexicana? ¿Vamos a dejar morir solos a los indígenas y demás marginados? El problema es de todos, no hay que echarle la culpa al indio Ayudémosles para así ayudarnos a nosotros mismos.

La la situación de las etnias mexicanas están en su máxima urgencia de apoyo para salvar sus necesidades, es de prioridad solucionar sus demandas y buscar una salida congruente y justa de acuerdo al consenso nacional especialmente en el problema chiapaneco; para dar vigencia democrática y sin violencia por parte del gobierno o por aquellos que se han inconformado, pidiendo equidad, justicia y garantías a sus aspiraciones.

Para que esté vigente el federalismo y nadie esté al margen del desarrollo y de la ley, se requiere un sistema de gobierno con equidad; para que el sistema de leyes y el proyecto de nación sean viables dentro del sistema político mexicano, federal, nacionalista y democrático de convivencia plena sin distingo de clases, creencias, credos y formas culturales que propicie la paz y el equilibrio en todos los niveles de vida, a manera de evitar conflictos entre las clases sociales y gobernantes, concretamente entre los indígenas en sus configuraciones étnico, cultural, religioso y político. Para que no se dé la violencia irreversible entre el ejército y las fuerzas inconformes; y no se presenten violaciones intimatorias de civiles vivales y oportunistas, a despojar de los derechos humanos, las tierras y patrimonio en general a los indígenas y mestizos marginados de la región. Es neceario que el federalismo se haga vigente para que los propios mecanismos de los gobiernos federal, estatal y municipal, permitan resolver los problemas que retrasan al desarrollo de las regiones de los sectores marginados: indígenas, campesinos, obreros, grupos ejidales y comuneros. Que el propósito fundamental de los gobiernos de México a corto y mediano plazo sea lograr la coordinación y las convergencias de los esfuerzos destinados al mejoramiento y desarrollo regional del país. Que la realización de estudios y proyectos para el mejoramiento y desarrollo regional indígena sea tema de hombres de empresas, estudiosos, investigadores y profesionistas, tanto de la gestión pública como de la iniciativa privada. Es conveniente que para la inmediata incorporación y el mejoramiento por un ascenso percápita nacional y regional, de cada zona marginada; sea el objetivo principal por el cual nos comprometamos de una vez por todas, seria y responsablemente todos los mexicanos por el bien común de todos en México. Emprendamos la lucha por la reivindicación, integración, democratización y de justicia social para rescatar del atraso a nuestros hermanos de raza y de patria. Para llegar al final deseado de hacer justicia social, para ello, es necesario el inminente apoyo y auxilio de toda la sociedad mexicana en común esfuerzo con el Ejecutivo Federal.

De acuerdo a lo expuesto y en apego a la planeción democrática se pone a consideración la presente propuesta de desarrollo económico de solución.

PROPUESTA

Para que se dé la racional transformación en el sistema de vida de los indígenas, se sugiere implementar un modelo de desarrollo y bienestar social indígena especial, dentro del Plan Nacional de Desarrollo, en el cual se de la participación de los indígenas donde se establezcan los objetivos, las políticas y metas bajo el marco referencial político, económico y social, en función de los requerimientos que se nos plantean de acuerdo a las necesidades resultantes de la situación indígena actual, para así poder cubrir eficaz y eficientemente las demandas prioritarias que se plantean a consecuencia de los pronunciamientos reivindicatorios de los derechos de las etnias de nuestro país.

Las necesidades de los afectados por esta situación, son extremas, como se ha percibido en los análisis de los principales estudiosos del tema, quienes expresan, de alguna manera, el sentir nacional, por lo que se impone la imperante decisión del cambio y la necesidad de actualizar y contextualizar la incorporación de las etnias al avance del país; con la decidida determinación de encontrar y dar soluciones reales, convincentes y oportunas; con propósitos firmes y con la finalidad de llegar a realizaciones con hechos para alcanzar la equidad económica y el equilibrio social entre los sectores que integran nuestra sociedad mexicana.

Los Programas de Mejoramiento y Desarrollo de las Etnias han estado mal planificados. Sus objetivos, estrategias y metas, desde su elaboración, estuvieron equivocados, muestra palpable la observamos en los resultados. El desarrollo económico, político y social, ha sido lento, a tal grado que las condiciones de vida indígenas no están tan siquiera consideradas propias de los países en vías de desarrollo, la situación de los indígenas es infrahumana.

Urgen ver logros convincentes, y no inversiones extemporáneas como los 9,000 millones de pesos anunciados por el Gobierno Federal, que son muy pocos recursos para las grandes necesidades indígenas; para esto se requiere de una vez por todas, la participación de todos los sectores de México, dentro de un Pacto Nacional para el Mejoramiento y Desarrollo Integral Indígena, independientemente de las políticas electorales e intereses políticos coyunturales y económicos mezquinos.

Todo proceso de desarrollo, implica la participación de los propios indígenas y la ayuda de todos los actores sociales, donde resulta necesario analizar los ajustes y desviaciones que han tenido los Planes y Programas (vía investigación). Para corregir el rumbo equivocado que se han evidenciado en los programas de las etnias, es necesario incluir la formación e integración correcta de los recursos humanos y materiales, así como la determinación de nuevas estrategias en cuanto a las desviaciones o incongruencias para llegar a las metas trazadas y resultados satisfactorios. En el caso a tratar, se deben abandonar en definitiva todos los proyectos económicos irreales, improcedentes y obsoletos. Necesitamos nuevos instrumentos: un Programa Nacional de Desarrollo Integral Indígena; con fundamentos y bases legales, otorgando formalidad a la autodeterminación de las aspiraciones de estos nuestros compatriotas aislados y relegados por nosotros mismos.

Tal parece que en el caso de estos nuestros connacionales, las desviaciones de las políticas a seguir para un efectivo y eficiente desarrollo, determinan la continuación de la "Vía para el Subdesarrollo" o para fomentar las economías aisladas y economías de autoconsumo.

Con esta actitud, se ha venido alejando la posibilidad de contar con una infraestructura adecuada, no solamente en el sentido de crearla, sino de conformar una capacidad para apreciarla críticamente y para transferir y adoptar los aspectos de carácter de autosuficiencia.

Para que se den las bases firmes, es necesario que las autoridades superiores de la política nacional se conviertan en verdaderos coordinadores del problema de las etnias mexicanas, y tomen decisiones con responsabilidad, las obligaciones y facultades plenas conferidas por las leyes mexicanas y la Constitución Política de los Estados Unidos Mexicanos. Con la creación de un Pacto Nacional de Desarrollo Indígena, de acuerdo a un Programa Nacional de Desarrollo Integral Indígena que forme parte dentro de los Programas del Plan Nacional de Desarrollo, donde haya una participación activa de todos los sectores de la sociedad mexicana, bajo las siguientes características;

PROYECTO

Reformador. Que defina el rumbo de los programas vigentes y a futuro.

Planificador. Que diseñe las estrategias de ajuste y desarrollo a través de planes y programas.

Promotor. Que fomente y apoye la producción e inversión a través de políticas financieras de fomento económico-comercial.

Empresarial. Que promueva el desarrollo a través de la inversión.

Regulador. Que defina la composición y destino de la producción a través de la regulación de precios.

Distribuidor. Que haga más equitativa la carga del ajuste.

Programador. Que planee y programe bajo las bases de una responsable y científica investigación en donde se contemplen los patrones de acción genuinos de la cultura de la comunidad, así como las relaciones entre los individuos que forman la sociedad.

Que todas estas características estén encaminadas a:

a) Indagar las potencialidades de los recursos naturales y humanos que puedan hallarse en el hábitat que sirvan de base a la comunidad con la región en el país;

b) Hacer juicios de valor sobre el atraso o inconveniencia de la tecnología, los requerimientos de la vida orgánica y social: modos de producción, organización política y social de las etnias;

c) Contemplar los problemas y procesos sociales de la interacción resultante del juego de fuerzas ambientales y sistemas de valores en conflicto;

d) Observar plenamente las características de la planeación, del diseño de estrategias de ajuste y desarrollo con la finalidad de planear de acuerdo a un proceso continuo en el que estén fielmente interpretados los tres niveles esenciales: organización, acción y evaluación; y

e) Señalar en el proceso de planeación —en sus tres niveles— las bases de actitudes encaminadas a transformar esas comunidades marginadas-subdesarrolladas, para integrarlas a la vida nacional.

Que la investigación y planeación, contengan los siguientes:

OBJETIVOS GENERALES

1) Lo que debe ser, ésto es, los principios y valores interculturales que den significación y sentido normativo a una ideología o política indigenista; la operación de interpretación, la actitud normativa, el método lógico y el ordenamiento como finalidad.

No puede haber descripción sin análisis e interpretación; ni podría haber teoría válida sin reunión o clasificación de hechos y procesos; todos ellos vengan a dar forma, contenido, uso, función y significado a la investigación en la antropología social o ciencia del hombre de acuerdo a un método, bajo un procedimiento planeado, que se siga en la investigación para descubrir las formas de existencia de los procesos del universo, para desentrañar sus conexiones internas y externas, para generalizar y profundizar los conocimientos adquiridos; de este modo, para llegar a demostrarlos con rigor racional y para conseguir su comprobación en el experimento y con la técnica de su aplicación.

2) Que los elementos de investigación, de los recursos materiales, humanos, sociales, se incorporen a las organizaciones indígenas y mestizas regionales, puedan ser aprovechados en la implementación de un programa de acción social destinado a resolver los problemas existentes: en donde se incluyan los deseos, aspiraciones e ideales humanos, una normatividad en la cual el significado o valor de los hechos y sus relaciones puedan realizarse objetivamente y que las uniformidades invariantes que resulten de la investigación, sean normas para la actualización de las posibilidades potenciales de la cultura; que la situación intercultural de los ideales alternativos de las culturas en contacto, den sentido normativo a la ideología política indigenista dirigida a la consecución de una integración regional y nacional, como valor supremo que persiguen las culturas en contacto.

3) Educación y Desarrollo Económico-Social. Respecto al programa de educación, se debe aplicar un programa especial más completo de mayores alcances para las exigencias actuales del siglo XX, y a futuro, del siglo XXI.

Respecto a la educación y desarrollo económico-social, el funcionamiento de los programas para los indígenas, ha sido pobre debido a la carencia de recursos para su incorporación a la economía nacional. Para no profundizar, basta citar como ejemplo, el proceso de la formación educativa, que ha dado lentos resultados, dado la mala administración de enseñanza y a un sin fin de factores internos y externos que han impedido el avance de la integración indígena, como son los siguientes:

- El principal factor del desarrollo nacional como es la educación, ha estado determinado y condicionado por las limitaciones, del proyecto de la culturización.
- El claro indicador del rumbo seguido por la educación indígena, el manejo de la educación como apoyo sustantivo para la puesta en práctica de los Planes de Desarrollo Nacional, estableció la necesidad de un paralelismo entre preparación individual y el desarrollo de los recursos humanos y materiales que en el caso de las etnias, para ser autosuficientes, preparados a través de la educación, los planes y las políticas dejaron de tener cabida en el sistema económico global.
- El propósito de ajustar los planes al tipo específico de la demanda prestada por los indígenas, fueron generando productos educativos deficientes, incapaces de participar en los procesos económicos y políticos del país.

La solución no está en adoptar ese paralelismo, hay muchas entradas y salidas de respuesta. En principio, no está únicamente el enfrentamiento del problema educativo como una de las prioridades fundamentales, sino en conjunto también de la salud, seguridad, vivienda, empleo, bienes y servicios e infraestructura económica.

Por lo que se propone la reestructuración del sistema de educación indígena, junto con la organización de las directrices de la política indígena, mexicana en todos sus aspectos.

En relación a la reestructuración de la educación indígena, se exponen los siguientes:

OBJETIVOS ESPECÍFICOS EDUCACIONALES

1. Crear la Subsecretaría de Educación Indígena y Mestizos Marginados, dependiente de la Secretaría de Educación, donde se implementen los niveles: Preescolar, Primaria, Secundaria, Media Superior y Superior y pasen a formar parte de ésta el Instituto Nacional Indigenista y la Dirección General de Culturas Populares.
2. Adecuar la estructura y funcionamiento administrativo en su ámbito central e institucional, de la educación indígena.
3. Realizar la planeación institucional educativa, con énfasis, tanto en relación a las características como del insumo y del producto con apoyo en la realización de las funciones básicas a operar.
4. Inducir y capacitar a todos los docentes así como al personal académico-administrativo en el campo indigenista.

El retraso en la acción socio-cultural, emprendida por la administración educativa, repercute gravemente, siendo hasta fechas recientes cuando se han implementado tres niveles de educación: Preescolar, Primaria y Secundaria.

Nuestro país, dentro de la riqueza de sus contextos: sociedades, naciones, comunidades, tribus, etnias, ha conformado a través de su historia, un cuerpo de principios, conceptos, definiciones y propósitos que particularizan y definen su tarea educativa, para esto se debe modificar el sistema de educación con el fin de preparar elementos más aptos para su inmersión a resolver la problemática indigenista.

En el sistema de enseñanza indígena deben ampliarse los programas de educación, para que no sólo se aboque a la enseñanza básica y de alfabetización o secundaria, sino que se introduzca en los centros coordinadores regionales la enseñanza media superior y superior, la investigación y cultura, dentro de las regiones étnicas, separado del plan simplista del paralelismo, educación y desarrollo económico-social.

4) Política de Desarrollo Nacional Indigenista. De igual forma deben coordinarse sectores sociales-económicos y autoridades políticas-administrativas para definir, realizar y cumplir las estrategias y políticas, resultantes del Pacto Nacional de Desarrollo Indígena integral o Programa Nacional de Desarrollo Indígena (Modelo especial de mejoramiento indígena), con la creación de una Subsecretaría de Desarrollo Indígena y Mestizos Marginados, dependiente de la Secretaría de Desarrollo Social.

En este proceso de administración y de planeación para resolver la problemática de las etnias, se deberán observar las etapas sucesivas por las que pasa la investigación para adquirir un conocimiento de los hechos y procesos sociales como son:

1. **La descripción**, etapa en la cual la investigación localice la situación y la estudie desde todos los ángulos y en cada una de las partes que componen su forma.

2. **El conocimiento**, periodo en el cual la investigación se de cuenta, más que volver a conocer, de las posibilidades y potencialidades de la situación descrita.

3. **La aplicación**, base en la cual la investigación trate de ajustarse en un modo práctico a la situación que previamente ha descrito y reconocido.

4. **La explicación**, inducción analítica, etapa en donde la investigación examine la situación en sus partes constitutivas, separadamente, y en sus relaciones totales, para medirla y apreciarla; y

5. **La interpretación o síntesis**, culminación del proceso reflexivo y de la investigación, cuyo interés no sea sólo la naturaleza, uso y función de la situación requerida, sino además, su valor y significado para los amplios intereses culturales y sociales de las comunidades que conforman el México profundo.

Por lo que se proponen las siguientes:

POLÍTICAS Y ESTRATEGIAS

Para una buena administración de la política indigenista y la elaboración, orientación y realización de los programas en beneficio y desarrollo integral de cada región étnica de: industrialización, comercialización, así como de educación, salud, vivienda, seguridad, agua (bienes y servicios), producción y empleo, que se planifique de acuerdo con la naturaleza de los recursos y las necesidades socioeconómicas y culturales de la comunidad, como medidas de mejoramiento requeridas bajo las siguientes políticas y estrategias:

1. Una política que conforme un modelo de carácter político-económico;
2. Una política de fomento a la producción de bienes, que además de generar empleo, modifiquen las pautas de consumo y permitan un margen de ganancias adecuado;
3. Una política de transformación de los recursos naturales y productos agropecuarios, y hacer de éstos, insumos del proceso productivo;
4. Una política que consolide una infraestructura que propicie la actividad económica, sostenga o incremente los niveles de empleo y fortalezca las ramas importantes de la industria de la pequeña y mediana empresa;
5. Una política que dé seguridad y el ejercicio y goce pleno de los derechos y obligaciones, conforme a la Constitución Federal y sistema de leyes mexicanas, de acuerdo a las garantías individuales, sociales y de los derechos humanos;
6. Dé goce y ejercicio de los derechos políticos en base al sistema democrático y federal mexicano;
7. Que observe y garantice el respeto de sus culturas, la defensa de sus territorios y el reconocimiento constitucional de sus formas de organización y vida social;
8. Que restablezca como tarea el contacto entre los indígenas del país, el gobierno y miembros de los sectores sociales, distanciados de todos ellos por falta de atención a las demandas de los grupos étnicos;
9. Que vele por la difusión y protección de sus tradiciones y costumbres;

10. Que pugne por la participación en los proyectos del medio ambiente (ecológico);

11. Que facilite la formulación de proyectos culturales y productos que incluyan a los indígenas para que obtengan remuneraciones y salgan poco a poco de la pobreza;

12. Que aplique correctamente la Ley Federal de la Reforma Agraria en la defensa de las tierras que detentan, de las invasiones de poseedores, acaparadores de grandes extensiones y de mestizos sin tierra;

13. Que proteja los recursos naturales de la explotación irracional por parte de los dueños de los diferentes regímenes de la tenencia de la tierra y por los explotados por empresarios no indígenas;

14. Que respete, garantice y haga efectivo el sistema de usos y costumbres bajo la autodeterminación que poseen los pueblos indígenas y la conservación de las formas tradicionales de organización política y social de estos pueblos o naciones;

15. Que agilice, actualice y dé facilidades en la apertura, pago y liberación legal en todos los trámites de los créditos agrarios para las comunidades y ejidos;

16. Que dote y proporcione los servicios básicos para aminorar la pobreza;

17. Que atienda toda clase de demandas de los grupos étnicos del país.

Asimismo, con la creación de la Subsecretaría de Desarrollo Social Indígena y Mestizos Marginados, dependiente de la Secretaría de Desarrollo Social (SEDESOL), pero que opere sin dádivas, ni paternalismos ni derroches, se pueda llegar a consolidar las aspiraciones y demandas de justicia social para las regiones marginadas indígenas anexas y conexas de éstas, la que se encargue de la problemática indigenista y de la administración de la misma por mandato del Ejecutivo Federal, con competencia y jurisdicción en materia de asuntos de desarrollo y progreso social, con cobertura nacional para indígenas, mestizos y blancos que moren en estas regiones y realicen cualquier actividad de desarrollo social en la región. Regiones que deberán contar con la representación de la SEDESOL y de la Secretaría de Educación Pública, y las regiones generales "sede", cuenten con un Delegado Especial de cada una de las dos mencionadas Secretarías, con el fin de controlar y agilizar los asuntos o problemas de acuerdo a la reforma de simplificación administrativa, y den solución expedita con eficacia y eficiencia.

Para su funcionamiento, se deberá contar con la estructura necesaria: orgánica, económica y administrativa, recursos humanos y materiales, unidades administrativas, así como las Direcciones Generales y Departamentos respectivos de acuerdo a un Organigrama y funciones, donde se contemplen todas las necesidades de las etnias y mestizos, la cual deberá tener total cobertura a la agrupación poblacional, un padrón indígena confiable. Ver la información correspondiente al Desarrollo y Bienestar Social y Territorio y Patrimonio Indígena, IV Parte, y la proporcionada en los cuadros siguientes:

Cuadro 1. Agrupación poblacional por zonas étnicas

Zona	Estados	Población	Centros coord.	Grupos étnicos
1	6	756,008	16	12
2	4	1,457,204	19	16
3	2	1,165,474	28	4
4	5	1,199,039	29	9
5	6	297,384	26	20
	TOTAL:	4,877,109	118	61

Datos proporcionados por el I.N.I. en 1980.

Cuadro 2. Agrupación por regiones

Regiones	Ciudad Sede
1. Puebla, Veracruz e Hidalgo	Cholula ó Puebla, Pue.
2. Yucatán, Quintana Roo, Campeche, Tabasco y Chiapas	San Cristóbal de las Casas, Chis.
3. Oaxaca	Oaxaca, Oax.
4. Michoacán, Guerrero y Morelos	Pátzcuaro ó Morelia, Mich.
5. San Luis Potosí, Querétaro, Estado de México y Guanajuato	Querétaro
6. Chihuahua, Baja California Norte, Sonora y Sinaloa	Chihuahua, Chih.
7. Nayarit, Durango y Jalisco	Tepic, Nay.

Cuadro 3. Agrupación región 1

Región	Sede
Puebla, Veracruz e Hidalgo	Cholula o Puebla, Pue.

Región	Población Indígena	Centros coordinadores indigenistas
Puebla	392,054	8
Veracruz	414,381	8
Hidalgo	286,003	2
TOTAL:	1'092,438	18

Cuadro 4. Agrupación región 2

Región	Sede
Yucatán, Quintana Roo, Campeche, Tabasco y Chiapas	San Cristobal de las Casas, Chis

Región	Población Indígena	Centros coordinadores indigenistas
Yucatán	227,134	5
Quintana Roo	44,164	1
Campeche	68,269	2
Tabasco	47,486	1
Chiapas	436,050	12
TOTAL:	823,103	21

Cuadro 5. Agrupación región 3

Región	Sede
Oaxaca	Oaxaca, Oax.

Región	Población Indígena	Centros coordinadores indigenistas
Oaxaca	809,390	21
TOTAL:	809,390	21

Cuadro 6. Agrupación región 4

Región	Sede
Michoacán, Guerrero y Morelos	Pátzcuaro o Morelia, Mich.

Región	Población Indígena	Centros coordinadores indigenistas
Michoacán	81,058	3
Guerrero	226,632	6
Morelos	31,443	
TOTAL:	339,133	9

Cuadro 7. Agrupación región 5

Región	Sede
San Luis Potosí, Querétaro, Edo. de México y Guanajuato	Querétaro

Región	Población Indígena	Centros coordinadores indigenistas
San Luis Potosí	187,393	4
Querétaro	18,799	3
Edo. de México	151,838	2
Guanajuato	1,399	1
TOTAL:	359,429	10

Cuadro 8. Agrupación región 6

Región	Sede
Chihuahua, Baja California Norte Sonora y Sinaloa	Chihuahua, Chih.

Región	Población Indígena	Centros coordinadores indigenistas
Chihuahua	44,182	5
Baja California N.	12,327	1
Sonora	56,205	6
Sinaloa	20,414	1
TOTAL:	113,128	13

Cuadro 9. Agrupación región 7

Región	Sede
Nayarit, Durango y Jalisco	Tepic, Nayarit

Región	Población Indígena	Centros coordinadores indigenistas
Nayarit	21,156	3
Durango	4,947	1
Jalisco	7,791	1
TOTAL:	33,894	5
TOTAL NACIONAL:	**3'590,515**	**97**

Datos proporcionados por el I.N.I. 1988

Cuadro 10. Población hablante de lengua indígena de 5 años y más por sexo y tipo de lengua, según grupos quinquenales de edad: 5-9, 10-14, 15-19, 20-24, 25-29, 30-34, 35-39, 40-44.

Sexo y Tipo de lengua	Población hablante
Estados Unidos Mexicanos	5 282 347
AGUACATECO	118
AMUZGO	28 228
CAHITA	462
CAKCHIQUEL	436
CHATINO	28 987
CHIAPANECO	181
CHICHIMECA JONAZ	1 582
CHICOMUCELTECO	24
CHINANTECO	103 942
CHINANTECO DE LALANA	12
CHINANTECO DE OJITLAN	4 443
CHINANTECO DE PETLAPA	1

(Continúa)

Cuadro 10. Población hablante de lengua indígena de 5 años y más por sexo y tipo de lengua, según grupos quinquenales de edad: 5-9, 10-14, 15-19, 20-24, 25-29, 30-34, 35-39, 40-44. *(Continuación)*

Sexo y Tipo de lengua	Población hablante
Estados Unidos Mexicanos	5 282 347
CHINANTECO DE QUIOTEPEC	1
CHINANTECO DE SOCHIAPAN	3
CHINANTECO DE USILA	676
CHINANTECO DE VALLE NACIONAL	22
CHOCHO	12 553
CHOL	128 240
CHONTAL	23 779
CHONTAL DE OAXACA	2 232
CHONTAL DE TABASCO	10 256
COCHIMI	148
CORA	11 923
CUCAPA	136
CUICATECO	12 677
HUASTECO	120 739
HUAVE	11 955
HUICHOL	19 363
IXCATECO	1 220
IXI	238
JACALTECO	1 263
KANJOBAL	14 325
KEKCHI	1 483
KIKAPU	232
KILIWA	41
KUMIAI	96
LACANDON	104
MAME	13 168
MATLATZINCA	1 452
MAYA	713 520
MAYO	37 410
MAZAHUA	127 826

(Continúa)

Cuadro 10. Población hablante de lengua indígena de 5 años y más por sexo y tipo de lengua, según grupos quinquenales de edad: 5-9, 10-14, 15-19, 20-24, 25-29, 30-34, 35-39, 40-44. *(Continuación)*

Sexo y Tipo de lengua	Población hablante
Estados Unidos Mexicanos	5 282 347
MAZATECO	168 374
MECO	39
MIXE	95 264
MIXTECO	383 544
MIXTECO DE LA COSTA	32
MIXTECO DE LA MIXTECA ALTA	1 480
MIXTECO DE LA MIXTECA BAJA	1 813
MIXTECO DE LA ZONA MAZATECA	3
MIXTECO DE PUEBLA	2
MOTOCINTLECO	235
NAHUATL	1 197 328
OCUILTECO	755
OPATA	12
OTOMI	280 238
PAIPAI	223
PAME	3 096
PAME DEL NORTE	30
PAME DEL SUR	2 606
PAPABUCO	19
PIMA	716
PIMA ALTO	128
PIMA BAJO	16
POPOLUCA	31 079
POPOLUCA DE OLUTA	3
POPOLUCA DE TEXISTEPEC	172
PUREPECHA	94 835
QUICHE	918
SERI	561
SOLTECO	51
TARAHUMARA	54 431

(Continúa)

Cuadro 10. Población hablante de lengua indígena de 5 años y más por sexo y tipo de lengua, según grupos quinquenales de edad: 5-9, 10-14, 15-19, 20-24, 25-29, 30-34, 35-39, 40-44. *(Continuación)*

Sexo y Tipo de lengua	Población hablante
Estados Unidos Mexicanos	5 282 347
TECO	107
TEPEHUA	8 702
TEPEHUAN	18 469
TLAPANECO	68 483
TOJOLABAL	36 011
TOTONACA	207 876
TRIQUI	14 981
TZELTAL	261 084

Datos del Censo de Población y Vivienda 1990-INEGI.

Como se puede observar, el total nacional de la población, según el I.N.I., del Cuadro Núm. 1 por Zonas Etnicas, para 1980 era de 4'877,109 y el total nacional de la población indígena de los Cuadros Núm. 3 al Núm. 11, agrupados por regiones, para 1986 fue de 3'590,515; y la población actual de 1995, que según el INEGI, llega aproximadamente a 6'000,000, pero para otros investigadores particulares, llega a 10'000,000. Esto da lugar a varias incongruencias y dudas acerca de la veracidad de la información que entorpece una satisfactoria respuesta de análisis, conclusiones fáciles y claras, sin embargo, salen a colación los siguientes supuestos:

- De 1980 a 1986, la población drásticamente en este período descendió, supues-tamente por diferentes causas: mortalidad, insalubridad, desempleo, éxodo a las áreas urbanas y rurales productivas, emigración, altas en el ejército, crisis económica, mestizaje, etc.
- De 1986 a 1995, en un período de nueve años, se elevó el índice de población a 0.43% conforme a los que afirman que para 1995 existen 6'000,000, y para los que dicen que llegó en el presente año, a 10'000,000, aumentó en 0.64%.
- Estos datos indican que por efectos de los Programas de Desarrollo Indígena, de acuerdo al criterio de aumento de población de 1986 a 1995, tuvieron

un avance principalmente en nacimientos o en logros a los adversos de 1980 a 1986; pero no sucedió así porque según datos estadísticos, no oficiales, la población indígena de 1980 a 1995 ha estado fluctuando entre 5'000,000 a 6'000,000, ésto demuestra que su crecimiento se estancó al mismo tiempo que la marginación fue en aumento. La respuesta más creíble sería que hubo un total retroceso en todos los aspectos: político-socioeconómico, como ya se ha demostrado en el desarrollo de la exposición de este trabajo, asimismo, por los grandes errores que se han destacado en las cifras arrojadas durante mucho tiempo, por lo que se desconfía la veracidad de los datos, y porque nunca se ha realizado un verdadero censo de población y diagnóstico científico del problema étnico, como se comprueba en la información propiciada por varias fuentes que se citan más adelante, donde se ven a todas luces, contradictorias a las oficiales.

Por otra parte, uno de los grandes errores censales de población indígena, es que jamás ha existido o se ha elaborado un padrón, una clasificación correcta de la tenencia de la propiedad rústica social correspondiente a los ejidos y comunidades indígenas, aclarando cuales son los ejidos o comunidades por zonas de las poblaciones étnicas, de acuerdo a la definición de "indio", etnias indígenas, pueblos, naciones, lenguas, costumbres, lazos sanguíneos, moradores de las regiones y albergues mestizos o blancos marginados, asentamientos, y en general, en poblaciones indígenas (con conciencia de grupo) y aceptación por el grupo, que a continuación se exponen y se analizan. Como dato de referencia inicial, se presenta la siguiente:

ESTRUCTURA APROXIMADA DE LA PROPIEDAD RÚSTICA, AL TÉRMINO DE LA REFORMA AGRARIA

Se puede afirmar —con sólo pequeñas reservas*— que al concluir el proceso de Reforma Agraria la estructura de la propiedad rústica de México, está integrada por los siguientes grandes rubros de tenencia:[2]

---

*Los datos sobre propiedad de carácter social fueron cerrados a 1984 y ya variaron. Los correspondientes al rubro de baldíos y otros son estimaciones.

Cuadro 11. Estructura aproximada de la propiedad rústica

Propiedad Particular de 25 249 núcleos ejidales	85 189 453 Has.
Propiedad Particular de 1829 núcleos comunales	16 151 045 Has.
Propiedad Privada de 62 115 colonos	5 700 000 Has.
Propiedad Privada Subdividida en 1 489 290 predios:	67 547 191 Has.
Terrenos Nacionales por 18 000 posesionarios desde antes de 1963:	85 000 000 Has.
Baldíos, zonas urbanas, propiedades federales, estatales y municipales:	13 700 000 Has.
Superficie Total:	196 700 000 Has.

Estos datos corresponden a los rubros generales, no existen fuentes de información referente a los específicos correspondientes a los indígenas, por tal razón no se incluyen, como debe ser lo correcto. Como, se notará, no se determina cuales son o no ejidos y comunidades indígenas. Hasta esta fecha no se ha detectado información al respecto, tal vez exista en la S.R.A. un Padrón Ejidal y Comunal Indígena, si existe, no se ha tenido acceso a él. El lector se percatará al ir leyendo, que ninguna de las fuentes informativas a continuación citadas, da cantidades (datos cuantitativos), sino datos comparativos genéricos o cualitativos, pero no estadísticos amplios y explícitos, de acuerdo a la población real indígena y zonas marginadas.

DATOS COMPARATIVOS NO COINCIDENTES A LA POBLACIÓN NACIONAL INDÍGENA Y A LA ESTRUCTURA DE LA PROPIEDAD RÚSTICA

Por otra parte, la Comisión Nacional de Justicia para los Pueblos Indígenas de México, los agrupa en 56 etnias diferentes como grupos indígenas no ejidales o comunales, sino como grupos étnicos, con idioma propio, distribuidos en casi todo el territorio nacional. Establece que en Oaxaca, Quintana Roo y Yucatán, la población indígena constituye la mitad del total; en Campeche, Chiapas e

Hidalgo es superior a la cuarta parte; en Guerrero, Puebla, San Luis Potosí y Veracruz, rebasa el 10%. En los demás Estados, la población indígena queda por debajo del 10% del total y las etnias más numerosas tienen presencia en más de una entidad federativa. El área metropolitana de la Ciudad de México está habitada cuando menos por un millón de indígenas.[3]

Conviene citar aquí lo que la Organización de las Naciones Unidas, a partir del Estudio de Población de la Discriminación contra las Poblaciones Indígenas, ha indicado en sus recomendaciones 379 y 381, difundidas por el investigador Víctor M. Martínez Bullé Goyri, las que se describen a continuación:

379. Son comunidades, pueblos y naciones indígenas los que, teniendo una continuidad histórica con las sociedades anteriores a la invasión y precoloniales que se desarrollaron en sus territorios, se consideran distintos de otros sectores de la sociedad que ahora prevalecen en esos territorios o en parte de ellos. Constituyen ahora sectores no dominantes de la sociedad y tienen la determinación de preservar, desarrollar y transmitir a futuras generaciones sus territorios ancestrales y su identidad étnica como base de su existencia continuada como pueblo, de acuerdo a sus propios patrones culturales, sus instituciones y sistemas legales.

381. Desde el punto de vista individual se entiende por persona indígena a toda persona que pertenece a esas poblaciones indígenas (conciencia de grupo) y es reconocida y aceptada por esas poblaciones como uno de sus miembros (aceptación por el grupo).[4]

Datos concretos señalados en la iniciativa de Ley de Reforma al Artículo 4º Constitucional del Poder Ejecutivo, nos señalan que cuando menos el 9% de los mexicanos tienen como idioma materno alguna de las 56 lenguas indígenas que se hablan en nuestro país. La variación en la extensión de estas lenguas es extrema: desde el náhuatl con alrededor de un millón 400 mil habitantes, mayores de cinco años, hasta el pápago con 236, conforme al Censo de 1980. Con lenguas: náhuatl, maya, zapoteco, mixteco y otomí, para orden de importancia, concentran al 60% del total de hablantes de lenguas indígenas. Independientemente de su extensión todas estas lenguas, que requirieron milenios para su formación, deben ser consideradas como parte constitutiva del patrimonio cultural de la nación.

Como se observará, los moradores de los albergues no constituyen toda la población indígena dispersa, o aglutinada o diferenciada por lazos sanguíneos, lenguaje, costumbres o asentamientos. Los 6 millones de indígenas no son todos, faltan muchos más no por definición de identidad, sino también, por su agrupación étnica, ejemplo lo siguiente:

El 70% de los indígenas viven en municipios rurales, proporción inversa a la del conjunto de la población nacional, y fincan su subsistencia en las actividades primarias. El 96% de los indígenas en municipios rurales radican en localidades calificadas como de elevada marginación. El 30% de los indígenas asentados en municipios considerados como urbanos, viven en condiciones de pobreza y marginalidad casi en su totalidad. Esto nos indica que la mayoría de la población indígena emigra y habita en los cinturones de pobreza de las manchas urbanas, o emigra al campo se entremezcla con los mestizos rurales o emigra a los campos agrícolas de Estados Unidos de América, como población flotante que sale y entra a México.

Otro ejemplo de contradicción de datos es el de la titulación de ejidos, de los 30 mil ejidos que se dice existen en México, sólo el 25% ha logrado su titulación. El Programa de Certificación de Derechos Ejidales (PROCEDE), ha sido un intento fallido para resolver esta situación, los errores han sido cuestionados por funcionarios y académicos dedicados a las cuestiones rurales, hasta el grado de darse serias contradicciones en cuanto al número de ejidos existentes. Unos aseguran que son 30 mil, otros que son 26 mil ejidos. No especifican cuales son los ejidos indígenas.

Estas irregularidades sobre los datos de población indígena, se muestran con la intención para que a futuro se llegue a una acertada definición de la cobertura de la población indígena y mestizos marginados en posteriores investigaciones, planes y programas en materia de indigenismo que se elaboren, y para la aplicación de una correcta asignación y distribución de recursos materiales y económicos en beneficio del mejoramiento integral de las zonas étnicas mexicanas.

REFERENCIAS

1. **Javier López Moreno.** Reformas Constitucionales para la Modernización, 1a. ed., ed. FCE, México, 1994, p. 186.

2. **Everado Escarcega López y Carlota Botey Estape.** "La recomposicición de la Propiedad Social como Precondición necesaria para refuncionalizar el Ejido en el orden económico productivo". ed. CEHAM, México 1990.

3. **Javier López Moreno.** Reformas Constitucionales para la Modernización, 1a. ed. FCE México 1994, pp.190-193

4. Ver. Doc. ONU E-CN-4 Sub. 2-1985-11.Recomendaciones 379 y 381.

IV

PROBLEMAS:
JURÍDICO-POLÍTICO-LEGISLATIVO

RELACIONES JURÍDICO-POLÍTICAS: LEGISLACIÓN
LOS DERECHOS Y CULTURA INDIGENAS: SU LEGISLACION

Algunos grupos activistas indígenas de tendencia emancipadora de nuestro país, opinan que legislar no es el único camino a seguir para resolver la problemática de marginación, porque las normas corren el riesgo de no obedecerse y aplicarse, como podría suceder con los acuerdos emanados del Diálogo para la Paz en Chiapas, derivados de largas, costosas y riesgosas reuniones. Varios grupos desesperados han tomado la decisión de hacer justicia con su propia mano o tomar las armas por la situación tan tensa que ya no pueden soportar o tolerar. Algunos de estos grupos indígenas desean la liberación radical como único objetivo de remediar su precaria situación, por lo que los movimientos y rebeliones armadas en México han aumentado; ya dejaron de presentarse únicamente en el Estado de Chiapas con el ejército zapatista. Los enfrentamientos armados se han extendido en varias entidades, sobre todo en los estados del sur del país. El enfrentamiento social es cada vez más visible. Ante estos hechos, todavía aún existe la esperanza de establecer la congruencia en los grandes acuerdos nacionales para que se sienten las bases en reordenar la vida de la Nación para evitar el desborde de las fuerzas sociales.

El retraso en la capacidad de incorporar a la población a una economía que pueda crecer y distribuir la riqueza generada para abatir el hambre y la miseria, la aplicación correcta de la ley, impartir justicia, respeto a los derechos humanos y el ejercicio de la democracia, entre otros; si no se llevan a cabo con equidad y eficiencia, serán sin duda factores de mayor tensión.

Se ha demostrado que las rebeliones actuales, se han dado con más resonancia en los estados de la federación que cuentan con notoria población indígena; regiones que albergan a habitantes que van de la pobreza extrema a la miseria como lo son: Oaxaca, Chiapas, Hidalgo, Chihuahua, Guerrero, Distrito Federal, Estado de México, etc.; éstas son las entidades donde han surgido los brotes de grupos armados del Ejército Popular Revolucionario (EPR) y partidarios del EZLN; motivos que agudizan los conflictos, estancan las negociaciones de paz en Chiapas y ponen en alerta al país. Así como los casos de linchamiento que comenzaron a incrementarse a partir de 1993 en las diversas comunidades en los estados sureños: Morelos, Guerrero, Chiapas, Oaxaca, Puebla y Veracruz, por causa de la falta de justicia que no llega a las zonas marginadas. Esto significa que no hay justicia o no hay un estado de derecho, o porque hay una gran dosis de desconfianza de la población con las instituciones.

Es necesario comentar el movimiento indígena contemporáneo, así como también el proceso de lucha y su problemática respectiva, por su trascendencia.

Expondremos en primer lugar la situación de los movimientos armados que se han suscitado en nuestro país a partir del Movimiento Indígena en el Estado de Chiapas que inició el primero de enero de 1994. Después de esta histórica fecha, la sublevación indígena, (movimiento armado, protagonizado por el E.Z.L.N. en la Reivindicación de los Derechos Indígenas) para el 6 de agosto de 1994 en la selva del sureste de México, en el poblado de Guadalupe Tepeyac, Chis., ya estaban sentadas las bases de un nuevo grupo armado en México que surgió del seno de la Convención Nacional Democrática (C.N.D.). Entre más de 20 representantes de organizaciones armadas, se asentaron las bases del Ejército Popular Revolucionario (E.P.R.), como consecuencia a la expulsión de la ala radical (ultra) del Movimiento Revolucionario mexicano de la C.N.D. que organizó el E.Z.L.N. en 1994. El Subcomandante Marcos, el líder militar zapatista, fue rebasado por la izquierda radical materializando ésta un sueño largamente acariciado: la unidad del movimiento armado, con esperanza de cambiar el sistema político mexicano desde sus raíces. Después del movimiento armado del primero de enero de 1994, el ala radical llevó la guerra a las plazas estratégicas de mayor impacto programadas por ésta. El 8 de enero de 1994, miembros del Partido Revolucionario Obrero Clandestino, Unión de Pueblos y el Partido de los Pobres, detonaron explosivos en varios locales comerciales de la Ciudad de México, en Acapulco, Gro. Se lanzó una granada de fragmentación contra el

Palacio Federal del puerto y en Tula, Hgo., se atacó el gasoducto de la Refinería "Miguel Hidalgo".

En Chiapas continuaban los combates entre el E.Z.L.N. y los soldados federales en el cuartel de Rancho Nuevo, en Ocosingo, Altamirano, y Las Margaritas. La guerra parecía extenderse por el país, pero las presiones de la sociedad civil, instituciones, organismos y asociaciones por la paz nacionales e internacionales hacen al gobierno federal ordenar al ejército cesar el fuego.

El E.Z.L.N. acepta la tregua, y se inician las pláticas del Diálogo de Paz, y la ofensiva que presentaban los grupos rebeldes y el ejército federal se detiene. Empieza un largo proceso de negociación entre el gobierno y la delegación zapatista, luego de 34 meses de iniciado —termina por cancelar las aspiraciones de un cambio radical del sistema mexicano. Para mediados de diciembre de 1996, se concretan las bases para la concertación de la paz, conforme a los Acuerdos llegados por ambas partes, la Mesa 1 "Derechos y Cultura Indígenas", emanado de la Reunión de San Andrés Larráinzar, Chis.

Pero veamos como fueron expulsados los radicales del E.Z.L.N. Durante la Primera Asamblea Nacional Preparatoria para la Convención Nacional Democrática Zapatista —C.N.D. en julio de 1994, en el Auditorio "Che Guevara" de la Ciudad Universitaria U.N.A.M., Marcos, desde Chiapas vía fax, regaña y expulsa "a la Ultra" de la C.N.D. Las expectativas del ala radical para profundizar el cambio que había abierto el E.Z.L.N., eran muy grandes. Había dos posiciones entre los asistentes: una de líderes incondicionales de Marcos; otra, los radicales. Estas son truncadas al recibir el fax que decía: "A la Convención están todos invitados menos los violentos". Marcos reitera después: "quienes estén por la guerra desde el cubículo o el salón de clases, podrán venir a discutir de todo en la C.N.D., menos de guerra". Comunicados del grupo zapatista inesperados por el ala radical, y sin congruencia este grupo había declarado antes la guerra al gobierno y ordenó "avanzar hacia la capital del país venciendo al ejército federal mexicano".

El 6 de agosto de 1994, Aguascalientes, Chis., fue el escenario de la última fricción con Marcos, incidente que ayudaría definitivamente al nacimiento del E.P.R. Marcos impide a los radicales el acceso a los trabajos, lo cual derivó en la formación de dos comisiones de acreditaciones para participar en el C.N.D. Una bajo el impulso de los antivotos y la otra de los allegados de Marcos (32 nombrados directamente por él), quien maniobró hábilmente para que el resto lo ocuparan mayoritariamente lideres de opinión e intelectuales sensibles a las propuestas zapatistas. Ese mismo día, el 6 de agosto de 1994, por la tarde, los expulsados de la C.N.D., establecen las bases de una Primera Cumbre de Grupos Armados al margen del E.Z.L.N. en la ciudad de México.

E.Z.L.N. Vs F.A.C.M.L.N.

El E.Z.L.N. se tardaría 386 días para darle cuerpo a su expresión política e intentar el tránsito a un período político legal. Al iniciar Marcos su Gran Consulta Nacional para definir la suerte de un grupo armado se le unieron varias organizaciones político-militares y se inició el proceso de fusión con éstas. Hecha la encuesta, votaron un millón ochenta y ocho ciudadanos porque el E.Z.L.N. se transformara en fuerza política independiente. Las divisiones en la C.N.D. se dieron de inmediato junto con el E.Z.L.N., pues Marcos no pudo controlar al E.Z.L.N. Dichos hechos que permitieron a las organizaciones político-militares, insertarse en otro frente de masas más propicio donde moverse.

La creación del Frente Amplio para la Construcción del Movimiento de Liberación Nacional (F.A.C.M.L.N.), variante del E.Z.L.N., en 1995 fue la culminación de las divisiones del C.N.D., lo cual ayudó a unificar organizaciones que querían ir más allá de las negociaciones de Marcos. En marzo de 1995, catorce organizaciones terminaron por dar vida al E.P.R.: Francisco Villa, Morelos, armados mexicanos, Genaro Vázquez, Vicente Guerrero, el PROCUP-PDLP y la Brigada Campesina de Ajusticiamiento —todas en el Estado de Guerrero. También la Organización Revolucionaria "Ricardo Flores Magón" y la Organización Revolucionaria del Pueblo.

Las diferencias entre el E.Z.L.N y el E.P.R., son substanciales. El primero busca la negociación; el otro quiere derrocar al gobierno. Los zapatistas son en su mayoría indígenas, los eperristas son campesinos, mestizos jornaleros agrícolas y obreros. También algunos grupos en armas también podrían incorporarse al E.P.R., como el Ejército "Sierra Gorda", en Querétaro; el "Frente Revolucionario de Obreros y Campesinos Revolucionarios de Soconusco, Chis.; el "Libertador del Sur", de Guerrero; y una media docena más asentados en las montañas de Guerrero, Chihuahua, Las Huastecas, así como en la Región Lagunera y el Valle de México.

La caracterización histórica de las regiones étnicas del país que por mucho tiempo no fueron suficientemente atendidas en los Programas de Desarrollo, provocó un desajuste social, privilegiando categorías de desarrollo económico y político. Este es indicativo fundamental de inconformidad y violencia, especialmente en las poblaciones indígenas marginadas de México que constituyen el potencial de los componentes de estos grupos inconformes, especialmente del E.Z.L.N. y el E.P.R.

Para el análisis de los indicadores que pudieran valorar los logros de los movimientos en torno a las poblaciones indígenas que se quiere beneficiar, es muy importante señalar la contradicción en que podría caer el Movimiento Indígena al intentar desplegar sus propósitos a cuestiones de alcance nacional para otros fines políticos o electorales al desarraigarse de los intereses meramente indígenas en cuanto a sus raíces, y pretender disputar posiciones de mayor nivel (personal) en la estructura política nacional. Al respecto, el investigador universitario licenciado J. Antonio Flores Vera, respecto a la transferencia nacional que pretende adquirir el Movimiento del E.Z.L.N., afirma que no es muy clara su estrategia en cuanto a convertirse en movimiento político nacional, que en primer lugar no cuenta con la planeación debida y articulada; por lo pronto, de eventos pensados en espacio y tiempo y hace una serie de preguntas: ¿Sobre qué base se intenta articular la realidad social y política que pretende modificar? ¿Sobre qué indicadores se puede valorar su eventual contribución a la democracia y sobre qué marco de condicionante se sitúan los accesos que abra el movimiento a la concresión de Acuerdos de Paz? ¿Sobre qué agenda y puntos críticos de la agenda nacional política se están planteando las posiciones del E.Z.L.N. y los actores que conjugan a su alrededor? ¿Sobre qué ámbitos específicos se planean acciones concretas para el acceso al poder político regional, municipal, estatal o nacional? ¿El Movimiento no sólo plantea incidir e incluso controlar grupos sociales y territorios, o sus pretensiones abarcan incluso a las élites nacionales y entonces se podría esperar un cambio en la retórica y en el discurso desplegado hasta ahora dirigido a grupos más desprotegidos? ¿Coincidirá este cambio con las articulaciones orgánicas visibles con el Movimiento Clerical? ¿Sobre qué puntos fundamentales se proseguirá en los esquemas de propaganda y comunicación a sectores populares? ¿Tiene el Movimiento algún esquema o estrategia que le permitan medir consensos y disensos a su propuesta? ¿Ha contemplado algún tipo de articulación con el Estado, incluyendo formas de financiamiento directo o indirecto? ¿Qué sucederá en la medida en que lleguen los tiempos fatales de la conclusión de la actual Legislatura del Congreso de la Unión, en donde intervengan varios miembros de la Cocopa? ¿ Será únicamente la CONAI quien despliegue la estrategia de enlace nacional o existen otras opciones previstas? ¿El planteamientos de las Mesas de Larrainzar representa la totalidad social en donde la población indígena convive o coexiste con la población mestiza?

Estas preguntas del licenciado Antonio Flores Vega, le costaron una crítica severa hecha por Marcos en los medios de difusión, lo cual resultó de la entrevista al Sub-comandante Marcos titulada: "Estamos preparados para una solución política o militar en Chiapas".

Todo México se pregunta qué pasará con el E.Z.L.N. después de incluídas sus demandas en la Carta Magna de la Nación. Si pasara a ser una fuerza política clave para los comicios federales de 1997 y del año 2000, Si participara Marcos como candidato a una representación en el Congreso de la Unión o en las elecciones presidenciales. Mientras todo esto sucediera en la Propuesta de Modificaciones de los Artículos Constitucionales 4, 5, 6, 7, 18, 20, 21, 26, 41, 53, 102, 115 y 116, se tiene que indicar que habrán de definirse los términos de autonomía y la libre determinación de los pueblos indígenas, de tal manera que estos no se interpreten como escisión de la Nación.

En este contexto, el Estado respetará la libre determinación de las comunidades indígenas en cada uno de los ámbitos y niveles que harán valer y participar su autonomía diferenciada. Estas prácticas se realizarán sin menoscabo de la soberanía nacional y dentro del marco normativo para los pueblos indígenas.

Por otra parte, en materia de recursos naturales, se reglamentará un orden de preferencia que privilegie a las comunidades indígenas en cuanto al otorgamiento a concesiones para obtener beneficios de la explotación y aprovechamiento de los recursos naturales. Es importante que se reconozca la existencia de diversas etnias, de los pueblos indígenas, su forma de trabajo comunal, de impartir justicia y su derecho a tener acceso a los medios de comunicación, así como en política electoral.

Al parecer, el problema principal del Proyecto Cocopa-E.Z.L.N., es el de la autonomía de los pueblos indios; el de los derechos colectivos de los indios que conforman pueblos, pero no en el sentido de población, sino de un grupo étnico lingüístico y cultural, diferenciado de los demás y del resto de la sociedad. En ninguna parte del mundo, el problema de la existencia de los pueblos minoritarios se ha resuelto sin reconocerles a éstos derechos especiales. El Proyecto de Ley sobre Derechos y Cultura Indígenas ya está analizado por el Gobierno Federal. El

Ejecutivo realizó un gran esfuerzo a efecto de que el texto presentado por la instancia legislativa, resultara congruente y armónico con la Constitución y se plasme en la legislación mexicana. El Gobierno Federal llevará a cabo las modificaciones constitucionales y las leyes reglamentarias en materia indígena y concederá espacios de participación política para los pueblos indios. Se prevee que para 1997, deberá aprobarse el marco jurídico que materialice un nuevo Pacto entre el Estado y los pueblos indígenas, en los términos acordados en las negociaciones de San Andrés Larrainzar, entre el Gobierno Federal y el E.Z.L.N.; la modificación de varios artículos constitucionales y la promulgación de una Ley Reglamentaria en la materia que establezcan las líneas generales de la nueva relación entre Estado y pueblos indígenas y la modificación de Constituciones Estatales y leyes secundarias. Para los zapatistas, que el gobierno pretende limitar la reforma a una mera ley reglamentaria al Artículo 4º Constitucional, o hacer algunas transformaciones exclusivamente al Artículo 4º y 115 Constitucionales, sería además de insuficiente, violatorio a lo pactado en el Pacto de San Andrés.

Al lograrse la legislación, la práctica de las modificaciones y reformas constitucionales, sería un gran triunfo sin precedentes para el E.Z.L.N., la que le permitiría otros logros inconsiderables por haber salvado a los pobres de México; los indígenas, después de 500 años de sojuzgamiento. Analicemos su magnitud y los fundamentos y demandas expuestos por el E.Z.L.N. y los Foros Nacionales de los Derechos y Cultura Indígenas de los anteriores contenidos expuestos en este trabajo, así como el diagnóstico, hipótesis, tésis y enfoques para ampliar y fundamentar las propuestas bajo los siguientes razonamientos que se presentan para resolver la situación en la Problemática de las Etnias en México, que se justifican bajo el diagnóstico del panorama general de esta situación que ya se ha mostrado y que resumiremos a continuación:

Cuando menos uno de cada diez mexicanos es, en promedio indígena; vive en condiciones alarmantes de extrema pobreza y marginalidad. Más de las tres cuartas partes de la población indígena, vive en 281 municipios clasificados como extremadamente marginados; cerca de la mitad de la población es analfabeta, en contra del promedio nacional del doce por ciento. Alrededor de la mitad de los municipios indios, carecen de electricidad y agua potable; el sesenta por ciento de los habitantes de los municipios, se ve obligado a emigrar; quienes lo hacen no viven necesariamente en buenas condiciones. Entre el setenta y el ochenta y cuatro por ciento de la población indígena menor de cinco años presenta elevados niveles de desnutrición. El índice de la mortalidad de los menores de cinco años es del veintiséis por ciento frente al veinte por ciento nacional. El ochenta por ciento de las enfermedades que padecen son de origen infeccioso, asociadas a la deficiencia nutricional, la anemia y la insalubridad.

A la pobreza económica, le acompaña la injusticia. En ellos se concentra la mayor cantidad de violación a los derechos humanos. Los tribunales ordinarios del país no están en condiciones administrativas de proporcionar justicia a los indígenas. Las reformas procesales impulsadas por la Comisión de Derechos Humanos en materia de traductores, intérpretes y el conocimiento de los jueces sobre los derechos consuetudinarios indígenas, no pueden cumplirse ni siquiera modestamente. La discriminación es constante en el trato que se les da; los recursos públicos que se les canalizan son precarios e insuficientes; las políticas que les afectan se definen sin su participación y padecen una subrepresentación política generalizada. Por si todo ello fuera poco, varios de los pueblos indígenas están a punto de desaparecer como tales.

La creciente militarización, violencia paramilitar, enfrentamientos sociales, linchamientos, impunidad, corrupción, ingobernabilidad, disolución del estado de derecho, y ruptura de las pláticas de paz en Chiapas, son algunos de los males que padecen diversos sectores de la sociedad indígena; son detonantes de preocupación por conservar la paz por el E.Z.L.N. y el E.P.R. En los estados que cuentan con mayoría de habitantes indígenas, existen condiciones objetivas y sustantivas para que subsista un prolongado movimiento armado en Chiapas, Oaxaca, Guerrero, Tabasco, Chihuahua, Michoacán, etc.

En Chiapas está militarizada la economía, la cultura y la política. Intelectuales artistas, periodistas y politólogos han elevado sus protestas dirigidas al Gobierno Federal, en las cuales piden "cambios urgentes" porque los ciudadanos chiapanecos ya no soportan más; declaran que Chiapas es un Estado cuyo gobierno no ofrece garantías a las inversiones privadas, no estimula la activación del comercio y no planifica para la generación de empleos; los recursos turísticos están en descuido permanentemente; poco o nada se hace para evitar invasiones a pequeñas propiedades, como tampoco para aplicar la ley a cientos de predios invadidos, controlar los recursos destinados al campo; en el Estado se vive una total inseguridad, incontrolables bandolerismos, asaltos por dondequiera, inestabilidad, alcaldes desaforados, presidencias municipales que no funcionan, tomadas por inconformes y no se realizan elecciones en éstas. Hay un estado de anarquía. Asimismo, todo este conjunto de anomalías, ocasiona "gran descontento y desesperanza" entre la población, al ver que las negociaciones y la lucha cívica no puedan aterrizar en cambios legales, jurídicos, sociales y económicos. En este marco, señalan que la violencia en Chiapas se está repitiendo en el país.

Por otra parte, la violencia en Oaxaca es cotidiana, lo mismo que los asentamientos, conflictos religiosos, militarización creciente, narcotráfico, disputas territoriales, represión, impunidad gubernamental y violación de derechos humanos. . . Todo ello en medio de marginación y pobreza extrema ancestrales que se han recrudecido en años recientes. Oaxaca es uno de los Estados con mayor incidencia represiva, pues la desigualdad económica que priva en la entidad, el alto nivel de conflictividad y polarización social y política de sus habitantes, y la respuesta autoritaria de las autoridades ante los reclamos sociales "la han convertido en foco de represión y de violencia política. Es uno de los Estados con mayor porcentaje de población indígena —más del 50%—, en el que la pobreza ha hecho víctima a casi la totalidad de sus habitantes "persisten estructuras caciquiles arcaicas y violentas. Es uno de los Estados con mayor rezago social. Las disputas por la tierra son el pan de cada día y los asesinatos de los campesinos son cosa común —según el informe de Derechos Humanos del Centro "Miguel Agustín Pro Júarez" que hace el jesuita David Fernández .

Por otro lado, el E.P.R., sostiene que "de continuar la escalada represiva contra el pueblo chiapaneco" y el acoso a sus unidades militares, se aprueben o no los acuerdos de paz, se verá "en la necesidad" de responder con la autodefensa armada a los gobiernos federal y local. Mediante uno de los varios comunicados que dió a conocer en Oaxaca, el E.P.R. se dirigió al E.Z.L.N.: "Respetamos su decisión de establecer que no quieren apoyo de nuestra organización. También respetamos su decisión de no caer en la trampa gubernamental de promover rivalidades entre nuestras organizaciones". El E.P.R. agrega que comparte la percepción del E.Z.L.N. de que esas organizaciones son diferentes más no contrarias.

En resumen, por el momento, los pueblos indios exigen reformas legales que les permitan remontar su condición de exclusión e integración subordinada con el resto de la sociedad nacional, que reconozcan entre otros aspectos su derecho de libre determinación y la autonomía como expresión de ésta; sus diferencias culturales, sus sistemas normativos internos, sus mecanismos para nombrar sus autoridades a las comunidades donde viven como entidades de derecho público que prohiban la discriminación.

Reformas que fueron aceptadas por el gobierno federal cuando firmó con el E.Z.L.N. por intermedio de la Cocopa, los Acuerdos sobre Derechos y Cultura Indígenas, que forman parte del Convenio 169 de la Organización Internacional del Trabajo (O.I.T.); de la Declaración sobre la Raza y los Prejuicios Raciales de la UNESCO que establece: "Todos los individuos y los grupos tienen derecho a ser diferentes o considerarse y ser considerados como tales; y los postulados de los Derechos Humanos por la O.N.U."

Acerca de todo esto y sobre el Proyecto de la legislación sobre la Autonomía, Derechos Humanos, Individuales y Sociales en busca de dar un marco legal a un conjunto de instituciones prácticas políticas, culturales, jurídicas y sistemas normativos que ya existen, los indígenas han sobrevivido a políticas etnocidas; no buscan privilegios, sino por el contrario, pretenden conquistar la ciudadanía plena a pesar de que distintos analistas políticos coinciden que detrás de la reforma constitucional sobre derechos y cultura indígenas se esconda una exigencia de privilegio. Nuestro deber es exponer las diferentes opiniones, hipótesis, teis, antitesis, aprotaciones y acuerdos varios, entre el E.Z.L.N y el Gobierno Federal para resolver esta problemática y respetar desde luego, todas las posturas que son muy loables; a continuación se exponen algunas de las más sobresalientes.

DERECHOS HUMANOS DE LOS INDÍGENAS

Es importante hacer cumplir los derechos humanos de acuerdo a las normas nacionales e internacionales. En la República Mexicana en su Constitución Política, en su Artículo 1o., se observan estos derechos: en los Estados Unidos Mexicanos todo individuo gozará de las garantías que otorga esta Constitución, las cuales no podrán restringirse ni suspenderse, sino en los casos y las condiciones que ella misma establezca.

Para tal efecto, la Comisión Nacional de Derechos Humanos garantiza que el Estado está obligado a respetar, proteger y defender los derechos humanos en México, como un conjunto de facultades, prerrogativas y pretensiones de carácter civil, político, económico, social y cultural, incluídos los recursos y mecanismos de garantía de todas ellas que reconocen al ser humano, considerado individual y colectivamente. Los Derechos Humanos son la base de la actuación humana y al saber que ellos no serán violados, el hombre se moviliza con libertad. De acuerdo al contexto internacional para garantizar estos derechos conforme al documento de la ONU E/CN.4 Suv. 2/1985/11 Anexo II, se elaboraron "Normas sobre los derechos de las poblaciones indígenas" que aprobaron representantes gubernamentales e indígenas de diversas regiones del mundo.[1] Las que debemos retomar y hacer respetar incluyéndolos en nuestra normatividad nacional de los Derechos Humanos para las etnias en México.

Los principios elaborados por estos representantes, no se diferencian mucho de las normas aceptadas en materia de minorías y reconocen a las poblaciones indígenas los siguientes derechos:

1. El derecho al goce pleno y efectivo de los derechos y libertades fundamentales reconocidos universalmente en los instrumentos internacionales existentes, particularmente en la Carta de las Naciones Unidas y en la Carta Internacional de Derechos Humanos.
2. El derecho a ser libres e iguales a todos los otros seres humanos en dignidad y derechos, y a verse libres de cualquier clase de discriminación.
3. El derecho colectivo a existir y a ser protegido contra el genocidio, así como el derecho individual a la vida, a la integridad física, la libertad y seguridad de la persona.
4. El derecho a manifestar, enseñar, practicar y observar sus propias tradiciones y ceremonias religiosas, y a mantener, proteger y tener acceso a lugares (sagrados) para tales propósitos.
5. El derecho a todas las formas de educación, incluyendo el derecho a tener acceso a la educación en su propio lenguaje, y de establecer sus propias instituciones educativas.
6. El derecho a preservar su identidad y tradiciones culturales, y de continuar su desarrollo cultural.
7. El derecho a promover información y educación interculturales, reconociendo la dignidad y diversidad de sus culturas.

LOS DERECHOS HUMANOS Y SUS FUENTES: DERECHO INTERNACIONAL ONU-OIT

En el Convenio de la OIT de 1989, No. 169, en los Artículos que lo conforman se reconocen las aspiraciones de los pueblos indígenas,[2] de los cuales se destacan los siguientes:

- Asumir el control de sus propias instituciones y forma de vida y de su desarrollo económico y a mantener y fortalecer sus identidades, lenguas, religiones, dentro del marco de los Estados en que viven: la particular contribución de los pueblos indígenas y tribales a la diversidad cultural, a la armonía social y ecológica de la humanidad (Preámbulo: párrafos 5, 6, y 8).

- El Gobierno deberá asumir la responsabilidad —no ya la responsabilidad primaria— de desarrollar, con la participación de los pueblos interesados, una acción con miras a proteger sus derechos, subrayando la necesidad de respetar su identidad social y cultural, sus costumbres y tradiciones e instituciones. Tal acción deberá asegurar a los miembros de los pueblos indígenas igualdad de derechos de oportunidad y la plena efectividad de los derechos sociales, económicos y culturales de esos pueblos, y deberá ayudar a eliminar las diferencias socio-económicas que puedan existir entre los indígenas y los demás miembros de la comunidad nacional. (art. 2). El artículo 3 prohibe la discriminación entre hombres y mujeres.

- Salvaguardar las personas, las instituciones, los bienes, el trabajo, las culturas y el medio ambiente de los pueblos interesados, no deberán existir medidas contrarias a los deseos expresados libremente por los pueblos. (art. 4).

- Los Gobiernos deberán consultar a los pueblos interesados, a través de las instituciones representativas, cada vez que se prevengan medidas legislativas o administrativas susceptibles de afectarles directamente; también deberán participar a todos los niveles en la adopción de decisiones relacionadas con las políticas y programas que les conciernen. Los Gobiernos deberán establecer los medios para el pleno desarrollo de las instituciones e iniciativas de los pueblos interesados (arts. 5, 6 y 7).

- Los pueblos interesados tendrán derecho a decidir sus prioridades en lo que atañe al proceso de desarrollo, en la medida en que afecte a sus vidas, creencias, instituciones y bienestar espiritual y a las tierras que ocupan o utilizan; también tendrán derecho a controlar, en la medida posible, su propio desarrollo económico, social y cultural; el mejoramiento de las condiciones de vida y de trabajo y el nivel de salud y de educación deberá ser una prioridad. Los Gobiernos deberán tomar medidas, en cooperación con los pueblos interesados, para preservar y proteger el medio ambiente de los territorios que habitan. (artículos 6 y 7).

- Al aplicar la legislación nacional deberán tomarse debidamente en consideración sus costumbres o su derecho consuetudinario. Dichos pueblos tendrán el derecho de conservar costumbres e instituciones, siempre y cuando no sean incompatibles con los derechos fundamentales: definidos por el sistema jurídico nacional, ni con los derechos humanos internacionalmente reconocidos. Esto no impedirá a los miembros de dichos pueblos ejercer los derechos reconocidos a todos los ciudadanos del país y asumir las obligaciones correspondientes. (arts. 8 y 9).

- Respeto a los delitos cometidos por miembros de los pueblos indígenas y su represión. Las costumbres de dichos pueblos en esta materia deberán ser tomadas en cuenta por las autoridades y los tribunales (Art. 10). En cuanto a sanciones, deberá darse preferencia a métodos distintos de encarcelamiento. El Artículo 11, prohibe la imposición de servicios personales obligatorios. El Artículo 12 se refiere a garantías en materia de procedimientos legales.

- El artículo 15 se refiere a recursos naturales, y el 16 a lo relativo al término de "tierras" y "territorios". Se dará reconocimiento a los derechos de propiedad y posesión sobre las tierras que los pueblos interesados ocupan tradicionalmente. Se tomarán medidas para salvaguardar el derecho de los pueblos interesados a utilizar las tierras que no están exclusivamente ocupadas por ellos, pero a las que hayan tenido tradicionalmente acceso. Deberá prestarse principal atención a la situación de los pueblos nómadas y de los agricultores itinerantes (artículo 14). Los derechos de los pueblos interesados a los recursos naturales existentes en sus tierras serán protegidos.

- Cuando la propiedad de los minerales o los recursos del subsuelo pertenezcan al Estado, se determinarán procedimientos de consulta (Artículo 15). Los pueblos interesados no deberían ser trasladados de las tierras que ocupan. Su "consentimiento dado deliberadamente y con el pleno conocimiento de causa" será necesario para su traslado y reubicación, medida que sólo se tomará excepcionalmente en caso de necesidad. A tal efecto se establecerán los procedimientos apropiados, incluyendo el de regresar a las tierras tradicionales, en cuanto dejen de existir las causas de traslado. Los pueblos deberán recibir tierras iguales o una indemnización en dinero o en especie (artículo 16).

- Modalidades sobre transmisión de los derechos sobre la tierra y lo relativo al uso del término "territorios" (artículo 17).

- Sancionar a toda instrucción o todo uso no autorizado de las tierras (artículo 18).
- Los programas agrarios nacionales, que deberán garantizar a los indígenas condiciones equivalentes a las que disfruten otros sectores de la población (artículo 19).
- La contratación y condiciones de empleo incluye medidas especiales para garantizar una protección eficaz. Toda discriminación queda prohibida y se enumeran otras medidas protectivas (artículo 20).
- La formación profesional, artesanía e industrias rurales (Parte IV artículos 21 y 23).
- La seguridad social y salud (Parte V artículo 24 y 25).
- La educación y medios de comunicación (Parte VI, artículos del 26 al 31).
- La preservación y el desarrollo de las lenguas indígenas (artículo 28).
- Insta a adoptar medidas para eliminar prejuicios (artículo 31).
- Los contactos y la cooperación a través de las fronteras entre pueblos indígenas y tribales deberán ser facilitados por medidas apropiadas. Se refiere específicamente a las esferas económica, social, cultural, espiritual y del medio ambiente. Debe verse como un reconocimiento del derecho a la cooperación transnacional entre grupos relacionados (artículo 32).

Como se ha de notar, estas disposiciones del Convenio 169 de la O.I.T. suscrito por los delegados de las naciones participantes desde 1989, son los principios fundamentales en los que se basan las demandas y propuestas del movimiento indígena del EZLN y de los demás foros, convocados por el Gobierno Federal y el Congreso de la Unión.

La búsqueda de una legislación apropiada para las poblaciones indígenas, que refleje las necesidades sociales reales y aspiraciones legítimas es , en general, relevante en relación con la actitud cambiante hacia los derechos de grupo de la vida internacional contemporánea. Como lo afirma correctamente Leon Sheleff: "uno de los temas más arduos con que se enfrenta el cambio del mundo moderno es cómo hacer compatibles las costumbres de las sociedades tribales y de las pequeñas comunidades aisladas de los Estados-nación. . . con su doble insistencia en las lealtades nacionales por un lado, y los derechos individuales por otro".[3] Si el derecho constitucional y el derecho internacional logran elaborar un catálogo de derechos que el grupo debe gozar como tal, podrán dar satisfacciones a una parte significativa de los pueblos indígenas.[4]

La lucha pro el reconocimiento y respeto efectivo de los derechos humanos, ha sido tenaz, prolongada y no pocas veces violenta contra la tiranía y la opresión, contra la esclavitud y la servidumbre, contra la desigualdad y la injusticia, contra la explotación y la pobreza.

LEGISLACIÓN Y DEMOCRACIA ELECTORAL

Para exponer la necesidad de la participación democrática electoral de los indígenas como fundamento inicial, se muestra la tradición democrática de organización social de éstos que es ejercitada desde hace siglos, muy directamente en la política agraria: Podemos afirmar que las raíces del problema indígena están relacionadas principalmente con su concepto de la propiedad. Para el nativo la tierra pertenece a aquel pueblo que la ocupa, no constituye un bien individual sino colectivo, mientras que para los de cultura occidental se dá exactamente lo contrario: la tierra es propiedad privada, particular y no un bien público.

Además el mundo indígena tiene una tradición democrática que responde a nuestra idiosincracia y a las peculiaridades del desarrollo histórico del país —nuestros orígenes indígenas—. La posibilidad de ser reconocidos en su capacidad ciudadana es una conquista de nuestra conformación como nación independiente; de acuerdo a la tradición comunitaria en muchas de las comunidades indígenas, la toma de decisiones se realiza a través de plebiscitos, formas de democracia directa y abierta, donde públicamente cada uno de los miembros de la comunidad expresa en asambleas generales el sentido de su voluntad. Es la aplicación plena del Artículo 27 Constitucional, experiencia ejercida a lo largo de varias décadas, en la que los indígenas campesinos realizan asambleas directas, donde éstos se enfrentan a la realidad de su existencia cotidiana; la asamblea ejidal es la célula básica del concenso de las decisiones en las comunidades y ejidos en todo el país, se decide de acuerdo a este cúmulo de sabiduría colectiva.

La convicción democrática es un aprendizaje; un derecho ciudadano, a participar de esta historia de participación y de asambleísmo a partir de la práctica de tolerancia los indígenas necesitan que se les valore y se les respeten sus usos y costumbres. Se les respete su democracia electoral bajo el principio del Artículo 3o. Constitucional: "Será democrático, considerando a la democracia no solamente como una estructura jurídica y un régimen político, sino como un sistema de vida en el constante mejoramiento económico, social y cultural del pueblo".

Pero nuestro régimen de democracia no se agota ni en la democracia política, económica y social ni en la democracia electoral; una cultura democrática que también sepa valorar y convivir bajo formas racionales, con las expresiones minoritarias; una nueva cultura democrática que reconozca a todos y a cada uno de los mexicanos y dentro de todos los mexicanos a cada uno de los indígenas y campesinos con la fuerza moral de ser un ciudadano. Un ser humano con derechos y garantías y obligaciones cívicas y políticas. Ese humanismo democrático que debe caracterizar la participación política contemporánea, para que los indígenas representen a sus comunidades y sean representados ellos mismos en los cargos de elección popular para que desde las tribunas legislativas hagan valer sus derechos ciudadanos, el derecho a la tierra y una vida digna, dentro de las legislaciones locales, federales y cargos públicos administrativos a nivel nacional, local y municipal.[5]

En síntesis en el cambio jurídico, para legislar es necesario que se garanticen y materialicen las reformas constitucionales, la promulgación de leyes en el orden y competencia nacional, locales y municipales, como propuestas de solución nacional a la problemática de los indígenas en lo económico, político y social en donde se reconozca el derecho consuetudinario, la práctica de impartir justicia; el reconocimiento de la práctica jurídica indígena con la creación de un modelo paralelo de justicia indígena, recayendo en ellos la representación, administración y de ejecución. Que se reforme el Artículo 4o. Constitucional y se incluya en este el sistema de Derecho Consuetudinario Indígena; la autonomía y autodeterminación de las comunidades y pueblos indígenas, como contribución de los pueblos indígenas a la democracia; reconocer y garantizar a los indígenas como pueblos y como individuos en los términos del Convenio 169 de la OIT.

DIALOGO DE PAZ EN CHIAPAS
PROPUESTAS DE CAMBIO DEL EZLN:
REFORMAS CONSTITUCIONALES

DEMANDAS Y PROPUESTAS

Enseguida se exponen las demandas y propuestas de Reforma del EZLN,[6] por considerarse como las soluciones o acuerdos a llegar más fundamentales para inscribirlas en el sistema jurídico-político de la República Mexicana dentro de la Carta Magna: La Constitución Política de los Estados Unidos Mexicanos. De acuerdo al procedimiento legislativo, dentro de las facultades concedidas por la Ley Suprema de la Nación Mexicana al Poder Legislativo.

COMUNIDAD Y AUTONOMÍA: DERECHOS INDÍGENAS

AUTONOMÍA

DEMANDAS PROPUESTAS

Reconocer en la Constitución el carácter pluriétnico de la nación mexicana.

Reformar el Art. 4o. de la Constitución.

Reconocer en la Constitución a los pueblos indios de México, porque son los que ocuparon originalmente el territorio de lo que hoy es México y cuyas actuales generaciones han ejercido y siguen ejerciendo su capacidad de autodeterminarse, de plantearse un proyecto común y de mantener una relación orgánica con ese territorio, ya sea ocupándolo parcial o totalmente o asumiéndolo aún como punto vital de referencia.

Reforma del Art. 4o. de la Constitución e incorporación de los Art. 1, 13, 14, 15, 16, 17, 18 y 19 del Convenio 169 de la OIT al articulado constitucional.

Reconocer en la Constitución la autonomía de los pueblos indios como el derecho al libre ejercicio de su autodeterminación.

Reforma al Art. 4o. de la Constitución e incorporación del Art. 1 del Convenio 169 de la OIT al articulado constitucional

Establecer en la Constitución y en leyes secundarias, en particular en una ley de autonomía, un régimen de autonomía para los pueblos indios que proteja y promueva la integridad y el desarrollo de sus territorios, tierras, idiomas, culturas, sistemas jurídicos, recursos naturales, patrimonio cultural, formas de organización social, política, económica y cultural, y la vigencia de sistemas normativos y de procedimientos de aplicación de sanciones, sin menoscabo ni reducción de los derechos que como mexicanos y mexicanas les corresponden a sus miembros.

Reforma de los Art. 4o., 73, 115 y 116 de la Constitución y una Ley de autonomía

Instaurar regiones autónomas como ente territorial de la Federación con personalidad jurídica y forma de organización político-administrativa, así como patrimonio propio, cuyos habitantes podrán ejercer autonomía política, económica, administrativa y cultural, de conformidad con sus formas de organización y herencia cultural, para fortalecer a las comunidades y a la institución municipal. Las regiones autónomas podrán integrarse con la unión de municipios, comunidades o pueblos indios o no indios, y según la composición interna de su población, podrán ser pluriétnicas o monoétnicas. Cada región autónoma tendrá un gobierno interno, cuya máxima autoridad será el gobierno regional, elegido conforme a los sistemas jurídicos de dichas regiones, en el cual deberán estar representados los grupos integrantes de la región, indios y no indios.

Reforma de los Art. 4o., 73, 115 y 166 de la Constitución y Ley de autonomía.

Redistribuir competencias políticas, administrativas, económicas, agrarias, sociales, culturales, educativas, judiciales, de manejo de recursos y de protección y conservación de la naturaleza, transfiriendo facultades y atribuciones de la Federación y los Estados a las instancias autónomas. Entre las competencias de los gobiernos autónomos se encuentran:

a) Reglamentar el uso, preservación, aprovechamiento, control y defensa de sus territorios y recursos naturales, incluyendo el subsuelo;
b) Formular y llevar a cabo programas de desarrollo económico, social, cultural y educativo, así como elaborar y aplicar las políticas públicas en su jurisdicción, previa expresión de los concensos correspondientes.
c) Administrar, conforme a sus propias normas, los fondos de compensación que por ley se asignarán a las instancias autónomas, atendiendo a las necesidades de comunidades, municipios y regiones.

d) Regular el ejercicio del gasto y los servicios públicos de la Federación y los estados, además de los ingresos y egresos propios, en los ámbitos de la autonomía, y vigilar su debido cumplimiento.

e) Procurar e impartir la justicia interna de acuerdo con las instituciones y prácticas jurídicas de los pueblos indios.

f) Regular la aplicación de las disposiciones legislativas en materia de procedimientos penales, civiles y administrativos, una vez establecida su articulación con los regímenes jurídicos internos.

Reforma a los Art. 4o., 73, 115 y 116 de la Constitución e incorporación del Convenio 169 de la OIT al articulado constitucional

Regular la articulación de las instancias autónomas de gobierno y las del poder federal y estatal.

Reforma de los Art. 4o. y 115 de la Constitución e incorporación del convenio 169 de la OIT al articulado constitucional en su parte pertinente.

Establecer en el régimen de autonomía, simultáneamente, tres niveles para su ejercicio: el comunal, el municipal y el regional, dejando en libertad a los pueblos indios para organizarse en el nivel que prefieran, de acuerdo con sus condiciones e intereses.

Reforma de los Art. 4o. y 115 de la Constitución e incorporación del Convenio 169 de la O.I.T. al artículo constitucional en su parte pertinente.

Reconocer la libertad de comunidades indígenas, como entes jurídicos autónomos y su libertad para asociarse en la constitución de municipios, dentro del régimen de autonomía.

Reforma de los Art. 4o. y 115 de la Constitución e incorporación del Convenio 169 de la OIT al articulado constitucional en su parte pertinente.

Reconocer la libertad de comunidades indígenas, municipios y otros pueblos indios y no indios para asociarse en la constitución de regiones autónomas. El

Congreso de la Unión conocerá el acuerdo respectivo y expedirá la certificación y procedimientos correspondientes.

Reforma de los Art. 4o., 73, 115 y 116 y Ley de Autonomía.

Realizar una reforma profunda del estado, que comprenda una modificación sustancial de sus estructuras fundamentales y permita crear los espacios políticos para la reconstitución de la sociedad mexicana desde la base social, así como renovar el federalismo y sentar las bases de un nuevo pacto federal.

Facilitar la realización del diálogo de la sociedad, con la participación del EZLN. Incluir al EZLN y a otras fuerzas políticas no partidarias en el diálogo para la reforma del Estado. Cancelar represión y desalojos y la acción de fuerzas del Ejército Federal y de grupos para-militares en Chiapas.

TERRITORIO Y TIERRA

DEMANDAS PROPUESTAS

1. Establecer en la Constitución y en leyes secundarias el marco jurídico del ejercicio autonómico de los pueblos indios sobre sus territorios. (El territorio de los pueblos indios es la raíz histórica de su continuidad, representa la base material de su reproducción, expresa la unidad indisoluble hombre-tierra-naturaleza, constituye el ámbito de la soberanía de las autoridades autónomas y define el espacio de la vida social y espiritual de los pueblos. En la definición legal del territorio de los pueblos, han de establecerse los derechos de los mismos en condiciones de extraterritorialidad. Así mismo, la definición de los territorios debe incluir la suma de los ejidos, comunidades, tierras sagradas, fundos legales, etc., ha de referirse a las identidades étnicas y debe considerar tipologías que establezcan la factibilidad económica y social de los territorios. Para este fin, será conveniente tomar en cuenta los antecedentes nacionales (como el proyecto de Ley Reglamentaria de los Pueblos Indígenas del Estado de Chihuahua) e internacionales (como el reconocimiento de territorios indios en las constituciones de varios países de América Latina).

a) Reconocer la personalidad jurídica de las áreas autónomas como ente territorial y forma de organización jurídica y administrativa con patrimonio propio.

b) Incorporar a la legislación agraria lo establecido en el Convenio 169 de la OIT.

Reforma de los Art. 4o. y 27 de la Constitución, Incorporación de los Art. 1 y del 13 al 19 al Convenio 169 de la OIT al Art. 27.

2. Asegurar la integridad e integralidad de las tierras y territorios indígenas, de tal manera que quede garantizada la unidad indisoluble hombre-tierra-naturaleza y puedan ejercitar plenamente sus derechos quienes se encuentran en condiciones de extraterritorialidad.

Restablecer en el marco legal que son inalienables, inembargables e imprescriptibles, (Reforma del Art. 27 de la Constitución e incorporación de los Art. del 13 al 19 de Convenio de la OIT al articulado constitucional

3. Resolver pacifica y legalmente conflictos agrarios de las comunidades indígenas y dentro de ellas.

a) Otorgar a los gobiernos de territorios indios, regiones autónomas y comunidades facultades y atribuciones para regular el régimen interno de tenencia de la tierra y conciliar y concertar conflictos en su interior. (Reforma del Art. 27 de la Constitución).

b) Crear el marco jurídico para la constitución de un Consejo Agrario del Régimen de Autonomía, con facultades para la concertación y conciliación de conflictos agrarios entre pueblos indios y regiones autónomas.

c) Crear un Fondo de Compensación, con recursos establecidos anualmente en la ley, para el arreglo de conflictos en que fuese necesario pagar indemnizaciones, comprar tierras o realizar inversiones a todos los niveles de la autonomía. El Fondo deberá ser administrado por representantes de los gobiernos autónomos.

(Reforma del Art. 27 de la Constitución y de leyes reglamentarias e incorporar a éste los Arts. del 13 al 18 del Convenio de la OIT.)

4. Dar acceso a la tierra a hombres y mujeres que carecen de ella y la solicitan y la trabajan.

   a) Restablecer los recursos de dotación y ampliación ejidal y realizar una investigación exhaustiva de latifundios abiertos o simulados, para su reparto.
   b) Reducir los límites legales de la pequeña propiedad.
   c) Reducir los límites de la propiedad ganadera, con base en criterios de sustentabilidad.

(Reforma del Art. 27 de la Constitución e incorporado los Art. del 13 al 19 del Convenio de la OIT).

5. Abatir el rezago agrario.

Hacer que el Tribunal Agrario resuelva positivamente los expedientes, conforme al Art. 3o. transitorio de la nueva ley agraria y de la frac. X del anterior Art. 27 de la Constitución vigente para los expedientes instaurados.

6. Proceder a la restitución de tierras.

   a) Establecer un fondo para la formulación de pruebas y alegatos ante el Tribunal Agrario, en tanto no se transfieran a las instancias autó nomas las facultades respectiva.
   b) Reconocer las comunidades de hecho.
   c) Anular los contratos de compra-venta de tierras comunales y ejidales.
   d) Prohibir la participación de sociedades mercantiles en la propiedad de la tierra de la comunidad, el municipio y la región autónoma de los pueblos indios.

7. Garantizar legalmente la participación y responsabilidad de los pueblos indios en el aprovechamiento y conservación de recursos existentes en sus

territorios, en los que se involucra el interés o la propiedad de particulares de diversas áreas autónomas o de la nación o se otorgan concesiones.

a) Regular esos aprovechamientos y concesiones, condicionándolos a la realización de convenios que cuenten con la aprobación de las auto ridades autónomas de más alto nivel y de asambleas calificadas de las comunidades involucradas.
b) Restablecer en el marco legal el Art. 267 de la Ley Federal de Reforma Agraria, que señala: "Los núcleos de población que de hecho o por derecho guarden el estado comunal, tendrán capacidad para disfrutar en común de las tierras, bosques y aguas que les pertenezcan o que se les hayan restituído o restituyeren".

Reforma de los Arts. 4o. y 27 de la Constitución y de leyes reglamentarias, incluyendo los marcos legales relativos a aguas, bosques, fauna, recursos minerales y otros).

8. Obtener información actualizada y precisa sobre la situación actual de la tenencia de la tierra en el país, a fin de sentar mejores bases de la legislación agraria y facilitar la solución de conflictos.

Realizar un censo agrario, con la participación de todos los involucrados en el régimen de tenencia de la tierra, especialmente los indígenas, para la elaboración del formato, el contenido y el procedimiento de realización del censo, en co operación con los funcionarios correspondientes.

DESARROLLO Y RECURSOS NATURALES

DEMANDAS PROPUESTAS

Establecer legalmente la participación de los pueblos indios y de las instancias autónomas en la formulación e implementación de planes y políticas del gobierno Federal y los gobiernos estables, como ejercicio de su derecho al autodesarrollo y fundándose en el Convenio 169 de la OIT así como en el convenio sobre el fondo indígena.

<u>Reforma del Art. 26 de la Constitución y diversas leyes reglamentarias.</u>

Establecer legalmente el monto de los recursos públicos que se destinarán anualmente a los pueblos indios, como porcentaje del producto bruto nacional, ya sea en calidad de compensación y restitución (por los despojos de que han sido objeto y los daños que se les han causado), o bien como aplicación normal de los recursos del estado (tomando en cuenta criterios redistributivos, es decir, la obligación de asignar más a quienes tiene menos). Dichos fondos serán suministrados a las instancias autónomas, que los ejercerán conforme a sus propias normas, aunque sujetos a la vigilancia administrativa para evitar el desvío de los fondos. Con los recursos totales asignados a los pueblos indios, se crearán fondos estatales y fondos regionales, definidos en la ley. La administración de los fondos regionales, que tendrá acceso a otras fuentes de recursos, será competencia de las regiones autónomas, en los términos de la ley de autonomía, sin menoscabo de las facultades ya conquistadas por pueblos y municipios.

<u>Reforma de la Ley de Egresos del Gobierno Federal, sus equivalentes de los gobiernos de los estados y otras disposiciones administrativas.</u>

Tomar decisiones inmediatas sobre la asignación de los fondos públicos en los términos indicados.

Establecer legalmente los principios que garantizan compensación y restitución por el uso y aprovechamiento de recursos que son propiedad de los pueblos indios o se encuentran en sus territorios, previa celebración de los convenios celebrados en los términos que establecerá la Ley de Autonomía. (Ver "Autonomía").

<u>Reforma del Art. 27 de la Constitución, Ley de Autonomía.</u>

Desatar los procesos de compensación y restitución a partir de demandas específicas de los pueblos indios.

Reconocer el derecho de los pueblos indios de practicar el aprendizaje y la transmisión de la cultura conforme a sus propias tradiciones y de tener acceso a los servicios de información y difusión del conocimiento que presta el Estado. Este derecho implica transferir a las instancias autónomas las facultades y atribuciones necesarias para administrar directamente los presupuestos de educación, investigación, difusión cultural y otros conexos, concebidos con criterios redistributivos, los cuales se ejercerían conforme a las normas de los pueblos indios, en los términos que establezca la Ley de Autonomía.

Reforma del Art. 3o. de la Constitución, de la Ley de Administración Pública Federal, de la Ley de Egresos y de otras leyes federales y estatales y Ley de Autonomía.

Proceder de inmediato a la descentralización de funciones, facultades, normas y recursos a los pueblos indios.

Reconocer el derecho de los pueblos indios a mantener por ellos mismos condiciones sanas de vida, emplear sus propias prácticas de prevención y atención de enfermedades y tener acceso a los servicios de atención de la salud que proporciona el Estado.

Este derecho implica transferir a las instancias autónomas las facultades y atribuciones necesarias para administrar directamente las propuestas gubernamentales de salud, concebidas con criterios redistributivos, los cuales se ejercerán conforme a las normas de los pueblos indios, en los términos que establezca la Ley de Autonomía.

Reforma de la Ley de Administración Pública, de la Ley de Egresos y de otras leyes federales y estatales y Ley de Autonomía.

Iniciar el proceso indicado, bajo la legislación existente.

Reconocer el derecho de los pueblos indios a contar con infraestructura de comunicación y vialidades adecuadas a sus necesidades. Para este fin, deberán participar plenamente en la formulación de los planes y proyectos respectivos, asumiendo por ellos mismos la construcción de los que estén al alcance de las capacidades de sus instancias autónomas y participando en la contratación, ejecución, supervisión y evaluación de las que sean realizadas por dependencias públicas o contratistas privados. (Ver "Autonomía")

Reforma de la Ley de Administración Pública, de la Ley de Egresos y de otras leyes federales y estatales y Ley de Autonomía.

Preparar conjuntamente planes y proyectos para las regiones indias, para atender sus requerimientos en la materia con su plena participación.

Establecer legalmente los mecanismos para concertar normas de protección y conservación de la naturaleza y los recursos de los territorios indios, con plena participación de las instancias autónomas en coordinación con las dependencias respectivas del gobierno federal y estatales, y otros grupos u organizaciones involucradas o interesadas.

Ley de la Administración Pública Federal. Ley de Autonomía, Otras leyes federales y estatales.

Organizar de inmediato foros y mecanismos de concertación en la materia.

Establecer legalmente los mecanismos para concertar normas de protección y conservación de la naturaleza y los recursos de los territorios indios, con plena participación de las instancias autónomas en coordinación con las dependencias respectivas del gobierno federal y los estatales y otros grupos u organizaciones involucradas o interesadas.

Asignar a los gobiernos regionales facultades para la regulación de los precios y la distribución de los productos agropecuarios y forestales.

Modificar diversas disposiciones administrativas

Reconocer a los pueblos indios el derecho a realizar por ellos mismos la selección de las técnicas que requieren para su producción y su vida y a combinar, en sus prácticas concretas, los diversos sistemas de conocimiento existentes. Para este fin, todos los programas federales y estatales que conlleven a la aplicación de técnicas distintivas a las que actualmente utilizan los pueblos indios, deberán someterse a su consideración, presentándoles las características y consecuencias de las diversas alternativas.

JUSTICIA, DERECHOS POLÍTICOS Y REPRESENTACIÓN POLÍTICA NACIONAL

El Grupo de Trabajo acepta en lo general las propuestas del grupo de trabajo correspondiente, pero desea hacer las siguientes consideraciones:

1. El reconocimiento de la pluralidad fundamental de la sociedad mexicana, que supone la existencia de diversos regímenes jurídicos, exige reconstruirla con criterios de pluralismo jurídico, puesto que la legislación existente se basa en nociones universalistas, en su mayor parte importadas, que representan una visión monoculturista y se basan en el supuesto de completa homogeneidad de todos los mexicanos.

2. La creación de un régimen jurídicamente pluralista sólo podrá darse a partir de un auténtico diálogo intercultural que, mediante la apertura de unas culturas hacia las otras, sin exclusión de ninguna y al margen de todo supuesto de supremacía de algunas de ellas, identifique los campos de superposición cultural o de acuerdo entre diversas culturas que permita establecer:
   - Las normas comunes a todos
   - Las formas de articulación entre diversos sistemas jurídicos
   - Los mecanismos para la solución de conflictos.

3. El diálogo intercultural que conduciría a la creación de semejante régimen requerirá seguramente un largo período. Para esa fase de transición, deberá recurrirse al procedimiento jurídico para crear, en el marco de la legislación existente, espacios políticos que permitan y propicien ese diálogo intercultural que establezcan mecanismos para yuxtaponer, así sea provisionalmente, los diversos sistemas jurídicos que actualmente existen. Para ese fin será necesario:
   - Proponer los cambios legislativos que se requieren para la realización del diálogo intercultural
   - Establecer los límites a que deberán sujetarse los sistemas jurídicos de los pueblos indios, en los ámbitos jurisdiccionales de las instancias autónomas, para que se apliquen sin menoscabar o reducir los derechos de todos los mexicanos y (mexicanas).

- Establecer los límites a que deberán sujetarse los sistemas jurídicos federal y estatal cuando se apliquen en los ámbitos jurisdiccionales de las instancias autónomas.
- Crear mecanismos para la coordinación de ambos grupos de sistemas jurídicos.
- Garantizar el respeto de los derechos diferenciados de los miembros de los grupos indios que deban ser juzgados fuera de sus comunidades de adscripción y de los no indios que violen las normas generales o comunitarias en los ámbitos jurisdiccionales de las instancias autónomas.

DEMANDAS PROPUESTAS

Dar atención prioritaria y específica a las violaciones a los derechos humanos de los pueblos indios.

Crear una Comisión Nacional de Protección y Defensa de los Pueblos Indios.

Garantizar legalmente que los pueblos indios cuenten con adecuada representación en los Congresos de la Unión y de los estados, mediante la redistribución.

Reformas de los Art. 53 y 116 de la Constitución.

Crear procedimientos legales para que los pueblos indios puedan participar en los procesos electorales independientemente de los partidos.

Reformas del Art. 41 de la Constitución

Crear procedimientos penales para combatir las prácticas de corporativización de los partidos políticos entre los pueblos indios.

Reformas legales

Combatir la inseguridad que provoca en los pueblos indios el empleo de las fuersas de seguridad pública y oficiales, mediante la celebración de convenios que transfieren a las intalaciones autonomas las facultades, competencias y recursos correspondiente, y en los casos en los que tengan la capasidad respectiva, asegurar que las personas que cumplan estas funciones sean designadas por las comunidades respectivas, en el pueblo local , y pertenezcan al pueblo indio de la zona en que deban operar en otros ámbitos.

Concentración de convenios entre las instancias autónomas y los gobiernos estatales

CULTURA Y EDUCACIÓN

PROPUESTAS

Los gobiernos autónomos, en el ámbito de sus atribuciones, promoverán el estudio, fomento, desarrollo, preservación y difusión de las culturas de los pueblos indios, así como el cuidado y la protección de su patrimonio arqueológico, histórico, artístico, científico, lingüístico y cultural. Para tales efectos, los gobiernos federal y estatales apoyarán material, técnica y financieramente a las organizaciones u organismos surgidos de las instancias autónomas.

En los Estados en donde se establezcan regiones o instancias autónomas se deberá garantizar la presencia de traductores en las entidades públicas de los gobiernos federal y estatales, y en los organismos de servicio público y social, así como la traducción en las lenguas correspondientes de leyes, decretos, disposiciones administrativas, planes, programas y acuerdos gubernamentales de carácter nacional y estatal que directa o indirectamente conciernan a los pueblos indígenas de las instancias autónomas respectivas.

La ley deberá respetar las prácticas religiosas y la medicina de los pueblos indígenas en aquellos territorios que ocupen las instancias autónomas, así como fuera de las mismas.

Deberán establecerse o transferirse a los gobiernos de las instancias autónomas los medios de difusión y comunicación que se encuentren en el ámbito de esas regiones o entidades autónomas, contando con la propiedad y el control administrativo y técnico de los mismos, para garantizar el respeto a sus propias formas y contenidos culturales. Igualmente se deberá garantizar la presencia activa de los pueblos indios en los medios nacionales y estatales de difusión y comunicación, ya sea en los de propiedad del estado o en los concesionados. En el contenido de los programas de esos medios, se deberá garantizar la pluralidad cultural. Es necesario establecer una red de medios de comunicación de la radio y televisión entre las regiones e instancias autónomas. Se deberán transferir a las autoridades autónomas todas las radiodifusoras del Instituto Nacional Indigenista, asegurando la debida capacitación técnica del personal que trabajaría en las mismas.

En las regiones o entidades autónomas, el contenido de los programas de estudio valorará la historia y las culturas de los pueblos indios en todos los niveles de las instituciones educativas, conformando esos contenidos de acuerdo con sus propias decisiones y articulándolos a los programas nacional y estatales, y a sus correspondientes instituciones.

La ley deberá penalizar a los medios de comunicación o difusión que proyecten imágenes o programas que generen o estimulen una perspectiva racista o discriminatoria de las mujeres o los hombres de los pueblos indios, o lesionen su dignidad como tales. Asimismo, deberá penalizarse a los medios que sin la autorización respectiva realicen intromisiones en actividades o eventos de los pueblos indios.

Los medios de difusión e información deberán, de manera inmediata, abrir sus programas al debate sobre autonomía indígena. El gobierno se compromete a editar y publicar el conjunto de materiales presentados por las partes del diálogo de San Andrés (Sakam Ch"en) de los Pobres en la mesa, Derechos y Cultura Indígena.

Tanto el castellano como las lenguas de los pueblos indios se consideran como parte del patrimonio cultural de la nación mexicana. La ley penalizará cualquier forma de discriminación por el uso de una lengua determinada. A nivel nacional y en las regiones autónomas, la enseñanza de cualquier lengua deberá hacerse en forma libre y de conformidad con los derechos autonómicos de los pueblos indios. En las regiones o entidades autónomas las políticas culturales serán de competencia de sus gobiernos respectivos.

Los pueblos indios fomentarán y desarrollarán la investigación, enseñanza y difusión de sus propias culturas, ciencias, medicina, arte, filosofías, técnicas, culturas y biodiversidad.

Se establecerán mecanismos jurídicos de protección a la propiedad intelectual de los conocimientos, fórmulas, inventos, elaboraciones artísticas, diseños, tecnologías o cualquier otro producto y obra de los pueblos indios, con objeto de preservar este patrimonio y ponerlo al servicio de los propios pueblos y de todos los pueblos del mundo. Esos mecanismos deberán elevarse al plano nacional e internacional y abarcar no solamente el patrimonio de los pueblos indios sino el de todos los mexicanos.

ANEXO-REFORMAS CONSTITUCIONALES

A) En la primera fase hubo acuerdo entre los asesores e invitados del gobierno y de EZLN acerca de la necesidad de reformar los artículos 4 y 115.

B) Los asesores e invitados del EZLN coinciden en que son necesarias una serie de reformas constitucionales para dar coherencia y garantizar la verdadera participación y representación política de los indígenas.

Para la personalidad jurídica de las comunidades indígenas:

27 y 115 que tratan de la cuestión agraria y municipal, respectivamente.
    Para la elección libre de agentes municipales, la creación del municipio indio, la creación de nuevos municipios y nuevos distritos electorales, 115.

Para garantizar el respeto a los usos y costumbres se requieren una serie de cambios:

3o, en materia de educación y cultura;
4o, sobre reconocimiento de los pueblos indios;
5o, sobre los trabajos comunitarios y servicios gratuitos;
14 y 16, sobre la administración de justicia;
21, sobre la procuración de justicia;
94, sobre administración de justicia, para abrir la posibilidad de que ésta se ejerza por parte de las comunidades, esto implica revisar el título tercero, capítulo cuarto, referente al poder judicial;
103, en relación a los tribunales que resuelvan las controversias;
104, en relación a los tribunales federales en materia civil o criminal, derecho marítimo; conflicto entre dos o más estados;

105, sobre las controversias que se susciten entre dos o más estados sobre la constitucionalidad de sus actos;

107, sobre procedimientos jurídicos en materia de amparo;

111, en relación a los delitos oficiales cometidos por funcionarios públicos;

112, sobre sentencias de responsabilidad de delitos oficiales;

113, sobre delitos oficiales.

Proporcionalidad de indígenas en las representaciones gubernamentales:

32, sobre la necesidad de privilegiar a los mexicanos en los cargos públicos por encima de los extranjeros;

27, sobre cuestiones agrarias y en el sentido propuesto tanto por las organizaciones sociales campesinas como por la ANIPA, según los documentos recibidos por la mesa;

25 y 26, sobre la rectoría de la economía mexicana y la centralización de los recursos, para incorporar la participación de los pueblos en la elaboración, ejecución y vigilancia de políticas públicas y transferencia de fondos para el desarrollo.

Para migrantes:

11, sobre el libre tránsito;

35 y 36, sobre doble ciudadanía y el derecho al voto de mexicanos en el extranjero;

123, sobre la libre sindicalización y derechos laborales.

Para representación política:

41 y 115 y todo el título tercero, capítulo segundo, secciones primera y tercera, sobre la soberanía de los poderes de la Unión, para asegurar la representación de los indígenas en los poderes de la Unión.

     C) Es evidente que por la gran cantidad de reformas necesarias se requiere una nueva Constitución.

Anexo

(Transformar las políticas de desarrollo se asocia de manera ineludible al reconocimiento y respeto por parte del Estado del ejercicio de la libre determinación de los pueblos indígenas, como uno de sus derechos fundamentales). Se requiere reformar el sistema nacional de planeación, en la perspectiva de lograr que los indígenas tengan, en los planos local, regional y nacional, una representación y participación directas como pueblos, municipios o regiones organizadas en las instancias de gobierno y de gestión que delinean, planifican, dan seguimiento y aplican las políticas de desarrollo correspondientes a sus áreas de vida y de reproducción económica y social. Dicha representación y participación debe considerar por lo menos tres elementos:

- El respeto a los órganos y mecanismos de organización autónoma de los pueblos y organizaciones indias en los planos de la comunidad, municipio y región.
- La condición de que los indígenas que participan en los órganos de planeación y de gestión sean elegidos por sus instancias de gobierno y representación propios en los niveles de comunidad, municipales, regionales, estatales y sectoriales, y que, en consecuencia, sólo puedan ser removidos de sus cargos por sus instancias y niveles de gobierno y determinación.
- La participación y representación de los pueblos indios e indígenas en los sistemas de planeación debe partir de la idea de que las políticas de desarrollo deben ser integrales y que, por lo tanto, deben articularse en los niveles regionales por objetivos de sustentabilidad y desarrollo equilibrado de los núcleos, comunidades y pueblos que son partícipes y beneficiarios de tales políticas.
- Las comunidades, los pueblos, municipios y regiones indígenas, podrán definir niveles de coordinación en ejercicio de su autonomía en los niveles que sirvan a los objetivos del desarrollo regional sustentable, y no solo podrán adoptar la vía de la remunicipalización que se ceñirá al ordenamiento jurídico que para tal efecto se apruebe, y la creación de organismos e instancias de planificación y desarrollo regional que tengan personalidad jurídica para tales efectos.
- Dado el reordenamiento y las reformas propuestas en las estructuras de gestión y de representación política en los niveles locales, municipales y regionales,

se hace necesario establecer las bases para que los pueblos indios, [*en el dominio de sus condiciones de apropiación y de gestión territorial*], articulen sus instancias de gestión productiva (ejidos, comunidades, pequeñas propiedades) con las del gobierno local, municipal y regional. [*Esto presupone avanzar hacia una reforma significativa del actual Artículo 27 Constitucional*].

SINTESIS DE LA SEGUNDA FASE DEL DIALOGO DE PAZ EN CHIAPAS.

Aproximación de consensos dirigidos a orientar la formulación de documentos que sirvan de base a la fase tres del Diálogo para la Paz en Chiapas. Buscar y orientar las propuestas de cambio en los sistemas y formas de representación y participación política en el Estado de Chiapas.

CONSENSOS

1) El conjunto de propuestas están regidas por una idea central: se requiere un nuevo pacto social entre el Estado y los pueblos indios. El corazón de este nuevo pacto es la libre determinación y la autonomía de los pueblos indios y un Estado efectivamente democrático.

2) Para arribar al nuevo terreno de relación entre estado y pueblos indios no basta con realizar una reforma electoral que garantice el acceso de los pueblos indios a la representación política formal. Esto es necesario pero está lejos de ser suficiente. Se requiere —y hacia eso apunta esta aproximación— de un conjunto de reformas que le permitan a los pueblos indios hacer valer sus intereses históricos.

   Estas reformas están vinculadas tanto a los sistemas de gobierno de los pueblos indios como a su relación con el resto de instituciones gubernamentales en el nivel local y nacional. Ellas deben incorporar a la legislación local tanto el Convenio 169 de la OIT como los avances de otras legislaciones locales.

3) Se requiere reconocer el derecho de los pobladores de las agencias para que elijan a sus agentes municipales. Se requiere revisar el artículo 59 párrafo V de la Constitución Local.

4) La creación de la figura de Municipio Indio y la libertad de éste para definir sus formas específicas de gobierno. Se requiere reformar los artículos 3 y 4 de la Constitución Local y la Ley Orgánica Municipal del Estado de Chiapas en sus Artículos 2, 3, 19 y 20.

5) Se debe reconocer el derecho de nombrar autoridades tradicionales y municipales de acuerdo a los usos y costumbres, y sin la necesaria participación de los partidos políticos. Asimismo deben de reconocerse las figuras de sistema de cargos, plebiscito, referendum, consulta popular y asamblea como instituciones y prácticas a través de las cuales comunidades y municipios nombran a sus autoridades y realizan consultas.

6) Incorporación de las comunidades a las tareas de gobierno del municipio y a la gestión de su propio desarrollo.

7) Remunicipalización y creación de nuevos municipios con el criterio de hacer corresponder los territorios indígenas con su representación política. Se requiere modificar para ello, los Artículos 3o y la fracción XXVIII del Artículo 29 de la Constitución local, así como la Ley Orgánica Municipal del Estado de Chiapas.

8) La participación de los pueblos indios en la elaboración, ejecución y evaluación de las políticas públicas que les afectan directamente.

9) Hacer valer, para aquellos que trabajan en las fincas agrícolas tanto dentro como fuera de su estado, los derechos a la libre sindicalización y el establecimiento de condiciones salariales y laborales dentro del marco constitucional.

10) Los avances de definición que se alcanzaron en el tema sobre Políticas de Desarrollo y Reforma Institucional deben ser incorporados al plano estatal , para todas aquellas instituciones locales.

11) Se requiere una modificación del Código Estatal Electoral para garantizar una mayor equidad y transparencia de los procesos electorales. Ello implica diversas medidas relacionadas con el financiamiento, el acceso a los medios masivos de comunicación, el fin del monopolio de los partidos políticos en la participación electoral, la organización y calificación del proceso electoral para ponerlas en manos de organismos ciudadanos, y la penalización del uso de recursos públicos con fines electorales. Implica también la ubicación de las casillas en lugares consensados por la población, para lo que se requiere modificar los artículos 135, 190 y 191. El seguimiento de procesos electorales en lenguas autóctonas, además del español. Para el conjunto de medidas se

requiere revisar, entre otros, los artículos 155, 160, 161, 162 y 163 del Código Electoral así como el Artículo 300.

12) Redistritación local, atendiendo a la distribución demográfica de los pueblos indios, con el objetivo de hacer coincidir unos con otros.

13) En el caso de la creación de mecanismos de incorporación igualitaria de las mujeres a los cargos de representación, y de la incorporación del derecho de los puebloos a la aplicación de sus propios sistemas de justicia, se incorporan los planteamientos correspondientes definidos en las mesas sobre Mujer y Justicia de esta fase, en el entendido de que se ratifica el nivel de consenso establecido en este mismo grupo en la fase anterior.

Hasta aquí las Propuestas de Cambio del E.Z.L.N. sobre Derechos y Cultura de los Pueblos Indígenas, Acuerdos de Paz de San Miguel Larrainzar, Chiapas.

DERECHO CONSUETUDINARIO

Para dar a conocer al público lector el sistema de Derecho Consuetudinario indígena se ha seleccionado la ponencia expuesta por la doctora Carmen Cordero Avendaño de Durand, en el **"Foro Nacional sobre las Relaciones de los Indígenas como integrantes del Estado Mexicano"**, organizado por el Senado de la República en Oaxaca en marzo de 1996,[7] a continuación se presenta una síntesis de esta importante investigación.

En todos los pueblos son necesarios los reglamentos; para fijar las normas que van a regirlos. En las civilizaciones antiguas, en donde la escritura no existía, estas reglas eran orales y transmitidas de generación a generación.

El derecho indígena Náhuatl se apoyaba en la escritura y en la palabra antigua o tradición oral.

La doble tradición del derecho de estos pueblos indios se rompió. Los tlacuilos dejaron de escribir leyes y fueron ocupados por los misioneros. La tradición escrita fué interrumpida y gracias a los ancianos la tradición oral "la palabra antigua" fue preservada.

En el Estado de Oaxaca, en Santa María Zacatepec, en la Mixteca de la costa con población tacuate, (que forma parte del grupo étnico mixteco); obtuve un testimonio de un anciano de 92 años que fue autoridad en su pueblo, quien me dijo que se acordaba de que el anciano mayor **Tacuate**, todavía hace más de 40 años, al impartir los consejos en el momento de entregar la vara de mando a la nueva autoridad, le recitaba a los que iban a tomar el mando **"las leyes del pueblo"** y de como se debía hacer para reparar cada error.

Era el derecho oral que transmitía **"la palabra antigua"** y cada anciano al recitar este conjunto de normas, podría hacerlo en un lenguaje más florido o más austero, todo dependía del verbo de la persona, pero no cambiando la esencia de la norma jurídica. Podemos todavía escuchar en los pueblos indios durante una ceremonia de cambio de autoridades y entrega del "Bastón de Mando o la Vara de Mando" al Anciano Mayor, o en otros lugares al Alcalde o la misma autoridad saliente, según sea la costumbre o la ley del pueblo, decir **"la palabra antigua"**.

La investigadora Cordero Avendaño explica que en San Juan Quiahije, región chatina, escuchó en esta entrega de Vara de Mando al Presidente de este municipio hace 15 años, lo siguiente en lengua chatina:

"Sobre permiso a nuestro Santo Padre Sol, al Dios Supremo:"

Recibe la Vara de Mando y grábate en tu cara y en tu corazón, que esta Vara será tu cabeza, será tu ser, será quien te lleve por delante, en ella creerás. Ella es el símbolo del permiso dado por el pueblo para conducirlo. Si tú como autoridad te comportas mal, el pueblo te pedirá cuentas por no haber actuado con la rectitud que esta Vara representa, y el pueblo podrá retirártela si no sabes sostenerla en tus manos con dignidad y respeto. Pero solamente nuestro **Santo Padre Sol** dará permiso de aceptar esto y dará permiso al que tomará tu lugar y seguirá adelante.[8]

La investigadora Cordero Avendaño nos ilustra sobre el concepto que existe en Oaxaca del Derecho Consuetudinario y da la definición formal de este derecho: "En los pueblos indígenas de Oaxaca le llaman **"la ley del pueblo"** al derecho consuetudinario. Este derecho está fundado en la costumbre que se vuelve ley." Los zapotecas de Teotitlán del Valle, primer centro ceremonial, dicen: *"Así es la costumbre de mi pueblo, la costumbre es la ley. La costumbre es del pueblo, y nadie la cambia"*.[9]

El Derecho Consuetudinario se puede definir en una forma amplia como:

El conjunto de normas que rigen la vida y las relaciones en los pueblos y que la autoridad hacía o hace respetar u observar basándose en las costumbres jurídicas del pueblo, para evitar que alguien perturbe el orden público o la vida pacífica de la comunidad o cause perjuicio material, ritual o moral a otro.

Por lo que respecta a los grupos étnicos de México, este derecho consuetudinario, sigue vigente para ciertos casos en paralelo con las leyes del derecho positivo mexicano.

En la época actual, todavía existe el problema por la falta de comprensión del derecho consuetudinario y los indígenas se expresan de esta forma:

La costumbre para nosotros es ley, es la costumbre interna del pueblo. El Juez, el Procurador, tienen ley por medio del papel y nosotros tenemos la ley de las costumbres del pueblo. Entonces las autoridades de fuera no conocen las leyes que nosotros tenemos y no nos pueden juzgar. Antes las autoridades tenían más libertad para ejercer justicia, era más rígida, pero las personas del pueblo la aceptaban más, porque era su justicia, era ejercida por nuestras autoridades, que conocían el comportamiento de cada individuo, su familia, costumbres, lengua y se podía juzgar mejor".[10]

La citada investigadora comenta que los indígenas respetan considerablemente a la autoridad municipal actual, pero dicen que los de antes eran mejores como alcaldes y otros tata-alcalde que mediaban la obediencia a la autoridad:

Debería ser importante este cargo de Alcalde como era antes, el presidente para los asuntos del exterior y nuestro Tata-Alcalde más en contacto con los Tacuates, para resolver sus asuntos internos. El conoce nuestros problemas, nuestra costumbre, nuestro idioma. El debería tratar los errores (delitos) en el momento de resolver el conflicto interno entre nosotros y se haría justicia, por una autoridad y en forma más justa, como era antes. Sí, era más dura, existía la disciplina, (el látigo) pero nosotros la aceptábamos más, era nuestra justicia.

De estos conceptos se derivan la autoridad del ámbito Ejecutivo y del Judicial los cuales se describen a continuación.

Carmen Cordero Avendaño trata aquí brevemente sobre los Tribunales Indígenas y de su procedimiento; sustentando que las audiencias son públicas, salvo en algunas poblaciones consideran que los asuntos delicados o escabrosos para el honor de una familia deben ser tratados en forma más reservada, en otras, por el contrario creen pertinenete que éstas sean públicas: *"el que lo sepa todo el pueblo es para que les de vergüenza y no lo vuelvan a repetir"*. Dice que existen también palabras claves que se podrían considerar como un lenguaje jurídico, las cuales van describiendo los pasos que se van dando en el juicio. Nos explica el sencillo acto previo al procedimiento del juicio penal, consistente en la espontánea conciliación de acuerdo a la ceremonia de reconciliación, que es equilibrada por la autoridad máxima ejecutiva cuya actuación es muy importante en este derecho, es parte del ritual. La persona juzgada y castigada debe reconciliarse con la persona agraviada; también ya aplicada la sentencia, hay otra ceremonia de reconciliación de parte del culpable y entre familias de ambas partes para evitar en ciertas ocasiones venganzas posteriores, bajo el supuesto de que no siempre todas estas reconciliaciones son cumplidas, *"no todo es perfecto, somos humanos"* —aseveran los indígenas—. Se observa también que por medio de **"La ley del pueblo"**, es decir el **derecho consuetudinario**, con estas formalidades las comunidades indígenas están ejerciendo una cierta autonomía de hecho, y ésto prueba la existencia de competencia y jurisdicción en paralelo, y a la vez contradictorias del derecho consuetudinario con el derecho positivo mexicano.

Aunque este tipo de facultades y acción conciliatoria no tiene validez para la ley mexicana, sólo la considera como un arreglo interno, pero sí la tiene; es de observancia para los indígenas, pues el acuerdo se lleva a cabo en presencia de las autoridades municipales transformadas en autoridades tradicionales, por lo tanto para los indígenas que aplicaron su derecho, esto indica un acto legal y oficial; para el gobierno mexicano y el derecho positivo es un arreglo interno.

Con estas evidencias la Doctora Avendaño Cordero confirma la existencia real del Derecho Consuetudinario indígena como un régimen jurídico, explicando y fundamentándolo:

> En este régimen de control social jurídico indígena, sus normas están yuxtapuestas formando una unidad, rigiendo al mismo tiempo la vida política, económica, religiosa y familiar de estas comunidades, sin necesidad de hacer separaciones entre lo jurídico, civil o penal, lo político o lo económico. Así

las autoridades municipales en las comunidades indígenas, a petición del inculpado o de las partes, tienen la posibilidad de aplicar "la ley del pueblo" o el derecho consuetudinario, únicamente por lo que se refiere a asuntos de carácter familiar y patrimonial, delitos no graves, como son: riñas, embriaguez, etc.,. Y así se ha venido actuando desde la independencia, es decir aplicando su "ley del pueblo" como lo hacían desde la época colonial con las Leyes de los Reinos de Indias, pero en forma todavía más restringida y no reconocida por el Estado. Por lo que podemos decir que existía en los pueblos indígenas algunas veces una extensión de la aplicación de la justicia tradicional y esto últimamente se ha acrecentado. Se juzgan conflictos mayores y delitos graves como pueden ser homicidios, heridas graves, violaciones, etc. Todo esto con el acuerdo de las partes en el caso de conflictos y en los delitos con el consentimiento del inculpado y de la parte ofendida, y sí ha habido casos últimamente (pero esto no lo hacemos extensivo a todas las comunidades) en que no se les ha pedido este consentimiento.

El pueblo en general lo admite y queda satisfecho con las decisiones tomadas o de las penas impuestas. Hay también sus excepciones ya que algunos indígenas consideran que las penas son muy duras; cuando se aplica el derecho consuetudinario.

Hace todavía poco tiempo, se observaba en muchas comunidades indígenas la preponderancia del derecho positivo mexicano, debido a que las nuevas generaciones lo preferían porque es menos severo y con mayor razón por delitos graves, muchas autoridades municipales y sobre todo los Alcaldes en mi permanencia en sus comunidades me lo hacían saber.[11]

La investigadora Cordero Avendaño replica respecto a la codificación del Derecho Consuetudinario: "Me parece importante repetir que si se habló de una codificación de este derecho consuetudinario, es obvio que es imposible codificar para aplicarlo en ésta forma, el tratar de hacerlo lo fijaría y lo haría desaparecer, ya que es un derecho evolutivo. La evolución es más rápida actualmente porque la vida de los pueblos es menos estática que antes; los contactos con el exterior se multiplican (carreteras, televisión, radio, trabajo al exterior, etc.)".[12]

Concretamente por lo que se refiera a la aportación al derecho consuetudinario del Estado de Oaxaca, Carmen Cordero Avendaño de Durand propone ciertas reformas que pueden ser inmediatas y aplicables a otros estados de la

República Mexicana, en las comunidades indígenas que conservan su derecho consuetudinario.

El artículo 16 de la Constitución Política del Estado Libre de Oaxaca (texto vigente de enero de 1993), establece:

> El Estado de Oaxaca tiene una composición étnica plural sustentada en la presencia de los pueblos indígenas que lo integran.
>
> La ley establecerá las normas, medidas y procedimientos que protejan y preserven el acervo cultural de las étnias y promoverá el desarrollo de las formas específicas de organización social de las comunidades indígenas.
>
> La ley castigará el saqueo cultural en el Estado.
>
> La ley establecerá los procedimientos que aseguren a los indígenas el acceso efectivo a la protección jurídica que el Estado brinda a todos sus habitantes.
>
> En los juicios en que un indígena sea parte, las autoridades se asegurarán que de preferencia los Procuradores de Justicia y los jueces hablen la lengua nativa o, en su defecto, cuenten con un traductor bilingüe y se tomarán en consideración dentro del marco de la ley vigente, su condición, prácticas y costumbres, durante el proceso y al dictar sentencia
>
> En los conflictos de límites de bienes comunales o municipales el Estado promoverá la conciliación y concertación para la solución definitiva, con la participación de las autoridades tradicionales de la región étnica.

Basándose en el artículo 16 de la Constitución Política del Estado Libre y Soberano de Oaxaca, la doctora Avendaño propone que se podría hacer adiciones a la Ley Orgánica de la Procuraduría General de Justicia del Estado, con la creación de representantes de la **"Justicia Indígena"** como asesores del Agente del Ministerio Público. El derecho de ser juzgado con justicia nos indica que cuando se trate de delitos graves (homicidio, lesiones graves, violación, robo a mano armada, asalto, abigeato, etc), cometidos por indígenas, se turnen a la Cabecera de Distrito. Será necesario hacer participar en el proceso a la **"Justicia Indígena"**, particularmente si se trata de delitos en los que pueda haber conflicto entre el derecho consuetudinario y el derecho positivo mexicano. Por normatividad diferente, como es el caso en asuntos de derecho penal y agrario, cuya mayoría de los asuntos penales tienen como causa los conflictos de tenencia de la tierra, recomienda:

La **"Justicia Indígena"** estaría representada por un indígena que haya cumplido la escala de cargos tanto cívicos como religiosos, sobre todo, haber ejercido la **"Justicia"** como autoridad tradicional, alcanzado el **estatus** de Anciano Principal y tenga el respeto del pueblo.

El anciano elegido podría actuar como Consejero del Agente del Ministerio Público, explicando su punto de vista y el de su pueblo, según el derecho consuetudinario o la **"ley del pueblo"**. En cierto modo, fungirá como defensor de la costumbre jurídica indígena.

El cargo será honorífico y debido a la diversidad de grupos étnicos y variantes dialectales, el puesto no será permanente, sino que este asesor que nombramos **"Justicia",** como es la costumbre indígena, será requerido y comparecerá a la Cabecera de Distrito con viáticos pagados por la Procuraduría General de Justicia del Estado de Oaxaca (o en el caso de las demás entidades federativas con población indígena), que no serán muy costosos al erario del Estado.

Este nombramiento podría ser hecho por las autoridades tradicionales de cada pueblo reunidas en asambleas, dándole participación a los ciudadanos, cuidando que no sea un cargo permanente, sino por períodos máximos de un año, para evitar abusos de autoridad y corrupción. El cargo sería honorífico, pero se pagarían viáticos cuando fuera requerido oficialmente.

Los traductores deberán recibir un curso de capacitación para conocer el lenguaje forense y prestar juramento de honestidad en su desempeño.

Las autoridades de los tribunales mexicanos deberán estar conscientes de observar el respeto debido a estas autoridades tradicionales. Por otra parte hay la necesidad de que se les reconozca cierta autonomía jurídica a los grupos étnicos, que de hecho existe.

Carmen Cordero Avendaño sugiere que "en lugares donde la población indígena es mayoritaria, que acepta y pide la aplicación de la **"Ley del pueblo",** es decir, su derecho consuetudinario o costumbre jurídica, las resoluciones de acuerdo a este derecho sean aceptadas como cosa juzgada. Para esto se necesitaría la aceptación por parte de las autoridades judiciales y legalmente por los tribunales facultativos de las decisiones tradicionales como cosa juzgada así como se tratan los asuntos de carácter familiar, patrimonial y en delitos no graves.

De acuerdo a este criterio jurídico, Carmen Cordero hace el cuestionamiento de cómo deberían tratarse los casos de violación de las normas indígenas o nacionales por parte de personas no indígenas cuando ocurran en el seno de las comunidades indígenas —aclara—; en el caso en el que no sean indígenas se aplica el Derecho Positivo Mexicano o sean las Leyes Nacionales. Por delitos mayores a los indígenas se les consigna a la Cabecera de Distrito; los por menores se tratan en el Cabildo Municipal, aplicando las leyes Nacionales o de la comunidad según elección del indígena. Cuando son indígenas de otra comunidad se aplica la **Ley del pueblo** si él lo acepta o si no, se le envía a la Cabecera Distrital.

Finalmente pregunta y contesta, concluyendo contundentemente:

"¿Cómo deberían tratarse los casos de indígenas que violan normas nacionales dentro o fuera de sus comunidades? Se les aplica la Ley Nacional por estar fuera de su jurisdicción.

"¿Cuáles son los límites a que deberían sujetarse ambos tipos de normas para que pudiese producirse mutuo respeto? **El respeto a los derechos humanos, bajo la existencia de una equidad, una pena justa.**"

OBSERVACIONES ACERCA DEL DERECHO CONSUETUDINARIO

Sobre el mismo tema de Derecho Consuetudinario, la senadora de la República por el Estado de Oaxaca Cirila Sánchez Mendoza, opina que el punto de equilibrio mas difícil de lograr es encontrar la relación que debe haber entre el Derecho Positivo y las normas que por la costumbre rigen en algunas comunidades. Por una parte, se exige el respeto a las costumbres y tradiciones que se han ido formando en el transcurso de muchos años de organización indígena y por otra, se reconoce la necesidad de que el derecho positivo que rige a nuestro país, herencia de la cultura universal, sea vigente y único en la preservación de la unidad de la nación. Hay una serie de derechos consuetudinarios, —y no uno solo— que rigen la vida colectiva de varias de nuestras etnias. Dichos derechos no son iguales en las normas que lo contienen, lo que agrava todavía el problema es que hay comunidades en las que existen hasta tres variantes étcnicas y, por ello, tres distintos reclamos en torno a las costumbres. Sobre esta gran diversidad de derechos consuetudinarios no existe aún una recopilación y análisis que sirva de base para un futuro programa de conservación.[13]

Para aligerar este problema, la senadora Cirila Sánchez aclara que se necesita un real acceso a la jurisdicción del Estado por parte de los indígenas y se garantice la eficaz y genuina impartición de justicia para los campesinos más pobres que garantice el respeto a las garantías individuales y sociales que haga valer los otros dos valores inherentes al Estado: la libertad y la igualdad. Esto significa, que deben fortalecerse o crearse Procuradurías de Asuntos Indígenas atendidas por profesionales de origen indígena, con agentes del ministerio público también indígenas, que sean bilingües y biculturales para que puedan tomar en cuenta y explicar las conductas diversas y así buscar la conciliación en los casos en los que un indígena haya realizado una acción u omisión bajo un error invencible, por desconocimiento de la ley o del alcance de ésta. Sin embargo, debemos ser realistas y analizar lo que esto implica; en primer lugar, hay que tener un gran presupuesto financiero y hacer un enorme esfuerzo de integración para que haya defensores e interpretes que conozcan ambos idiomas o ambos derechos; pero recordemos que estamos hablando de ochenta variantes idiomáticas y de cuando menos 56 derechos, por lo que, a fin de cuentas, sería más viable conocer el derecho nacional y fortalecer y ampliar el trabajo del poder judicial. Sugiere que para evitar confusiones o complicaciones sería más eficaz que, dentro del respeto a las costumbres que las comunidades voluntariamente quieran conservar, se difunda ampliamente el derecho positivo nacional para que los indígenas conozcan sus derechos y sus obligaciones respecto al derecho positivo. Así, a los intérpretes bilingües se les facilitaría seguir desarrollando su tarea tan importante como es esa traducción, en tanto los indígenas aprenden español porque los indígenas deben conocer lo más pronto posible las garantías individuales y sociales que les otorga nuestro estado de derecho en la Constitución.

Asimismo, la Senadora dice que no es correcto dar fuerza escrita al derecho consuetudinario, es decir, hacerlo positivo, esto daría lugar a que este derecho perdiera su esencia original y a obligar a indígenas a obedecer normas que no forman parte de su costumbre por lo que entrarían en conflicto las normas del derecho positivo y las del derecho consuetudinario, lo que traería también aparejadas muchas implicaciones. . . En primer termino, se daría lugar a una interpretación equivocada de la ley y la aplicabilidad en ambos derechos; segundo, el exceso de creación de normas reglamentarias dificultando el criterio de interpretación, dando cabida a la aplicación de normas inferiores en contravención de las normas superiores y tendrá como resultado final el aplicar el argumento estrictamente formal de que el contenido de la norma inferior es tolerado por el de la superior, dada que de esta depende su validez.

La senadora Sánchez Mendoza pide reflexión y prudencia sobre cómo legislar con cautela, en materia indígena, indica que recordemos, que la ley es expresión de la voluntad general, regula al estado y es la formula de expresión del ser común y racional de una nación, es unidad cultural materializada en su unidad política porque el estado contiene el principio de centralización del poder en razón de la integración nacional; reconocer un sinnúmero de derechos sólo nos traería la desintegración, en tanto que las normas que coinciden con la constitución están reconocidas, las de observancia voluntaria no necesitan reconocimiento y las contrarias a la constitución no pueden ser reconocidas. "El derecho es el sistema coherente de normas que rigen el ejercicio del poder y las relaciones sociales responde a la naturaleza racional del hombre. Tratar a los indígenas como seres no racionales, incapaces de reconocer el estado de derecho mexicano, es menospreciarlos y discriminarlos" —enfatizó—.

"Por otro lado", —aclara la Senadora— "reconocer una multiplicidad en las autoridades encargadas de aplicar la ley en los ámbitos de éste diluiría la seguridad de la aplicación de la norma frente al estado y por el estado se busca esta seguridad."

Respecto a la administración de justicia, por Tribunales indígenas especiales, con atención a la costumbre, la Senadora nos hace reflexionar al sustentar que conforme a la lógica del estado de derecho, la plena vigencia de la norma implica la seguridad de la aplicación de la norma, de manera que la función de decidir el derecho, constituye su momento final y necesario como facultad del Poder Judicial, señalando que el poder judicial tiene por tarea garantizar el cumplimiento del estado de derecho, porque actualiza su valor esencial . . .la seguridad jurídica. No basta con la existencia de las leyes justas y legítimas, ni con órganos administrativos eficientes, si en los casos de conflictos de derecho o duda sobre el contenido o violación de la norma, no existe un órgano que diga y haga patente la verdad jurídica de los casos particulares; pues en cada uno de ellos esta implicado en esencia el estado de derecho. Poner la costumbre por encima de las garantías individuales y por encima de la unidad nacional es subordinar el derecho al poder, el hacer el hombre para el derecho y no el derecho para el hombre, a causa del formalismo que reduce el derecho a un proceso de creación y aplicación de la norma independiente de su origen y contenido es sobreponer a la autoridad personal por encima de la autoridad de las leyes. . . Si además consideramos que un gran número de costumbres indígenas están en abierta contradicción con las disposiciones constitucionales, como el hacerse justicia por ellos mismos con palos, azotes, maltratos y tormentos, la castración, etc., a efecto de derechos, recordemos que el Convenio 169 de la organización internacional del trabajo dispone que ninguna costumbre indígena puede estar por encima de las garantías individuales otorgadas en la Carta Magna. . . Si reconocemos también que los derechos consuetudinarios son sistemas vinculados indisolublemente al conjunto de creencias e instituciones religiosas, resulta evidente que no podemos dar reconocimiento a uno de estos sistemas sin violar el artículo 24 constitucional que establece la libertad de credo y práctica religiosa para toda persona en el territorio nacional y que dispone que el congreso no puede dictar leyes prohibiendo o imponiendo religión alguna. Incluso muchas practicas de la administración de justicia indígena son practicas mágico-religiosas, y muchas veces son juicios sumarios que no reconocen el recurso de apelación.

La senadora Cirila Sánchez Mendoza termina con sus observaciones de acuerdo al derecho consuetudinario indígena: "Siguiendo la lógica que argumenta que debe hacerse positivo el derecho consuetudinario, nos enfrentaríamos a las exigencias que, con ese mismo derecho, nos haría cualquier grupo religioso, político o de cualquier índole "enfatiza concluyendo". Es decir, en otras palabras, las normas de los grupos sociales, iglesias clubes, sindicatos, comunidades étnicas autóctonas o llegadas posteriormente a México, son normas de observancia voluntaria para quienes quieren seguir perteneciendo a ese grupo; pero la Constitución no puede validar o sancionar ninguna de esas normas, pero sí protege por encima de ellas las garantías individuales de todas las personas."

Concluyendo:

1. Debe respetarse la observancia voluntaria de la costumbre en las comunidades indígenas, siempre y cuando no se opongan a los principios generales del derecho nacional;
2. Debe fortalecerse la tarea de las procuradurías de asuntos indígenas para que los indígenas no sufran un trato desigual ni sean juzgados con parcialidad, se les debe proveer de interpretes y abogados indígenas bilingües y biculturales;
3. Debe divulgarse masiva y profusamente el derecho constitucional entre todos los campesinos, principalmente entre los que viven en miseria extrema o no

hablan español, para que conozcan y exijan sus derechos individuales y sociales;

4. El derecho consuetudinario no puede tener la fuerza del derecho positivo, porque desintegra al Estado e impone la obligatoriedad de una religión sobre un cierto grupo de individuos.[14]

CRÍTICA A LAS PROPUESTAS DE REFORMAS CONSTITUCIONALES HECHAS POR EL EZLN, ANTROPOLOGOS —INDIGENISTAS— JURISTAS Y LIDERES INDIGENISTAS

Se han hecho críticas basadas en las observaciones realizadas por el investigador universitario Luis J. Molina Piñeiro, en la ponencia titulada **"Algunas Paradojas en el Análisis de los Derechos de los Indígenas y de los Pueblos Indígenas, para su formulación en la Constitución Política de los Estados Unidos Mexicanos"**,[15] en el Foro Nacional sobre las relaciones de los Indígenas como Integrantes del Estado Mexicano, que hemos seleccionado y reproducido las tesis más sobresalientes de su trabajo investigador y que hemos transcrito por la importancia que representan por su crítica constructiva para el despeje de algunas incógnitas que presenta el problema indígena en el aspecto jurídico-político- legislativo, en donde se analiza en primer término las causas y facultad de iniciativa de ley del Poder Legislativo y el Poder Ejecutivo que han reformado a la Constitución Política de los Estados Unidos Mexicanos desde 1917 a 1995.

Causas:

1. Las que adecuan la norma de los cambios de prioridades de los factores reales de poder como son los económicos y políticos de acuerdo a las facultades del Congreso de la Unión en el Art. 73 el más reformado y que se relaciona de manera directa con el análisis crítico del presidencialismo y su facultad reglamentaria (Art. 89 Frac. I) que han condicionado a federalizar las actividades económicas, sociales y culturales más importantes del país.
2. Las que formalizan las disputas prácticas y teóricas incluyendo las ideológicas entre los factores formales de poder, o sea los gobernantes, tanto represen-

tantes del estado (derecho) como el pueblo (elección) así como los grupos políticos emergentes, como la reforma electoral (Art. 41)

3. Las que tienden a dar popularidad entre grupos sociales mayoritarios al Presidente de la República formalizando afanes programáticos o declarativos de democracia, de justicia social, etc. como son la educación, el derecho al trabajo digno, la aplicación del cuerpo ciudadano como dar el voto a las mujeres y a los jóvenes de 18 años (Art. 34), "populismo".

En segundo plano, Molina Piñeiro, respecto a la facultad de iniciativa de ley del Poder Ejecutivo, hace un análisis del contenido de los documentos académicos-políticos y jurídicos que se integran a esta iniciativa en los dictámenes de la Cámara de Diputados y Senadores del Congreso de la Unión, relativos a la reforma Constitucional de 1992 al artículo 4o. Constitucional sustentada por un **grupo de científicos sociales, antropólogos e indigenistas**, acompañados por **líderes indigenistas** con el apoyo de **juristas poco ortodoxos**, quienes se convirtieron en un factor **sui generis** formal de poder intelectual abriendo un canal con el representante máximo del poder formal: el Presidente de la República.

Luis J. Molina Piñeiro expone sus observaciones respecto a estas reformas y al artículo 4o. Constitucional y afirma que de acuerdo a nuestra Investigación la reforma al artículo 4o. es producto (efecto) de un ajuste ideológico de las meditaciones de un grupo representativo de la élite intelectual de **antropólogos-indigenistas y juristas-políticos** acompañados de **líderes 'indigenistas'** que convenció al titular del Poder Ejecutivo para realizar una acción jurídica que les trajese un éxito político a un bajo costo económico; populismo que se vincula por otra parte con la corriente internacional de las minorías y de la tolerancia pluriétnica y pluricultural, planteamiento que se da dentro del contexto de la modernización neoliberal. Actitud que no vamos a juzgar en este trabajo pero que se ha presentado como ajena al compromiso nacionalista revolucionario derivado de la institucionalización y estabilización del sistema político cuya función legitimadora era fortalecer el estado nacional y no la de atomizarlo, lo que sucede al reconocer su fracaso histórico y su no viabilidad social y cultural formalizados en las reformas (1992) a los artículos 27, 28 y 130 de la Constitución Política.[16] Esto, los mestizos mexicanos de finales del siglo XX no podemos considerarlo un paradigma ni un afán democratizador. La sobre-protección jurídica (tutelar) a los distintos y aún contrarios regímenes de propiedad agraria comunal y ejidal, eran el resultado de un proceso sociocultural histórico (latifundismo),[17] por lo que una decisión política aislada no es suficiente para derogarla; lo mismo sucede con la supremacía del gobierno sobre los cleros de las iglesias y la prohibición de las acciones políticas de sus ministros (cristiada)[18] no sujetas, como hoy, a su prudencia.

Este grupo de poder formal intelectual **sui generis**, integrado o vinculado al Instituto Nacional Indigenista, institución con doble personalidad jurídica una como dependencia-entidad del Gobierno Federalista y otra como integrante indirecta de un organismo internacional[19] presentó y presenta en su actual proyecto de reformas constitucionales de 1995-1996, avaladas por otros actores sociales no representativos de los factores reales de poder, incluyendo a grupos de presión violentos, como son los indígenas levantados en armas en enero de 1994 en la zona de los Altos de Chiapas y la periferia de la selva lacandona múltiples tesis jurídicas e ideológico-políticas, paradójicas entre ellas, aclara Molina Piñeiro:

Siguiendo una corriente internacional que se formaliza —entre otros instrumentos jurídicos en el Convenio 169 de la Organización Internacional del Trabajo —OIT— sobre Pueblos Indígenas y Tribunales en Países Independientes,[20] se parte del supuesto que consideramos incorrecto, para el caso de México, que en los países que obtienen su independencia, como ajustes políticos entre potencias extranjeras después de la Segunda Guerra Mundial, la política integracionista que es producto de una ideología dominante que trata de absorber y aún de borrar las otras culturas coexistentes de un territorio, sin tomar en consideración que en México la tesis de la mexicanidad se refiere a una política, sí de integración, pero de todos los mexicanos definidos ideológicamente como mestizos, donde lo indígena además de ser un presupuesto histórico-cultural es la base material-racial prioritaria y en algunas regiones determinante. Se trata de una apreciación inductiva de considerar inmanente lo indígena a lo mexicano. Con esto, Molina Piñeiro ratifica las tesis del nacionalismo ideológico mestizo de los indigenistas clásicos latinoamericanos: "¡No hay mexicano sin indígena!" Continúa explicando: "Por otra parte, no había posibilidad de integrar a un pueblo racial y culturalmente mestizo sino a través de una ideología de identificación del mexicano post-revolucionario con sus orígenes históricos pero sobre todo raciales que habían sido negados —curiosamente en la tesis de la autonomía de los pueblos indígenas se reencuentra esta idea—, desde su vida colonial e independiente y que era inmanente a su ser, lo indígena."

Molina Piñeiro pone en evidencia a la corriente de los juristas poco ortodoxos que apoyan las tesis **antropológico-indigenistas** que hablan de una visión del mundo como concepto totalizador que puede tener cualquier interpretación, desde la estructura profunda del mito[21] una ideología **ad hoc** para lo que se quiera expresar como la concepción trascendente de todos los quehaceres de la vida de un indígena por circunstancial que parezca. Molina recapacita en sus observaciones y admite que no tiene la intención de enjuiciar los métodos y técnicas de los **antropólogos indigenistas**, pero sí puntos de vista juridico-constitucionalistas realistas (sociología jurídico política). Pide a éstos fundamenten sus tesis humanistas y liberal-social democráticas que tras de la caída del Muro de Berlín, han reformado la jerarquía de su argumentación metafísica decimónica, por lo que en su argumentación deben precisar sus puntos de visita al respecto, al no hacerlo actúan desconociendo la fundamentación clásica de las corrientes contemporáneas de lo jurídico o pretenden desconocerlas para sustentar tesis antihumanistas o antidemocráticas.

Molina Piñeiro recomienda que los **antropólogos indigenistas-juristas** se sujeten no al marco de referencia del quehacer de los individuos, si no al objeto, a las funciones y al fin (finalidad) del Derecho, a la capacidad jurídica de las personas físicas, o morales y la voluntad de las partes que es soberana (autonomía de la voluntad) por lo que le está permitido hacer todo excepto lo prohibido; es decir los indígenas al igual que cualquier otro mexicano pueden hacer lo que deseen, excepto aquello que está expresamente prohibido por la ley. Si de lo que se trata, es que los indígenas realicen actos prohibidos en la legislación nacional que para ellos no lo son de acuerdo a su organización comunal de vida, el problema es otro y se refiere a la no responsabilidad jurídica, lo cual ha sido resuelto aún en materia penal en varias entidades federativas cuyos códigos las presentan como excluyentes o atenuantes de responsabilidad, por lo que jurídicamente no existe ningún problema para aplicarlo o aprobarlo en otras materias (civil, mercantil, administrativa,[22] (etc.), Molina aclara que el juez, en el momento de sentenciar a la autoridad administrativa al tomar la decisión debe tener un catálogo legislado de aquellas conductas que pueden incluirse dentro de esa forma de ser comunal, distinta a la tipificación en el derecho positivo Molina sugiere que en ello deben afanarse los juristas, antropólogos indigenistas, más que proponer reformas constitucionales que necesariamente tendrán algún día que reglamentarse en su legislación derivada, incluyendo los reglamentos administrativos.

Nos indica que es importante recalcar este punto debido a que una ley reglamentaria del artículo 4o. constitucional o del 27 en su redacción actual o de cualquier otra disposición constitucional que se reforme para convertirse en derecho positivo (sustantivo o adjetivo), tiene que surgir de un órgano competente, la pregunta es ¿cuál?. El Congreso de la Unión, al expedir una ley federal, es legal que expida una ley general que determine los ámbitos de competencia de la Federación, del Estado o del Municipio. Es facultad de los congresos locales el hacerlo o si cae dentro de los ámbitos de competencia de las autoridades municipales, en caso de controversia debe dejarse al tribunal competente decidir en la sentencia respectiva. Puede ser el caso en el que se pretenda la legalización de un nuevo órgano, hasta hoy no descrito en los documentos presentados por los antropólogos-indigenistas-juristas, cuya función sea la de expedir normas, un órgano legislativo cuya naturaleza y características para ser convertido en derecho positivo, requiere primero conocerse para estar en posibilidad de legalizar su organización, estructura y funciones.

Asimismo —asienta Molina Piñeiro— quienes hablan de un derecho consuetudinario indígena dan la impresión de que para ellos el desdoblamiento de una costumbre que se convierte en ley es algo social (ley) natural y no producto de la determinación de un órgano de poder eficaz con validez jurídica, aunque sea presupuesta[23] como lo han considerado desde siempre los estudios sociológicos e históricos del Derecho, por lo que quienes pretendan validar una teoría distinta tienen que trabajar en el ámbito académico y científico de manera más seria, para que sus argumentaciones adquieran la dimensión que pretenden; mientras no lo hagan, dada la vehemencia de sus manifestaciones, nos exigen buscar los intereses ideológico políticos que persiguen, lo que representa para ellos una paradoja, pues precisamente lo que pretenden es desterrar lo que ellos consideran un mito ideológico: El nacionalismo mestizo mexicano.

En algunos aspectos cuando los **"líderes indigenístas"** y **antropólogos indigenistas** sin asesoría adecuada de los **juristas poco ortodoxos** hablan de derecho, más que a un orden normativo de derecho positivo se refieren a una calidad de los indígenas de vivir como son, o sea el derecho como algo natural, creencia **ius naturalista** que presenta una paradoja cuando se demanda que este debe ser normado e incluido en la Constitución, cayendo en el positivismo jurídico. Contradicción que en la teoría jurídica es solucionable, pues hoy ya no se discute si los derechos son propios del ser social del hombre o si son otorgamientos del Estado a través del derecho que lo crea, ya que se entienden como una garantía que otorga el Estado sin discutir su origen natural, teológico o racional, siempre y cuando se trate de los derechos de las personas y por ello humanos y no de entes colectivos supuestamente trascendentes como el pueblo, la Nación o el Estado; tesis transpersonalistas[24] cuyo enjuiciamiento con sentencia condenatoria ya se ha dictado por el estado de derecho democrático. Hablar de derechos de los pueblos, aunque sean subdesarrollados, es el caso de los pueblos indígenas, así como algo trascendente es reafirmar tesis transpersonalistas-totalitarias y por ello es absurdo cualquier pretensión de lograr con ellas el fortalecimiento de las instituciones democráticas. En la democracia el pueblo es un **a priori**, una voluntad racional[25] que se aplica formalizándose en la Constitución soberana que implica independencia externa y supremacía interna para crear al gobierno determinándole su organización y funcionamiento en ámbitos de competencia y jurisdicción (legalidad-juridicidad);[26] que puede, ser el caso del estado federal, integrar entidades federativas no independientes, pues no se trata de una alianza o confederación circunstancial entre entes soberanos por lo que la autonomía no puede identificarse en la democracia con la autodeterminación que implica independencia y soberanía.

Piñeiro da a entender que las aportaciones reformadoras de los antropólogos indigenistas juristas no son meritorias ni originales, como sucede seguido en México en las importaciones de las ideas, además del artículo 4o. constitucional, en los términos de la Ley de Tratados y del artículo 133 constitucional es ley suprema de la unión entre otros el convenio 169 de la Organización Internacional del Trabajo que a lo largo de 31 amplios y detallados artículos reglamenta no sólo el artículo 4o. sino muchos de los afanes presentados por los **antropólogos-indigenistas-juristas** es reformar otros artículos constitucionales como lo son el 2o., 3o., 4o., 17, 20 21 25, 26, 27, 53, 115, 116. . . etc. El que no se mencione frecuente y detalladamente en la discusión al Convenio 169 no puede ser porque se ignore, se debe a un afán de legislar en la Constitución todo lo que se refiere a los indígenas, posición propia de un grupo de especializados[27] de inteligencia jurídica poco ortodoxa desde hace décadas en nuestro país, lo que manifiesta de alguna manera su falta de respeto al sentimiento constitucional[28] y su desconocimiento de la función del derecho positivo de proporcionar seguridad jurídica, aún mediante la coacción a los intereses que protege y que por tanto requiere definir con certeza y precisión, lo que no puede hacerse en una ley fundamental de la cual se deriva todo el orden jurídico positivo vigente en el territorio de un Estado, sino precisamente en sus leyes derivadas.

Por otra parte, el citado abogado dice que en esta discusión ni siquiera se menciona la jurisprudencia y las tesis sentadas por la Suprema Corte de Justicia de la Nación, lo que considera un desconocimiento que manifiesta un prejuicio en contra del quehacer del Poder Judicial y que algunos de los temas jurídicos principales de esta discusión ya han sido resueltos por la máxima autoridad judicial desde hace décadas. Para la jurisprudencia de la corte las comunidades de hecho lo son de derecho, ya que donde la ley no distingue —se refiere al artículo 27 constitucional— no debe distinguir el juzgador; comunidades que existen y cuyo origen se remonta a tiempos pretéritos a pesar de que algunas disposiciones normativas han tratado de modificarlas o aún de desconocerlas, son los casos de diversas leyes del siglo XIX sobre la personalidad jurídica de las corporaciones civiles y religiosas[29] en esta jurisprudencia se detalla el proceso histórico de las comunidades indígenas, término que en nuestra legislación corresponde al de **pueblo** y al de **tribu** del Convenio 169 de la OIT.

Molina Piñeiro, como fundamento a crítica, expone algunos casos resueltos por la Suprema Corte de Justicia de acuerdo a la Jurisprudencia, como son los rubros: *Comunidades Agrarias de hecho y derechos, personalidad; comunidades indígenas, personalidad jurídica de las; comunidades indígenas, representación de las; Suplencia de la Queja en el Juicio de Amparo*, solo procede en beneficio de los núcleos de población ejidal o comunal, ejidatarios o comuneros, entre otros ejemplos:

- El maestro Molina nos dice que la Corte ha sustentado la tesis de que la representación (representantes) de derecho de las comunidades de hecho incluyendo la de su defensa judicial, la tiene de hecho en la comunidad es aceptado como tal.
- El artículo 27, fracción VII constitucional, reconoce personalidad jurídica a los núcleos de población que de hecho o por derecho guarden estado comunal, sin hacer distinción entre los que tengan títulos coloniales o de la época independiente y los que no tengan título, y si la norma fundamental no distingue, el interprete tampoco puede hacer distinción.[30]

• Esto es una consecuencia necesaria de la capacidad de goce que se admite al permitir que esos núcleos de población puedan tener en propiedad bienes determinados, ya que no puede concebirse la existencia del derecho de propiedad sin un titular.[31]

No es cierto que las comunidades indígenas para ser representadas en juicio, tengan que otorgar poderes conforme a estudios internos, pues la Constitución Federal, al reconocer su existencia, no la supedita a la circunstancia de que las expresadas comunidades se constituyan o rijan por medio de **estatus jurídicos,** ya que ello sería contrario al reconocimiento de la existencia legal de una comunidad de hecho, es decir, no constituída conforme a derecho, por tanto, es inexacto que para que dicha comunidad se encuentre legalmente representada por sus mandatarios elegidos en asamblea pública, deba contener el acta notarial respectiva la inserción de los **estatus** internos de la comunidad, pues basta al efecto que se compruebe en forma fehaciente, la voluntad de representación en favor de los mandatarios de la comunidad.[32]

Respecto a los derechos agrarios indígenas sobre el juicio de amparo en materia agraria sobre la suplencia de la queja, Molina Piñeiro explica que de acuerdo con la experiencia judicial y el afán de una defensa especial tutelar a los derechos agrarios de los indígenas y de las comunidades indígenas, la Constitución se ha reformado y en este caso su ley reglamentaria en materia de amparo para incluir la suplencia de la queja en materia agraria, que implica una sobreprotección a los quejosos o a las partes de un procedimiento agrario cuando una de ellas es considerada en desventaja, como es el caso de los indígenas y de sus comunidades, que solo procede en favor de los núcleos de población ejidal o comunal de ejidatarios o comuneros cuando se reclamen actos que tengan o pueden tener como consecuencia privar a dichos sujetos de la propiedad, posesión o disfrute de sus tierras, aguas, pastos y montes. Por lo tanto la suplencia de la queja es improcedente en beneficio de cualquier otra parte diversa de los ya mencionados.[33]

Lo que recomienda el ilustre abogado Molina, es que se tome con cuidado en buena medida. Lo que ahora se pide regular en la Constitución, es determinar con precisión el contenido de aquellas acciones sociales indígenas que deben ser reconocidas por el derecho positivo mexicano de una manera exlcusiva, lo cual es posible mientras no se pretenda un derecho positivo anexo con órganos de gobierno contrarios a los determinados en el estado democrático de derecho. Es decir se trataría de organizaciones políticas con características propias pero supeditadas al orden constitucional nacional, autonomías integradoras y no separatistas, menos secesionistas o independentistas, por lo que el manejo de los conceptos autodeterminación e independencia deben ser revisados o aclarados en su caso, sobre todo cuando se pretende formalizarlos en la Constitución.

Luis J. Molina Piñeiro, que concluye su aportación en el mencionado Foro Nacional con los puntos sobre la democracia y su ejercicio en la vida comunal, afirma que lo comunal político es distinto a lo societario, la organización institucional del poder que vive en la comunidad no requiere instituciones jurídicas-políticas pues sus organizaciones y sus mandatos son consensualmente obedecidos no puestos en duda y menos la capacidad de quienes los toman; son autoridades tradicionales distintas a las metafísicas racionales creadas artificialmente en las normas constitucionales, como sucede en el estado democrático de derecho, por lo que no se da lugar a afirmar que el cumplimiento de disposiciones comunales es el perfeccionamiento de las instituciones democráticas, ya que éstas son plurales y por ello exigen representatividad, mientras que lo comunal es consensual y la aprobación de las decisiones de las personas-órganos reconocidas no se discuten.

Respecto al derecho consuetudinario de los pueblos indígenas nos da a entender de que este debe considerarse dentro de la Constitución porque este no está contemplado constitucionalmente respetado, y observado desde la Ley Suprema de la República para que tenga vigencia, competencia y jurisdicción como existe en algunos otros países como en Inglaterra y que requiere de un órgano legislador, que se observe como norma verbal tradicional y no escrito para que no pierda su esencia. Explica que: "El Derecho Consuetudinario no es el desdoblamiento natural de los usos, las costumbres y las tradiciones; su existencia requiere de un órgano legislador cuyo origen puede perderse en el tiempo, pero cuya presencia por ser coactiva es social e históricamente observable, por tanto la validez de las normas consuetudinarias no se pone en entredicho cuando salen de ese órgano y el problema de la eficacia no se discute porque en una organización comunal a diferencia de una societaria no tendría sentido una disposición jurídicamente válida si no fuese socialmente eficaz; por lo que quienes hablan de un derecho consuetudinario indígena tienen que precisar el órgano de autoridad tradicional cuyo producto es considerado en esa comunidad como ley para adecuarlo en su caso al derecho positivo mexicano.

En conclusión hace una serie de recomendaciones generales acerca de las reformas constitucionales, propuestas a lo ancho y largo del país en solución a poder resolver la problemática indígena nacional:

Todas las disposiciones constitucionales tienen el mismo rango, por lo que la generalidad del artículo 4o. constitucional permite que de él emanen disposiciones en distintas materias que en caso de entrar en conflicto con otras disposiciones de derecho positivo tendría que ser resuelto por un juez, por lo que no se justifica jurídicamente el afán de reformar todos y cada uno de los artículos que de manera directa o indirecta pudiesen ser imputables a actos que se realicen por los indígenas en particular o por la persona jurídica denominada comunidad y que parece ser el equivalente de pueblo en las disposiciones internacionales del Convenio 169 de la Organización Internacional del Trabajo, no así en algunos documentos presentados por los **"líderes indigenistas"** y **antropólogos-indigenistas** que identifican al pueblo con un ente trascendente y por ello con derechos naturales propios: tesis transpersonalista antidemocrática.

Una reforma constitucional que incluya varios artículos en el tratamiento de temas indígenas necesariamente tendrá que convertirse en una ley reglamentaria o en una serie de leyes que precisen y determinen con certeza los intereses que van a legalizarse para poner adecuadamente a su servicio la seguridad jurídica, incluyendo la coacción, por lo que sería más conveniente que esta discusión se llevase a la elaboración de leyes reglamentarias del artículo 4o. Constitucional y del Convenio 169, ley suprema de la unión, tomando en consideración la jurisprudencia de la Corte sobre las comunidades de hecho y de derecho y su representación, así como las aportaciones tutelares en el amparo agrario de la suplencia de la queja, derecho tutelar que podría instituirse en otras materias de derecho público y privado, tratándose de indígenas y de pueblos-comunidades indígenas.

CUESTIONAMIENTOS A LOS ACUERDOS DE PAZ DEL EZLN DERECHO COLECTIVO VS DERECHO POSITIVO

Los acuerdos de paz de Chiapas han sido cuestionados por algunos intelectuales y maestros universitarios, planteamientos en los cuales se encuentran como elementos comunes la incomprensión, el desconocimiento o el prejuicio acerca de algunos conceptos que recorren los acuerdos entre el Gobierno y el EZLN. De esta forma la comunicóloga Magdalena Gómez comienza su reportaje acerca del Derecho Indígena. **"Entre la ignorancia y el prejuicio"**sobre los Acuerdos de **"Derecho y Cultura"** entre el EZLN y el Gobierno Federal. Entrando en materia dice que estamos en presencia del hecho político de los pueblos indígenas organizados que están reivindicando una ampliación del reconocimiento constitucional al Derecho Indígena con las bases Jurídicas y en el marco de la reforma del Estado.[34]

Uno de los cuestionamientos es el referente a la pluralidad, por el que en algunos casos se ha expresado un abierto rechazo por lo que se sugiere no olvidar que las culturas de los pueblos indígenas son minoritarias y que la cultura dominante es mayoritaria "no se les puede dar el mismo peso",[35] rechazando la propuesta de que la educación nacional sea pluralista como es el abordar el tema de nuestros orígenes.

Analiza y observa también la demanda de los pueblos indígenas por su reconocimiento como sujetos de derecho, sin obligar al indígena a un liberalismo, condicionando la homogeneidad y la supuesta igualdad universal o de su extinción vía integración; dice que no es elemento suficiente para modificar este principio su persistencia frente a un Estado y un orden constitucional que ha persistido en suprimirlos y que les ofrece como alternativa el espacio de unos derechos individuales que por lo demás, para ellos, han sido especialmente inalcanzables: las garantías entre la falsa disyuntiva de derechos individuales y derechos colectivos. Incluyendo a los indígenas y a todos los individuos en las garantías fundamentales; por lo tanto, pedir reconocimiento de los derechos diferentes es cuestionar el principio de universalidad, es crear inaceptables regímenes de excepción, derechos especiales, establecer discriminación positiva, y en última instancia, vulnerar uno de los pilares del orden jurídico. Todo esto sería válido si se plantean derechos para los indígenas en tanto a personas, a diferencia de la realidad social que permanece porque los pueblos indígenas persisten, han practicado y practican formas de organización social y política y cuentan con culturas diferentes que por lo demás están en nuestras raíces como Nación que ninguna de las garantías individuales permite la adaptación a estos derechos colectivos, a esos derechos de pueblo, a este nuevo sujeto jurídico. Si se cumpliera el derecho positivo, la Constitución liberal ¿tendrían espacios para ejercer los indígenas sus derechos colectivos? El Estado no ha sido capaz de garantizar a los integrantes de estos pueblos, el ejercicio de sus derechos individuales. Esto refleja en parte el fracaso de su propuesta de integración.

Dentro de los derechos colectivos, el fundamental se refiere al territorio, entendido éste como el espacio donde los pueblos ejercen control político y pueden decidir de acuerdo a su cultura. Existe un reclamo de competencia no de propiedad, que se ha cuestionado bajo el argumento de que dicho reclamo atenta contra la integridad y la soberanía del Estado.

Algunos han insistido en reducir o en circunscribir el derecho a la competencia al derecho al uso de la tierra como espacio productivo, cuya explotación puede realizarse individual o colectivamente siempre en el marco del derecho privado por antonomasia, el de propiedad. Se puede aceptar el luchar por tener más o menos extensión de tierra, pero no se acepta que un pueblo tenga autoridad, capacidad de decisión. Es a partir del derecho territorial que un pueblo puede ejercer su libre determinación interna en un marco constitucional de autonomía y así hacer realidad a la propia cultura, a la posibilidad de mantener y desarrollar su relación con la naturaleza, sus expresiones artísticas, sus creencias, su historia misma, su versión de la historia. A través de las lenguas se expresa este sistema de conocimientos, valores, mitos y ritos propios, sus formas de resolución de conflictos y regulación social.

Es una falsa disyuntiva polarizar unos derechos sobre de otros así como la diferencia de planteamientos sobre la igualdad, la homogeneidad y la exclusividad de los derechos individuales para los pueblos indígenas, el reconocimiento a sus derechos colectivos es la mejor forma de garantizar el ejercicio de sus derechos individuales y sociales que han sido privados del goce de éstos.

Falsa polarización como lo es el juicio que se ha generalizado sobre las llamadas **"eras y costumbres indígenas",** los sistemas normativos de resolución de conflictos y de resolución social, al afirmar que existen, por esencia al respeto a los derechos fundamentales.[36]

Reconocer la autonomía como un factor de derecho colectivo de rango constitucional cuyo sujeto es el pueblo indígena, requiere una noción flexible de territorialidad que **no implique la creación de instancias diferentes** a las que regula el pacto federal, ni presuponga la noción de territorio y soberanía cuyo dominio eminente corresponde a la Nación; todo ello sin el demerito der la necesidad de que los pueblos indígenas tengan representación y capacidad sin sacrificar las características de su identidad cultural.

Esperamos que la autonomía se reconozca como garantía constitucional para los pueblos indígenas, a fin de dotarles de derechos especificos en torno a los aspectos sustantivos que constituyen su razón de su ser como pueblos; formas propias de organización social y política, promoción y desarrollo de sus culturas, definición de estrategias para su desarrollo, acceso al uso y disfrute de recursos.

Como también se pretende reducir o sustituir el concepto de pueblo indígena por el de comunidad indígena para definir su representación a su titularidad. Los pueblos indígenas están asentados en comunidades que a su vez lo están en uno o varios municipios de una o varias entidades federativas. La garantía constitucional de autonomía cuya titularidad correspondería a los pueblos indígenas sea ejercida a partir del espacio comunitario para convertirse en su unidad primaria de representación. Por ello se plantea la asociación de comunidades de uno o más pueblos afines.

Se propone respecto a la comunidad, su reconocimiento como entidad de derecho público, lo que le permitiría entre otras cosas: manejar recursos públicos, realizar la planeación comunitaria de sus proyectos de desarrollo, asociarse libremente en otras comunidades o municipios para promover proyectos comunes que fortalezcan a los pueblos indígenas; otorgar presunción de legalidad a sus actos, definir representantes para la integración de ayuntamientos, estabecer y aplicar las disposiciones reativas a su gobierno interno. Así, el reconocimiento al pueblo indígena y específicamente a las comunidades que lo integran, no es excluyente sino complementario o derivado.

En la lucha indígena por sus derechos, se minimiza su importancia al considerar que lo más grave es la extrema pobreza. El problema no es definir cuál es más grave, en la base de las demandas indígenas está el reconocimiento a su derecho para decidir, sus estrategias para la satisfacción de sus necesidades humanas fundamentales. Al respecto Floriberto Díaz, líder mixe, afirmaba categórico: "Desde lo indígena, el desarrollo no tiene futuro cuando se decide finalmente desde el Estado. Por ello, tenemos la certeza de que si somos nosotros quienes decidimos, realmente podemos armar y ejecutar proyectos eficientes. . . La ciencia y la tecnología modernas no están opuestas al desarrollo de los pueblos indígenas. Tampoco nos sentimos condenados a abandonar nuestra cultura si las adaptamos y usamos para reforzar nuestra comunitariedad para un desarrollo a la altura de los tiempos".[37] La licenciada Gómez nos aclara: "el problema no se resuelve con estrategias aisladas ni fondos **"etiquetados"**, sino que la extrema pobreza de indígenas y no indígenas es el resultado de un modelo económico. Así uno de los problemas notables es el de la democracia; la posibilidad de participación en la toma de decisiones y en la ejecución de todo aquello que les afecte; relativizar el planteamiento del Derecho indígena con el argumento de que lo verdaderamente urgente son los recursos económicos, cuando lo que pretenden los pueblos indígenas es participar con plenos derechos en todos los ámbitos, en todos los niveles de gobierno, donde se decide la política económica de la Nación.

En este artículo periodístico, Magdalena Gómez[38] plantea la situación de la pluralidad en el orden jurídico mexicano vigente bajo el reconocimiento de la libre determinacion para unos sujetos colectivos llamados pueblos indígenas, reconociéndoles derechos colectivos relacionados con su identidad y con las modalidades de la participacion política y de elección propias de los pueblos indígenas, si no es a partir de la pluralidad jurídica que deviene de la cultural, concluyendo con los siguientes cuestionamientos: ¿Es el pluralismo jurídico un principio que debería reflejarse en las nuevas normas constitucionales y legales? ?Los sistemas normativos de la resolución de conflictos que se practican en los pueblos indígenas son parte del todo que comprende modalidades de autogobierno, normas propias y modificaciones de las mismas, prácticas y concepciones distintas por ejemplo en el ejercicio de la medicina, el desarrollo sustentable, en la cosmovision, en la organización social y política. Su reconocimiento y regulación en apego al principio de pluralismo jurídico, debería reflejarse en la Constitución General en primer lugar, así como las diversas legislaciones específicas, federales, estatales y municipales ofrecerían garantías y posibilidades de ejercicio, flexibles y abiertas que permitieran su adaptación a las características de los pueblos en las entidades federativas donde están asentados, para propiciar su creciente participación política en los diversos niveles y ámbitos de gobierno. No existen por lo tanto soluciones uniformes; pretenderlo sería una primera violación a la pluriculturalidad.

LOS DERECHOS DE LAS MINORÍAS

Respecto a los derechos de las minorías, el filósofo italiano Michelangelo Bovero en su última visita a México, comentó el libro titulado "**Norberto Bobbio: el**

filósofo y la política",(39) Señaló que frente al reto que tiene la izquierda para replantear una nueva plataforma teórica de cómo interpretar el resurgimiento en todo el mundo de cierta izquierda a raíz del levantamiento indígena en Chiapas, sería demasiado complicado. Dijo que puede ser una nueva fuente de movimientos de emancipación, cuyo ideal sigue vivo; los nuevos planteamientos del movimiento zapatista, por su novedad, tienen que ser tomados como de los puntos de partida para sacar algo nuevo. Uno de ellos es ambiguo y religioso, esta es justamente su definición étnica: **"nosotros somos, la mayoría de nosotros somos indios"**. Bovero explicó su oposición a los llamados derechos de las minorías étnicas, en las que queda comprendido el reclamo del EZLN de autonomía e independencia.

La teoría de los derechos es justamente la que plantea los problemas de compatibilidad entre diversos tipos, o fases, las generaciones distantes al derecho, a los que Bovero llama **"Las Generaciones Distantes de Derechos"** teoría donde se encuentran los llamados nuevos derechos o derechos de cuarta o quinta generación, son por ejemplo los derechos ecológicos los que pertencen a cualquiera como el derecho para vivir en cualquier medio ambiente no contaminado. . . Los derechos de quinta generación pertenecen a los llamados **derechos de las generaciones futuras**, donde dejamos a los que van a estar en el mundo después de nosotros. Alrededor de todos éstos hay focos, núcleos de pretendidos derechos. La tarea de la teoría es cuestionar si pueden reconocerse como derechos o no; en qué medida y en qué relación con los demás, como son: los derechos del niño, del enfermo, del anciano y los derechos de las minorías étnicas, las minorías culturales, como puntos de discusión teórica que inspiran a los legisladores constitucionales ¿Qué quiere decir reconocer derechos de las minorías sí las minorías son colectivas? Los derechos están a la cabeza de los individuos; quien puede reivindicar derechos es un individuo, no una colectividad; el reconocer a las minorías, las llamadas minorías étnicas o culturales, en derecho a la autodeterminación, a la independencia, a muchas cosas. . .

Si reconociendo cierto derecho a la autodeterminación o a la autonomía en ciertas medidas, bajo ciertos límites a otra minoría, se les da posibilidad a los líderes de estas minorías para bien o para mal, de refrendar unas relaciones dentro de los propios grupos de minorías, que incluyen discriminación; entonces, reconocer derechos colectivos a las minorías, va perfectamente en contra de los derechos del hombre.

CONSULTA NACIONAL SOBRE DERECHOS Y PARTICIPACIÓN INDÍGENA

Para consolidar esta parte jurídico-política-legislativa, no podríamos pasar desapercibidas las aportaciones de los Poderes Ejecutivo y Legislativo del Estado Mexicano, expondremos el Resumen Temático de las propuestas y líneas principales de los temas abordados en la Consulta Nacional sobre Derechos y Participación Indígena[40] realizada por el Poder Legislativo Federal, a través de las Comisiones de Asuntos Indígenas del Senado y de la Cámara de Diputados, así como el Ejecutivo Federal, representado por las Secretarías de Gobernación, Desarrollo Social y Reforma Agraria; organizada con la finalidad de conocer los puntos de vista diagnóstico y planteamientos de los pueblos y comunidades indígenas del país, que permitieran a los órganos competentes proponer reformas al marco constitucional y legal correspondiente de carácter gubernamental y social, y las modificaciones que harán las entidades federativas en sus legislaciones.

En los diferentes Foros organizados, obtuvieron las aportaciones siguientes:

RESÚMEN TEMÁTICO

USOS Y COSTUMBRES EN LA ORGANIZACIÓN JURÍDICA Y POLÍTICA DE LAS COMUNIDADES INDÍGENAS

Derecho consuetudinario.

1. Se planteó la necesidad de que tengan un lugar propio en la ley los usos, costumbres y reglas de convivencia de los pueblos indígenas elevados a criterio con estimativa jurídica en los códigos y leyes que tienen vinculación con sus actividades, así como con los órganos, funcionarios y partes encargadas de aplicarlas, sin vulnerar las garantías individuales establecidas, ni los derechos internacionalmente reconocidos.

2. La creación de un llamado "fuero indígena", que habría de establecerse reformando el artículo 13 de la Constitución, hasta el reconocimiento de algunas normas para asuntos internos de las comunidades indígenas para lograr una armonización entre el derecho consuetudinario indígena y su

ámbito de aplicación, con el derecho federal y local y sus correspondientes jurisdicciones.

3. La expedición de una Ley Reglamentaria de la Jurisdicción indígena con reformas a los códigos procedimentales, tanto federales como locales, e incluso a los códigos sustantivos.

4. La creación de Estatutos o Reglamentos internos de las comunidades indígenas, referentes a la jurisdicción, a fin de establecer con claridad las competencias y alcances de sus resoluciones; pero sin que ello implicase una codificación específica de su derecho.

5. La Reforma de la Constitución en lo referente al Poder Judicial y al amparo, con pleno reconocimiento, como jurisdicción al indígena y se establezca su relación con el Poder Judicial Federal, la posibilidad de recurrir a las resoluciones de las autoridades indígenas.

6. La tipificación del racismo, las discriminaciones como delito y el establecimiento de penas alternativas a la privación de libertad.

7. Su derecho, usos, costumbres, documentos históricos e incluso tradiciones orales, que puedan ser reconocidos como elementos de prueba en los procesos en que los indígenas o sus comunidades sean parte.

8. Revisar la integración y organización de los órganos de procuración y administración de justicia en todos los niveles, para que se cuente con la participación indígena de manera permanente.

9. Se reconozca constitucionalmente ese derecho consuetudinario y la posibilidad de que sea aplicado por las comunidades indígenas, así como la reforma de la legislación sustantiva y adjetiva en materia civil y penal, principalmente en las leyes orgánicas de los poderes legislativos y sus organismos auxiliares como las procuradurías y defensorías de oficio, tanto a nivel federal como local, a fin de dar cabida y valor jurídico a las resoluciones de las autoridades jurisdiccionales indígenas.

Sistema de cargos y toma de decisiones.

1. Es importante subrayar que las comunidades indígenas poseen modalidades muy especiales para designar a sus gobernantes, que no coinciden frecuentemente en las que están establecidas para el resto de los mexicanos.

2. Que el derecho mexicano regule el sistema de cargos y toma de decisiones, que por su carácter ancestral y valor comunitario no deben desaparecer; objetivo que se lograría reconociendo la potestad que tienen las comunidades indígenas para determinar su propia forma de organización política, elegir de manera libre a sus autoridades y utilizar sus propios métodos de decisión.

3. Las formas de gobierno indígena en el país, es una realidad que no puede ni debe ser ignorada por nuestras leyes, por lo que es necesario que los estados y municipios del país efectúen una revisión a fondo de su legislación en vigor para que el derecho se ajuste a estas realidades que requieren una regulación apropiada y específica para cada caso.

4. Como elementos complementarios se plantearon: el reconocimiento de los procedimientos de elección de las autoridades indígenas y los períodos de sus mandatos, demandándose en la mayoría de los casos la no intervención de los partidos políticos en esos procesos de elección, lo que implicaría una reforma al artículo 41 constitucional.

5. Otro número importante de ponencias hizo hincapié en la necesidad de que en el sistema de cargos y en la toma de decisiones se acuda a instrumentos efectivos de consulta directa a la comunidad; En este sentido, se propuso que era recomendable acudir al procedimiento denominado "plebiscito", que auscultaría a la comunidad para que ratificase el procedimiento y las reglas para elegir a sus autoridades.

6. Se planteó también la necesidad de celebrar convenios de colaboración entre las comunidades indígenas y las autoridades federales, estatales y municipales, para resolver todo lo relativo a las áreas donde se impacte su vida interna, así como la participación de las comunidades indígenas en la planeación y rectoría del desarrollo nacional, proponiéndose se prevea en los preceptos constitucionales correspondientes.

Derechos y obligaciones

1. La propuesta principal sobre este tema se centra en el Reconocimiento de los Derechos Colectivos de los Indígenas fundados con respecto a la diversidad cultural, los cuales se pretende queden debidamente recogidos en el

capítulo de garantías individuales de la Constitución, así como su desarrollo en la ley o leyes reglamentarias correspondientes.

2. Se propuso reconocer el Derecho de los Indígenas para tener y acceder a los medios de comunicación masiva, públicos y privados, así como el contar con un mecanismo que permita sean retirados aquellos programas que desvirtúen la realidad indígena. La implementación de esta propuesta requeriría La Reforma a la Ley de Radio y Televisión y su reglamento, pudiéndose privilegiar el uso de un porcentaje de tiempos oficiales por las comunidades indígenas.

3. Varias propuestas, subrayaron que es preciso mantener e incluso acrecentar aquellos medios de comunicación electrónicos que sirven a los indígenas, como el sistema de radiodifusoras que a este respecto está establecido, en virtud del elevado servicio social que presta.

4. Se propone consultar a los indígenas para que puedan participar activamente en la consagración legal de sus derechos y obligaciones, y en la legislación para el desarrollo de los derechos en las constituciones y leyes locales.

5. Reconocer derechos específicos para los niños indígenas, lo cual habría de realizarse en el mismo cuerpo normativo donde se desarrollarán los derechos indígenas en lo general.

6. Se demandó, asimismo, la adecuación de la legislación nacional al Convenio 169 de la OIT, del que México es parte.

Administración y gobierno de la comunidad.

1. Respecto a la administración y gobierno de la comunidad se acordó que se debe conceder una mayor relevancia jurídica porque en ella descansan los pueblos indígenas, que desean ser parte y protagonistas de su propio desarrollo.

2. Lograr que los municipios del país trabajen con mayor eficiencia y sean más representativos. Los indígenas se integren al cabildo y participen en la toma de decisiones más importantes de carácter político y administrativo; del mismo modo, se ha planteado se dé voz a los pueblos indígenas dentro del cabildo cuando se traten asuntos que los afecten o sean de su interés: la remunicipalización como medio para acercar la comunidad indígena al gobierno municipal.

3. Las creación de un cuarto orden de gobierno: el comunitario. Este estaría integrado por todas aquellas comunidades que forman parte del municipio, como las indígenas, a las que se les reconocería personalidad jurídica.
4. Crear instancias de gobierno de carácter regional en las cuales podrían unirse comunidades y pueblos indios e incluso municipios.
5. Que la idea de autonomía en el sentido de espacio territorial en el cual se ejerce la autodeterminación; supone la convocatoria a un nuevo pacto federal y a la expedición de una nueva Constitución que organizaría al país sobre la base de dicha autonomía. Incluye el reconocimiento a las comunidades indígenas como entidades de derecho público con personalidad jurídica y patrimonios con ejercicio de autonomía política, administrativa y cultural.

CULTURA INDIGENA

Educación bilingüe y pluricultural.

1. La propuesta más generalizada se dirige hacia la consagración, como derecho garantizado a nivel constitucional de la educación pluricultural o intercultural: conceptos que superan a la mera educación bilingüe e implican el respeto a los valores culturales propios de los indígenas. Requerirá la reforma del Art. 3o. Constitucional, para incluir entre los derechos relativos a la educación el derecho a una educación intercultural y bilingüe a los miembros de las comunidades indígenas, así como la reforma de la Ley General de Educación y las modificaciones administrativas procedentes.
2. La modificación de los programas de estudio a nivel nacional, de manera que la educación formal oficial y obligatoria incluya conocimientos que dignifiquen y promuevan las culturas y lenguas indígenas.
3. Que en las regiones de alta concentración indígena se considere como asignatura obligatoria su lengua indígena.
4. Crear una Subsecretaría de Educación Indígena, y en ésta una Dirección de Educación Intercultural y Bilingüe, una Normal o Universidad Pedagógica especializada en la formación de profesores indígenas y programas de alfabetización para adultos en las comunidades indígenas.

Uso de la lengua indígena

1. La oficialización del uso de las lenguas indígenas, no sólo en la educación sino en todas las instancias y documentos oficiales. Establecer como derecho, a nivel constitucional en el Artículo 4o. sobre el uso de las lenguas indígenas en trámites y actividades oficiales.
2. El uso de las lenguas indígenas en la procuración de justicia y en los procedimientos judiciales. Establecer traductores e intérpretes, defensores de oficio bilingües. Resulta sumamente complejo que no se cuenta con intérpretes capacitados, con defensores, jueces y secretarios bilingües en una lengua indígena, deberá concretarse como un derecho de los indígenas, pero se precisará que en los códigos procesales a todos los niveles y a las leyes se traduzcan a las lenguas indígenas, a fin de que las comunidades estén en posibilidad de conocer sus derechos y obligaciones.
3. Se apliquen programas y cursos para la enseñanza de lenguas indígenas, señalando que en los medios de comunicación en especial radio y televisión éstas deben difundirse.

Cultos, religiosidad y festividades

1. Es necesario respetar las prácticas religiosas y el culto de las comunidades indígenas.
2. Para la superación de los conflictos religiosos que se presentan con las prácticas religiosas indígenas se dé la reforma de Ley de Asociaciones Religiosas y Culto Público.
3. En la esfera administrativa se proponen programas para el fomento y conservación de las festividades, tradiciones y culto indígenas.

Herbolaria y medicina tradicional

1. El reconocimiento oficial y legal a la medicina tradicional y herbolaria indígena; pero no como excluyente de la medicina occidental sino complementaria con ésta.

2. La creación de programas para el estudio, promoción del uso y conservación de la medicina tradicional y la herbolaria indígenas, así como el establecimiento de centros de atención médica tradicional.

Producción artística

1. Promover diversos programas de la producción cultural y artística de las comunidades indígenas en todos los niveles, incluyendo la difusión por medios de comunicación masivos (radio y televisión).
2. Modificaciones en las distintas leyes fiscales, estímulos, incluso exensiones físcales a la producción y comercialización de artesanías por los indígenas.
3. Reconocimiento a la propiedad intelectual y derechos de autor de las comunidades indígenas, respecto de sus producciones culturales y artesanales. Reformas normativas en la legislación nacional sobre la materia, así como también las de orden internacional y en especial el Tratado de Libre Comercio de América del Norte.

PARTICIPACIÓN Y REPRESENTACIÓN POLÍTICA DE LOS INDÍGENAS

Procesos electorales y representación indígena

1. Demandar una mayor participación indígena en los cargos de representación en todos los niveles, desde los cargos municipales, órganos legislativos, tanto federales como locales, incluso el Senado. Mayor participación indígena en los procesos electorales.
2. Realizar una redistritación, tanto a nivel local como a nivel federal, estableciendo distritos que garanticen la presencia de sus representantes tanto en la Cámara de Diputados como en las legislaturas locales o como reforma de la legislación electoral federal y local.
3. Reestructuración de las circunscripciones plurinominales a fin de que se garantice la elección de representantes indígenas. Esto dependería del interés de los partidos por incluirlos en los listados.
4. Creación de la figura del municipio indígena, a efecto de que se reconozcan las diversas formas de gobierno que existen dentro de los estados de la

República, reconociendo a la comunidad como célula básica del sistema político mexicano.

5. Que los municipios con comunidades indígenas tengan representación en los cabildos o en las regidurías.

6. Que en municipios con alto porcentaje de población indígena, se puedan postular candidatos a cargos de elección popular de acuerdo a sus usos y costumbres. Su repercusión jurídica sería únicamente en la ley electoral.

7. Que la papelería electoral (boletas, credenciales, manuales) se entregue a los indígenas en su propia lengua, a fin de permitir su plena participación en los procesos electorales. Igualmente esto afectaría sólo a la legislación electoral, pero en todos los niveles.

Representación indígena en puestos públicos

1. En las siguientes áreas:
   - Los gobiernos locales
   - Los organismos encargados directamente de las cuestiones indígenas
   - Los organismos dedicados a la cuestión agraria
   - Los órganos de administración de justicia.

2. Que cualquier organismo dedicado a la solución de los problemas indígenas esté integrado por sus propios representantes.

3. La creación de una dependencia en el Gobierno Federal dedicada a la problemática indígena. Una Secretaría o un Sistema Integral de los Pueblos Indígenas y una Procuraduría de Asuntos Indígenas.

4. Que el INI sea sustituido por un Sistema Nacional coherente e integral que proteja de manera más efectiva los derechos indígenas.

Relaciones con el municipio, el estado y la federación.

1. La creación de instancias de control y supervisión conformadas por indígenas (Consejos), en las constituciones locales, leyes de derechos indígenas y leyes municipales.

2. La concepción de autonomía conlleva a la creación de nuevos niveles de gobierno que serían la comunidad y la región, con la reforma de los artículos

     115 y 116 constitucionales, de manera que se establezcan claramente las competencias y límites.

3. Que se haga posible la consulta efectiva en las comunidades indígenas, en especial respecto a los programas de desarrollo y el uso de recursos destinados a tales comunidades.

4. La generación de instancias específicas a nivel municipal, para la atención de cuestiones indígenas: el efecto jurídico se presentaría a nivel de constituciones locales y de leyes municipales.

Comunidades indígenas y partidos políticos

1. Que los indígenas tenga representación propia, no sean representados por los no indígenas. La solución jurídica más adecuada sería generar condiciones que garanticen la elección de representantes indígenas.

2. Obligar a los partidos políticos a que cuenten con cuadros indígenas, postulen indígenas como candidatos o al menos los promuevan en la formación de líderes indígenas que los representen.

3. La reducción de los gastos de las campañas políticas y la canalización de esos recursos a programas en beneficio de las comunidades indígenas.

IMPARTICION DE JUSTICIA Y DERECHOS HUMANOS

Vínculos de la autoridad con los órganos de administración e impartición de justicia.

1. Que los indígenas no sean tratados discriminatoria y desigualmente frente a los órganos de administración de justicia. Deben armonizarse los sistemas jurídicos del derecho nacional y el sistema del derecho consuetudinario.

2. Que los órganos encargados de administrar e impartir justicia, tomen en cuenta el derecho consuetudinario indígena. Para esto se proponen diversas soluciones:

   • Que los jueces sean bilingües y conozcan el derecho consuetudinario
   • Que los jueces tomen la opinión de las autoridades tradicionales antes de dictar resoluciones.
   • Que en los órganos judiciales se integren representantes indígenas.

- Que las resoluciones no se ejecuten sino previa aprobación u opinión de las autoridades indígenas.

Tales medidas requieren primordialmente la reforma de los códigos adjetivos: federal y locales.

3. En estas jurisdicciones habría órganos jurisdiccionales propios y una distribución de competencias entre las jurisdicciones nacionales y las indígenas, dejando a éstas lo relativo a sus sistemas jurídicos consuetudinarios, que habrán de ser considerados como órdenes jurídicos autónomos.
4. Que existan defensores de oficio bilingües y de preferencia indígenas.
5. La creación de un Fondo para gastos judiciales de los indígenas, especialmente en materia agraria.

Traductores y peritajes

1. Se reconozca el uso de las lenguas indígenas en todos los procedimientos jurisdiccionales, estableciéndose a tal fin cuerpos de traductores especializados. La consecuencia se produciría en los códigos adjetivos.
2. La creación de programas para impulsar la formación y capacitación de traductores.

Registro Civil

1. Que las autoridades indígenas tengan mayor intervención sobre los actos del estado civil de las personas, lo mismo que para el levantamiento de actas de defunción.
2. Que los documentos sean bilingües, en español y en las lenguas indígenas según la región.

DESARROLLO Y BIENESTAR SOCIAL

1. Establecimiento de mecanismos que garanticen la participación de indígenas en el diseño y aplicación de los programas de desarrollo social que los

beneficien, establecidos bao la observancia de la Ley de Planeación y en otros documentos vinculados con la materia.

2. La formulación de un Plan Nacional de Desarrollo Integral de los pueblos indígenas.

Programas de desarrollo y bienestar social y participación indígena

Creación de programas u órganos administrativos dirigidos a las comunidades indígenas: que listamos a continuación:

- Sistema (o Secretaría) Integral de Desarrollo de los Pueblos Indígenas, o de Asuntos Indígenas.
- Programas de capacitación en áreas correspondientes al desarrollo y bienestar social indígena.
- Programas para la conservación del medio ambiente.
- Fondo para gastos judiciales de indígenas en tribunales agrarios.
- Organismos de Prevención de las discriminaciones y protección de las minorías.
- Subdelegaciones de Desarrollo Agropecuario y recursos naturales con participación indígena.
- Centros de bienestar social para las comunidades indígenas.
- Consejo económico y social de la federación para el desarrollo indígena.
- Fondos especiales para indígenas, en especial para pago de indemnizaciones y compra de tierras.
- Comités comunales de programas sociales.
- Programas de vivienda, educación y trabajo para los indígenas.
- Programas de rescate de la producción artística de los indígenas.
- Programa de difusión y reconocimiento de la medicina tradicional y herbolaria indígena.
- Programa integral con redignificación indígena.
- Programa de intercambios culturales entre niños y adultos indígenas.
- Programas de atención a la salud de los indígenas.
- Programas de abastecimiento de medicamentos.
- Programa de orientación en educación sexual a jóvenes y padres de familia indígenas.

- Programas de nutrición infantil.
- Programas de distribución de canasta básica a bajos precios.
- Programa de exenciones fiscales a la actividad productiva de los indígenas.
- Programas de capacitación para el desarrollo de empresas como producción de ladrillo, carpintería, etc.
- Proyectos específicos de generación de empleos para los indígenas.
- Programas de desayunos escolares para niños indígenas.

Las comunidades indígenas y el manejo de los recursos institucionales de desarrollo y bienestar social.

1. Es necesario que se otorgue mayor intervención a las comunidades para la administración de los recursos destinados a estas comunidades y se les brinde la capacitación adecuada para manejarlos. Un cambio de las políticas presupuestarias del estado y los municipios en la obligación de éstos de canalizar crecientes recursos a las comunidades referidas.
2. Considerar como un derecho colectivo de las comunidades indígenas el de participar en la elaboración de los programas dirigidos a ellos.
3. La creación de un Consejo Económico y Social para el Desarrollo Indígena, administrado por ellos mismos.

Criterios para una nueva política de desarrollo y bienestar social para los pueblos indios.

1. Generar un cambio sustantivo (cuantitativo y cualitativo) en la planeación y políticas de desarrollo y bienestar dirigidas a los pueblos indígenas, y que los indígenas participen directamente desde la planeación hasta la ejecución.
2. Ofrecer un régimen más adecuado a las posibilidades de los indígenas, especialmente en lo referente a la vinculación del pago de impuestos prediales en relación a la productividad de la tierra.
3. Mayor actividad de México en defensa de los derechos de los indígenas migrantes hacia Estados Unidos, en los términos del Convenio 169 de la OIT.
4. La transformación de las instituciones indigenistas y de desarrollo social, con la participación indígena, pero sin eliminar la responsabilidad en la materia de las distintas instancias de gobierno.

5. Garantizar la satisfacción de los derechos sociales (alimentación, vivienda, salud, educación) de los indígenas, a un nivel de bienestar aceptable, con especial atención a los niños y mujeres indígenas.

TERRITORIO Y PATRIMONIO INDÍGENA

Participación en la preservación de los recursos naturales y el medio ambiente

1. El uso, la planeación y el aprovechamiento de tales recursos, deben realizarse con consentimiento de los indígenas y en beneficio de sus comunidades conforme al artículo 27 constitucional, leyes y reglamentos federales (agua, bosque, ley agraria, caza y pesca, minería, desarrollo rural y protección del medio ambiente).
2. Que los indígenas sean tomados en cuenta en la preservación de los recursos naturales de sus territorios.
3. La devolución de tierras ejidales y comunales a las comunidades indígenas, garantizando la conservación de las mismas y de sus recursos naturales.
4. La necesidad de desarrollo de programas de capacitación para el mejor aprovechamiento de la tierra y recursos naturales.

Preservación de la unidad territorial

1. El fortalecimiento de las garantías para preservar y restituir las tierras consideradas patrimonio indígena, proponer la creación de la propiedad social indígena como sistema tutelar prohibiendo su conversión en propiedad privada.
2. Incorporar a la Constitución y a la legislación las normas relativas a los territorios indígenas del convenio 169 de la OIT.
3. El reconocimiento a los órganos que las comunidades indígenas propongan para su organización agraria implicaría reformas a la Ley de la materia.

Protección de los lugares sagrados de los pueblos indios.

1. Consagrar a nivel incluso constitucional las garantías para los lugares sagrados de los pueblos, a las que debe acompañarse con una adecuada coordinación en todos los niveles de gobierno. (artículos 4o. o 24 constitucionales).

2. Que los lugares sagrados sean administrados por los propios indígenas, y se establezcan sanciones penales para los violadores de estos lugares. (revisión de la normatividad en materia de monumentos históricos y arqueológicos).

RESPUESTAS DEL GOBIERNO FEDERAL: INICIATIVAS DE LEY SOBRE DERECHOS Y CULTURA INDÍGENAS.

PRIMERA PROPUESTA DE INICIATIVA DE LEY DE REFORMAS A LA CONSTITUCIÓN.

El Gobierno de la República, a mediados de 1996 adelantándose a futuros acuerdos equitativos que se debieron dar correctamente —a criterio generalizado— en consenso con el EZLN bajo convenio de paz, dio una respuesta que se vió como una iniciativa de Ley al vapor, que por errores de procedimiento y respeto al Diálogo de Paz, el gobierno no oficializó.

En los distintos medios se conoció una iniciativa frustrada, preparada por el Instituto Nacional Indigenista, que se denominó "La Nueva relación del Estado con los pueblos indígenas", instituyendo aspectos constitucionales: como anteproyecto de modificaciones en donde se plantearon los cambios a los artículos 3o, 4o, 5o, 14, 18, 20, 41, 73 y 115 entre algunas consideraciones de esta iniciativa, y que tenían la finalidad de "rebasar la idea de la integración cultural" como única vía para lograr el arribo a la modernidad y al progreso. Para evitar la marginación de los pueblos indígenas, se asentaría en las nuevas normas constitucionales y legales se reconocieran sus derechos y se impulsara, como consecuencia, en derecho de naturaleza pluricultural.

Cambios a la Constitución a diversas leyes, a las instituciones políticas y programas de gobierno, con el objetivo de "afianzar en México una cultura profunda de la pluralidad, del respeto a la diversidad y a la tolerancia". Así como, el reconocimiento de los pueblos indígenas como sujetos de derecho público, como sujetos de derecho colectivo, en tanto a los pueblos con cultura diferente se les dotara de autonomía necesaria para ejercer su libre determinación en el marco del Estado Nacional; el derecho de territorialidad que garantice el espacio material para el desarrollo de su cultura, derecho al autogobierno a partir de sus formas propias de organización social y política, al uso de sus lenguas, a las prácticas de su sistema de creencias y de conocimientos. . . a la definición de sus estrategias para la satisfacción de sus necesidades, al uso de los recursos naturales y a su participación política.

Entre algunos cambios se contemplaba la creación de la Comisión Indígena con personalidad jurídica y su propio patrimonio con una Presidencia y un Consejo Consultivo integrado por indígenas y no indígenas, reflejando al mismo tiempo una pluralidad política y cultural.

Con todo esto, indicaron los analistas consultados, el Estado mexicano renuncia a sostener y promover una visión global del gobierno sobre la situación indígena en el país.[40]

A continuación se expone parte del Anteproyecto, que trataba acerca de la finalidad que pretenderá alcanzar el Gobierno Federal para resolver la problemática indígena, bajo los siguientes cambios constitucionales:

Compromisos o políticas estratégicas.

- Alcanzar un desarrollo sustentable y a la transferencia de recursos públicos que lo propicien;
- Participar de manera colectiva en el uso y disfrute de los recursos naturales, salvo aquellos cuyo dominio corresponda a la nación;
- Estar representados en los diferentes niveles de representación política, de gobierno y de administración de justicia;
- Concertar con otras comunidades, de sus pueblos o de otros, la unión de esfuerzos y coordinacion de acciones para la optimización de sus recursos, el impulso de sus proyectos de desarrollo regional y, en general, para la promoción y defensa de sus intereses;
- Designar libremente a sus representantes, tanto comunitarios como en los órganos de gobierno municipal, de conformidad con las tradiciones propias de cada pueblo;
- Promover y desarrollar sus culturas expresadas a través de sus lenguas, así como de sus conocimientos y tecnologías, sus costumbres y tradiciones tanto políticas como sociales económicas y religiosas.

El Estado se obliga a garantizar a los pueblos indígenas el debido ejercicio de los derechos enunciados, para lo cual creará un organismo con amplias facultades normativas y con competencia en todo el territorio nacional para evaluar, dar seguimiento y en su caso, emitir recomendaciones públicas no vinculatorias respecto a la política que en materia indígena realicen las distintas instancias de la Administración pública federal así como las entidades federativas y el Poder Judicial Federal y Estatal".

Articulo 115 Constitucional.

El texto propuesto para reformar el artículo115 es el siguiente: (lo subrayado indica cambio de texto, o adición).

"Los estados adoptarán para su régimen interior, la forma de gobierno republicano, representativo, popular, teniendo como base de su división territorial y de su organización política y administrativa el municipio libre. Este, a su vez tendrá en la comunidad la base de su organización política y administrativa. Tratándose de la comunidad índígena, se respetarán sus formas propias de organización social y política y se les garantizará el acceso a la programación de recursos fiscales para la determinación de proyectos prioritarios para su desarrollo. Asimismo, se promoverá su participacion creciente en la administración municipal. El municipio funcionará conforme a las bases siguientes:

I ...

II. Los municipios estarán investidos de personalidad jurídica y manejarán su patrimonio conforme a la ley, las comunidades que integran los pueblos indígenas que se encuentran asentados en los municipios, gozarán de personalidad jurídica como entes públicos y tendrán acceso a recursos fiscales directos para la programación fiscal y operación.

En los transitorios de esta reforma se consignaría la abrogación de la ley que creó el Instituto Nacional Indigenista y la del Decreto del Ejecutivo que creó la Comisión Nacional de Desarrollo Integral y Justicia Social para los Pueblos Indígenas.

La desaparición del Instituto Nacional Indigenista.

Aunque es un clamor general, no es una solución efectiva a los problemas. Al desaparecer este organismo y descentralizar sus funciones a los estados y municipios se contribuye a que los recursos destinados a los indígenas sean derivados por los gobiernos estatales y nunca lleguen hasta los pueblos más pobres. La creación de una Comisión Nacional Indígena, no aporta nada nuevo, ya que jugaría el mismo papel que el INI se corre el riesgo de que este nuevo organismo repita la nula y deficiente política indigenista que se ha llevado a cabo hasta ahora en nuestro país.[41]

Se temió que todas estas medidas no satisficieran las inquietudes, demandas y necesidades de los indígenas que han luchado a través de los siglos apoyados tanto por la sociedad civil, religiosos, investigadores, organizaciones, humanistas, tendencias y políticas y nuevos movimientos indigenistas en defensa del goce pleno de los derechos individuales sociales humanos de las etnias; lucha contra los que han sofocado y propiciado la marginación. El consenso de la sociedad pide el respeto de estos derechos y de las tradiciones culturales de los pueblos indígenas que han sobrevivido a pesar de la destrucción de la mayoría de éstas por los conquistadores, el occidentalismo en aras del progreso, de las formas de vida contemporáneas o formas culturales posteriores. El indígena como pueblo, como comunidad, y como persona tiene derecho a que se le respeten su cultura, sus costumbres, usos, formas de organización y de vida política, económica-social; a conservar sus valores morales, religiosos, patrimoniales, a que se les respete como personas, como ciudadanos, como comunidades y su integración como tales a la comunidad mundial. Estas comunidades o pueblos, junto con sus culturas tienen mucho que ofrecer: grandes valores humanos, materiales y espirituales que han enriquecido a los pueblos que han convivido y viven juntos en el curso de la ascendente lucha por la existencia y una vida digna y humana como verdaderos seres racionales y no como seres inferiores.

SEGUNDA PROPUESTA DE INICIATIVA DE LEY DE REFORMAS A LA CONSTITUCIÓN HECHA POR LA COCOPA Y EL E.Z.L.N.

El proyecto de la instancia legislativa es apoyado por los Acuerdos de San Andrés Larráinzar que le dan sustento a las reformas a siete artículos de la Constitución que la COCOPA propone en ese documento y la base de los cambios se encuentra en los preceptos 4 y 115 que tienen impacto directo para los artículos 18, 26, 55, 77 y 116.

El gobierno federal en un plazo de once días hizo las observaciones al documento presentado por la COCOPA y lo entregó en el tiempo convenido al EZLN por intermedio de esta. El EZLN el once de enero de 1997 no aceptó la propuesta del gobierno porque fundamenta que el documento gubernamental desconoce los acuerdo de San Andrés por no satisfacer los reclamos de los indígenas de una nueva relación con la nación, el gobierno pretende renegociar los acuerdos de Derechos y Culturas Indígenas que fueron firmados el dieciséis de febrero de 1996 por la COCOPA y el EZLN.

Sin embargo, el gobierno confirma que su propuesta ofrece:

- La libre determinación y un marco constitucional de autonomía.
- El derecho de hacer valer sus sistemas normativos en controversias internas.
- El acceso colectivo al uso y disfrute de recursos naturales sin afectar a terceros.
- El derecho a elegir autoridades internas y municipales donde haya mayoría indigena.
- No se pretende renegociar acuerdos sobre cultura y derechos indígenas.
- Se actuó con responsabilidad observando derechos de todos y soberanía.

El EZLN expone lo que el gobierno pretende:
- Nulificar la capacidad de los pueblos indígenas de autogobernarse.
- Subordinar los sistemas normativos indígenas a la homologación de tribunales y el acceso colectivo.
- Reducir la relación comunidad territorio al simple derecho de propiedad, el acceso colectivo al uso y disfrute de los recursos naturales de sus tierras y territorios.
- Proteger el monopolio de los partidos y propiciar el aislamiento de comunidades.
- Carece de congruencia jurídica.
- Elimina el reconocimiento de los territorios de los pueblos indios según la definición de la OIT.

Ante esta situación el EZLN, dice que la COCOPA deberá llevar adelante su propia propuesta hecha en diciembre de 1996, de defender y llevar adelante ante el Congreso, haciendo que el Poder Legislativo active la facultad que tiene, en lugar de restarse como intermediario como ha sido utilizado y seguir pidiendo que el Poder Ejecutivo resuelva el problema.

Por otro lado al Comité Clandestino Revolucionario Independiente (CCRI) dependiente de EZLN, le molesta que la aceptación por el Gobierno de la autonomía indígena para aplicar sus normas, usos, y costumbres quede "subordinada" a la especificación en las leyes locales. Le parece que se subordina así el texto Constitucional a leyes secundarias; así como también que la redacción del proyecto de ley del gobierno use la palabra "homologación" en lugar de "convalidación" al hablar de la vigencia de los usos y costumbres indígenas como criterios legales de juicio; así mismo, se utilice la expresión "usos y costumbres" en vez de "sistemas normativos internos" y que dicho proyecto hable "de autoridades o representantes internos".

A continuación se expone una comparación de la iniciativa de la COCOPA y las observaciones del Ejecutivo Federal.[42]

INICIATIVA DE LA COCOPA (20 DE NOVIEMBRE DE 1996) (Subrayado: Indica lo que fue eliminado o notificado por el gobierno)	**OBSERVACIONES DEL GOBIERNO FEDERAL (20 DE NOVIEMBRE DE 1996)** (**Negritas**: Indica lo que fue agregado o modificado por el gobierno)
Este documento contiene los conceptos necesarios para el nuevo Pacto entre la nación mexicana y los pueblos indígenas que el Jefe del Ejecutivo busca conseguir como parte de la Reforma del Estado.	
ARTÍCULO 4o.	**ARTÍCULO 4o.**
El texto dice:	El texto dice:
La nación mexicana tiene un compromiso pluricultural sustentado originalmente en sus pueblos indígenas,	La nación mexicana tiene una composición pluricultural sustentada originalmente en sus pueblos indígenas **a**

que son aquellos que descienden de poblaciones que habitan en el país al iniciarse la colonización y antes de que se establecieran las fronteras de los Estados Unidos Mexicanos, y cualquiera que sea su situación jurídica, conservan sus propias instituciones sociales, económicas, culturales y políticas, o parte de ellas.

Los pueblos indígenas tienen el derecho a la libre determinación y, como expresión de ésta, a la autonomía como parte del estado mexicano, para:

I. Decidir sus formas internas de convivencia y de organización social, económica, política y cultural;

II. Aplicar sus sistemas normativos en la regulación y solución de conflictos internos, respetando las garantías individuales, los derechos humanos y, en particular, la dignidad e integridad de las mujeres; sus procedimientos, jurídicos y decisiones serán convalidados por las autoridades jurisdiccionales del Estado;

III. Elegir a sus autoridades y ejercer sus formas de gobierno interno de acuerdo a sus normas en los ámbitos de su autonomía, garantizando la participación de las mujeres en las condiciones de equidad;

IV. Fortalecer su participación y representación política de acuerdo con sus especificidades culturales;

los cuales, en los términos de esta Constitución, se les reconoce el derecho a la libre determinación que se expresa en un marco de autonomía respecto a sus formas internas de convivencia y de organización social, económica, política y cultural. Dicho derecho les permitirá:

I. Aplicar sus normas, usos y costumbres en la regulación y solución de conflictos internos entre sus miembros, respetando las garantías que establece esta Constitución y los derechos humanos, así como la dignidad e integridad de las mujeres. Las leyes locales preverán el reconocimiento a las instancias y procedimientos que utilicen para ello, y establecimientos que utilicen para ello, y establecerán las normas para que sus juicios y resoluciones sean homologados por las autoridades jurisdiccionales del Estado;

II. Elegir a sus autoridades municipales y ejercer sus formas de gobierno interno, siempre y cuando se garantice el respeto a los derechos políticos de todos los ciudadanos y la participación de las mujeres en condiciones de igualdad;

III. Fortalecer sus participación y representación políticas de conformidad con sus especificidades culturales;

IV. Acceder al uso y disfrute de los recursos naturales de sus tierras,

V. Acceder de manera colectiva al uso y disfrute de los recursos naturales de sus tierras y territorios, entendidos éstos como la totalidad del habitat que los pueblos indígenas usan u ocupan, salvo aquellos cuyo dominio directo corresponde a la nación;

VI. Preservar y enriquecer sus lenguas, conocimientos y todos los elementos que configuran su cultura e identidad;

VII. Adquirir, operar y administrar sus propios medios de comunicación.

La Federación, los Estados y los Municipios deberán, en el ámbito de sus respectivas competencias y con el concurso de los pueblos indígenas, promover su desarrollo equitativo y sustentable, y la educación bilingüe e intercultural. Asimismo, deberán impulsar el respeto y conocimiento de las diversas culturas existentes en la Nación y combatir toda forma de discriminación.

Las autoridades educativas federales, estatales y municipales, en consulta con los pueblos indígenas, definirán y desarrollarán programas educativos de contenido regional, en los que reconocerán su herencia cultural.

El Estado impulsará también programas específicos de protección de los derechos de los indígenas migrantes, tanto en el territorio nacional como en el extranjero.

respetando las formas, modalidades y limitaciones establecidas para la propiedad por esta Constitución y las leyes.

V. Preservar y enriquecer sus lenguas, conocimientos y todos los elementos que **configuren** su cultura e identidad

VI. Adquirir, operar y administrar sus propios medios de comunicación **conforme a la ley.**

La Federación, los estados y los municipios deberán, en el ámbito de sus respectivas competencias, y con el concurso de los pueblos indígenas, promover el desarrollo equitativo y sustentable la educación bilingüe e intercultural. Asimismo, deberán impulsar el respeto y conocimiento de las diversas culturas existentes en la Nación y combatir toda forma de discriminación.

Las autoridades educativas **competentes, tomando en cuenta la opinión de** los pueblos indígenas, definirán y desarrollarán programas educativos de contenido regional en los que reconocerán su herencia cultural.

El Estado impulsará también programas específicos de protección de los derechos de los indígenas emigrantes **en el territorio nacional y, de acuerdo con las normas internacionales, en el extranjero.**

Para garantizar el acceso pleno de los pueblos indígenas a la jurisdicción del Estado, en todos los juicios y procedimientos que involucren individual o colectivamente a indígenas, se tomarán en cuenta sus prácticas jurídicas y especificidades culturales, respetando los preceptos de esta Constitución. Los indígenas tendrán en todo tiempo el derecho de ser asistidos por intérpretes y defensores, particulares o de oficio que tengan conocimiento de sus lenguas y culturas.

El Estado establecerá las instituciones necesarias para garantizar la vigencia de los derechos de los pueblos indígenas y su desarrollo integral, las cuales deberán ser concebidas y operadas conjuntamente con dichos pueblos.

Las Constituciones y las leyes de los Estados de la República, conforme a sus particulares características, establecerán las modalidades pertinentes para la aplicación de los principios señalados, garantizando los derechos que esta Constitución otorga a los pueblos indígenas.

El varón y la mujer son iguales ante la ley. . .

ARTICULO 115

(Lo siguiente es como está escrito actualmente en la Carta Magna). Los

Para garantizar el acceso pleno de los pueblos indígenas a la jurisdicción del Estado, en todos los juicios y procedimientos que involucren individual o colectivamente a indígenas, se tomarán en cuenta sus prácticas jurídicas y especificidades culturales, respetando los preceptos de esta Constitución. Los indígenas tendrán en todo tiempo el derecho a ser asistidos por intérpretes y defensores que tengan conocimientos de sus lenguas y culturas.

El Estado establecerá las instituciones y políticas necesarias para garantizar la vigencia de los derechos de los pueblos indígenas y su desarrollo integral, las cuales deberán ser diseñadas y operadas concertadamente con dichos pueblos.

Las Constituciones y las leyes de los Estados, conforme a sus particulares características, establecerán las modalidades pertinentes para la aplicación de los principios señalados, garantizando los derechos que esta Constitución reconoce a los pueblos indígenas.

El varón y la mujer son iguales ante ley. . .

ARTICULO 115

Estados adoptarán, para su régimen interior, la forma de gobierno republicano, representativo, popular, tomando como base de su división territorial y de su organización política y administrativa, el Municipio Libre.

I. Cada municipio. . .

II. Los ayuntamientos. . .

III. Los municipios, con el concurso de los Estados. . .

IV. Los municipios administrarán. . .

V. Los municipios. . .

(Aquí principian las reformas): En los planes de desarrollo municipal y en los programas que de ellos se deriven, los ayuntamientos le darán participación a los núcleos de población ubicados dentro de la circunscripción municipal, en los términos que establezca la legislación local. En cada municipio se establecerán mecanismos de participación ciudadana para coadyuvar con los ayuntamientos en la programación, ejercicio, evaluación y control de los recursos, incluidos los federales, que destinen al desarrollo social.

(Tal como están en la Constitución).

VI. . .

VII. . .

VIII. . .

(Se reactivan los siguientes apartados, derogados en la actualidad).

Los Estados adoptarán. . .

I. Cada municipio. . .

II. Los municipios. . .

III. Los municipios, con el concurso de los estados. . .

IV. Los municipios administrarán libremente. . .

V. Los municipios. . .

En los planes de desarrollo municipal y en los programas que de ellos se deriven, los ayuntamientos le darán participación a los núcleos de población ubicados dentro de la circunscripción municipal, en los términos que establezca la legislación **estatal. Asimismo, las leyes locales** establecerán mecanismos de participación ciudadana para coadyuvar con los ayuntamientos en la programación, ejercicio, evaluación y control de los recursos, incluidos los federales, que se destinen al desarrollo social.

VI. . .

VII. . .

VIII. . .

IX. Se respetará el ejercicio de la libre determinación de los pueblos indígenas en cada uno de los ámbitos y niveles en que tengan valor su autonomía **de conformidad con los dis-**

IX. Se respetará el ejercicio de la libre determinación de los pueblos indígenas en cada uno de los ámbitos y niveles en que hagan valer su autonomía, pudiendo abarcar uno o más pueblos indígenas, de acuerdo a las circunstancias particulares específicas de cada entidad federativa.

Las comunidades indígenas como entidades de derecho público y los municipios que reconozcan su pertenencia a un pueblo indígena, tendrán la facultad de asociarse libremente a fin de coordinar sus acciones. Las autoridades competentes realizarán la transferencia ordenada y paulatina de recursos, para que ellos mismos administren los fondos públicos que se les asignen. Cooresponderá a las legislaturas estatales determinar, en su caso, las funciones y facultades que pudieran transferirles, y

X. En los municipios, comunidades y organismos auxiliares del ayuntamiento que asuman su pertenencia a un pueblo indígena, se reconocerá a sus habitantes el derecho para que definan, de acuerdo con las prácticas políticas propias de la tradición de cada uno de ellos, los procedimientos para la elección de sus autoridades o representantes y para el ejercicio de sus formas propias de gobierno interno, en un marco que asegure la unidad del estado nacional. La legislación puesto en el **artículo 4o. de esta Constitución.**

Las comunidades **de los pueblos** indígenas como entidades de interés público y los municipios **con población mayoritariamente** indígena, tendrán la facultad de asociarse libremente a fin de coordinar sus acciones, **respetando siempre la división político administrativa en cada entidad federativa.** Las autoridades competentes realizarán la transferencia ordenada y paulatina de recursos, para que ellos mismos administren los fondos públicos que se les asignen. Corresponderá a las Legislaturas estatales determinar los **recursos y**, en su caso, las funciones y facultades que pudieran transferírseles, y

X. En los municipios, comunidades, organismos auxiliares del ayuntamiento e instancias afines, **de carácter predominantemente indígena y para el ejercicio de sus formas propias de gobierno interno**, se reconocerá a sus habitantes el derecho para elegir a sus autoridades o representantes **internos, de acuerdo con sus prácticas políticas tradicionales**, en un marco que asegure la unidad del Estado nacional **y el respeto a esta Constitución.** La legislación local establecerá las bases y modalidades para asegurar el ejercicio pleno de este derecho.

local establecerá las bases y modalidades para asegurar el ejercicio pleno de este derecho.

Las legislaturas de los Estados podrán proceder a la remunicipalización de los territorios en que están asentados los pueblos indígenas, la cual deberá basarse en consulta a las poblaciones involucradas.

Las Constituciones y leyes locales establecerán los requisitos y procedimientos para constituir como municipios u órganos auxiliares de los mismos, a los pueblos indígenas o a sus comunidades, asentados dentro de los límites de cada Estado.

ARTICULO 18.

Sólo por delito que merezca. . .
Los gobiernos. . .
Los gobernadores. . .
La Federación. . .
Los reos de nacionalidad. . .
(Se agrega al apartado).
Los indígenas podrán compurgar sus penas preferentemente en los establecimientos más cercanos a su domicilio, de modo que se propicie su reintegración a la comunidad como mecanismo especial de readaptación social.

ARTICULO 18.

Sólo por delito que merezca. . .
Los gobiernos. . .
La Federación. . .
Los reos de nacionalidad. . .
Las leyes fijarán los casos en que la calidad indígena confiere el beneficio de compurgar las penas preferentemente en los establecimientos más cercanos a su domicilio, de modo que se propicie su reintegración a la comunidad como mecanismo esencial de readaptación social; **asimismo determinarán los casos, en que por la gravedad del delito, no gozarán de este beneficio.**

ARTICULO 26.

El Estado organizará. . .
Los fines del proyecto. . .
La ley facultará. . .
(Se agrega al apartado):
La legislación correspondiente es-

ARTICULO 26.

El Estado organizará. . .
Los fines del proyecto. . .
La ley facultará. . .
La legislación correspondiente establecerá los mecanismos necesarios

tablecerá los mecanismos necesarios para que en los planes y programas de desarrollo se tome en cuenta a las comunidades y los pueblos indígenas en sus necesidades y sus especificidades culturales. El Estado garantizará su acceso equitativo a la distribución de la riqueza nacional.

para que en los planes y programas de desarrollo se tomen en cuenta a los pueblos indígenas en sus necesidades y sus especificidades culturales. El Estado **promoverá** su acceso equitativo a la distribución de la riqueza nacional.

ARTICULO 53.

La demarcación territorial. . .
(Se agrega al apartado):
Para establecer la demarcación territorial de los distritos uninominales y la circunscripciones electorales plurinominales, deberá tomarse en cuenta la ubicación de los pueblos indígenas, a fin de asegurar su participación y representación políticas en el ámbito nacional.

ARTICULO 53.

La demarcación territorial. . .
Para establecer la demarcación territorial de los distritos **electorales** uninominales, deberá tomarse en cuenta la ubicación de los pueblos indígenas, a fin de asegurar su participación y representación políticas en el ámbito nacional.

Para la elección.

ARTICULO 73.

El Congreso tiene la facultad:
I. . . XXVII
(Se reactiva el apartado derogado):
XXVIII. Para expedir leyes que establezcan la concurrencia del gobierno federal, de los estados y de los municipios en el ámbito de sus respectivas competencias, respecto de los pueblos y comunidades indígenas, con el objeto de cumplir los fines

ARTICULO 73.

El Congreso tiene facultad:
I. . . XXVII
XXVIII. Para expedir leyes que establezcan la concurrencia del Gobierno Federal, de los **gobiernos de los** Estados y de los municipios, con el objeto de **lograr** los fines previstos en los artículos 4o. y 115 de esta Constitución, **en materia indígena;**

previstos en los artículos 4 y 115 de esta Constitución.

ARTICULO 116.

El poder público de los estados. . .
I. . .
II.El número de representantes. . .
Los diputados de las legislaturas. . .
En la legislación electoral. . .
(Se agrega a la fracción II):
Para garantizar la representación de los pueblos indígenas en las legislaturas de los estados por el principio de mayoría relativa, los distritos electorales deberán ajustarse conforme a la distribución de dichos pueblos.

ARTICULO 116.

El poder público de los estados. . .
I. . .
II. El número de representantes. . .
Los diputados de las legislaturas. . .
En la legislación electoral. . .
Para garantizar la representación de los pueblos indígenas en las legislaturas de los Estados por el principio de mayoría relativa, **en la conformación de los distritos electorales uninominales, se tomará en cuenta** la distribución geográfica de dichos pueblos.

CONSTITUCIONALIDAD O INCONSTITUCIONALIDAD DE LAS REFORMAS O ADICIONES A LA CARTA MAGNA

INCONSTITUCIONALIDAD Y AUTONOMÍA

Es conveniente resaltar el contenido de esta parte IV y de las conclusiones del presente ensayo, principalmente el tema de la autonomía para los pueblos indígenas, la que se plantea como una garantía constitucional donde permita a los indígenas el ejercicio de una serie de derechos que aseguren la promoción y el desarrollo de sus culturas; el derecho y disfrute de sus recursos naturales, la práctica de sistemas normativos y del reconocimiento a la comunidad como entidad de "interés público", así como el reconocimiento de la libre determinación "en los términos de la Constitución"; por otra parte en el aspecto de participación política, la modificación del artículo 41 constitucional que facultaría a los pueblos indígenas a participar en las elecciones bajo formulas independientes de los partidos y la definición de una política compensatoria para abatir el resago social.

Al hacer el análisis de todas estas demandas nos encontramos que algunos juristas de postura liberal del orden jurídico del Derecho Privado y Público se oponen a los cambios constitucionales "reformas". Opiniones diversas de constitucionalistas declaran que las reformas a la esencia y el espíritu de la Carta Magna solo tiene facultad de hacerlas un Congreso Constituyente convocado por la mayoría de las fuerzas políticas, sociales y económicas de la nación, o por una revolución social. Aseguran que las nuevas normas o modificaciones a la Constitución entrañan un peligro para la soberanía y la unidad nacional, como afirma el doctor en derecho constitucional Ignacio Burgoa Orihuela, que la: "reforma constitucional podría desintegrar política y jurídicamente al estado, al establecer estados dentro del estado",[43] porque al otorgar autonomía generaría una especie de extraterritoriedad dentro del territorio nacional o formar territorios independientes dentro del país.

En cambio, los constitucionalistas de corte del orden Jurídico Nacional social, consideran que las demandas del EZLN, que encajan en nuestra Carta Magna donde existen y se observan también los derechos sociales, tanto como los individuales y públicos "como conjunto de principios materiales que constituyen su esencia" **los principios fundamentales del régimen político y jurídico**; esto es, los principios que están en la base del Estado y de las libertades contenidas en las declaraciones políticas y jurídicas fundamentales, adaptadas por el titular de la **soberanía** del pueblo y de la representación política, **como principios políticos**, y las ideas de los derechos humanos y de la separación de poderes, **como principios jurídicos**; que para algunos juristas como Schmitt, los derechos humanos se componen en: "**derechos del hombre o derechos individuales y los derechos colectivos o sociales**, principios que contempla el Orden Jurídico Nacional: Derecho Privado, Derecho Social y Derecho Público". Respecto a lo anterior la "Suprema Corte de Justicia de la Nación, ha establecido que todas las normas constitucionales tienen la misma jerarquía y ninguna de ellas puede declararse inconstitucional, por lo que no puede aceptarse que alguna de sus normas no deban observarse por ser contrarias a lo dispuesto por otras.[44] La propuesta de modificaciones a la Constitución, respecto a la autonomía, habla del ejercicio a un conjunto de derechos que no esta colocando a los indígenas por encima de la Nación mexicana. Se plantea como una garantía constitucional, reconoce derechos no asigna competencias, no crea nuevos niveles de gobierno, consigna el reconocimiento de los derechos colectivos a un nuevo sujeto jurídico, a un "nuevo orden jurídico llamado pueblo indígena" diferente a los individuales, derechos fundamentales que no se cuestionan y a los que no renuncian los integrantes de los pueblos indígenas.[45]

Nos preguntamos cuál será el correcto procedimiento legislativo que se obeserve en aplicación a la Constitución Política de los Estado Unidos Mexicanos para legislar en materia indígena. Se trata de observar correctamente el Orden Jurídico Nacional: el derecho privado, el derecho público y el derecho social; el ejercicio de las facultades y funciones de cada uno de los Tres Poderes de la Unión y la correcta aplicación y observancia de la Máxima Ley Mexicana. Si no se procede con apego fiel como lo ordena la Constitución Política de los Estados Unidos Mexicanos, cualquier mecanismo o procedimiento para legislar: iniciativa de ley, discusión, observación, análisis, aprobación, revisión, modificación, reforma, abrogación de la Ley Suprema será **inconstitucional**.

La Carta Magna en sus partes dogmática, doctrinal y material constituyen los fundamentos: de las garantías individuales y sociales; la parte política-soberanía (la voluntad del pueblo depositada en sus representantes legítimos); el fundamento jurídico de sociedad y el estado; y la división de poderes. O sea la parte subjetiva y objetiva: soberanía, poder, ciudadania, sujeto de derecho, personalidad jurídica, las personas individuales, morales corporativas, colectivas y personas Estado. Todo esto se contempla en el derecho subjetivo y objetivo. En general todo lo que constituye la estrucutra plena, soberanía y democracia de un Estado que se realiza y gobierna jurídicamente en un medio social con manifestaciones de comunión entre los miembros del grupo social, dirigidas por los órganos de poderes de gobierno y reglamentadas por procedimientos legales, jurisdicciones, competencias y facultades.

El Estado como Institución tiene la finalidad de ser unidad de ordenación de capacidad jurídica y legislativa en todo asunto que surja en conflicto que altere la cohesión y territorio, iniciando y formando leyes, proyectos o normas para que sean aplicadas a todos los miembros de la sociedad. A esto se le llama soberanía de los tres poderes.

Hay muchas inquietudes de poder contribuir en estas reformas por la vía constitucionalista antes de agotarlas y no se recurra a ser uso de la violencia y la anarquía, bajo el respeto a la legalidad como una condición para la vigencia de la democracia y un recurso válido para impulsar el cambio social. Los aspectos políticos de la Constitución preeven el procedimiento necesario para ser reformada con apego al derecho y legitimidad democrática en el cumplimiento pleno de esta, entendida como norma y programa fundamental del Estado. Cumplir con la Constitución es garantizar plenamente que todo poder público diname del pueblo y se instituya para beneficio de este, es impulsar vigorosamente la construcción de la democracia, entendida esta no solamente como una estructura jurídica y un régimen político, sino como un sistema de vida fundado en el constante mejoramiento económico, social y cultural del pueblo.

La esencia de la Constitución apunta a eliminar la desigualdad y a fortalecer la soberanía nacional con la implantación de una política económica y política de la nación. Nuestra Constitución es **sui géneris**, en un contexto que rompió con los esquemas rígidos y acartonados de la mera técnica jurídica y alcanzó un profundo y trascendente contenido político, jurídico, económico y social.

No hay duda que la lucha contra la desigualdad está en el centro del proceso de fortalecimiento de la vinculación de la Constitución con la realidad social, económica y política de la Nación. Los derechos sociales que están plasmados en la Constitución son fruto de un proceso histórico de lucha para construir una sociedad mas democrática, más justa y más independiente.

Las propuestas para reformar o reestructurar los conceptos de nuestra Constitución General, en materia indígena, nos hace reflexionar acerca de la aplicación u obsolencia de nuestro Proyecto de Nación. Sin embargo, para efectura estas reformas existe el camino por las vías del derecho, conforme a un procedimiento constitucional. Dicho procedimiento debe de contemplar el esfuerzo democrático que se gesta: en la lucha dialéctica que entrelaza, indisoluble, el imperativo democrático de los cometidos del poder público que debiene crecientemente en una administración prestacional, se limite al control de la constitucionalidad, en cual debería ser defensa de toda constitución, no solo en el sentido subjetivo de las garantías individuales, sino fundamentalmente tutela objetiva de la Ley Suprema: Control de la Constitucionalidad y Control Jurisdiccional en apego a los Artículos Constitucionales 103, 105, 107, 131 y 133, confieren la facultad del control de la Constitucionalidad al Poder Judicial ante los otros dos Poderes de la Unión.

En conclusión para reformar la Constitución General, tienen que ver los Tres Poderes de la Unión de acuerdo a sus facultades, competencias y jurisdicciones.

La constitucionalidad y el derecho consuetudinario indígena

Ante esta amenaza de anticonstitucionalidad puede que subsista para las leyes de desarrollo el precepto constitucional que versa: "Se puede proteger, preservar y promover todo aquello que la lógica de la ley sustantiva precisamente impide. Como si las leyes nacionales fueran absolutas, al contrario, precisamente por el relativismo de la Ley General, es la limitante del Artículo 4º Constitucional es incompleto, limitado, y tiene el aspecto de un remiendo legal que no es medida suficiente, no plantea la aceptación del pluralismo jurídico.[46]

La negación del derecho indígena podría resultar también a pesar de los reconocimientos constitucionales, si se reduce toda la complejidad jurídica del entorno a la complejidad del sistema jurídico del Estado. Con este planteamiento, la justicia queda caracterizada con la "complejidad adecuada del sistema jurídico" presenta un dilema: o aumenta la complejidad del sistema jurídico a costa de la consistencia interna del mismo, o refuerza la unidad del sistema con base en la dogmatización de las categorías jurídicas, lo que produce una merma de la complejidad. Lo que no es categorizable dentro del sistema jurídico, lo que amenaza con elevar hasta un grado peligroso la consistencia interna del mismo es rechazado de plano. Por ello, el reconocimiento del derecho indígena, desde un sistema, conduciría a que no pudiera ser considerado sino particularmente... Se respeta el derecho indígena siempre que no contravenga al derecho dominante.[47] Puede sobreentenderse que el reconocimiento constitucional se hace desde adentro y para un solo y único sistema y órdenes jurídicos "en todo aquello que no contravenga a la presente Constitución". La amenaza de la anticonstitucionalidad pueda que subsista para las leyes de desarrollo del precepto constitucional. Quizá todavía sea cierto que "Se puede proteger, preservar todo aquello que la lógica de la ley sustantiva precisamente impide".[48]

Ante el reconocimiento de diferentes regímenes jurídicos dentro de un Estado-nación, el mejor camino es el de afirmar el actual derecho indígena como derecho propio y no como costumbre jurídica respecto al derecho, al derecho general del Estado, se debe de reconocer su carácter de sistema de derecho completo, autóctono, que responde a unos principios generales y desarrolla, sus consecuencias. Al afirmar la existencia de un derecho indígena; este derecho exige todos los derechos necesarios para hacer posible su ejercicio. Su titular es el pueblo indígena, un sujeto colectivo, una corporación. Este derecho público lo es en cada caso, de una corporación indígena, es decir, un derecho que pertenece a todos los miembros, pero no como personas individuales sino en común. La conservación, reconstitución y desarrollo del derecho indígena, son condiciones necesarias para su propia modificación.[49]

La existencia dentro de un mismo Estado de sistemas jurídicos diversos, responden a culturas jurídicas diversas-ante un supuesto de diversidad cultural con su reflejo jurídico, exige necesariamente la aceptación, desde la Constitución, de la coexistencia de sistemas jurídicos diferentes, del derecho indígena como derecho particular o propio en todos los extremos. Constituiría la aceptación de un verdadero pluralismo jurídico basado en la pluriculturalidad. Quien parta del supuesto de que Estado y Derecho son lo mismo, no podrán aceptar la existencia de otro derecho dentro del Estado.[50]

El reconocimiento del derecho consuetudinario indígena, es en realidad el reconocimiento de un derecho particular, es decir, un sistema propio, distinto del estatal. La discusión o el problema versa sobre sí se puede o no coexistir una pluralidad de derechos con centros distintos o bien, si solo es posible un único orden jurídico y por ende un solo punto central o pluralismos de derechos.

Pluralismo de Derechos: Tendencia sistemática en lo que se refiere a la pluralidad de sistemas jurídicos, se refiere, y en consecuencia, dentro de la pluralidad, los derechos o sistemas de derechos de los pueblos indios.[51]

¿La autonomía de los pueblos indígenas es anticonstitucional?

Respecto a la autonomía, el doctor José Emilio Ordóñez Cifuentes, el señor Luis Villoro e Ignacio Cremades, exponen sus respectivos conceptos de ésta. Ordóñez Cifuentes la analiza así: La autonomía y el autogobierno como formas concretas de ejercicio del derecho de libre determinación, no significa que se proponga la creación de reservaciones para asegurar a los pueblos indígenas; no plantea la creación de estados propios o el establecimiento de un régimen racista; no establece la fragmentación indígena o nacional ni propicia el separatismo o la desintegración de los estados nacionales... Proporciona una nueva visión del Estado contemporáneo que armoniza los diferentes aspectos y sectores de una verdadera sociedad pluricultural y pluriétnica, donde la unidad está basada en la diversidad cultural y no en la integración y asimilación de los diferentes sectores de la sociedad que la forman.[52]

Luis Villoro plantea la autonomía como el derecho de un pueblo de elegir libremente su propia situación dentro del estado nacional: La autonomía de las comunidades culturales minoritarias que forman parte de un país, no implica necesariamente su independencia política, no equivale a soberanía, sino solo a su capacidad de elegir libremente su propia situación dentro del estado nacional... Su elección podría desembocar eventualmente en su segregación del Estado, pero también en su integración a la nación, o en la reivindicación de formas variadas de autonomía restringida, compatibles con la legislación nacional. No conduciría a la disolución del Estado, sino sólo reconocimiento del derecho fundamental de los pueblos que lo componen para determinar sin coacciones su propia suerte. El reconocimiento en la constitución de un estado multicultural de los estatutos de autonomía pactados libremente, con los pueblos, transformaría el convenio político originado en la coacción, en un convenio libremente asumido por todas las partes.[53]

Ignacio Cremades, corrobora lo que señala Díaz Polanco acerca de la auto-nomía: La autonomía se implanta en el contexto de bastas transformaciones socio-políticas a escala nacional y de derecho, la autonomía es parte y resultado de ellas. "No puede reducirse a una mera descentralización administrativa den-tro de un patrón centralista; que no puede ser resultado de una concesión, sino fruto de la conquista y reconocimiento de derechos, logrados gracias a la efectiva participación de los grupos involucrados".[54]

En sí están en suspenso el reconocimiento de los pueblos indígenas, su auto-nomía que se confunde con soberanía, así como está atorada la propuesta sobre la declaración de los derechos indígenas por la "Declaración Americana" ONU. Al respecto existe un proyecto de documento del Grupo de Trabajo de la Sub-comisión de Expertos, pero hay una corriente en oposición para eliminar el término universal para reconocer al pueblo indígena como sujeto de derecho pleno; declaración sobre los derechos indígenas; discusiones en pro y en contra debido a las dos concepciones Estado-Nación, sobre todo la concepción estatal de Estado-Nación homogéneo, que acepta estar constituido con un sólo territo-rio, no compartido, que únicamente admite un sólo territorio y ejercer su domi-nio en el territorio nacional; no más territorios dentro del territorio nacional;

sólo un orden legal, no varios sistemas normativos. No admite varios sistemas normativos, ni una cultura variada homogénea. El problema radica en el reconocimiento a un pueblo o varios pueblos en un Estado heterogéneo a un Estado homogéneo como supuestamente se define a la República Mexicana como un Estado homogéneo pluricultural, pluriétnico (Art. 4º, Constitucional). Esto es casi imposible porque México no reconoce el sistema plurijurídico, en su Orden Jurídico Nacional, por estar en retroceso a comparación de algunos Estados o naciones como España, Francia, Alemania e Inglaterra que han reconocido las autonomías políticas y jurídicas de los pueblos que los componen.

La Carta de los Derechos Universales de la ONU admite la autodeterminación de los pueblos, el derecho de constituirse como pueblo. Desde luego no a las comunidades indígenas en el sentido Estado-Nación; porque todavía las comunidades indígenas no son considerados como pueblos, porque se consideran como una unidad de cultura distinta. Para el Estado-Nación "pueblo" es la mayoría de la población territorial, pueblo es: el conjunto de individuos que pueden identificarse en una cultura común; con capacidad de identificación perteneciente a un pueblo.

A las comunidades o pueblos indígenas se les está negando la capacidad de autoidentificarse como pertenecientes al pueblo mexicano y como pueblo ancestral al que conforman y se identifican; tener una relación directa o indirecta a un territorio (indirectamente, desde luego, considerando que existen pueblos nómadas). El concepto territorio se debe reconocer como el ámbito geográfico como componente de: tierra, agua, lagos, ríos, flora, fauna, recursos naturales para la sobrevivencia. Entender "pueblo indígena" como sujeto de autodeterminación, con relación indirecta o directa al derecho de los derechos colectivos y al derecho a la autodeterminación de los pueblos. Para esto es necesario determinar el concepto genérico de los pueblos y territorios americanos, entonces. ¿Cómo conformar una legislación para defensa de los derechos indígenas? Sin esta no se dará la posibilidad de que el indígena ejerza integralmente todos sus derechos. Si no se constituye al pueblo indígena como sujeto de derecho pleno, con capacidad de definir su propia juridicidad, y a los indígenas ejercer sus derechos individuales y sociales (humanos) que estén reconocidos dentro del Orden Jurídico Nacional y el reconocimiento en la Carta Magna su sistema político-jurídico consuetudinario, porque el derecho consuetudinario (oral) indígena es un verdadero Sistema de Derecho vigente; toda iniciativa en materia de derecho indígena estará enpantanada como lo está la iniciativa de modificaciones a la Ley Fundamental propuestas por la COCOPA y el EZLN.

En sus resolutivos de 1994 la Comisión de Derechos Humanos de la Organización de las Naciones Unidas, reconoció que las prácticas jurídicas de los pueblos indios del mundo, constituyen sistemas de derecho. Al respecto el Artículo 4o. de la futura declaración Universal de Derechos de los Pueblos Indígenas establece: "los pueblos indígenas tienen derecho a conservar y reforzar sus propias características políticas, económicas, sociales y culturales, así como sus sistemas jurídicos".

Las investigaciones acerca de los sistemas normativos jurídico-indígenas, —es decir, la explicación integral del conjunto de reglas, principios, normas, acciones procedimientos y órganos ejecutores— del derecho indígena no han alcanzado su pleno reconocimiento. Las normas indígenas no pueden ser elaboradas bajo patrones positivistas del derecho nacional o "cientifistas", conforme a las cuales la norma jurídica es explicada solamente como un poder hegemónico del Estado o como una transición evolutiva de la costumbre en norma. Terminamos este análisis con las palabras del Dr. Carlos Durán Alcántar al afirmar que: El derecho indígena si bien es múltiple, complejo e histórico, existe como un conjunto de sistemas de regulación jurídica que se diferencian de los sistemas hegemónicos; derechos que se sustentan como una normatización **ad hoc** a la nacionalidad indígena, por cuanto es eficaz en su aplicación al ajustarse a los patrones culturales de cada etnia. Las nuevas definiciones democráticas en que se finque la postmodernidad deberán de advertir la necesidad del reconocimiento de los derechos indígenas así como de sus órganos aplicadores. Esta nueva adecuación de los derechos indígenas advierte **contrario sensu** a los fines de globalización, en que el Estado postmoderno reconocerá la existencia de diversos sistemas de derecho que confluye conjuntamente con el hegemónico, a lo que algunos autores han denominado como pluralismo jurídico; sin embargo, habrá de cuestionar ¿En qué medida dentro de un mismo territorio la soberanía del Estado permitirá la aplicación —eficaz— de diversos sistemas de derecho?* en este caso los que corresponden a los pueblos indios.

---

* La costumbre Jurídica India como Sistema de Derecho "ponencia expuesta por el Dr. Carlos Durán Alcázar en el Work Shop organizado por el Instituto Internacional de Sociología, Oñati Guipuzkoa, España, 14 y 15 de julio de 1997.

EL DERECHO CONSUETUDINARIO DE LOS PUEBLOS INDÍGENAS* (DERECHO COMUNITARIO ORAL)

Es un sistema jurídico, porque existe una concepción y prácticas del orden comunitario, que son característicos inherentes de cualquier *ethnos*, etnias o pueblos.

Es consuetudinario porque desde hace más de quinientos años se produce, y se reproduce de manera no escrita sino oral y en relación estrecha con las fuerzas de la naturaleza. Es indígena en el sentido de que es una cultura jurídica milenaria que corresponde a pueblos originarios. Es la manifestación de la intuición de un orden social fundamentado en reglas no escritas concebidas en comunión con las fuerzas de la naturaleza y trasmitidas, reproducidas y abrogadas de manera esencialmente (corp) oral.[55]

El derecho consuetudinario de los pueblos prehispánicos instrumentó las relaciones sociales apoyándose en la escritura y la oralidad y no sólo para resolver los conflictos entre humanos, sino también los del hombre y la naturaleza. Es un derecho cosmogónico que toma en cuenta no solamente todo lo que existe sino también lo desconocido, lo inesperado y el desorden. Este orden esta fundado en la palabra (lo cual está estrechamente ligado a la acción).[56]

Analizando la diferencia entre los dos sistemas jurídicos, el derecho estatal nacional y el derecho consuetudinario indígena. El derecho estatal nacional mexicano entendido, como: la concepción de lo jurídico caracterizado por la organización social de conductas a través de reglas escritas derivadas de un órgano especializado y legitimado por las mismas reglas. El derecho consuetudinario indígena entendido, como: la concepción de lo jurídico, caracterizado por la organización social de conductas a través de reglas prácticas concebidas en comunión con las fuerzas de la naturaleza y trasmitidas de manera oral. Que ambos sistemas jurídicos están vigentes en México y rigen la conducta, la vida política, económica y social en la esfera de jurisdicción y competencia, en el territorio donde están asentados como pueblos de diferentes costumbres, usos, cultura, ideología, cosmovisión, religión e idiomas en una Federación de Estados pluricultural y pluriétnica. Que en la Carta Magna (pacto nacional) únicamente

---

* Ponencia que expuse en el Work Shop denomidado "La Costumbre Jurídica India como Sistema de Derecho", celebrado en el Instituto Internacional de Sociología Jurídica de Oñati, Guipuzkoa. España, 14 y 15 de julio de 1997

se ha reconocido al sistema de leyes que rigen al grupo de población mayoritario llamado Derecho Estatal Nacional escrito, y que el sistema jurídico oral de los pueblos aborígenes (pueblos indígenas) que subsiste de hecho y no de derecho, no ha sido reconocido en la Constitución Política de los Estados Unidos Mexicanos; unión a la cual pertenecen de hecho y no de derecho los pueblos indígenas, porque cuando se constituyeron los Estados Confederados Mexicanos en República, estos pueblos indígenas no participaron en el pacto federal y desde entonces su sistema político-jurídico no ha sido reconocido. Vacío Constitucional por lo que llegaremos a la conveniencia de que para resolver en parte la problemática indígena, es necesario el reconocimiento del derecho consuetudinario de los pueblos originarios de nuestra República Mexicana en la Carta Magna conocida como federal, democrática, pluricultural y pluriétnica; reconocer también en ella a estos pueblos originarios su personalidad como pueblos, no como comunidades, su personalidad colectiva y su sistema de derecho político-jurídico oral.

Reconocer a este sistema político-jurídico con normatividad, leyes orales y sus autoridades tradicionales, políticas y jurídicas encargadas de administración e impartir justicia de acuerdo con las normas consuetudinarias, tanto en el aspecto cualitativo como cuantitativo; no de hecho, que no tiene ninguna validez constitucional, ni validez jurídica como se ha venido haciendo durante más de quinientos años, sino de derecho: reconocimiento como pueblos, como parte de una Federación de Estados en el Pacto Federal. Porque los pueblos indígenas son verdaderos Estados. Ese es el gran problema que al constituirse la Federación mexicana no se les tomó en cuenta o no se convocó a estos pueblos originarios para que pudieran ser parte de la soberanía nacional del sistema federal y republicano. Existe un vacío constitucional en nuestra Carta Magna, imperdonable porque a los pueblos indígenas no se les incluyó constitucionalmente como pueblos mexicanos. Tarea y responsabilidad de los constituyentes, constitucionalistas y legisladores mexicanos; es por eso, que el reconocimiento de los pueblos originarios de nuestro territorio nacional, y su sistema de derecho consuetudinario es de primordial importancia para resolver el problema étnico o problemática indígena en México.

Para el reconocimiento del Derecho Consuetudinario en la Constitución General, es necesario también que se defina, la política indígena, en materia de administración de justicia y reconocer las instituciones político-jurídico indígenas previa información conforme a los sistemas tradicionales ya existentes.

El gobierno si está dispuesto a reformar la Constitución Política, deberá tomar en cuenta las inquietudes planteadas por los pueblos indígenas, introduciendo en la Carta Magna los derechos reclamados por éstos, sería acabar con el pretexto de que estos derechos son contrarios a la Constitución Nacional, y en consecuencia, llegar en un futuro a un acuerdo justo y a un pacto nacional, federal y democrático de reconciliación y de Paz en el territorio del Anáhuac.

Se fundamenta la presente observación bajo lo siguiente:

El derecho en general, es producto de eclecticismos y de evoluciones; el derecho mexicano podría sufrir influencias de otros sistemas jurídicos nacionales e internacionales. Entre la fusión de las costumbres de otros pueblos antiguos surgieron los sistemas de derecho moderno, que son la síntesis de sistemas distintos y en ocasiones contrarios. El derecho español es producto de las distintas costumbres jurídicas de los godos y otras etnias armonizadas con el derecho romano. En los siglos XIX y XX, el estudio del derecho estatal nacional fue dominado por la escuela del evolucionismo moderno jurídico, (paradigma evolucionista jurídico), pero la creación de "comunidades" o "uniones" de países, aportan nuevos elementos para repensar el papel de los derechos "nacionales", en un contexto creciente inter-nacionalización jurídica. Las reivindicaciones de los pueblos indígenas por el reconocimiento de su derecho (consuetudinario) y en general, de sus derechos culturales, hacen pensar que una nueva escuela se desarrollará en el siglo siguiente: La del pluralismo jurídico (paradigma pluralista jurídico).[57] El derecho anglosajón es producto de la fusión entre las costumbres jurídicas de los pueblos anglosajones, daneses y germanos, surgiendo el moderno *Common law*. Guillermo el conquistador no elimina las costumbres jurídicas de los pueblos subyugados [58]. El derecho de los Estados Unidos de Norteamérica es resultado de la influencia del derecho Inglés y Europeo y el pacto de la federación de Estados que se independizan del Reino de Inglaterra y forman el Sistema Federal Republicano y Democrático. El derecho francés de principios del siglo XIX, con repercusiones en Europa y América, es producto de la unión entre el *droit écrit* y el *droit contumiere*, por lo que Napoleón logró la unidad nacional. Todos ellos son las raíces del derecho nacional mexicano (nacional estatal).

La corriente del derecho positivo nacional sostiene que, para la integración cultural y jurídica de un país, existen dos vías: La *codificación* y la *adjudicación*, la primera es propia de nuestra tradición continental europea, la segunda es propia de la tradición anglosajona. Nuestro derecho nacional tan repleto de formulismos, procedimientos e instancias, es resultante de una modalidad cultural lejana y ajena a las costumbres indígenas de pueblos que se han mantenido separados de la sociedad nacional durante los mismos siglos que la llevó a forjar su sistema jurídico.[59]

Resultaría muy difícil en México aplicar el sistema jurídico nacional que se transformara en autocrático y más difícil cuando las llamadas costumbres jurídicas indígenas no han sido total, ni definitivamente catalogadas y algunas son antagónicas al derecho nacional. No es posible reducir la riqueza y la diversidad de costumbres en un sólo cuerpo legislativo. La solución no está en el método tradicional del derecho nacional, la burocracia nacional para aplicar esos principios inmutables y abstractos sobre la realidad indígena.[60] Otro método el de la adjudicación, por ejemplo: cuando los países anglosajones se enfrentaron ante sistemas jurídicos contrarios y diversos confiaron en el Juez más que en el legislador la armonización de ambos sistemas; el juez puede aplicar caso por caso las costumbres, leyes y demás factores que intervienen para llegar a una decisión justa, sin hacer declaraciones generales que perjudiquen a la población. Otro sería el proteccionismo como lo hizo la España colonial y ahora retomado por el Sistema Jurídico Nacional Mexicano respecto a los pueblos indígenas.

En la colonia, la justicia indígena desde 1591 hasta 1820 funcionó exitosamente con el *Juzgado General de Indios* para dirimir las controversias que perturbaban el orden social de esas comunidades. Un Juzgado de Indios dirigido por jueces ladinos sería un fracaso en la actualidad, se cometerían los mismos errores igual cuando funcionó el Juzgado General de Indios en tiempos de la colonia. Por otra parte, para algunas opiniones, están de acuerdo que una idea básica de un capítulo especializado en la Constitución Federal para las comunidades indias, es aceptada como un concepto viable y conjuntable históricamente con las costumbres o núcleos indígenas por ser un verdadero sistema político y jurídico el derecho consuetudinario. Actualmente entre los pueblos indígenas existen instituciones de gobierno y judiciales, operan jueces naturales que imparten justicia de acuerdo a los valores y costumbres de cada etnia, logrando un control social en la comunidad. Sólo cuando interviene el aparato de justicia nacional, es cuando se generan problemas y choques entre las sociedades indígenas, por lo que algunos juristas proponen que es necesario legitimar el sistema natural de administración de justicia indígena y conformar lo que el derecho nacional pudiera reconocer al régimen político jurídico, (derecho consuetudinario indígena) en un Apartado o Capítulo especial en nuestra Constitución Federal, contemple, poder respetar y utilizar las formas de justicia ya existentes en las comunidades, legitimando también a los pueblos indígenas con sus instituciones y órganos; sus decisiones y aprobándolas en nuestra Carta Magna. Sólo los gobernadores tradicionales y los jueces naturales indígenas son capaces de conocer, de aplicar sus costumbres, y afirman que para lograrlo debe adherirse este Capítulo en la Ley nacional, que contemple de derecho y no de hecho la autogestión, permitiendo a las comunidades indígenas regirse por sus propias normas y costumbres así como administrar justicia a los integrantes de dichas comunidades por sus propios jueces. El derecho consuetudinario en materia indígena, es compatible con el espíritu del constituyente mexicano que permitió, por ejemplo, el fuero militar para garantizar la imparcialidad en la justicia pero que no acepta por causas políticas e ideológicas al derecho indígena. En el caso de los indígenas, el objetivo también sería lograr la imparcialidad, que lograría hacer respetar un derecho comunitario, un derecho surgido de una comunidad sin la aprobación de los órganos judiciales estatales. La justicia indígena no requiere de defensores ni de fiscales, sino que el procedimiento es directo entre el Gobernador tradicional (Presidente) del Consejo de Ancianos (Jueces) y los inculpados (ciudadanos indígenas) todas estas instituciones que son partes ajenas a las de los sistemas jurídicos para resolver las controversias de los problemas señalados en la justicia ladina.[(61)]

La justicia entre los pueblos indígenas es respetuosa de los valores y tradiciones y tiende a armonizar las concepciones indígenas de propiedad comunitaria, de poligamia permitida, trabajo comunitario y de esponsales a futuro[(62)]... etcétera.

La solución a la problemática indígena se aliviaría si se reconociera legalmente su sistema jurídico y los órganos de gobierno de sus comunidades. Así entre ellos resaltaría la existencia reconocida de jueces que imparten justicia sin interferencias y de acuerdo a los procedimientos y costumbres de cada pueblo. Otros juristas sugieren contemplar también en el derecho nacional mexicano, la jurisprudencia y el procedimiento de amparo, para los casos litigiosos resultantes en la aplicación a los indígenas que delinquen bajo la competencia y jurisdicción del sistema jurídico mexicano. Otra opinión que a mi parecer podría ser la más acertada, es la de la Doctora Carmen Cordero de Durand, sugiere: en los casos que el indígena infractor desobedezca la ley nacional en territorio que no sea indígena será juzgado por las leyes mexicanas y si el delito se cometió en territorio indígena sea juzgado por la Justicia Indígena "la palabra" (derecho consuetudinario indígena); ésta última propuesta tan importante, obliga reflexionar al respecto, sería un tema muy amplio a exponer. Para ir despejando esta problemática, como fuente de derecho en materia indígena dentro del sistema jurídico nacional, se debería tomar en cuenta la antropología del derecho, que contempla también como fuente el derecho comunitario (consuetudinario indígena) a la jurisprudencia comparativa. La jurisprudencia comparativa Antropología del Derecho, consiste en descubrir los postulados jurídicos de los destinos de los distintos sistemas legales y determinar cómo éstos se expresan en las instituciones jurídicas de las sociedades en consideración.[63] La jurisprudencia, se aplicaría en los casos de las instancias para hacer valer las garantías constitucionales de los indígenas como garantía que otorga el sistema jurídico nacional como sujeto de derecho en el orden jurídico del derecho nacional. No como sujetos de derecho comunitario (consuetudinario).

El Sistema Jurídico en el que hoy están ubicados y se pretende ubicar a los pueblos indígenas de México, es atípico e incongruente a la realidad en que se desenvuelven los mismos. El régimen constitucional contiene insuficiencias graves, al definir a individuos distintos del conjunto nacional, homologando su realidad a la Sociedad Mexicana, por lo que es tiempo que se reforme en materia indígena. Al legislarse en materia indígena se tendrá que tomar en cuenta la realidad del país y reconocer personalidad jurídico-política a los pueblos indígenas conforme con las propias identidades que los conforman como pueblos. Si no se legislara así, el régimen de leyes resultaría inadecuado e incongruente con la realidad en que se desenvuelven estas poblaciones. La realización de esta tarea, no puede prescindir de la participación de los pueblos indígenas y que quede implícito a esta legislación el reconocimiento en la Constitución Federal de su Sistema de Derecho Consuetudinario.

La problemática indígena de México no se puede resolver con la reforma de un sólo artículo 4o Constitucional. Dada a su complejidad y trascendencia se debe adicionar un Capítulo en materia indígena en la Constitución Política de los Estados Unidos Mexicanos, (en su carácter específico). Deberán reformarse o adicionarse aquellos preceptos constitucionales que deban ser modificados; ordenamientos jurídicos que a nivel federal reglamenten lo dispuesto en este nuevo Capítulo constitucional, sus reformas y adaptación por las legislaturas locales en las Constituciones de cada entidad federativa.

Deberá readecuarse esta normatividad en el siguiente orden: Apartado (Capítulo especial); Adición Constitucional, reconocimiento del Sistema político-jurídico indígena, Ley Reglamentaria (Especializada para los pueblos indígenas), en las Constituciones Federal, Estatales y Municipales; Leyes Estatales (Códigos Civiles y Penales); y reconocimiento del derecho consuetudinario. Con un Apartado (Capítulo especial) como existe en la Constitución Federal en el orden Jurídico Nacional, como se contempla por ejemplo, para los Artículos 3o, 27 y 123 Constitucionales con sus leyes reglamentarias (Ley Federal de Educación, Ley de la Reforma Agraria y Ley Federal del Trabajo). Un Apartado específico dentro de la Constitución Federal que incluya el respeto y observancia de los derechos individuales, sociales y humanos de los pueblos indígenas, que les otorga el derecho positivo nacional de acuerdo al derecho comunitario. Que quede bien claro, como parte de los derechos individuales, sociales y humanos observados en el derecho positivo nacional, a los cuales no renuncian los pueblos indígenas. Se reconozca también en ese apartado el Sistema Político-Jurídico comunitario: Derecho Consutudinario de los pueblos indígenas bajo el pluralismo jurídico.Se propone este orden, porque recordemos que los preceptos de la Constitución General de la República, siempre son generales por lo que habría que añadir las precisiones de una Ley reglamentaria; sin confundir en base a esta Ley reglamentaria, se regirá el sistema político-jurídico consuetudinario, sino será únicamente de observancia para los derechos inherentes correspondientes a los indígenas, de acuerdo al sistema jurídico nacional; para garantizar los derechos indígenas en el sistema nacional y sean respetados, hacerlos respetar en los tribunales y procuradurías nacionales; defenderlos y hacer valer en todos los campos de la actividad y la vida humana y en todas las interacciones con los grupos y pueblos indígenas; sin tribunales especiales o paralelos, respetando por separado las instancias, competencias y jurisdicciones de estos dos sistemas, conforme al pluralismo jurídico. En general, los derechos indígenas en un pluralismo jurídico (derecho nacional y derecho consuetudinario indígena) se reconozcan con acción de estricta justicia; reconocer en este apartado: el Derecho Consuetudinario indígena, la personalidad y capacidad jurídica de los pueblos indígenas como sujetos de derecho colectivo, como pueblos indígenas para su reconocimiento y vigencia. Esto implica también independientemente en otro sentido, reconocer su sistema de derecho consuetudinario, la administración de justicia por los órganos, competencias y jurisdicción de las autoridades politico-administrativas, tribunales y procedimiento de su sistema jurídico oral (consuetudinario) a nivel Constitucional, Nacional: Federal, Estatal y Municipal.

En "la costumbre" de las culturas primitivas, no se encuentran ningunas normas producidas por un legislador como tampoco hay normas fijadas en su contenido por codificación, sin embargo, en muchas sociedades primitivas se reconoce la existencia de tribunales formalmente establecidos; cuentan desde luego con tribunales "funcionables", instituciones que cumplen la misma función que los verdaderos tribunales del mundo moderno. Las instituciones autóctonas proceden aplicando normas de su derecho consuetudinario que la antropología del derecho descubre que en cada sociedad primitiva existe un verdadero sistema jurídico tradicionalmente oral. Así se muestra poco a poco una nueva imagen de funcionamiento del sistema jurídico-normativo, con implicaciones para el estudio de las sociedades simples; ciertos rasgos de esas sociedades tienen relevancia para la investigación antropológica jurídica.[64]

Los pueblos indígenas son quienes reclamaron no solamente sus libertades individuales, sino también la garantía y el reconocimiento de sus instituciones. Las instituciones jurídicas de los pueblos indígenas no tienen la necesidad de ser interpretadas a través de lentes positivistas, para ser reconocidas como verdaderos y legítimos órganos político- jurídicos. La nacionalidad de un pueblo en nada encuenrta expresión tan expontánea como en los organismos de sus instituciones jurídicas.[65] La aceptación del derecho indígena quizá no sea tan sólo la diversidad de sistemas jurídicos basados en diversas tradiciones jurídicas, sino diversidad de culturas jurídicas.

Se puede cometer el viejo error de presentar el material jurídico proveniente de las culturas indígenas bajo las conocidas fórmulas positivistas del derecho. Se puede recurrir al recientemente ganado entendimiento del orden social en las culturas indígenas, respetándolo, cultivando una posición crítica frente a posibles manipulaciones emanadas de las estructuras estatales, para que estén a salvo éstas, hay que reconocer en la Constitución Federal en el sistema del Orden Jurídico Nacional, al Sistema Jurídico Indígena, tal y como funciona, y se aplique oralmente sin la intervención y proteccionismo del derecho nacional escrito.

Administración de justicia tradicional oral

Es un hecho real y objetivo la existencia de aparatos judiciales tradicionales encargados de administrar justicia en apego a las normas de control vigentes en las comunidades indígenas, de acuerdo a la clasificación de las penas y estructuras judiciales así como el ejercicio soberano y pleno de. facultades y funciones en los procesos penales y civiles indígenas que corresponden a las autoridades tradicionales, al Consejo y tribunales comunales integrados por: un Presidente (gobernador tradicional) y el Consejo de Ancianos respectivamente, los que se encargan de impartir justicia en los procesos penales y civiles, de acuerdo a una estructura jurídica:

JURISDICCIONES

La facultad que tienen las autoridades tradicionales, es administrar justicia, aplicando las normas de conducta que regulan las relaciones sociales jurídicas en cada comunidad, encargadas de impartir justicia' "la justicia" del pueblo.

En las comunidades o pueblos indígenas de México, existen autoridades políticas y jurídicas. En los pueblos, las autoridades tradicionales, son las facultades para conciliar acuerdos, regular los hechos jurídicos en audiencias resolutorias conforme a un proceso inmediato juicio ordinario o sumario, que en la práctica constituyan problemas de controversia entre los indígenas que requieren atención rápida por parte de las autoridades.

LAS SANCIONES

La comunidades indígenas imparten justicia en cada jurisdicción aplicando las penas características de ellos; por ejemplo: Amonestaciones, trabajos comunales, indemnizaciones y multas (nombradas así por la terminología jurídica nacional).

AMONESTACIONES

Consistentes en convocar una audiencia durante la cual el Presidente del Consejo Indígena (gobernador o alcalde) reprende al procesado advirtiéndole, que en caso de reincidencia se le aplicarán severas penas tales como trabajos comunales y otras, establecidas o las contempladas en el reglamento oral o escrito, si lo hay.

TRABAJOS COMUNALES

Aquellas penas ordinarias que imponen las autoridades y que consisten en obligar al condenado a realizar trabajos en las comunidades por un tiempo determinado o definido por el trabajo que requiera el pueblo.

MULTAS

Son penas de poca aplicación por razones idiosincrásicas de las comunidades en ocasiones excepcionalmente se aplican (en dinero).

EL CONFINAMIENTO

Es anticonstitucional en las leyes nacionales. Sin embargo, en algunas comunidades indígenas su práctica, consiste en prohibir al sancionado salir o abandonar la comunidad por un tiempo determinado.

EL DECOMISO

Consiste en despojar al imputado del objeto que sirvió como instrumento para cometer el delito o falta, o del producto del mismo que tiene en su poder.

INDEMNIZACIÓN

Se obliga al imputado a cubrir los perjuicios o daños causados al ofendido, las ganancias producto del delito o falta. Al ser despojados, serán dedicadas a cubrir las necesidades de la comunidad. Cuando se trate de delitos que por su naturaleza requieren de la indemnización; por ejemplo: si un hombre mató a su amigo en una borrachera, siendo soltero, las autoridades de las comunidades lo sentenciarán a que se case con la mujer viuda de su amigo y se encargue del mantenimiento de la familia de éste.

REGLAMENTO

A raíz de la influencia de los elementos externos o internos como factores que producen el cambio en materia de administración, aparecen en algunas comunidades los llamados reglamentos internos escritos en castellano y en lengua original indígena.

AUTORIDADES JUDICIALES CONSUETUDINARIAS

La autoridad descansa en la organización de la voluntad del pueblo o comunidad representada por el Consejo de Ancianos en Asamblea General que preside el gobernador del pueblo, Alcalde o Presidente Municipal indígena..

La Asamblea General es convocada por el Consejo de Ancianos, para nombrar al Gobernador o Alcalde y Autoridades tradicionales "cambio de mando" o "cambio de varas", transmisión de poderes.

El Consejo en Asambleas (sesiones) ordinarias discute, evalúa, concilia las querellas o demandas en apego al sistema político-jurídico oral que rige en la comunidad o pueblo.

LA EVOLUCIÓN DE LA TRADICIÓN
JURÍDICA INDÍGENA

Haciendo un recorrido por la historia, recordaremos cómo se generó esta tradición:

En aplicación de la leyes coloniales a los indios, se retomaron estas leyes para defenderlos ante los tribunales estatales.[66] Por haber estado las leyes aplicadas a los indios en un idioma desconocido y ante el desconocimiento del procedimiento de aplicación de los mismos, dicho estado de "indefensión" de los indios, fue algo consustancial al sistema de dominación y no algo propio a la naturaleza de estos.[67]

La creación del Juzgado General de Indios (1591-1813) permitió a las autoridad dominante mantener el monopolio de la *Juris dictio* de tal manera que las normas "tutelares" de los indios fueron aplicables siempre y cuando no afectarán los intereses de la monarquía. Dicho sistema de "protección" judicial del Estado Colonial fue concebido y aplicado, no para reconocer los derechos políticos y sistemas jurídicos indios sino para canalizarlo a través de las normas y procedimientos para indios que estuvieron involucrados en problemas contra el Reino y aplicados con el fin de preservar la pax monárquica.[68]

En la Colonia: El sistema tutelar pretendía cierta equidad reconociendo las desigualdades reales. Incluso, si este criterio estaba fundado en un contexto de dominación; la discriminación positiva que establecía, permitía el reconocimiento de las diferencias (de los sujetos del derecho consuetudinario) y en consecuencia de su preservación. La adopción y la adaptación de la doble tradición del derecho consuetudinario americano: la oral y la escrita se perpetuó, esencialmente gracias a la palabra. Los pueblos que habian fundado su escritura en la imagen, en la corteza de los árboles (amates), las fibras de las plantas (enequén) o pergaminos (piel de venado), glifos de piedra y pintado de muros (pirámides), la tierra cocida (cerámica) y en madera (tótems). Hasta ahora la historia indoamericana a sido escrita *interpretando* las imágenes, lo que falta por hacerse, es escribirla *leyendo* las imágenes. Por ejemplo: el sistema de escritura azteca es una compleja y curiosa mezcla pictórica y transcripción fonética.[69]

El derecho consuetudinario americano instrumentó las relaciones sociales apegándose a la escritura y la oralidad: y no sólo para resolver los conflictos entre humanos, sino también los del hombre y la naturaleza.

El derecho consuetudinario americano es un derecho cosmogónico. Así el orden que imagina toma en cuenta no solamente todo lo que existe, sino también lo desconocido, lo inesperado, el desorden. Este orden concebido con y a pesar de los conflictos esta fundado en la palabra (la cual está estrechamente ligada a la acción). Entre los Aztecas, el *tlatoani* era la persona que detentaba la palabra. Para ello, era indispensable aprender en el *calmelac*. Cantar [...] todos los versos que componían los cantos divinos, los cuales estaban escritos en caracteres en sus libros.[70]

LA TRADICIÓN ORAL

Un testimonio de la tradición oral en el derecho consuetudinario americano, se encuentra en los *huehuetiatolli* (la palabra antigua). Estos son los principios y normas vigentes en el orden social, político y religioso del mundo náhuatl.[71] La palabra concentra aquí toda la fuerza de mando: la fuerza creadora o legislativa y la fuerza de aplicación o ejecutiva. La palabra del padre al hijo: no seas perezoso, camina correctamente, cuida tu manera de hablar, ver correctamente, escuchar correctamente, sé atento y comedido, viste correctamente, comer correctamente... Sé moderado en tu vida sexual. La palabra del anciano al Gobierno y al pueblo. "La palabra antigua", recomienda también el buen gobierno y una vida honesta.[72] El señor Dios en una larga plática, les hablaba exhortándoles a que nadie se emborrache, ni hurte, ni cometa adulterio; exhortándoles al culto de los dioses, al ejercicio de las armas y a la agricultura. No emborracharse, ni robar. Los *huehuetiatolli*, son ejemplos de la tradición oral del derecho consuetudinario americano, La historia preservó también ejemplos de su tradición escrita basada en los manuscritos pictográficos.[73]

LA DESTRUCCIÓN DE LA TRADICIÓN ESCRITA

Son leyes de los indígenas que se hicieron en tiempos prehispánicos en manuscrito pictográfricos, como: Leyes sobre los brujos, asaltantes de caminos, leyes sobre la lujuria; sobre la guerra; sobre los robos; sobre los jueces... la pena de muerte era aplicada a los jueces cuando daban un falso relato a los litigios al señor, o si sus sentencias eran injustas.

Cada reino en el Imperio Azteca tenía además de su Consejo militar, dos consejos judiciales., Uno para resolver los conflictos entre la gente del pueblo (*Tlaxitlán*) era el lugar donde se resolvían los casos penales y *Techcaili* o *Techcaico* donde se resolvían los civiles y el otro para resolver los conflictos entre los nobles (*Tecpilalli*).[74]

En las leyes del Rey Nezahualcoyotzín constan algunos delitos como el adulterio, la mala brujería. Había otros delitos castigados con la pena de muerte: la prostitución, el homicidio, el celestinaje, la ebriedad, la pérdida de la castidad de los chamanes.[75]

Los reyes de Tetzcuco (Texcoco), además de los jueces y ministros, tenían sus secretarios y relatores que trataban los pleitos y demandas que en las audiencias se ofrecían, hacían relación de estos juicios a los reyes y jueces. Cualquier pleito se seguía y más siendo grave, con mucho orden hasta la definitiva aprobación o resolución por el rey; aunque el delito fuese muy grave, no debía de pasar de ochenta días, los demás se despachaban breve y sumariamente.

A la mujer adúltera que era casada la mandaban matar, le daban garrote y la echaban a una barranca especial para adúlteros y adúlteras.

Para Andrés Olmos y Bernardino de Sahagún, los huehuetiatolli eran *sermones*, para Andrés de Alcobiz y Fernando Alva lxtlilxochitl los manuscritos pictográficos eran *leyes, ordenanzas*. Para los sacerdotes españoles e investigadores de la colonia, el descubrimiento de una parte de la *palabra antigua* fue un influyente instrumento de cristianización para los pueblos indígenas acostumbrados a *escuchar-obedecer*, a diferencia de los pueblos europeos, acostumbrados a *leer-obedecer*. Los trabajos de etnología jurídica colonial explicaron las leyes que los indios tenían antes de la colonización, pero no las que conservaron durante el reinado colonial.[76]

La doble tradición del derecho comunitario se rompió, la tradición escrita, fue interrumpida. Los lugares donde ellas se enseñaba (los *calmecac*) cerraron. Las personas que sabían escribir (los *Tlacuilos*) fueron utilizados para apoyar las investigaciones de los misioneros. El reconocimiento a este sistema jurídico se practicó integrado a la estructura colonial hasta fines del siglo XVIII. Destruida la tradición escrita, la tradición oral fue el único refugio del derecho consuetudinario. Gracias a los ancianos, la tradición consuetudinaria fue preservada durante la colonia.[77]

LA INTEGRACIÓN Y MARGINACIÓN DEL SISTEMA JURÍDICO ORAL

La Corona española intento integrar el mosaico racial, separando a los indios de las castas, incluso de los españoles. Esta política integracionalista se ejerció en el doble sentido de: la *separación territorial social del indio y su separación jurídica*, al establecerse leyes y tribunales especiales.[78] Ante tal situación discriminatoria, los indios debieron apartarse aprovechando la relativa autonomía que tenían, explotando los pequeños oficios y preservando sus valores colectivos[79] y su sistema político jurídico oral: Derecho Consuetudinario.

Con el paso del tiempo los sistemas políticos-jurídicos de los pueblos indios americanos quedaron al margen de las sociedades coloniales y la nacional. En el siglo XIX, se inició el proceso de formación de la sociedad nacional, adoptando la organización social estatal. La estructura colonial se conservó pero revestida con los principios del liberalismo.

Con la Constitución de 1824, el principio de igualdad jurídica fue uno de sus principales frutos por la influencia de la Revolución Francesa. Las etnias de origen precortesiano cesaron de estar bajo tutela jurídica. Los pueblos dejaron de ser considerados como tutelares, sus miembros serían tomados en cuenta solamente en tanto individuos, es decir, como ciudadanos. El fuero que recogía la práctica jurídica consuetudinaria, fue suprimido.

El discurso estatal liberal renueva igualmente el proceso de etnización o nacionalización de la sociedad, *que crea el pueblo de México*. En busca de la identidad, intentó la mexicanización (la occidentalización) de las etnias de origen precortesiano y africano. Se creyó que el principio de igualdad jurídica como *status* "moderno" bastaría para proteger a los indígenas, pero ésta tenía contrapeso, la lucha por la vida, en el seno una sociedad movida por un creciente apetito individualista.[80]

No se trata de un proceso de *meztizaje jurídico*. No existe en la tierra una cultura jurídica que no haya recibido la influencia, en grados diversos, de las otras culturas jurídicas. No existen culturas jurídicas (puras), todas son mestizas. El fenómeno del mestizaje jurídico es mundial.

El estado liberal mexicano del período de 1810-1910, tuvo por estrategia, la integración nacional, por objetivo, la unidad nacional. Otorgó implícitamente a los indígenas el *status* (individual) de nacionales, de ciudadanos mexicanos, no podría reconocer la existencia de sus derechos colectivos. El derecho consuetudinario fue obligado a adaptarse de nuevo a fin de preservar su espacio y su razón de ser: la tierra colectiva.

Para los liberales mexicanos del siglo XIX "el problema indígena era agrario, suprimieron la propiedad colectiva. La corona intentó proteger a las comunidades contra los excesos anexonistas del latifundio. El espíritu liberal del siglo XIX se sintió con la obligación de exigir la supresión de la propiedad colectiva e inalienable de sus tierras, que querían poner fin al escándalo de los status jurídicos coloniales para dar paso al dominio público o privado la inmensa reserva de tierras de las comunidades: la desamortización de los bienes comunes de los pueblos. Esto explica la serie contínua de rebeliones agrarias a partir de 1825. Para el liberalismo sólo la propiedad privada tiene un valor positivo.

Los estados con pacto federal empezaron a legislar sobre la privatización de tierras indígenas y a nivel federal, la Ley de Desamortización de 1856, este fenómeno benefició al latifundio laico, a las haciendas. En 1910, el 40% de las comunidades indígenas conservan sus tierras, las más ingratas, más alejadas de las ciudades y caminos.

El proceso de formación nacional significó para los indígenas la pérdida de más de la mitad de sus tierras y del reconocimiento de sus sistemas jurídicos consuetudinarios. El derecho consuetudinario considera a la tierra como un ecosistema donde la fauna, la flora y lo humano del otro, son orgánicamente solidarios.

El derecho consuetudinario es un derecho cosmológico por el cual la naturaleza no corresponde a nuestra concepción "moderna". Para el *hombre de la costumbre,* ningún ser, ninguna acción significativa no adquieren eficacia [...sino en la medida en que la cosa tiene un prototipo celeste donde la acción repite un sentido cosmológico primordial].[81]

Con la reforma del Artículo 27 Constitucional del 6 de enero de 1992, establece el derecho del ejidatario a vender su parcela y la Ley Reglamentaria Ley Federal Agraria (Diario Oficial del 26 de febrero de 1992), otorga la facultad a la Asamblea de Ejidatarios para concluír el régimen colectivo (Art. 11), que resultan contradictorios a los (ejidos) derechos indígenas por ellos, en los compromisos por la paz, el EZLN señala que la reforma al 27 Constitucional debe ser anulada y el derecho a la tierra debe volver a nuestra Carta Magna.

En 1992 se reforma el Artículo 4o Constitucional con alcances de integración Jurídica proteccionista pluricultural y plurétnica, pero no plurijurídica.

PLURALISMO JURÍDICO

RECONOCIMIENTO DEL DERECHO CONSUETUDINARIO INDÍGENA

Respecto a la reforma del Artículo 4º Constitucional del 28 de enero de 1992 incompleta y también proteccionista tutelar, tres aspectos deben de analizarse para que pueda ser satisfactoria a las demandas y situación real y actual del problema indígena en México:[82]

1. *El pluralismo jurídico.* El pluralismo jurídico-cultural explícito, es un reconocimiento implícito a la pluralidad de sistemas jurídicos; uno estatal federal, 32 estatales locales y setenta consuetudinarios indígenas.

Los derechos culturales de los pueblos comprenden: su lengua, religión, educación, medicina... y su derecho oral, su sistema político-jurídico propio. Este reconocimiento implícito sustancial deberá explicitarse en la Carta Magna, Ley reglamentaria, creándose las bases como la celebración de acuerdos de respeto, observancia, cumplimiento y coordinación jurisdiccional, entre autoridades estatales y las consuetudinarias.

2. *El proteccionismo jurídico.* Transformar esta actitud de tutela en una actividad de dignidad, significa el respeto de ambos sistemas jurídicos en las normas que regulen las relaciones entre el Estado y los grupos indígenas, participen éstos activamente estableciendo espacios permanentes para los indígenas en los órganos legislativos y de gobierno a todos niveles; federal, local y municipal. El reconocimiento de las normas que regulan la actividad de todas las etnias indígenas y no indígenas del país como un derecho pluricultural, acorde con un Estado que reconoce el pluralismo de culturas, o sea el respeto por separado de los sistemas jurídicos el nacional y el comunitario: en conjunto, el reconocimiento en la Constitución Federal del derecho consuetudinario, y de sus instituciones y órganos a nivel federal y local. Todos ellos trabajarán de manera cordial y respetuosa con las instituciones de gobierno y con los órganos legislativos, federal y estatales para el establecimiento de normas comunes de convivencia.

3. *El respeto a la administración de justicia.* Una real garantía de respeto a la justicia para los grupos indígenas, respetar el libre ejercicio de su jurisdicción consuetudinaria, su jurisdicción debe verse ni como única instancia ni como una segunda instancia, sino como respeto a su sistema político-jurídico consuetudinario indígena, para la resolución de los conflictos presentes en ellas y entre ellas. Se garantice el libre ejercicio de la jurisdicción consuetudinaria y se ponga fin al colonialismo jurídico; así, el Estado como forma de organización política, se habrá transformado. El estado de derecho individualista y público barnizado de derecho social, encuentra sus límites en el siglo XXI. La lógica del pluralismo cultural expone un proceso diferente de reconocimiento de los derechos humanos, donde deberá considerar la participación activa de los pueblos indígenas, conformando los derechos fundamentales (derecho a la vida, a la libertad..), los derechos humanos consuetudinarios, especificar (los derechos reconocidos por los sistemas jurídicos indígenas), la del *Estado*

de derechos humanos, sus derechos individuales y sociales: universales, humanos, colectivos, en sí sus derechos soberanos como verdaderos Pueblos-Estados

Las culturas indígenas no podrán ser protegidas ni respetadas, si sus derechos consuetudinarios, sus sistemas de reglas de conducta no tienen un *status autóctono*. Es necesario asegurar el desarrollo del derecho consuetudinario con libertad. Uno de los fines del derecho es el de proveer justicia.

La existencia de las jurisdicciones estatales y el respeto, el reconocimiento del sistema jurídico comunitario y de sus jurisdicciones consuetudinarias que han existido durante 500 años, no son incompatibles, cada sistema persigue a través de medios diferentes la misma finalidad; la preservación de los equilibrios sociales. Será necesario diferenciarlos correctamente para reconocerlos a cada uno, en el orden jurídico que les corresponde en la Constitución Federal en la Carta Magna, con observancia nacional como partes del Sistema Republicano Federal y Democrático del México pluriétnico y pluricultural, poner a cada sistema de acuerdo, tomando en cuenta la complejidad de toda relación, es decir, sus complementariedades, contradicciones y originalidades.

La aceptación de un derecho consuetudinario y de una autonomía (autóctona) como realidades jurídicas no serán sino la constitución de una evidencia ya que son una realidad sociológica. Así la cultura indígena no será más lo que decidan los intelectuales del Estado, sino lo que los indígenas decidirán. *El Indianismo* profundizará ampliará la riqueza pluricultural de México. La inserción del derecho consuetudinario indígena en la Constitución, podría interpretarse en el sentido de que tiene carácter estatal, es decir, que sería derecho supletorio del estatal en relación de los pueblos indígenas. De ninguna manera, no se pretende que uno u otro sea supletorio del uno o del otro. La discusión del problema versa si se puede o no coexistir una pluralidad de derechos respetando la jurisdicción, competencia, sus instituciones u órganos políticos de cada sistema político jurídico en una convivencia dentro del orden jurídico nacional; dentro del pacto de soberanía nacional, con centros distintos o bien, si sólo es posible un único orden jurídico, y por ende un solo punto central republicano, federal y democrático: Pluralismo de derechos, en lo que se refiere a la pluralidad de sistemas jurídicos y en consecuencia, dentro de la pluralidad, los derechos o sistemas de derechos de los pueblos indios. Sin la necesidad de hablar de conceptos de totalidad, con objetividad a partir del sujeto, no sólo del sujeto sino a partir del mundo de la vida en general, recuperar el humanismo racional y respeto a la dignidad del hombre que puede servir de fuente de apoyo para sostener la idea de pluralidad de órdenes jurídicos, sin necesidad de un centro común de supraordenación.[83]

Hasta aquí la ponencia "El Derecho Consuetudinario de los Pueblos Indígenas."

VIGENCIA DEL DERECHO CONSUETUDINARIO INDÍGENA

COSTUMBRE JURIDICA EN LA TRANSMISION DE PODERES[84] AUTORIDADES POLITICAS-JURIDICAS-CIVILES INDIGENAS.

La doctora Carmen Avendaño de Durand, coincide con algunas opiniones, en que el derecho consuetudinario indígena actual en muchos aspectos está vigente, lo encuentra todavía casi sin ruptura con su cosmogonía ancestral en sus ceremonias importantes que marca la vida cotidiana de los pueblos indígenas: sus plegarias, ceremonias y cambio de autoridades en el Año Nuevo, nacimientos, casorios a los desposados, muerte, fiestas religiosas, época de siembra y cosecha, momentos difíciles para el pueblo y el ejercicio de la justicia. Todos estos ritos obedecen a normas establecidas por la creencia y la tradición que coloca la vida cotidiana indígena bajo la protección divina; protección que se obtiene a través de la observancia de ritos, generalmente conocidos por "los hombres sabios" los conservadores de las costumbres sagradas del pueblo.[85]

La doctora Avendaño de Durand, expresa que existen ciertas ceremonias y ritos, los cuales nos revelan que el derecho consuetudinario sigue vigente y se nos presenta como un derecho tradicional que se conserva puro en algunos aspectos y que las Leyes de Indios son el antecedente del sistema de cargos, influyendo grandemente a través de quinientos años en el derecho consuetudinario indígena, que actualmente conocemos. La organización indígena fue favorecida de cierta autonomía que le concedieron Leyes de Indias al autorizarse la creación de los Cabildos constituidos por Alcaldes, Regidores y Fiscales como primeros cargos; influencia política que con el tiempo fue asimilada por los pueblos indígenas que la transformaron y la adaptaron a sus costumbres, tradición jurídica, creencias y necesidades.[86]

La doctora Avendaño afirma que la nueva Nación mexicana de principios del siglo XIX no tomó en cuenta la personalidad india, ni a las culturas indias. Al no establecer ninguna legislación social se cometió un gran error que con el paso del tiempo afectó a los pueblos indígenas, por lo que a partir de cuarenta años a la fecha, el sistema de cargos ha tenido cambios: propiciando la casi desaparición del Consejo de Ancianos, y las Mayordomías, en muchos pueblos el cargo de Alcalde ha perdido su importancia, así como otros cargos tradicionales, civiles y religiosos, pero, actualmente con las reivindicaciones de los pueblos indígenas, se siente un resurgimiento de estos cargos. La Mayordomía y el cargo de Mayordomo tienen mucha trascendencia en los pueblos indios, son los antecedentes de las cofradías y de las organizaciones laicas responsables de financiar servicios religiosos y sostener a la Iglesia. Todo esto contribuyó a que los indígenas, como pueblo sometido, fueran adaptándose poco a poco para evitar castigos duros, azotes, tortura o muerte, y por negarse a celebrar ceremonias y rituales de su religión ancestral. Las cofradías de tierras agrícolas estaban administradas por un Mayordomo indígena, el que dirigía el cultivo de tierras de éstas y las finanzas. En todos los pueblos de la época colonial, a la Iglesia se le asignaba un terreno. El indígena trabajaba ese terreno como cooperación a la cofradía, participando a la vez todo el pueblo y los rendimientos se utilizaban en beneficio de la Iglesia, o del Santo Patrón. En la actualidad a algunos moradores de los pueblos ya no les interesaba mucho ser Mayordomo, este cargo tiende a desaparecer por lo costoso y difícil de reunir el dinero necesario para los gastos. Lo mismo sucede con el servicio en el Municipio, con todo y los "sacrificios" que imponía antes era menos costoso y tenía razón de ser.

Al instrumentarse los cabildos indios en apego al modelo hispánico, transformaron al Ayuntamiento. Así los puestos en el sistema de cargos podían ser alternados, tanto civiles como religiosos. Esto dio como resultado que uno de los medios para adquirir *status* social era ascender a la jerarquía religiosa empezando como Mayordomo de un Santo Menor de la Iglesia, lo que dio margen para después poder ocupar un puesto civil, ir escalando, alternando un puesto religioso y un cívico; y si llegaba a ser Mayordomo del Santo Patrono del pueblo, significaba subir de categoría social, ocupando un cargo civil importante: primero Regidor, después Alcalde este último era el puesto más alto en los Ayuntamientos.

Ahora los indígenas, respecto a la realización de las ceremonias en donde son elegidos para ocuparse de los preparativos de sus rituales, dicen que tienen un "compromiso", "un sacrificio", "el gasto". Por el cargo de Mayordomías, o cuando son elegidos a ocupar cargos civiles como Presidente Municipal, Alcalde; reciben al pueblo en su casa como una fiesta infantil; ellos dicen: "tengo que hacer el gasto", "tengo un compromiso". Para el indígena, "el sacrificio" es una acción de ofrecer algo a la divinidad, algo que se separa de él y ofrece a los dioses un testimonio de dependencia, obediencia, arrepentimiento, respeto y amor. El bien es así ofrecido a Dios, se vuelve inalienable o intocable, es propiedad de los Dioses como era antiguamente "Las tierras de los Santos".

La palabra "el gasto", implica dos formas de aplicación, una en cuestiones religiosas como son las Mayordomías, el indígena es "custodio" de las imágenes católicas asimiladas a sus Dioses, costeando todo lo de la fiesta titular, y demás gastos durante todo el año que dura en su cargo, que muchas veces lo arruinan o lo dejan lleno de deudas, para él, esto es un "sacrificio".

La otra forma se refiere a las autoridades civiles que van a ocupar un cargo y recibirán la Vara de Mando; también se "sacrifican" porque van a honrar a la Divinidad representada por todas las imágenes católicas que se encuentran en la iglesia del pueblo y ofrecerles ofrenda (misa) y después honrar al pueblo dándoles una comida; a cambio reciben la Vara de Mando por el "permiso dado por la Divinidad", la Vara de Mando es un símbolo sagrado que lo une a lo divino.

CONSEJO DE ANCIANOS

La Doctora Avendaño nos dice con preocupación que los Consejos de Ancianos tienden a desaparecer, porque el gobierno trata de homogeneizar estas organizaciones, dándole la estructura del tipo constitucional vigente. Estas autoridades no han sido reconocidas por la Legislación Mexicana, ya que no corresponde a la estructura del mexicano constitucional.

Actualmente, en algunas comunidades indígenas del Estado de Oaxaca, el Presidente Municipal es la autoridad máxima en las jerarquías de las autoridades. anteriormente existía una jerarquía tradicional superior que era el Consejo de Ancianos, presidido por el anciano de mayor rango. El Consejo de ancianos estaba compuesto por los antiguos Presidentes Municipales, Alcaldes y las antiguas autoridades religiosas, los Fiscales de la Iglesia y los que habían sido Mayordomos.

EL ALCALDE

Es un puesto importante de la jerarquía de cargos. En los municipios con población mayoritaria indígena, el alcalde es considerado actualmente como un Juez Menor, que interviene en asuntos poco importantes en materia civil y penal, como son los conflictos internos entre familias, que se relacionan con la propiedad, agresiones, disputas, golpes y perturbación del orden.

El Alcalde para los Chatinos, aunque forme parte del Ayuntamiento, "es una autoridad tradicional y casi independiente", por no tener relaciones con el exterior, es decir, con las autoridades del gobierno. Representa la Justicia Chatina, es el que va a aplicar las normas del derecho consuetudinario. Es nombrado por el pueblo adulto, tiene que haber sido Presidente Municipal. Está fuera de la autoridad municipal, está sujeto a la "Ley Interior del Pueblo, con el exterior sólo con la Cabecera Municpal en el asunto judicial, con el Gobierno del Estado o Federal, él no tiene que ver nada. El representa la Justicia Chatina".[87] Según la Ley del Pueblo, la Ley de la Costumbre, el Alcalde y el Síndico son los que aplican la Ley y el Presidente Municipal da su conformidad.

Carmen Avendaño de Durand. continúa con un importantísimo relato acerca de los alcaldes y sistemas de cargos. Nos explica que existen diferencias en el procedimiento del derecho consuetudinario en el Estado de Oaxaca. En el pueblo zapoteca del Valle de Tlacolula. En Teotitlán del Valle, cuando se aplica el derecho consuetudinario o Ley del Pueblo, es el Presidente Municipal el que interviene como juez, resuelve el asunto o conflicto tomando en cuenta la opinión del Alcalde. El Presidente Municipal se transforma en el Jefe del Consejo y las demás autoridades en ancianos. Para otros grupos étnicos, el Alcalde Mayor *Tacuate* era el cargo más importante dentro del Ayuntamiento. Era el que le seguía al Anciano Mayor; existían el Alcalde Mayor y el Alcalde Segundo. A pesar de estos cambios, el Alcalde siguió conservando el poder que representaba desde la Colonia, autoridad máxima después del Anciano Mayor y el que impartía justicia.

Actualmente son tres Alcaldes los que ocupan este cargo: Un *Alcalde Tacuate*, que se ocupa de los asuntos menores de los Tacuates, siguiendo el derecho consuetudinario; un *Alcalde de razón* (mestizo), para los asuntos de los mestizos que forman parte de la población y dos suplentes de Alcalde.

En la Epoca Colonial, el cargo de Gobernador era reservado únicamente a la Cabecera de Distrito. Al cambiar la organización de los Cabildos, el Alcalde toma el nombre de Presidente Municipal. El Alcalde no desaparece de la organización social indígena, se mantiene como autoridad tradicional, que al principio tenía más autoridad que el Presidente Municipal. El Alcalde era la autoridad máxima en los Cabildos, seguía en puesto a los Gobernadores de las Cabeceras de Distrito; era una autoridad muy respetada porque conservaba la costumbre, la creencia y la aplicación de la ley. Aunque el Alcalde, que generalmente es miembro de la comunidad, se transforma en dos transitoriamente: cuando esta autoridad observa la Ley Orgánica del Tribunal Superior de Justicia, siendo su cargo de Juez Menor, aplica el derecho positivo. Se convierte en autoridad tradicional, es "*la justicia*" cuando se va a solucionar un conflicto, a solucionar un delito leve, observando la Ley del Pueblo.

El Alcalde tiene dos funciones, dos cargos, es autoridad tradicional cuando es justicia y es autoridad constitucional cuando es Juez Menor por la Ley Orgánica Municipal.

Entre los indígenas, en la actualidad, numerosos cargos tradicionales y menores tienen una función exclusivamente interna. Los mayores son: los Alcaldes llamados "justicia"; Mayordomos "el custodio"; Fiscal de la Iglesia, Presidente del Templo o Regidor Viejo, Cura, Tequitlatos, Huehuetes, entre otros cargos, encargados de organizar la vida social y religiosa del pueblo.

Existen dos cargos menores civiles y religiosos que están fuera de la organización social, tal como lo dicta la Ley Orgánica Municipal, y son: los Mayores de Vara o Alguaciles, Jueces de Camino, Rezadores, Cantores, Sacristanes y Topiles; según las necesidades cambian y también cambian respecto al número de funciones de los cargos.[88]

REFERENCIAS

1. **Ver Doc.** ONU E/CN-4, Sub 2/1985/11. Anexo II
2. **Ver Doc.** OIT APPL/MER/107/1986/. Véase también, Barsh Supra. 16 Martínez Cobo (nota 9).
3. **Declaración del representante del Secretario General de la ONU-** Supra. 7, p. 24
4. **Véase Martínez Cobo.** Supra, 9, p. 5 y sig.
5. **Paredes Rangel, Beatriz.** "Nuevo Horizonte de la Participación Campesina". Fragmento del discurso pronunciado durante la ceremonia de toma de protesta

de los Comités Municipales Campesinos del Estado de Chihuahua. 2 de Abril de 1995.

6. **Síntesis de las conclusiones de la Mesa 1.** "Derechos y Cultura", acuerdos de la negociación de paz entre el Gobierno Federal y el ELZN. San Miguel Larraínzar Chis. 1996. Diálogo de Sacam Ch'em.

7. **Cordero Avendaño de Durand, Carmen.** Ponencia El Derecho Consuetudinario. Foro Nacional las relaciones de los Indígenas como integrantes del Estado Mexicano, organizado por el Senado de la República, Oaxaca, marzo 1996.

8. **Supervivencia de un Derecho Consuetudinario en el Valle de Tlacochula,** ed. FONAPAS, México, D. F. 1995.

9. **Stima Jo, Kucha,** El Santo Padre Sol, ed. Biblioteca Pública Central de Oaxaca. Cultura y Recreación. Gobierno del Estado de Oaxaca. 1995.

10. **El combate de las luces,** Los Tacuates, ed. Museo del Arte Rufino Tamayo y Biblioteca Central de Oaxaca.

11. **Contribución al Estudio del Derecho Consuetudinario Trique.** 1a. Ed. Instituto de Administración Pública Oaxaca, 1977. 2a. Comisión Nacional de los Derechos Humanos, México. 1995.

12. **Cordero Avendaño de Durand, Carmen**. El Derecho Consuetudinario. Seminario Latinoamericano, Oaxaca, Méx. Julio de 1993. Cordero Avendaño de Durand, Carmen. El Derecho Consuetudinario. 2a, ed. Cuadernos del Instituto de Investigaciones Jurídicas, UNAM 1994.

13. **Sánchez Mendoza, Cirila.** Ponencia Observaciones acerca del Derecho Consuetudinario, Foro Nacional sobre las Relaciones de los Indígenas como Integrantes del Estado Mexicano, organizado por el Senado de la República. Oaxaca, marzo 1996.

14. **Ibid** pp. 1-7.

15. **Molina Piñeiro, Luis J.** Ponencia "Algunas Paradojas en el Análisis de los Derechos de los Indígenas y de los Pueblos Indígenas, para su formulación en la Constitución Política de los Estados Unidos Mexicanos". Foro Nacional sobre las Relaciones de los Indígenas como integrantes del Estado Mexicano, Senado de la República, Oaxaca abril 1996.

16. **Adiciones y Reformas a la Constitución Política de los Estados Unidos Mexicanos 1990-1992,** ed. Secretaría de Gobernación. México, 1992. Véase: Exposiciones de motivos y textos completos y comparados con la disposición anterior. Las reformas al rtículo 27 dan por terminada la reforma agraria y plantea en la fracción VII la posibilidad de otorgar al ejidatario el *dominio* sobre su parcela,

afectando potencialmente el carácter inalienable e imprescriptible de la propiedad ejidal; las reformas al artículo 28 derogan el monopolio del Estado en la prestación del servicio público de banca y de crédito al derogar el párrafo 5o., y las reformas al artículo 130, que al otorgar personalidad jurídica a las iglesias y permitir expresiones políticas a sus ministros, no sólo derogaron una disposición constitucional. sino una posición histórica del Gobierno de la República.

17. **Silvia Herzog, Jesús.** El Agrarismo Mexicano y la Reforma Agraria, ed. Fondo de Cultura Económica, México, 1959.

18. **Katz, Friedrich.** Revuelta. Rebelión, y Revolución ed. Era. México, 1968.

19. **El Instituto tiene doble personalidad.** es filial del Instituto Interamericano Indigenista (Diario Oficial, de 15 de junio de 1941) y organismo descentralizado del Gobierno Federal Mexicano (Diario Oficial, de 4 de diciembre de 1948).

20. **Adoptado a nivel Internacional** el 27 de junio de 1989, en vigor int. 5 de sept. 1991, ed. Diario Oficial, agosto 3, 1990.

21. **Molina Piñeiro, Luis J.** Dos Constantes en la Teoría y la Práctica Política. Cuadernos de Trabajo, División de Estudios Superiores de Posgrado, Facultad de Derecho, UNAM 1995.

22. **Cit. Código Penal del Estado de Chiapas.** Periódico Oficial 31 de diciembre 1988, Art. 58.

23. **Kelsen, Hans.** Teoría Pura del Derecho. Ed. UNAM. México,1917.

24. **Recaséns Siches, Luis.** Antología 1922-1974, ed. Fondo de Cultura Económica, México 1976.

25. **Rouseau, Juan Jacobo,** El Contrato Social. Ed. Taurus, Madrid, 1966.

26. **Sánchez Viamonte, Carlos.** Los derechos del hombre en la Revolución Francesa. Ed. Facultad de Derecho UNAM, México, 1956.

27. **Molina Piñeiro, Luis J.** En torno al Derecho Electoral Mexicano. Ed. Revista de la Facultad de Derecho de México, mayo-agosto 1993.

28. **Mrnegus, Margarita.** Mesa Redonda, División de Estudios Superiores de Posgrado de la Facultad de Derecho de la UNAM, agosto 1995.

29. **Loewenstein, Kart.** Teoría de la Constitución, ed. Ariel, Barcelona, 1965.

30. **Legislación Mexicana.** Colección Completa de Leyes y Decretos, Imprenta Juan N. Navarro. México, 1956.

31. **Instancia: Segunda Sala,** Fuente: Apéndice 1985. Parte: III. Sección: Agraria. Tesis: 38. página 83. PRECEDENTES: Séptima Epoca, Tercera Parte: Vol. 34, Pág.

15. Amparo en revisión 68/71. J. Isabel Lara Velázquez y otro. 11 de octubre de 1971. Unanimidad de 4 votos. Ponente: Carlos del Río Rodríguez. Vol. 46, Pág. 17. Amparo en Revisión 2506/72. Mancomunidad del Rancho de "Los Ruíces, Mpio. Dr. Belisario Domínguez, Chih. 13 de octubre de 1972. Unanimidad de 4 votos.

32. **Instancia: Segunda Sala.** Fuente: Semanario Judicial de la Federación. Epoca: 5a. Tomo: CIV, Página 737. PRECEDENTES: TOMO CIV. Pág. 737 Méndez Serratos Alejo.- 21 de abril de 1950.- Cuatro votos.

33. **Instancia: Segunda Sala.** Fuente: Apéndice 1985. Parte: III. Sección: Agraria. Tesis: 178. Página: 348. PRECEDENTES: Séptima Epoca. Tercera Parte: Vol. 16 Pág. 49. Amparo en Revisión 230/69. Eusebio Nolasco Zavaleta y Coags. 2 de abril de 1970. Unanimidad de 4 votos. Ponente: Carlos del Río Rodríguez. Vol. 21. Pág. 25. Amparo en Revisión 981/70. George Roberto Miers Paul. 7 de Septiembre de 1970. 5 votos. Ponente: Carlos del Río Rodríguez. Vol. 21, Pág. 25. Amparo en revisión 2208/70. Salvador Morales González. 21 de septiembre de 1970. 5 votos. En la publicación no aparece nombre del ponente. Vol. 22, Pág. 23. Amparo en revisión 163/70. Josefina González de Valencia y coag. 15 de octubre de 1970. Unanimidad 4 votos. Ponente: Jorge Iñarritu. Vol. 24, Pág. 21. Amparo en Revisión 3414/69. Juan Fernández Casas y otros. 9 de octubre de 1969. 5 votos. Ponente: Jorge Iñarritu.

34. **Gómez Arau,Magdalena.** Reportaje: El Derecho Indígena, Entre la Ignorancia y el Prejuicio, Sección Cultural la Jornada del Campo, Núm. 46. mayo 1996.

35. **Guévara Niebla, Gilberto.** "La Educación de las Negociaciones de Chiapas" El Nacional, Abril 24 1996.

36. **Escalante, Fernando.** "San Andrés Larráinzar. Un Acuerdo Políticamente Correcto". Vuelta 232 marzo de 1996 y "Usos y Costumbres", mismo autor, Vuelta 233 abril 1996.

37. **Díaz Gómez, Floriberto.** Ponencia Cultura para el Desarrollo, 2a. Encuesta de Etnias de Oriente y Occidente, Tepic, Nay. 1992.

38. **Antología de Textos** tra. José Fernando Santillan, ed. Fondo de Cultura Económica 1996.

39. **Bobero Michelangelo,** Las Minorías y los Derechos Humanos, Conferencia de Prensa sustentada en México, Mayo de 1996, México, D.F.

40. **García Flores Cecilia,** Reportera de "El Financiero" por Satéllite News Service (Finsat), Mayo 3 de 1996, México.

41. **García Flores Cecilia,** Entrevista al Dip. Fed. Andres Bolaños B., Miembro de la Comisión de Asuntos Indígenas de la Camara de Diputados, (Finsat). Mayo 3 de 1996, México.

42. **Fuente: Cuerpo de Asesores del EZLN.** Publicada en "La Jornada", 13 de Enero de 1997, pp. 6-7.

43. **Burgoa Orihuela Ignacio,** Entrevista, Revista "Proceso". 30 de Diciembre de 1996.

44. **Gómez Magdalena,** Directora de Procuración de Justicia del Instituto Nacional Indigenista (INI), e integrante de la Academia Mexicana de los Derechos Humanos. entrevistada por **Rosa Rojas.,** Periodista de "La Jornada", Diciembre 15 de 1996. México, D.F. p. 4.

45. **Ibid.** p. 5.

46. **Correas O** "El derecho indígena frente a la cultura jurídica dominante" cosmovisión y prácticas u jurídicas de los pueblos indios op. cit. p. 109.

47. **Ibid.** p. 109-110.

48. **Díaz Polanco H.** Antonomía regional. op. cit., pp. 208-225.

49. **Ibid.** op. cit., p. 205.

50. **Correas, O.,** El derecho indígena frente a la cultura jurídica dominante, op. cit., p. 109.

51. **Sfr., Krawiltz, Wermer.** El concepto sociológico del derecho y otros ensayos, México distribuciones Fontamara, 1994. pp. 95-100.

52. **Ordoñez, Cifuentes, José Emilio.** "La antropología crítica Latinoamericana y las respuestas al Movimiento Indio en torno a la cuestión eticonacional". Cuadernos. ed Instituto de Investigaciones Jurídicas de la UNAM, México, D.F. 1996, p. 109.

53. **Villoro Luis.** "Los pueblos Indios y el derecho de Autonomía". Cuadernos Jornadas Lascacianas, ed Instituto de Investigaciones Jirídica de la UNAM, d.f., 1996, p. 109.

54. **Cremades Ignacio, cit. a, Díaz Polanco, H.** Autonomía Regional. La Autodeterminación de los pueblos Indios, México, siglo XXI, 1991, p. 230.

55. **Camillé, David René,** Jeueffvet-Spinosi, Les grands systémes de droit contemporains, Paris, Dalloz, 1988. p. 20.

56. **González Galván José Alberto,** "El derecho Consuetudinario Indígena en México", Cuadernos Jornadas Lascasianas, ed. Instituto de Investigaciones Jurídicas UNAM, México 1997, p. 76.

57. **González Galván José Alberto,** El Estado y las Etnias Nacionales en México, ed. UNAM, p. 56, cit. op. Boundon y Francois Bourricaud, Dictionnaire de l'évolution par **Yvette Conry,** Paris, PUF, 1969, p. 148.

58. **Van Caenen, R.C.** The Brit of The English Cammon Law, 2ª ed. Cambridge, Cambridge, Universite Preess, 1988, p. 2.

59. **González Oropeza Manuel,** El Fuero Indígena, Cuadernos Antropología Jurídica, ed. Instituto de Investigaciones Jurídicas UNAM., México 1995, p. |23.

60. **Lartigue, Francois,** "Los intermediarios culturales en la Sierra Tarahumara", **Stavenhagen, Rodolfo e Iturbide, Diego** (compiladores), entre la ley y la costumbre de México, Instituto Indigenista Latinoamericano de Derechos Humanos, 1990, p. 204, En la misma obra **Hamel, Ranier Enrique**, "Lenguaje y conflicto interétnico en el derecho consuetudinario y positivo", pp. 223-225.

61. **Gómez, Magdalena.** "La defensoría jurídica de presos indígenas", op. cit., nota 5, pp. 373-377.

62. **Chenout, Victoria,** Costumbres y resistencia étnica: "Modalidades entre los Totonacas", op.. cit., nota 5, pp. 160-168.

63. **Hoebel, E.H.,** The Lowof Primitive Man, Cambridge, Mass, 1954; reedición Nueva York, 1976, p. 16.

64. **Kuppe R.,** "Der mit Konflikten in indigenen Kulturen Implikationen hisorikertag für truhgermanisstishen" des verandes osterreichsvereine, 1991, pp. 55 y 171.

65. **Prólogo** a la traducción española de J. Mesia y M. Poley del Sistema del Derecho romano, de Savigny, Madrid, 1878, T. Y, p. XXV.

66. **Zavala, Silvio, y José Miranda,** "Instituciones indígnas en la Colonia", La política indigenista en México, Métodos y resultados, vol. 1, INI y SEP. 1981, p. 149.

67. **Góngora, Mario,** op. cit., pp. 219-220; cfr. **García Gallo, Alfonso,** "La condición jurídica del indio", **Oliveros, Marta Norma,** "La reconstrucción jurídica del régimen tutelar del indio", Revista del Instituto de Historia del Derecho, **Ricardo Levene,** 18, Buenos aires, 1967.

68. **Soberanes Fernández, José Luis,** Los tribunales..., pp. 165-203; cfr. Clavero Bartolomé, "Espacio colonial y vacío constitucional de los derechos indígenas", Anuario Mexicano de la Historia del Derecho, VI: La tradición indígena y el origen de las declaraciones de derechos humanos, México, UNAM, I.I.J. 1994.

69. **Galarza, Joaquín,** "Le systemé d'écrituré azteque: problemes de recherche, "L'asiatique", Paris, 1973, p. 178.

70. **Sahagún, Bernardino de,** Historie generale des Chose de la Nouvele Espagne, Paris, La Découverte, 1991, pp. 145-222.

71. **León Portilla, Miguel,** (prol), Temoignages..., p. 10.

72. **Huehuetlatolli,** Testimonios de la Antigua Palabra, est. introductorio de **Miguel León Portilla,** Transcripción del texto náhuatl, tra. al castellano de Librado Silva Galeana, México, SEP-FCE, 1993, p. 13, cit. T. Sahagún, Bernardino de, Historia General... pp. 355-356.

73. **Sahagún, Bernardino de,** Historia general de las cosas de la Nueva España... pp. 355-356.

74. **Ibidem,** pp. 465-467.

75. **Alva Ixtlilxochitl, Fernando,** Obras históricas, t I., México, UNAM. I.I.H., 1975, pp. 385-386.

76. **Orozco y Berra, Manuel,** Historia antigua de la conquista de México, t. v., México, Porrúa, 1960, p. 227 y pp. 223-228.

77. **León Portilla, Miguel,** "Sociedad y cultura indígena en el México Colonial: La perspectiva de los Testimonios en náhuatl", Mexican Studies/Estudios Mexicanos, vol. 10 núm. 1, Berkley, University of California, 1994.

78. **Miranda, José,** "Los Indígenas de América en la época colonial", Teoría "legislación y realidades", Cuadernos Americanos, núm. 1, año XXIII, vol. CXXXII, Enero-febrero 1964, p. 157.

79. **Idem,** pp. 157-158.

80. **González Navarro Moisés.** "Instituciones Indígenas en el México independiente; la política indigenista de México, Métodos y resultados. t. I, México INI y SEP. 1981, p. 15

81. **Eliade Marcea,** Traite d'historial des religions. Paris Parot, 1949, pp. 210-711.

82. **Galarza, Joaquín,** In amoxtli..., p. 11.

83. **Raúl Hernández, Vega,** "Los derechos de los pueblos indios en búsqueda de una fundamentación", V Jornadas Lazcacianas, Cuadernos Etnicidad y Derecho, ed. Instituto de Investigaciones Jurídicas de la UNAM, México 1996, pp. 223-224.

84. **Carmen Cordero Avendaño de Durán.** "La Vara de Mando", Primera Edición. ed. H. Ayuntamiento contitucional de Oaxaca de Juárez, Colección Histórica Biblioteca 465 Aniversario, Oaxaca, Oax., México., 1997, t19, p19-21 (Estracto de los Relatos e Investigación de Campo de esta Magnifica Obra)

85. **Carmen, Cordero Avendaño de Durán.** Stnia Jó o Kucha "El Santo Padre Sol", ed. Biblioteca Pública de Oaxaca, Cultura y Reacreación Gobierno del Estado de Oaxaca, 1986.

86. **Idem,** p.19

87. **Testimonios** Recogidos por la doctora **Carmen Cordero de Durán** de las autoridades de San Juan Quahije, que concuerda con los pueblos de San Marcos, Zacatepec, y la Lachao El Viejo, 1982.

88. **Carmen Cordero Avendaño de Durán**. Stnia Joio Kucha "el Santo Padre Sol" Biblioteca Pública de Oaxaca, Cultura y Recreación, Gobierno del Estado de Oaxaca, 1986, pp. 104-105. Ponencia "El Derecho de la Costumbre" Cultura y Derechos de los pueblos indígenas de México, ed. Archivo General de la Nacion, Fondo de la Cultura Económica, México 1996.

V

Semblanza Histórica
El Desarrollo de las Etnias
de México, su Marginación,
Relación e Influencia con los
demás Pueblos Americanos

EL ORIGEN DEL HOMBRE AMERICANO

ANTECEDENTES, EMIGRACIÓN Y LA INFLUENCIA ENTRE LAS CULTURAS INDÍGENAS DEL CONTINENTE AMERICANO

ORÍGEN

Referido como el Nuevo Mundo, la ocupación de este Continente data de por lo menos cerca de sesenta mil años, según recientes investigaciones arqueológicas hechas por Nélida Guidón, Investigadora de la Escuela de Altos Estudios de Ciencias Sociales de París.[1] Conocemos algunas teorías de origen del Hombre Americano, una es que probablemente sea asiático. Estudios científicos han demostrado que el Hombre Americano procedió de otro lado del Mundo, o por el extremo noroeste del Continente por el actual Estrecho de Bering. Incluyendo la teoría de que la morada original del hombre estuvo en el Hemisferio Occidental y que desde allí se extendió a Europa, Asia y Africa; pero el criterio que prevalece entre antropólogos y arqueólogos es que el primitivo hombre americano vino del norte de Asia. Desde luego, esto no impidió que hubiera incursiones o adiciones ocasionales y accidentales de Europa, África y del Pacífico Sur en diversos períodos de su desenvolvimiento. Sin embargo, los viajeros más primitivos vinieron sin duda por el Estrecho de Bering. Según estas afirmaciones, los pueblos primitivos se extendieron lentamente hacia el sur a lo largo de las vertientes occidental y oriental de las montañas Rocosas, cruzaron el Istmo Centroamericano, siguieron la Cordillera de los Andes hasta la Tierra del Fuego; con numerosas rutas secun-

darias de migración desde las montañas Rocosas y los Andes, a la región del Río
San Lorenzo, al Valle del Misisipi, las Islas del Caribe, la cuenca del Amazonas
y el sureste de América del Sur, formando una vasta área que se extendía desde
el Valle del Misisipi, suroeste de los Estados Unidos y hacia el sur, hasta Chile.

Existen otras versiones de algunos investigadores de que el hombre primitivo
de América llegó por el Océano Pacífico antes que en el Estrecho de Bering.
Estudios arqueológicos, geológicos, antropológicos, etnológicos en el aspecto
cultural, religioso, lingüístico, sanguíneo, alimenticio, etc., demuestran la estancia
de las razas asiática-tibetana, melanésicas, australiana que poblaron el nuevo
Continente en aquel entonces no descubierto por Colón; incursionando unas
veces premeditadamente, otras, por accidente desde la Patagonia, Continente
adentro en lo que hoy es Brasil, Argentina, Perú, pasando el centro, hasta llegar
al norte.

Sobre la solución del problema del origen de los indios en América, hay varias
hipótesis que despejar y la mayoría de las tesis para encontrar respuestas reales y
científicas, ninguna ha llegado a imponerse. Los innumerables esfuerzos que se han
realizado para despejar las incógnitas de los estudios de que han sido objeto las
poblaciones indígenas, han puesto a la disposición de los investigadores, un conjunto de hechos que permiten actualmente abordar el problema científicamente.

Mencionaremos algunas de las tesis más sobresalientes en las que se encuentran las que muestra Paul Rivet, investigador francés de la Universidad de París,
en su libro titulado "*Los Orígenes del Hombre Americano*", en primer orden, afirma
que: "Después del descubrimiento de América, época en que los textos bíblicos
gozaban de autoridad absoluta", Rivet, apoyándose en lo dicho por Arias
Montaño, autor de la "*Biblia Políglota*" que editó un Mapamundi en 1569, donde
figura su original concepción, dice que Arias escribió: "Dos hijos de Jectan,
biznieto de Sen, hijo de Noé, poblaron el Nuevo Mundo: Opis llegó al noroeste
de América y de allí al Perú; y Jobal colonizó el Brasil".[2] Rivet, afirmando lo
anterior, cita a Gregorio García, autor de la famosa obra "*Orígenes de los Indios
del Nuevo Mundo*", en donde tiende a demostrar las afinidades morales, intelectuales y lingüísticas que existen entre los judíos y los indígenas de América (...)
El país donde los descendientes de Noé se establecieron era Ophir, región que,
para la mayoría de los autores, se situaba en Perú (...). Durante el siglo XIX,
Onoffroy de Thoron lo descubrió en el alto Amazonas. Ahí enviaba Salomón
navegantes sirios en busca de oro, maderas y otras materias preciosas". Continúa

Rutas Migratorias.

RESTOS DE CULTURAS Y HOMBRES PREHISTORICOS DE AMERICA.

1 Cultura Folsom, EE. UU.
2 Cultura Sandia Cave, EE. UU.
3 Cultura Cochise, EE. UU.
4 Cultura San Juan y Chalco, México
5 Cultura Cueva de Fell, Argentina.
6 Cráneo de Punin, Ecuador.
7 Esqueletos de Lagoa Santa, Brasil.
8 Cráneos de Catapiloo, Chile.
9 Hombre de Tepexpan, México.

Rivet su relato, con los descubrimientos fenicios, que enviaron colonias de migrantes de Tiros hasta América, obligados a emigrar después de la toma de su ciudad por Alejandro El Grande, menciona a varios autores que tocaron este asunto como Horn en 1562, Huet en 1679, Court Gibelin en 1778-1784, Ph.. Gaffarel en 1875 y, tiempo después a principios del siglo XX Geo Jones, en New York, de paso señala la emigración de los cananeos, puestos en fuga por Josúe, pudieron haber llegado a Egipto y, continuando después hacia el norte de africa, para trasladarse por fin a América, cruzando el Océano (...).

Otro pueblo de Asia Menor, los carios en el siglo III, se expandieron en masa y por mar llegaron a las Antillas, para pasar a América del Sur, donde nació el pueblo Tupi, y que para esto, el investigador Varnhagen realizó estudios comparativos entre la lengua tupi-caribe y las lenguas turinas y mongólicas (...). En un libro aparecido en 1829 de, John Ranhing, respecto a tártaros o mongoles, este autor relata que Kubul-Kan intentó la conquista de Japón, pero su flota fue dispersada por una tempestad, yendo a parar a las costas del Perú, donde los naúfragos fundaron el Imperio del Perú.

De los trabajos más célebres del origen de la lingüística del hombre americano, mediante la comparación de las lenguas americanas con el Viejo Mundo, está el de Vicente Fidel López, titulado *"Las Razas Arias del Perú"*. También se han dado múltiples hipótesis de otros autores que han tratado de descubrir semejanzas con el : vazco, japonés, chino, finougriense, sumerio, polinesio, copto, etc.

Paul Rivet continúa explicando que para algunos sabios sostienen que el poblamiento de América es autóctono: Bory de Saint-Vicent, Frederick Miller, Marton, Meigs, Agassiz, Hervé, Haelkel, Hovelacque, Pouchet, entre otros. Estos poligenistas, sostienen que no existe razón alguna para que el hombre no haya aparecido simultáneamente en distintos puntos del globo (...). Nos dice Rivet que un punto de vista es el de Ameghio: "Su concepción es monogenista; el foco original de la aparición del hombre es para él América del Sur, o más precisamente, la Pampa Argentina de cuyo foco o centro, partieron las emigraciones humanas que poblaron el mundo" (...). Continúa explicando que sobre el poblamiento de América hay otras teorías, que se refieren al Descubrimiento de Cristóbal Colón con anterioridad, se suponen colonizadores parciales o más o menos extensas, por ejemplo: de Guignes pensaba que el país de Fu-Sang, descrito por éste, debía ser identificado con México. (...) Klaproth, demostró que Fu-Sang era el Japón.[3] Respecto a la poblacional Normanda, Escandinava Bikinga nos reseña que la epopeya de los escandinavos, cuando se trató de identificar el Vin-land, descubierto por Leif, hijo de Erik El Rojo en el año 1000. Algunos arqueólogos americanos se han ingeniado para descubrir huellas de esta incursión en tierra americana.[4] Asimismo, afirma Rivet que América en su conjunto, es un Continente de poblamiento relativamente reciente, hablando en sentido geológico, no es autóctono; venido del antiguo Continente, no aparece en el Nuevo Mundo antes del fin del Cuaternario, después del retroceso de los grandes glaciares.

Rivet plantea el problema del poblamiento en América desde varios puntos de vista por el Estrecho de Bering y otras afinidades asiático-americano: antro-pología, etnología, lingüística y sanguíneo. Aclara que el aspecto lingüístico y sanguíneo, los investigadores consultados por él, no aportan un gran argumento en favor del origen asiático de los indios americanos. En el sanguíneo, los ele-mentos se caracterizan en su conjunto por una fuerte proporción del grupo O (...). En lo lingüístico, las similitudes observadas entre el esquimal y las lenguas urales solo sirven para confirmar lo que la etnología y la antropología nos enseñan acerca del origen asiático de esa tribu ártica americana y las lenguas de los grupos na-dene y sino-tibetano (...). Algunos datos que proporciona el método del Carbono 14, están de acuerdo que la migración de la melanésica hacia América, fue hace cuarenta siglos, pues la civilización Nazca se remonta a 2,221 años más o menos 2,000 (edad de un propulsor de flechas), la civilización Mochica a 2,823 años más o menos 500 y la teotihuacana a 2,424 años más o menos 230. La civilización melanésica sería más reciente que la australiana que dataría de 60 siglos y que el comienzo de la migración asiática, se remonta al final del Pleistoceno o cuando menos, a principios del Neolítico(...). Es cierto que la influencia melanésica ha sido en América mucho más fuerte que la influencia australiana, así como que se ejerció en un espacio mucho más extenso. Esto se debe sin duda al grado de civilización, al número más elevado de emigrantes y su llegada más reciente.[5]

Paul Rivet termina su investigación, afirmando que: "Mucho más antes que las naves de los grandes descubridores europeos, las sorprendentes piraguas melanésicas y polinésicas, y quizás también las primitivas balsas peruanas, habían surcado las rutas de este inmenso desierto marino (el Océano Pacífico). Una emocionante epopeya anónima, precedió a la Gran Epopeya Histórica. Es toda la historia de la humanidad.

Así, con el devenir de los siglos, el hombre primitivo en su largo peregrinar, unas veces agricultor y otras cazador o sedentario en su desarrollo, por milenios, vino formando las primeras tribus norteamericanas que tuvieron distintas denominaciones, conocidas hoy como los pueblos o naciones de la raza de bronce-rojiza (Pieles Rojas), como las tribus: Hohokam, Cheyenne, Cochise, Yakima, Siux, Shawnee, Apache, Kiowa, Delaware, Wichita, Navajo, Iroquese, Comanche, Stoney, Utes, Missouris, Iowas, Erie, Huron, Yocutos y Hopi, entre otras.

Tom Hill y Richard Hill, padre, amerindios, Séneca y Tuscarora respectivamente, y autores del libro *Creation's Journey-Native American Identity and Belief* (El trayecto de la creación: identidad y creenecias amerindias), escriben: "Tradicionalmente, la mayoría de los pueblos indígenas creen que fueron creados de la propia tierra, de las aguas o de las estrellas. Por otro lado, los arqueólogos tienen la teoría de que por un gran puente de tierra que cruzaba el Estrecho de Bering los asiáticos emigraron a las Américas; según esta teoría, aquellos asiáticos fueron los antepasados de los pueblos indígenas del hemisferio occidental". Algunos amerindios tienden a ver con escepticismo la teoría del Estrecho de Bering defendida por el hombre blanco, ellos se consideran los primeros habitantes y no unos exploradores que emigran de Asia.

En su libro *An Indian Winter* (Invierno Indio), Russell Freedman relata: "Según la creencia de los Mandan [tribu que vivía cerca de la parte alta del Río Misuri], el Primer Hombre fue un espíritu poderoso, un ser divino. Había sido creado en el pasado remoto por el Señor de la Vida, el creador de todas las cosas, para ser mediador entre los seres humanos comunes y los incontables dioses, o espíritus, que habitaban el universo".

Los Mandan también tenían como símbolo religioso "un poste alto envuelto en plumas y pieles y coronado con una espantosa cabeza de madera pintada de negro". ¿Qué simbolizaba? "Aquella efigie representaba a *Ochkih-Haddä*, un espíritu maléfico que tenía una gran influencia sobre los seres humanos, pero no era tan poderoso como el Señor de la Vida o el Primer Hombre".

En su libro *The Mythology of North America* (Mitología de Norteamérica), John Bierhorst relata: "Antes de que hubiera clanes, se decía que los Osagues vagaban de un lugar a otro en una condición denominada *ganítha* (sin ley ni orden). Según cierta opinión tradicional, en aquellos tiempos primitivos unos pensadores llamados Pequeños Viejos [. . .] formularon la teoría de que un silencioso poder creativo llena el cielo y la tierra y mantiene moviéndose en perfecto orden a las estrellas, la luna y el sol. Lo llaman *Wakónda* (poder misterioso) o *Eáwawonaka* (creador de nuestro ser) ". Los Zuñis, los Siux y los Lakotas, tribus del oeste, creen algo parecido. Los Winnebagos también tienen un mito sobre la creación en el que interviene el "Creador de la tierra". El relato dice: "Él deseó la luz, y se hizo la luz [...] Entonces volvió a pensar y deseó la tierra, y llegó a existir esta tierra".

Los indígenas de Norteamérica no opinaban que su civilización fuera inferior sino diferente, con unos valores totalmente distintos. Por ejemplo, el concepto de vender tierras era completamente ajeno a los indios. ¿Puede uno poseer y vender el aire, el viento ó el agua? Entonces, ¿por qué la tierra? Estaba allí para que todos la utilizaran. Por eso los indios no cercaban los terrenos.

Con la llegada de los británicos, los españoles y los franceses, se produjo lo que se ha calificado de "encuentro cataclísmico de dos culturas distintas". Los indígenas vivían en armonía con la tierra y la naturaleza desde hacía siglos, y sabían sobrevivir sin trastornar el equilibrio del medio ambiente. Sin embargo, los blancos tacharon a éstos enseguida de seres feroces e inferiores, desviando así la tensión, con oportunismo, del salvajismo con que ellos los habían sojuzgado. En 1831, el historiador francés Alexis de Tocqueville resumió la opinión imperante que tenían los blancos respecto a los indios como sigue: "El cielo no los ha hecho para que se civilicen; es necesario que mueran".

Pero lo que más diezsmó a las tribus indias no fueron las batallas. Ian K. Steele escribe: "Las armas más potentes durante la invasión de Norteamérica no fueron el rifle ni el caballo ni la biblia ni la "civilización" europea. Fueron las epidemias". Respecto al efecto que tuvieron las enfermedades del Viejo Mundo en las Américas, Patricia Nelson Limerick, profesora de Historia, escribió: "Al ser introducidas en el Nuevo Mundo, estas mismas enfermedades [a las que los europeos habían desarrollado inmunidad con el paso de los siglos] -varicela, sarampión, gripe, paludismo, fiebre amarilla, tifus, tuberculosis y, sobre todo, viruela- encontraron poca resistencia. Las tasas de mortalidad eran muy elevadas, llegando a alcanzar el 80 ó el 90% en una aldea tras otra".

VIRUELAS NATURALES INOCULADAS: El Matlazahuatl

Las viruelas introducidas desde el año de 1520, parece que no son peligrosas sino cada 17 ó 18 años. En las regiones equinocciales tiene esta enfermedad, como la del vómito prieto y otras varias, sus períodos fijos de que no suele salir. Los destrozos que hicieron las viruelas en 1763, y más aún en 1779, fueron terribles: en este último año arrebataron a la capital de Méjico más de nueve mil personas: todas las noches andaban por las calles los carros para recoger los cadáveres, como se hace en Filadelfia en la época de la fiebre amarilla; una gran parte de la juventud mejicana pereció en aquel año fatal.

Menos mortal fue la epidemia de 1797, en lo cual influyo mucho el celo en que se propagó la inoculación en las inmediaciones de Méjico y en el obispado de Michoacán. En la capital de este obispado, Valladolid, de 6,800 individuos inoculados no murieron sino 170, que corresponde al 2 ½ por 100, y debe observarse que muchos de los que perecieron fueron inoculados, cuando ya probablemente estaban atacados del mal, por efecto del contagio natural. De los no inoculados dejaron de existir 14 por 100, de todas las edades. Muchos particulares, entre los cuales se distinguió el clero, desplegaron en esta ocasión un patriotismo muy digno de elogio, conteniendo el progreso de la epidemia por medio de la inoculación.

El Matlazahuatl, enfermedad especial de la casta india apenas se deja ver sino de siglo en siglo; hizo mil desastres en 1545, en 1576 y en 1763 los autores españoles le dan el nombre de peste. Como la más moderna de estas epidemias se verificó en una época en que aún en la capital no se miraba la medicina como ciencia, nos faltan noticias exactas acerca de esta enfermedad. Sin duda, tiene alguna analogía con la fiebre amarilla o el vómito prieto, pero no ataca a los blancos, sean europeos o descendientes de indígenas. Los individuos de la raza de Cáucaso no parecen estar expuestos a este tifus mortal, al paso que por otra parte, la fiebre amarilla o el vómito prieto ataca rarísima vez a los indios mejicanos. El asiento principal del vómito prieto es la región marítima, cuyo clima es en exceso caliente y húmedo. *El Matlazahuatl,* al contrario. Lleva el espanto y la muerte hasta el interior del país, en el llano central, en las regiones mas frías y más áridas del reino.

El P. Toribio, franciscano, más conocido por su nombre mejicano de Motolinia,[6] asegura que las viruelas introducidas el año de 1520 por un negro esclavo de Narváez, arrebató la mitad de los habitantes de Méjico. Torquemada dice que en las dos epidemias de Matlazahuatl, (grano divino) de 1545 y 1576, murieron en la primera 800.000 y en la segunda dos millones de indios [7].

LAS TRIBUS INDÍGENAS DE NORTEAMÉRICA. SU INTERRELACIÓN E INFLUENCIA EN LAS CULTURAS INDÍGENAS DE MÉXICO

ANTECEDENTES E INFLUENCIAS

De acuerdo a la secuencia histórica del desarrollo del hombre en Norteamérica, como uno de los antecedentes de las culturas precolombinas Americanas, de ese peregrinar, de esa interrelación y cohesión, no se escapa citar que ningún tratado de historia prehispánica podría excluir la cifra de un mínimo de referencias como fuentes de información que figuren en la bibliografía, como lección, como pálido destello, o determinante herencia de los antecedentes culturales de nuestros ancestros americanos; de las tribus indígenas de Norteamérica que culminaron en la obra profunda de los pueblos de Mesoamérica. Todos estos pueblos, a lo largo de su peregrinar y desarrollo, construyeron la historia con paso firme, al igual que lo hicieron el egipcio, el asirio-caldeo, el chino, el griego, o el romano en su tiempo.

Algunos observadores estudiosos de la historia afirman que la existencia de las culturas indígenas del sur de Estados Unidos de América, del norte de México y Centroamérica, se debe en mucha parte gracias a las relaciones que se dieron entre el número de grupos migratorios de Norteamérica. En México, según los códices, estudios antropológicos y científicos, tuvieron en gran medida su origen en los movimientos migratorios del norte, en expansiones hasta Mesoamérica, donde se multiplicaron en espacio y tiempo con desplazamientos tradicionales que las tribus nómadas y sedentarias asumieron en forma de grandes movimientos poblacionales, que desbordándose ampliamente en el ámbito regional, influyeron en su larga duración de siglos, en ese juego de alianzas, coecciones, aculturaciones e integraciones recíprocas de funciones y cambios diversos.

La cultura regional del sudoeste y sudeste de los Estados Unidos formaría parte del arco del maíz y tenían estrechos lazos interculturales con los pueblos más avanzados de México. Así los Hohokam, introdujeron innovaciones agrícolas procedentes de México. Los Hohokam, asentados en lo que ahora es Arizona, influyeron entre varios pueblos gracias a las actividades comerciales y sus métodos de cultivo, extendiéndose por el Oeste hasta la costa de California. Por otra parte, desde Ohio al Misisipi las tribus sostuvieron grandes relaciones con los indígenas de México, que fueron determinantes en la historia de todos estos pueblos.

En consecuencia, se exponen datos más recientes acerca del papel decisivo que mantuvo el septentrión mesoamericano en las relaciones que florecieron en las otras grandes áreas culturales del norte y Mesoamérica. Testimonios palpables donde se han notado las similitudes en la distribución de las altas culturas prehispánicas, la continuidad entre los pueblos del norte y de Mesoamérica. Al respecto, la Antropóloga Patricia Carot, se apoya en la Doctora Beatriz Braniff para demostrar que en la antigua isla funeraria de la Ex-ciénega de Zacapu, Michoacán, pone en evidencia las similitudes que existen entre la iconografía pintada en la cerámica de la Loma Alta, Michoacán, que data del fin del Preclásico -principio del Clásico (150 a.C. - 200 d.C.)-, con lo que aparece en la cerámica Hohokam del suroeste de los Estados Unidos de América.[8]

Existe una vasta información al respecto, la cual se podría mostrar. Creo que con unos cuantos ejemplos sería suficiente. Viene a colación la expuesta en argumentos por el Investigador Patricio Dávila, en su obra *"La Frontera Noreste de Mesoamérica, Un Puente Cultural hacia el Misisipi"*, dice que se encuentran relaciones entre las culturas prehispánicas de Estados Unidos de América y las de México en la Región Huasteca de San Luis Potosí, que nos explican las fuertes relaciones y estrechos contactos que desde el siglo IX existieron entre el Valle del Pánuco con el Misisipi.[9]

Desde luego, son muchas las influencias que recibieron recíprocamente los pueblos nativos de México y de Norteamérica, de estrechas y prolongadas interrelaciones con culturas lejanas. Por otra parte, el Padre Sahagún, nos narra que, de los tiempos prehispánicos de las tribus más inmediatas al origen de los pueblos mexicanos, se encuentran los Chichimecas, quienes se asentaron en el siglo X en la rivera del Río Colorado, desde donde avanzaron continente adentro hasta ocupar un extenso territorio desde Arizona, Sonora, Sinaloa, Nayarit, Michoacán, Guerrero y parte del Valle de México. En este valle recibieron la influencia de la cultura teotihuacana que había contado con un grado de civilización muy notable; convirtiéndose después la chichimeca en uno de los pueblos de mayor influencia en el Altiplano.[10]

Otra versión del origen de los Chichimecas, es la del Códice Xólotl. Se afirma que éstos salieron de Chicomoztoc, sitio localizado en el Estado de Zacatecas e irrumpen en Tula -Capital Tolteca- ya en decadencia abandonada por

Quetzalcóatl. Así también respecto a Chicomoztoc, surgen las hipótesis del origen de las "Siete Tribus Nahuatlacas" formadas por Tlahuicas, Tecpanecas, Tlaxcaltecas, Chalcas, Xochimilcas, Aculhúas y Mexicas, que habían salido de un sitio mítico denominado "Aztatlán"o "Aztlán", o bien, el célebre Chicomoztoc, cuyo origen pudo haber sido la rivera del lago de Mezcaltitlán, Nay., o la Región de Nuevo México, de Estados Unidos de América "Lugar de Siete Cuevas" o "Lugar de Nacimiento de Siete Ríos".[11]

LA TRADICION TOLTECA-AZTATLAN EN LA METALURGIA HEREDADA POR LAS CULTURAS INDOSURAMERICANAS
700 a.c. a 900 d.c.

Ejemplo de las semejanzas entre las culturas prehispánicas con las culturas del Viejo Continente, más notoriamente las encontramos en: La última ocupación nayarita prehispánica se conoce como Tradición Tolteca-Aztatlán y los vestigios materiales existen en todo Nayarit. Esta tradición se distingue por el avanzado desarrollo tecnológico, alcanzado en la fabricación de las navajillas prismáticas de obsidiana, los objetos de metal y ornamentos en oro y plata.

Un aspecto sobresaliente de la cultura Aztatlán, es la metalúrgica, que nace en tierras occidentales y se distribuye a lejanos lugares, el rtabajo del metal modificó y mejoró las actividades agrícolas y de explotación ambiental. Permitió también el intercambio de bienes de prestigio a la larga distancia. El desarrollo de materiales alcanzó técnicas como la cera perdida, el repujado, el enrollado y la falsa filigrana, fundidos con un solo metal o aleaciones. Se distinguen innumerables objetos cotidianos, utensilios de adorno y para los rituales. La colección del Museo del Estado de Nayarit, tiene excelentes piezas de cobre, oro y plata, una rica variedad de objetos: hachas, cuñas, pinzas, coas, canceles, anzuelos, cuchillos, entre otros que fueron utilitarios para las actividades de cacería, pesca y agricultura. Los adornos incluyen aros y anillos, orejeras y cascabeles. Se tienen también ejemplares de vasijas de soportes, campanitas y láminas martilladas.

Varios estudios coinciden que los conocimientos de los metales, su fundición y aleación fueron introducidos por vía marítima, desde las culturas de Colombia, Perú y Ecuador y posteriormente desarrolladas en las culturas del Occidente de México. Así como también las Tumbas de Tiro de Nayarit, Jalisco que son si-

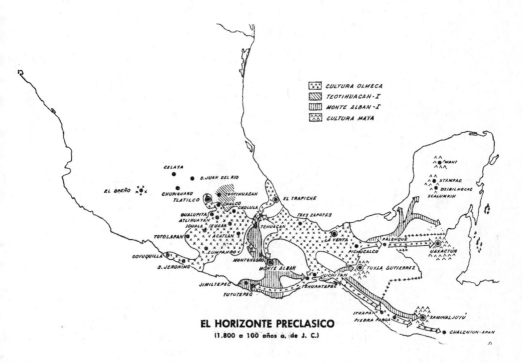

CULTURA OLMECA
TEOTIHUACAN - I
MONTE ALBAN - I
CULTURA MAYA

EL HORIZONTE PRECLASICO
(1.800 a 100 años a. de J. C.)

Gráfica 2. El horizonte preclásico.

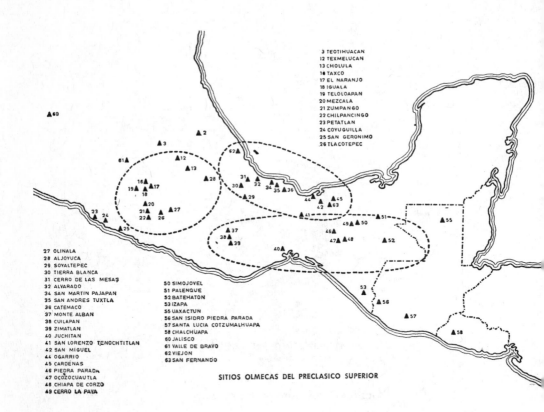

3 TEOTIHUACAN
12 TEXMELUCAN
13 CHOLULA
16 TAXCO
17 EL NARANJO
18 IGUALA
19 TELOLOAPAN
20 MEZCALA
21 ZUMPANGO
22 CHILPANCINGO
23 PETATLAN
24 COYUGUILLA
25 SAN GERONIMO
26 TLACOTEPEC

27 OLINALA
28 ALJOYUCA
29 SOYALTEPEC
30 TIERRA BLANCA
31 CERRO DE LAS MESAS
32 ALVARADO
34 SAN MARTIN PAJAPAN
35 SAN ANDRES TUXTLA
36 CATEMACO
37 MONTE ALBAN
38 CUILAPAN
39 ZIMATLAN
40 JUCHITAN
41 SAN LORENZO TENOCHTITLAN
42 SAN MIGUEL
44 OGARRIO
45 CARDENAS
46 PIEDRA PARADA
47 OCOZOCUAUTLA
48 CHIAPA DE CORZO
49 CERRO LA PAVA

50 SIMOJOVEL
51 PALENQUE
52 BATEHATON
53 IZAPA
55 UAXACTUN
56 SAN ISIDRO PIEDRA PARADA
57 SANTA LUCIA COTZUMALHUAPA
58 CHALCHUAPA
60 JALISCO
61 VALLE DE BRAVO
62 VIEJON
63 SAN FERNANDO

SITIOS OLMECAS DEL PRECLASICO SUPERIOR

milares a las Tumbas de Tiro de Colombia, Ecuador, Perú y norte de Argentina y Brasil.

La explotación de los ecosistemas costa-estuario, fue de enorme importancia y base de intercambios regionales a larga distancia. Su explotación se remontaba hasta 3,000 años a. c. y continúa en nuestros días.

Los grupos Aztatlán se especializaron en la explotación de fondos profundos de donde estraían el caracol de tinte púrpura y las perlas, utilizados en los rituales. Evidentemente esta explotación fue esencialmente alimenticia y utilizaron esta materia para la manufactura de cuentas, pulseras, pectorales, anillos, orejeras y otros objetos ornamentales.

A continuación, se exponen los rasgos distintos de la tradición de las Tumbas de Tiro:

—Sistema de pequeñas aldeas agrícolas.
—Lazos de parentesco estrechos, culto a los ancestros.
—Autonomía relativa y distribución de la población en tierras de alubión y áreas terraceadas.
—Centros ceremoniales pequeños.
—Enfasis en un culto mortuorio con ofrendas fúnebres riquísimas.
—Construcción de Tumbas de Tiro y bóvedas en áreas alejadas de núcleos de población-panteones.
—Intercambio y comercio a larga distancia vía marítima con Colombia, Perú y Ecuador.
—Intercambio y comercio con otras regiones del Occidente.
—Desarrollo cerámico en formas y decoración.
—Trabajos artesanales en concha, pirita y piedras.
—Fabricación de figuras huecas de gran belleza y expresión corporal.
—Arquitectura cívica, religiosa, cotidiana y de juegos en maquetas.

La tradición Tolteca-Aztatlán, originalmente se ubica en la llanura costera de Nayarit y Sinaloa; sin embargo, se encuentra también en amplios territorios: al norte hay evidencias de ésta en Durango, Chihuahua y en Wind Mountain en Nuevo México; hacia el sur se extendió hasta la costa de Jalisco y Michoacán.

LAS CULTURAS MESOAMERICANAS: OLMECA, MAYA, TEOTIHUACANA Y MEXICA, SU INFLUENCIA Y APORTACIONES EN LA CULTURA AMERICANA.

En esta parte, nos encontramos con la narrativa histórica de los aspectos más significativos de las demás culturas mesoamericanas, que le dieron esencia a la estructura política, económica y social del significado en su conjunto de la civilización indígena, así como la ideología que heredaron los pueblos indígenas y mestizos de las cuales se expone una breve semblanza incluyendo los conceptos históricos enfocados hacia la organización del Estado y el pensamiento de estos pueblos; en especial los correspondientes de la cultura Mexica que representa el preámbulo del ocaso de las culturas mesoamericanas. Recordemos que la cultura Mexica se significa porque los Aztecas fueron buenos recopiladores receptores de las aportaciones de las demás culturas que les precedieron, como todo conquistador lo ha hecho, y que el apogeo Azteca empieza en la decadencia de éstas en tiempos de Moctezuma I (Iluicamina), que concentró en parte lo que creyó más útil para los fines y fundación del nuevo Estado indígena y asentar las bases de la estructura del Imperio Azteca. El ocaso de las culturas y su marginación postrera, trasciende con la toma de la Gran Tenochtitlán propiciada en parte por Moctezuma II (Xocoyotzin) entregada en bandeja de oro a Hernán Cortés.

Por falta de espacio, sería imposile exponer todas las culturas mesoamericanas una por una y extensamente, por tal motivo, en primer lugar, se han incluído las tres grandes culturas que en primer nivel influyeron grandemente en las demás y en la última que subsistió a la llegada del conquistador español: la Azteca. Las cuales son: La Olmeca, Maya y la Teotihuacana. En segundo, la cultura Mexica o Azteca y en tercer término, se concluye esta parte con la conquista, la sincronía entre las culturas indígenas con la cultura occidental y la emigración indígena a los Estados Unidos.

Todas ellas, sentaron las bases para el nacimiento de una nueva cultura mestiza: indígena-occidental, que hoy tiene su lugar en el mundo; contribuyendo también en el contexto del acervo cultural de la humanidad y la integración histórica de otros pueblos modernos.

LAS CULTURAS OLMECA, MAYA, TEOTIHUACANA Y MEXICA

Desde hace mucho antes de Cristo, se empezaron a desarrollar en México culturas muy complejas. Se involucran en el proceso natural de integración americana a las culturas indígenas mesoamericanas, a las civilizaciones: Olmeca, Maya, Teotihuacana y Mexica.

Por el lado de la frontera sur, tenemos la determinante influencia de los pueblos Olmeca y Maya, culturas que fueron decisivas para la configuración de los pueblos Mesoamericanos y Norteamericanos. Poco se sabe de su verdadero origen. De la Olmeca se dice que fue la civilización Madre de todas las Culturas Mesoamericanas, la cual se significó por legar, cimentar las bases y los principios civilizadores en todos los órdenes, a las demás culturas indígenas que le sucedieron. La cultura Olmeca enormemente compleja, ha sido objeto de propios y extraños de un estudio especial

CULTURA OLMECA

Cuando hablamos del maíz, la planta más importante en la economía agrícola de la historia de México, ya en los pueblos civilizados de Mesoamérica, era tan importante que se volvió una planta divina, se pensó que el propio Quetzalcóatl dió a todos los hombres los adelantos materiales o espirituales, y que también dió el maíz que en un viaje mítico había robado al viejo dios de los infiernos. Hecho por el cual queda establecido el sedentarismo y con el triunfo del padrón agrícola, estos pueblos amplían sus productos como una sociedad agrícola sedentaria y como una organización social civilizada.[12]

El primer grupo importante que apareció en Mesoamérica fue el Olmeca, que significa en náhuatl "*habitante del país del hule*", donde se da la economía agrícola de tipo llamado "*de rosa*", que consiste en desmontar una superficie y sembrarla, sin irrigación por lo magnánimo del suelo y el clima, que en pocos años la tierra no produce y hay que abrir nuevas partes de selva. Según algunos historiadores, en este pueblo se dió el extraordinario avance que creó Mesoamérica, su civilización se definió en varias zonas, las más importantes comprendían: La Venta, San Lorenzo y Tres Zapotes, que corresponden al florecimiento del mundo olmeca entre 1,200 a 500 A.C. Civilización que aporta las bases para los consecuentes pueblos o naciones integrantes de la cultura mesoamericana, como fueron: La construcción de los grandes monolitos, cabezas y estelas colosales, que llegó a una perfección técnica y artística que nunca fue superada en Mesoamérica; la planificación de sus ciudades que estaban construídas a lo largo de un eje de norte a sur, a cuyos lados, con bastante simetría, estaban colocados los monumentos, que la propia Teotihuacan se construye con un eje de norte a sur. El concepto de la asociación de un hombre con un animal es básico en el pensamiento mesoamericano. En la cultura olmeca, hay un elemento muy importante: El jaguar y el hombre. El *nahuatl* es la creencia mágica de que la vida individual estaba unida a la suerte de algún animal, que es el nahuatl de ese individuo, pero el nahuatl mismo se identifica en parte, puesto que es, asimismo, el nahuatl de un dios, o tal vez el dios tiene su nahuatl, con el cual se representa. Así aparece entre los olmecas el *hombre-jaguar* o el *dios-jaguar*, mientras Quetzalcóatl en Teotihuacan, es el *dios-pájaro-serpiente*, y más tarde, los tezcatlipocas serán un dios águila, que es el Sol mismo. Como una contribución, aparece el invento del calendario y las matemáticas que usan el cero, conocimiento del cero que ni siquiera los romanos lo sabían. Los olmecas pasan de una cultura rural a los principios de una vida urbana, creando una serie de nuevos y a veces formidables problemas que era necesario resolver como el político, el económico, social, religioso y comercial, estos dos últimos se contemplaban como una considerable difusión del estilo olmeca, trayendo y llevando innumerables productos hacia muchas otras zonas.[13]

CULTURA MAYA

La civilización Maya, se destacaba por su situación geográfica entre el Sur de México y Centroamérica, como señala Betty J. Meggers:"entre las grandes civilizaciones de la antigüedad, únicamente ella parece haberse desenvuelto en una selva tropical de selvas bajas... y otro aspecto enigmático de la civilización maya, es la presencia de un número de elementos culturales ausentes en el [Nuevo Mundo]".[14]

Los Olmecas heredaron a los Mayas su civilización. La herencia de la Cultura Olmeca fue significativa para los Mayas, quienes la refinaron y engrandecieron más con aportaciones y descubrimientos civilizadores a la par con las Culturas

Teotihuacana, Zapoteca y Mixteca. Tiempo después, la Tolteca y Mexica retomaron la grandeza de estas culturas. En Chiapas, Yucatán y Guatemala, la civilización Maya surgió de esta vieja cultura.

De todos estos pueblos los Mayas fueron los que alcanzaron el más alto nivel de desarrollo; a quienes los Olmecas influyeron grandemente. Desde 1500 y 1000, a.C., grupos de la cultura Olmeca se trasladaron a Chiapas y a Guatemala, empezaron la etapa formativa de la civilización Maya. En el período primitivo de los mayas, éstos dieron vida a más de veinticinco centros religiosos, creando en cada uno el núcleo de una ciudad -Estado organizado. En el primer periodo clásico año 200, a.C., a 1000 d.c., los mayas fundaron las esplendorosas ciudades de Oacactúm, Tikal y Copal en Guatemala, en Chiapas las no menos hermosas y formidables ciudades de Palenque y Bonampak, en Campeche la grandiosa Calakulm.

Los Mayas alcanzaron niveles de civilización no logrados por ningún otro grupo mesoamericano. El gobierno se basaba en el clan y la tribu; la soberanía era hereditaria y estaba estrechamente aliada con los sacerdotes. Así como la construcción de grandes ciudades que hicieron florecer el desarrollo de la agricultura, el comercio, la astronomía, las matemáticas y otras ciencias. Mil años antes de que Europa adoptara el calendario gregoriano, los Mayas ya usaban un sistema calendario más preciso y el empleo del cero; desarrollo que ha quedado plasmado en los bellos templos y palacios con enigmáticos jeroglíficos que dan cuenta de una gran civilización.

La cultura y la religión Maya se significaron porque éstas sentaban importante papel en la vida diaria. Recordemos que la clase sacerdotal tenía gran poder, que se perpetuaba en parte por medio de su control de la educación. Los sacerdotes estaban a la cabeza de una estructura social estratificada que incluía nobles, señores feudales, guerreros, hombres libres y esclavos.

La civilización Maya alcanzó su máxima expresión en el año 700 d.C., desde ahí, empezó la decadencia para estas grandes ciudades.

COSTUMBRES

El Padre Jiménez nos dice que las mujeres de los indios quiché, nación maya, iban a los manantiales para rezar por un hijo y que cuando las mayas de Yucatán estaban para dar a luz, "acudían a las hechiceras, las cuales les hacían creer de sus mentiras y les ponían debajo de la cama un ídolo de un demonio, llamado *Ixchel,* que decían era el dios de hacer las criaturas", según Landa.

Cortaban con un cuchillo de obsidiana el ombligo del niño y con la sangre untaban una mazorca de maíz. Sembraban este maíz, y si crecía bien hasta que el niño pudiera sembrarlo él mismo, entonces tendría larga y saludable vida.

En algunas naciones mayas era costumbre deformar las cabezas a los niños. La colocaban entre dos tablillas, amarrándoselas de manera que las cabezas adquirían extrañas formas cuando crecían. Tenían por gala ser bizcos, la cual hacían por arte las madres, colgándoles del pelo un pegotillo que les llegaba al medio de las cejas desde niños.

Además, se afilaban los dientes incisivos, y a veces incrustaban en ellos pedazos de jade o pirita; se pintaban de rojo las orejas o narices horadadas.

Nacidos los niños, los bañaban luego, y cuando ya los habían quitado del tormento de llanarles las frentes y cabezas, iban con ellos al sacerdote para que los viese el hado y dijese el oficio que habían de tener, y pusiese él nombres diferentes hasta que se bautizaban. La madre se metía en el *Zumpul che,* baño de vapor o *temascal,* usado siempre por las mujeres recién paridas o enfermas.

Cuando cumplen los tres o cuatro años, los niños son bautizados según las ceremonias ya descritas. Los padres ponen cuidado especial en los hijos varones, educándoles desde muy niños en las cosas de los hombres, y las mujeres enseñan a las hijas las obligaciones femeninas. Apenas los hijos pueden mantenerse en las pequeñas piernas, cuando ya los llevan al campo para aprender a ayudar a su padre. Aprenden acerca de los pájaros y de las plantas; aprenden a guardarse de las hormigas y de las culebras venenosas; y cuando están mayorcitos aprenden a adorar a los dioses de las sementeras y de la caza.

Toda educación era una domesticación, ya que cada niño aprendía lo necesario para hacer frente a la vida diaria. Sólo los hijos de noble o de sacerdote eran admitidos en las escuelas de los sacerdotes, donde aprendían las ciencias superiores de la cultura maya.

Aprendían a leer y escribir los jeroglíficos mayas; aprendían a gobernar, como gobernantes de un pueblo, ya grande ya pequeño; aprendían a oficiar como sacerdotes en las ceremonias; o aprendían a mandar las tropas en la guerra. El sistema era muy parecido al sistema europeo de la Edad Media, donde sólo la clase privilegiada era admitida al círculo cerrado de la sabiduría.

Los niños crecían y llegaba la pubertad. Era tiempo de elegir compañera, pero !hay¡, no era nada romántica la manera en que lo hacia el joven maya. Primero iba a su padre diciéndole que deseaba casarse con cierta muchacha. El padre buscaba un viejo casamentero del pueblo, que entonces hablaba al padre de la joven. Si el galán era aceptable, se acordaba un precio sobre la mujer, según su posición social, su belleza y lo que pudiera pagar el mancebo. Padre e hijo eran admitidos en casa de la novia, y cada vez que se veían los jóvenes, había que halagar al padre de la muchacha con regalos.

En el diccionario de Motul de la lengua maya encontramos la palabra *tza*. Que significa "hombre que pide la hija de otro para esposa de su hijo, llevando regalos de cuentas y piedras de valor"; y el padre Jiménez nos dice que los mayas de la altiplanicie "compran la mujer por un arco y dos flechas y está con ella un año en casa de su suegro y después llévala a donde quiere; antes que se acabe el año la puede dejar, pero después no".

Cogulludo añade que "también era costumbre entre aquellos indígenas que si una mujer no tenía hijos, el marido podía venderla, a menos que el padre consintiese en devolver el precio que aquel hubiese pagado".

La razón de todo era el deseo de tener prole, y la idea de que la mujer que no tenía hijos no conducía a la riqueza.[15]

DECADENCIA

A principios del siglo XI d.C., las ciudades mayas yucatecas se convirtieron en los nuevos centros culturales que habían sido influenciados por las culturas Teotihuacana y Tolteca, dando lugar a la segunda etapa del período Clásico o Nuevo Imperio. Fueron notables por la triple alianza formada por las ciudades, de Chichén Itzá, Uxmal y Mayapan, pero en 1200 d.C. los Mayas de Cocom, de Mayapan, rompieron dicha alianza.

Tiempo después, las ciudades de Yucatán derrocaron a los de Mayapan y empezaron a guerrear entre ellos y a autodestruirse. En la época de la venida de los conquistadores españoles, sólo quedaban los vestigios de la grandeza de esta civilización.

Una de las peculiaridades de la cultura Maya fue la que por su gran refinamiento cultural dejó el aspecto agresivo en segundo término en importancia para su desarrollo; más bien sus objetivos estuvieron dirigidos principalmente hacia la ciencia, las artes y el vivir plácidamente como una gran nación; esto sucedía durante el período Clásico; debido a características propias de identidad, prácticamente, eran otro conjunto de pueblos con objetivos y perspectivas que constituían intereses distintos a los otros pueblos mesoamericanos, mismos que cambiaron después de su decadencia mezclándose al ser invadidos por los Toltecas y Mexicas.

Los mayas cayeron bajo el contagio de estos invasores, como fueron las determinantes influencias de los sacrificios humanos, el militarismo intensivo, la deidad *Quetzalcóatl -serpiente emplumada-* que fue aceptada como dios maya bajo el nombre de *Kukulcan*.

Después de los tiempos brillantes para los mayas, la historia nos muestra a un grupo de indígenas conocidos como Toltecas que se separaron de sus clanes chichimecas cerca del siglo VI, construyeron al norte de la alta meseta del México Central la ciudad de Tula, en base de las ruinas de Teotihuacán, formando a través de los años una civilización notable. Fueron conocidos en el aspecto religioso por adorar al dios malo Texcatlipoca y al dios bueno Quetzalcóatl la serpiente emplumada: dioses también de los Teotihuacanos. En los siglos XI y XII su poder bélico se extendía hasta Yucatán y Guatemala, decayendo en el siglo XIII al ser desplazados por los más agresivos descendientes Chichimecas-nahuas, entre ellos la tribu Azteca o Mexica.

La última gran civilización centroamericana fue la de los Aztecas o Mexicas. En la época de la llegada de los españoles, Tenochtitlan, la capital del Imperio Azteca, era una importante metrópoli que llevó al conquistador español Bernal Díaz del Castillo, a escribir que: "aquéllos que han estado en Roma o Constantinopla, dicen que, en términos de comodidad, orden y población, nunca habían visto algo semejante".[16] (Ver lo referente a la cultura Mexica).

CULTURA TEOTIHUACANA

Sobre las ruinas del mundo olmeca, empieza a surgir, dentro del área maya, en Oaxaca y Veracruz, sobre todo en los altos valles centrales de México, una serie de culturas contemporáneas, aunque cada una con razgos muy distintos, que sería difícil ocuparse de todas ellas, sólo puede intentarse describir las que resultaron más poderosas, cuyos efectos aún vivimos los mexicanos de hoy: La teotihuacana y la náhuatl.

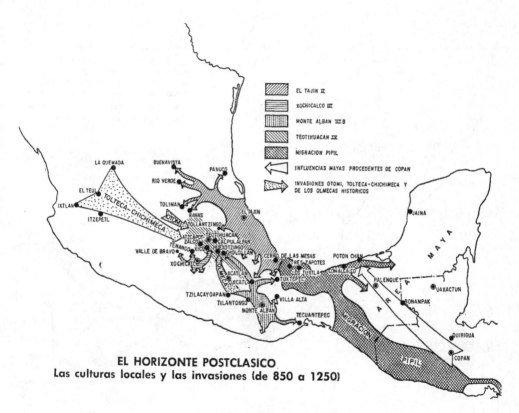

EL HORIZONTE POSTCLASICO
Las culturas locales y las invasiones (de 850 a 1250)

Gráfica 4. El horizonte postclásico.

Gráfica 5. El horizonte histórico.

En los dos siglos que preceden a nuestra era, Teotihuacan empieza a tomar forma de una ciudad. Teotihuacan se perfila en convertirse en el gran centro religioso de los pueblos cercanos. Con las muchas consecuencias que significaron, después aparece una organización política, un estado con pretensiones imperiales o cuando menos de incursiones comerciales que la llevan a Oaxaca, Veracruz y hasta Guatemala; ésto sólo fue posible por su vasta zona y cultura metropolitana que fue constituída por los valles de México, Puebla y Tlaxcala con extensión a Tulancingo en Hidalgo, Tehuacán, creando un centro poderoso de acción que no lograron crear sus suscesores toltecas y mexicas.

Cholula, fue la segunda ciudad de la zona; aseguraba el control, tal como a partir del virreinato, Puebla fue la segunda ciudad de la Nueva España. Así, viajeros y mercaderes tenían paso obligado a las dos ciudades entre los dos valles de Puebla y México, lo que permitía un mayor control y aumentaba el volumen del comercio.

Entre los muchos edificios de Teotihuacan, está el conjunto monumental de la Pirámide del Sol y de la Luna, quedando planificada con la prolongación en tres kilómetros más hacia el sur de la calle De los Muertos y la apertura de las avenidas de Este a Oeste formando una gran cruz que divide la ciudad en cuarteles. Al centro estaba el gran conjunto formado por el templo de Quetzalcóatl, frente a él, el enorme conjunto que fue el palacio y al otro lado de la calle, el mercado rodeado de numerosas construcciones que parecen haber estado dedicadas al gobierno de la ciudad y del imperio. Tanto en interiores como en exteriores del gran conjunto de la ciudad llena de color, había numerosos frescos representantes de escenas; muy bellas como de los "animales mitológicos" con grandes esculturas monolíticas como la diosa del agua o el llamado "*Tláloc*". La idea de los murales había de tener un gran éxito y multiplicarse en los siglos siguientes.

La ciudad era cosmopolita, podían delimitarse algunos barrios tanto por la ocupación como de su procedencia; barrios de gente dedicada a la alfarería, a la cerámica de figurillas o producir objetos de obsidiana, lapidarios, operarios de materiales como la concha o la pizarra, albañiles o estucadores y muchos otros como los barrios extranjeros del valle central de Oaxaca, contando con una tumba al estilo de Monte Albán, lo que estaba fuera de las costumbres de los teotihuacanos, nunca construían tumbas, sino enterraban a sus muertos en fosas o los incineraban.

La ciudad llega a su apogeo entre 350 y 650 años D.C. con una población de doscientos mil habitantes, en toda Europa no existía una ciudad con esas proporciones, con excepción de Constantinopla que era muy grande y la capital del imperio Tang en China que parece haber sido más grande que Teotihuacan. Tamaño y densidad de la ciudad, exigían una organización compleja estatal. Además, la ciudad de Teotihuacan estaba formada por diferentes clases sociales en cuatro grupos:

—**Grupo Menor**, formado por la familia que vive en su casa o departamento.
—**El barrio**, que reúne varias familias.
—**Habitantes**, de cada uno de los cuatro grandes sectores de la ciudad que comprende varios barrios.
—**Sociedad imperial**, que remata la cúspide del edificio social, la que detentaba el poder, los conocimientos y el prestigio sacerdotal.

Entre la sociedad imperial y los barrios, había aparte tres grupos de humanos: mercaderes, militares y sacerdotes. Era una teocracia pacífica que gobernaba a un estado donde la guerra no tendría cabida. La causa de la aparente falta del militarismo puede provenir de que el militar y sus actividades no tenían gran prestigio, como lo tuvieron después, el prestigio de las victorias sería del sacerdote, ya que las ganaba el dios. Los sacerdotes formaban el tercer y más importante grupo de carácter religioso, cultura y conocimientos superiores de la religión, astronomía, matemáticas, ordenamiento del calendario y medición del tiempo (tal vez, los únicos que sabían escribir), dirigir las grandes composiciones murales que se relacionaban casi siempre con temas religiosos porque la religión estaba en el centro de todo.

La impresionante monumentabilidad de Teotihuacan fue base de la expresión estética, cultural y emocional que durante tanto tiempo ejerció la religión teotihuacana.

Es indiscutible que los teotihuacanos contaban con una sociedad realmente urbana dividida en clases sociales y grupos profesionales, con una complicada economía, presidida por un estado político. Entre 650 y 700 D.C., Teotihuacan es invadida, incendiada y saqueada y en parte destruída de propósito. No conocemos las razones de este acontecimiento que conmovió a Mesoamérica. Cualquiera que fueran los motivos y los agentes de desastre, el hecho es que muere

Teotihuacan. Pero habría de dejar una herencia inmensa que afectó a la historia posterior -hasta nuestros días- y creó una leyenda cuyas repercusiones apenas terminaron en tiempos de la conquista española. Con su caída, se inicia una reacción en cadena que habría de repercutir el fin de Monte Albán y de todo el gran período maya. Muchos habitantes emigraron a otros lados y llevan consigo su cultura. Habían de formar algunos nuevos pueblos que surgirían más tarde, que habría de salir el nuevo período de la historia de México llamado tolteca, que toman de Teotihuacan numerosos razgos culturales que pasarían a los mexicas. Durante este proceso de aculturación, los recién llegados olvidan sus verdaderos orígenes, llegan a sentirse no sólo descendientes, sino aún los representantes de la pasada gloria.

El nombre las colosales ruinas: Teotihuacan significa *"lugar de dioses"* o *"lugar donde se hacen los dioses"*. Ya no son los hombres quienes crearon la ciudad sino gigantes y los propios dioses. Parte de esta deificación está relatada en la leyenda del Quinto Sol.

Cuenta la leyenda que a Teotihuacan alumbraba el Cuarto Sol (los tres anteriores habían perecido antes). Cuando éste muere y con él todos los hombres, los dioses desesperados, porque no había quien los honrara, se reunieron en Teotihuacan y uno de ellos se convirtió en Sol y otro en Luna.[17]

Cuenta también la leyenda, que Quetzalcóatl por prohibir los sacrificios humanos, sus hermanos el tenebroso Tezcatlipoca y el sanguinario Huitzilopochtli, lo persiguieron y lograron que se desterrara hacia el horizonte a una estrella (que para los indígenas era el planeta Venus), pero anunció que regresaría.

Por superstición, Moctezuma Xocoyotzin creyó que Hernán Cortés era Quetzalcóatl y humillado, se le rindió.

CULTURA MEXICA

Como consecuencia de la caída de Teotihuacan y del imperio tolteca, se formaron una serie de Estados, que se mantuvieron en continuas guerras, hasta principios del siglo XIV, entre ellos vivía un grupo llamado Azteca o Mexica, que después del avasallaje de los Tepanecas tienen un verdadero monarca: Izcóatl 1427-1440, se unen a otros poderes y vencen a los tepanecas a partir de ese momento, para los mexicas comienza su carrera imperial. El verdadero fundador del imperio y del Estado fue Moctezuma I, 1440-1469.

Después de los reinados de sus tres sucesores inmediatos que ampliaron el imperio y lo llvaron hasta lo que es hoy Guatemala. Electo Moctezuma II, en ese momento podía sentirse orgulloso de los éxitos obtenidos por su familia y por su pueblo, convirtiéndose en la cabeza del Anáhuac "*El círculo del mundo entre dos mares*", imperio formado por varias regiones y climas y habitado por gente que hablaba numerosas lenguas y con una corte suntuosa.

La capital Tenochtitlan contaba con una población aproximada de 80,000 habitantes, en esta Venecia americana impresionante, por todos lados se levantaban pirámides rematadas por altos templos y palacios con una simetría y planificación que tanto admiró a los conquistadores, rodeada de agua, chinampas, islas, ciudades, valles y poblaciones. La ciudad imperial tenían una organización política social de la división cuadripartita del grupo azteca, dividida en cuatro barrios. Cada *calpulli*, cada uno de estos barrios, contenía una cantidad variable de subdivisiones. El recinto del Templo Mayor tenía cuatro puertas que rodeaban los cuatro barrios, orientada cada una a los cuatro puntos cardinales, de cada una salía una calzada que en su recorrido marcaba los linderos de los *calpullis*, el *calmimilolcátl*, cuidaba de que las casas estuvieran debidamente alineadas a lo largo de las calles o de los canales, contaba con dos acueductos: el de Chapultepec y el de Coyoacán, para asegurar el agua potable para su población.

Cuadro 12. Barrios de la ciudad de la gran Tenochtitlan

ATZACUALCO	Sta. Ma. de la Redonda	
MOYOTOTLAN	San Juan	
CUEPOPAN	San Sebastián	
TEPEPAN	San Pablo	

La nobleza azteca tenía tierras propias y numerosos derechos de que carecía el plebeyo de los *calpullis*, que congregaban a los plebeyos. La nobleza tenía dos carreras: el ejército o el sacerdocio. El emperador era pontífice y jefe militar; esta doble ocupación de la nobleza, da la tónica del Estado Azteca, el militarismo tecnocrático. El soldado es el brazo, tal vez la nobleza, pero el sacerdote es el alma.

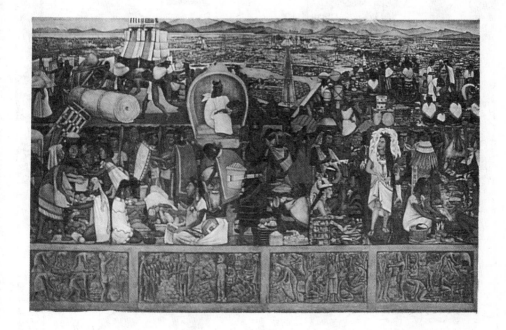

Los encargados del Templo Mayor pertenecían a la sociedad imperial, percibían rentas propias de las tierras conquistadas y las ofrendas de los fieles. Los sacerdotes conservaban casi todo el saber: medicina, astronomía, cálculos calendarios, escritura, historia, literatura y filosofía. En la escuela de los nobles, el *Calmecac*, los sacerdotes enseñaban ésto y las leyes, el gobierno y el arte militar.

Por encima de todos estaba el emperador, el soberano indiscutido sacerdote supremo de Huitzilopochtli y gran jefe militar. Su puesto no era hereditario, sino electivo, si bien la elección desde Acamapichtli, recayó siempre en la misma familia.

GENEALOGIA DEL SEÑORIO MEXICA

Tenoch, "Tuna de Piedra", murió en 1366. Fundador de Tenochtitlan.

Acamapichtli, "El que empuña la caña" (1377-1389).

Huitzilihuitl, "Pluma de Colibrí" (1391-1425)

Chimalpopoca, "Escudo que humea" (1425-1426)

Itzcóatl, "Serpiente de Pedernal" (1427-1440)

Moctezuma Ilhuicamina, "Flechador del Cielo" (1440-1468)

Axayácatl, "Cara en el Agua" (1468-1481)

Tizoc, "Pierna enferma" (1481-1883)

Ahuizótl, "Perro de Agua" (1486-1502)

Moctezuma Xocoyotzin, "Señor Joven" (1502-1520)

Cuitláhuac, "Aguas con Tlecuitlat" (Septiembre a diciembre de 1520)

Cuauhtémoc, "Aguila que desciende" (Febrero a agosto de 1521)

Es la religión la misión mesiánica de los aztecas, esa creencia de su destino oscuro, les mostraba que ellos eran los escogidos. En los días de su miseria, habían pagado con infinitos dolores la promesa de un futuro glorioso, tenían que soportar el terrible peso de conservar en vida a su dios, al Sol y volver a nacer el día de mañana. Para estar seguros que así sería, debía dársele fuerza, asegurar su triunfo sobre sus enemigos, el único elemento que le gustaba al Sol era la sangre humana. Porque después de todo, los Aztecas no se salvaban a sí mismos, sino al resto del mundo, el Sol no sólo alumbraba para ellos, alumbraba también a los demás. Para lograr este fin, la guerra se hacía indispensable, era necesario como factor económico y como factor religioso.[18]

CULTURA GUBERNAMENTAL
DEL ESTADO MEXICA

Tlatoani o "Señor Supremo", Monarca o Emperador de acuerdo al criterio español, la vida política giraba alrrededor de éste.

Cihuacóatl ("Mujer Serpiente"), fungía como juez supremo en lo criminal y lo militar, proveía la hacienda del Señor, hacía las funciones de "Presidente y Juez Mayor", se encargaba de seleccionar a los militares distinguidos y de otorgarles recompensas, organizar las expediciones del ejército y nombrar a los comandantes del mismo. A la muerte del Señor, desempeñaba las funciones de jefe; en tanto el colegio electoral era convocado y elegía al nuevo gobernante, sustituía al Señor cuando salía al campo de batalla, recibía honores apenas inferiores a los *Tlatoani*, recibía una porción considerable de los tributos entregados por los pueblos conquistados. Su manto de color blanco y negro era un signo de poder, ocupando un lugar inmediato al del manto azul verde del gobernante. Le seguían cuatro militares que, por su rango, integraban un cuerpo de consejeros del *Tlatoani*; realizaban funciones de carácter judicial y atendían casos criminales y civiles, y dado al caso, podían apelar ante el *Cihuacóatl*.

Otros Funcionarios

—**El Mexicatl achcauhtli** o jefe de los funcionarios de México-Tenochtitlan.
—**El Tecuhtlamacazqui** o representante de los sacerdotes ante el Estado.
—**Petlacolcátl** o encargado de cuidar los almacenes donde se guardaban los tributos recibidos.
—**El Huey calpixqui**, funcionario civil.

Salvo el Petlacolcátl y el Huey calpixqui, los demás funcionarios integraban el Consejo Supremo de la ciudad o *Tlatoca*; que era presidido por el Tlatuani y en ausencia de éste, por el Cihuacóatl; este Consejo era el núcleo del Colegio Electoral cuando se debía nombrar a un soberano.

El Estado Mexica contaba con una organización política, social y económica compleja; un Estado que se expandía, convirtiéndose en el siglo XVI en el señorío más fuerte de Mesoamérica.[19]

ORGANIZACIÓN SOCIAL

De acuerdo con el criterio sustentado por Fray Bernardino de Sahagún, la sociedad mexica estaba integrada por cuatro clases: militar, sacerdotal, comerciantes o pochtecas y el pueblo. Las tres primeras integraban la clase **pipiltin** con una situación privilegiada respecto a la **macehualtin** o pueblo.

Zurita nos dice que los **mayeques** no poseían tierra y que estaban ligados a la que trabajaban, generalmente era de un **Tecutli**, dicha tierra era heredada por los hijos del Señor con todo y **mayeques**, quienes quedaban bajo la autoridad y mando del nuevo Señor, al que también pagaban tributo y servían en forma personal. Los **mayeques** vivían sometidos al igual que los **pecheros** en las organizaciones feudales europeas.

Resumiendo, se puede decir que la clase dirigente —sacerdotes, militares y funcionarios—, no pagaban tributos, eran poseedores de la tierra en propiedad privada y gozaban del usufructo de la propiedad colectiva; los comerciantes, que gozaban de algunos privilegios, eran una clase en ascenso económico-social; los artesanos disfrutaban de cierta holgura económica, además de trabajadores libres eran propietarios de sus medios de producción; los agricultores libres eran propietarios de la tierra en forma comunal y el producto de la misma era distribuído equitativamente entre los miembros del **calpulli**; los campesinos sin tierra, tenían como posibilidad única, trabajar las tierras de la clase dirigente. La clase dirigente no pagaba impuestos ni ofrecía tributos, el resto cumplía estrictamente con la carga tributaria impuesta por el Estado.

Desde el punto de vista social, el *calpulli* fue una organización clásica de los Mexicas que se conservó a través del tiempo, su presencia fue importante tanto en lo social, lo político, militar y religioso.

Los hombres del *calpulli* eran dirigidos por militares de carrera, descendientes de nobles; éstos elegían entre sus familiares, a sus oficiales y organizaban a sus hombres en decenas y centenas.

Cada *calpulli* tenía un **Tepochcalli**, donde entrenaban a los jóvenes para la guerra, y les proporcionaban una sólida educación moral y religiosa. Cada *calpulli* tenía un dios particular y contaba con un templo donde se realizaban ceremonias para adorarlo.

Las funciones políticas se reservaban a personas del clan que se consideraban nobles, porque eran descendientes de toltecas o habían contraído nupcias con hijos de nobles, éstos eran atributos para gobernar el *calpulli*, obtener rangos militares de alta graduación y ocupar puestos judiciales.[20]

ECONOMÍA MEXICA

La economía mexica fue autosuficiente, con la política de expansionismo, la población mexica creció y requirió nuevos mercados dominando a los pueblos circunvecinos y posteriormente, a las provincias más distantes, con ello lograron un doble objetivo: el crecimiento territorial y la conquista de los pueblos, para alcanzar su economía por lo que se vió favorecida con el pago de tributos.

El Consejo tribal dividía la tierra entre los clanes existentes, posteriormente los jefes de cada clan, la distribuían en forma equitativa entre los jefes de familia. Para el clan mexica, la agricultura era la base de su economía y por ello era necesario que la tribu poseyera y administrara la tierra. Por razón natural, las condiciones se modificaron, la población creció y agotó la tierra del valle, por lo cual artificialmente se habilitaron nuevos espacios con la construcción de chinampas.

Dentro de la organización mexica no existía la propiedad privada, al respecto dice Zurita: "Las tierras son en común del *calpulli*, y el que las poseé no las puede enajenar sino que goza de ellas de por vida, y las que puede dejar a sus hijos y herederos.[21] Siendo esta única forma de transmitir el usufructo.

La propiedad y usufructo de la tierra era comunal y su provecho individual. Si la tierra no era trabajada durante dos años, la persona era seriamente amonestada, si continuaba con esa actitud un año o más, se le decomisaba y pasaba a formar parte de un fundo comunitario, se procedía de la misma forma cuando era abandonada o la familia moría sin dejar descendientes.

En otros casos, era dada en renta por el jefe del *calpulli* y el consejo a campesinos de otros barrios, en este caso, el producto de las rentas era manejado como fondo común.

Cuando un hombre se casaba, el *calpulli* debía proporcionarle una parcela y nadie podía quitársela, al menos que no la trabajara; si la tierra otorgada no le satisfacía, podía solicitar otra.

Con el paso del tiempo, las clases sociales se fueron asentando. Los dignatarios y sacerdotes no trabajaban sus tierras y los comerciantes y artesanos fueron exentados de dicho trabajo. Debido al crecimiento de la población, las tierras resultaban insuficientes y los *macehualtin* tuvieron que trabajar las tierras de otros y gran parte de la población tuvo que realizar otras actividades. Para solucionar este problema, de acuerdo a la posesión de la tierra, se hicieron los siguientes cambios y divisiones:

—Tierras pertenecientes a una ciudad o al *Tepetlalli*.
—Tierras asignadas al palacio o *Tecpantlatli*.
—Tierras del Señor *Tlatocamilli*.
—Tierras de guerra o *Yaoyotla*.

Todas ellas serían trabajadas por **Macehualtin**, campesinos sujetos o por esclavos-**tlacotlin** de ciudades que estaban sometidas.

El producto de esas tierras se destinaba para satisfacer necesidades de las clases gobernantes. En su trabajo, los *macehualtin* pagaban parte de su trabajo, el resto lo pagaban en especie.

La imposición de los tributos a las aldeas o ciudades conquistadas y domi-nadas, variaba de acuerdo en la forma en que habían sido incorporadas o con sus posibilidades. Dichos tributos debían ser entregados a los mercaderes, una o dos veces al año: fibras de maguey, telas de algodón, ropa, granos, sal, chile, tabaco, miel, oro, jade, turquezas, vasijas, muebles, materiales para la construc-ción, corales, pájaros vivos, plumas preciosas, etc.

Tanto el tributo como el pago de impuestos, eran de dos formas de ingreso para los mexicas, había una tercera: el comercio (con su antecedente más cercano, el trueque). No había moneda como equivalente de cambio, en su lugar se usaban: "El guachtli", piezas de tela, con su múltiplo la "**carga**" (veinte piezas), la almen-dra de cacao, verdadera moneda fraccionaria con su múltiplo el "**xiquipilli**", saco que contenía 8,000 gramos; pequeñas hachas de cobre en forma de T, cañones de pluma rellenas de polvo de oro, etc.[22]

IDEOLOGÍA, COSMOGONÍA Y RELIGIÓN DE LOS MEXICAS

La ideología y cosmogonía de los nahuas, evolucionó a través de los siglos XIV y XV, pasando por tres etapas:

UNA CONCEPCIÓN MATEMÁTICA DEL UNIVERSO

Sus orígenes se ubican entre el siglo XIV y XV, época en que la cultura tolteca floreció y fue aceptada por los pueblos nahuas.

Los mexicas explicaban que la tierra estaba dividida en dos secciones: La Superior, con 9 pisos celestes para los señores nocturnos, y 13 para los señores diurnos. Para el hombre nahuátl existían dos lugares destinados a quienes morían: En la parte superior del **Tlalocan**, equivalente al paraíso cristiano, sinónimo de luz y alegría para todos aquellos cuya muerte tuvo relación con el agua, la guerra o el parto. La parte inferior, el **Mictlan** o lugar de los muertos, a donde llegaban todos aquellos cuya muerte fue común.

En el plano horizontal, se consideraba que el universo estaba seccionado en cuatro rumbos, que identificaban con diferente color: Al norte correspondía el negro, al sur el azul, al oriente el blanco, y al poniente el rojo. En cada sección o rumbo, dominaban dioses que se identificaban con los elementos naturales que correspondían a cada sección: agua, tierra, aire y fuego.

—**Tezcatlipoca rojo**, fue el dios tutelar de Tlaxcala.
—**Huitzilopochtli**, Dios de la Guerra de los Mexicas, fue ataviado con las ropas de *Tezcatlipoca azul*, y asumió sus funciones por ser un dios solar. Su opuesto: El dios de la noche, era *Tezcatlipoca negro*, quien fue adorado por varias culturas bajo diferentes apariencias.
—**Quetzalcóatl** —deidad titular de Cholula—, bajo el nombre de "*Serpiente Emplumada*", fue también estrella de la mañana, al asociarlo con el oriente y la estrella de la tarde, cuando lo asociaban con el poniente.
—**Tezcatlipoca**, —la divinidad suprema de los texcocanos—, fue considerado sustituto del Sol y dios mayor de su culto.

Explicada la imagen especial del mundo, es necesario aclarar que fue una concepción tolteca —siglos VIII y XII de n.e.—, adoptada por los mexicas.

Por los estudios realizados de los vestigios de la cultura tolteca y por las versiones de los mexicas del siglo XVI, se sabe que definieron la imagen especial del mundo en dos planos; crearon dos calendarios: *Xiuhpohualli*, "cuenta del año", y *Tonalpohualli*, "cuenta de los días", definieron la imagen especial del mundo, por medio de cuatro soles o edades (anteriores al que rige actualmente, terminados todos por violentas destrucciones; el actual, "Sol de movimiento" dominado por Quetzalcóatl, también terminará por movimientos telúricos).

Con palabras de los naturales, mencionadas en los informantes de Sahagún, se relata lo siguiente:

"Estos toltecas eran muy sabios,
tenían por costumbre dialogar con su propio corazón,
Ellos dieron principio
a la cuenta del año (*xiuhpohualli*)
a la cuenta de los días (*tonalpohualli*).
Ellos determinaron cómo dan augurios el día y la noche,
cuales signos de los días son buenos, convenientes,
y cuales no son buenos,
aquellos que se dicen los signos fieros."

Los toltecas pensaban que por encima de los planos superiores existía un lugar o manera de una divinidad superior -**Tloque-Nahuaque**- divinidad dual que poseía dos rostros, uno masculino y otro femenino. Era "el dador de la vida", "dueño de la cercanía y de la proximidad"; se le llamaba "**Ometeótl**" y "**Quetzalcóatl**", sólo aceptaba sacrificios de serpientes, mariposas y pájaros y se solazaba con flores y cantos.

Los toltecas de los teotihuacanos tomaron ideas sobre el más allá y la muerte. Del códice Matritence, de los informes de Sahagún, es el siguiente fragmento:

"Por ésto decían los viejos:
quien ha muerto se ha vuelto un dios.
Decían: Se hizo allí dios,
quiere decir que murió."[23]

CONCEPCIÓN MÍSTICO-GUERRERA

En el siglo XV se definió una postura importante desde el punto de vista místico-guerrero y hubo un notable desarrollo político, económico, militar, artístico y religioso. Estos cambios se dieron a la visión de *Tlacaélel, Cihuacóatl* (hermano de Izcoatl) —Consejero— de Izcóatl y de Moctezuma Ilhuicamina, según consta en los códices Xolotl, Azcatitlán, Cozcatzin, Ramírez, la crónica Mexicayotl y la séptima Relación de Chimalpapin.

Por la Relación de Chimalpapin, se sabe que en 1424, cuando Izcóatl gobernaba a los Mexicas —que se encontraban bajo el poder de Maxtla, señor de Azcapotzalco—, *Tlacaélel* influyó en su señor y en su pueblo para que vencieran a los tecpanecas y logró que su señor mexica efectuara diferentes reformas:

—El reparto de la tierra a la clase dirigente y a los barrios o calpultin.

—La concesión de títulos a los guerreros que se habían distinguido en la lucha.

—La creación de una nueva versión de la historia del pueblo mexica, y en consecuencia, la quema de los dioses y vestigios de la historia vieja.

¿Qué contienen dichos textos? ¿Qué nuevos elementos aportan?

—Afirman que entre los nobles toltecas y los mexicas existe parentezco.

—Ubican a Huitzilopochtli en un plano creador o a la altura de Quetzalcóatl y de Tezcatlipoca.

—Dejan traslucir el misticismo guerrero del pueblo mexica al expresar que su misión es conquistar y someter a todos los pueblos de la tierra para capturar hombres que serían sacrificados y con cuya sangre se mantendrá vivo el sol que, a su vez, es el creador del día.

A *Tlacaélel* se le adjudica la inserción de *Huitzilopochtli* como deida máxima de los mexicas, su ubicación como dios supremo sobre el viejo panteón mexica y la idea de requerir sangre de sacrificios humanos para que sobreviviera el dios *Sol-Huitzilopochtli*. Fue así como el concepto de lucha se volvió una actitud real entre los mexicas.[24]

CONCEPCIÓN ESTÉTICA DEL MUNDO Y DE LA VIDA

Tiene relación con su cosmogonía, con sus aspectos celestes, con su dios dual y con el deseo de encontrar lo permanente frente a lo transitorio y fugaz de la existencia.

Los sabios nahuas se preocuparon por encontrar una forma de decir la verdad, de darle sentido a la existencia del hombre a todas las cosas, de contestar la gran pregunta: "¿Acaso son verdad los hombres?"

Por medio de la poesía *"flor y canto"*, que los sabios se expresaban, en donde se cuestiona la verdad y se plantea la fugacidad de todo lo existente, a continuación se exponen dos fragmentos de esta expresión poética:

"¿Acaso hablamos algo verdadero aquí. Dador de la vida?
Sólo señalábamos, sólo nos levantamos del sueño,
sólo es como un sueño. . .
Nadie habla aquí la verdad. . ."
¿Acaso son verdad los hombres?
Por tanto ya no es verdaderamente canto.
¿Qué está por ventura en pie?
¿Qué es lo que viene a salir bien?"

"Flor y Canto" son verdades consevidas como poesía; así lograron los sabios viejos o *tlamatinimes* unir a Dios y al hombre al decir: "Mete a Dios en el corazón del hombre y lo hace verdadero, nace y verdea principalmente en lo que hoy llamamos arte".[25] Fue una de las formas de pensamiento por medio del cual el hombre nahual, consistente de sus limitaciones, tanto de darle sentido a la vida y a todas sus creaciones. Por ejemplo, la explicación práctica del origen del dios Huitzilopochtli, del cual decían que había nacido el 25 de diciembre del calendario cristiano y cuya madre fue *Coatlicue*, la Tierra.

Según la leyenda, *Huitzilopochtli* había nacido en Coatepec, de una mujer llamada *Coatlicue*, madre de los cuatrocientos vientos sureanos y de una hermana de éstos de nombre *Coyolxauhqui*, que hacía penitencia barriendo en Coatepec (la montaña de la serpiente). Cuando barría, sobre ella bajó un plumaje como una bola de plumas finas. Enseguida la recogió *Coatlicue*, la colocó en su seno, cuando terminó de barrer, buscó la pluma, que había colocado en su seno pero nada vió allí: En ese momento, *Coatlicue* quedó encinta.[26]

Huitzilopochtli, el Quinto sol, libera a la creación de la dualidad, trasmite a la materia el movimiento, arroja sobre los hombres la culebra del fuego, la guerra, el fuego devorador. Este dios, como colibrí, acompañó a la tribu azteca durante su peregrinaje, diciéndole siempre: ¡Márchemos! ¡Márchemos!

La religión mexica, de la cual dice el investigador Vaillant: "La religión azteca trataba, por sus fines y por su práctica, de atraer aquellas fuerzas naturales favorables a la existencia humana y de rechazar las que le eran perjudiciales. La dirección ética y la perfección espiritual caían bajo el dominio de las costumbres sociales..."

También dice: "La religión azteca fue una consecuencia del reconocimiento y temor de las fuerzas naturales, y del intento de dominarlas. El proceso mediante el cual el hombre define estas fuerzas y las gradúa por orden de importancia, constituye tanto una parte de la evolución cultural, como el arte, la mecánica y la organización social"[27]

De acuerdo a la mitología de los mexicas, el origen de la vida humana fue la pareja suprema-hombre-mujer-**Tonacatecutli y Tonacacihuatl**, el señor y la señora de nuestra carne; esta pareja dió origen a cuatro dioses:

—**Tlallauqui Tezcatlipoca**, el de la piel roja, a quien se le dió el mando y el poder en el oriente.

—**Yayauhqui Tezcatlipoca**, el de la piel negra, a quien se le dió el mando y el poder en el norte.

—**Iztayauhqui Tezcatlipoca**, el de la piel blanca, a quien se le dió el mando y el poder en el occidente.

—**Xoxouhqui Tezcatlipoca**, e de la piel azul, a quien se le dió el mando y el poder en el sur.

"Dioses que posteriormente adoptarían las provincias conquistadas, según los ponían por razón de sus lenguas o de sus tradiciones:

Al *Tezcatlipoca rojo*, los tlaxcaltecas lo llamaron *Camaxtli* por ser su dios principal.

Al *Tezcatlipoca negro*, los chichimecas lo llamaron *Mixcóatl*, la Serpiente de Nube.

Al *Tezcatlipoca blanco*, los toltecas lo llamaron *Quetzalcóatl*, La Serpiente Emplumada.

Al *Tezcatlipoca azul*, los aztecas lo llamaron *Huitzilopochtli*, el Colibrí Izquierdo del Sur."[28]

En sí, la religión de los mexicas, de sus antepasados y de sus conquistados, se basaba en la creencia de que las fuerzas naturales actuaban en buena manera como los hombres; había fuerzas buenas y malas, que representaban como dioses y diosas.

Así encontramos integrado el panteón mexica por dioses mayores, deidades creadoras, dioses de la fecundidad, de la lluvia, de la humedad, del fuego, planetarios y estelares, de la muerte, de la tierra y otras variantes de los grandes dioses o gemelos de alguno de ellos.

EL CONOCIMIENTO CIENTÍFICO ENTRE LOS MEXICAS

El pueblo mexica salió de Aztlán en el año 1,111 de N.E., y después de un largo peregrinaje, fundó México- Tenochtitlan en el año de 1,325. Se conocen los lugares que tocó, los enfrentamientos que tuvo con otros grupos, pero respecto a su avance cultural ¿qué se sabe?. El pueblo mexica pasó por diversos estadios de desarrollo, según Eli de Gortari, fueron: el paleolítico, neolítico y la revolución urbana.

Paleolítico, los mexicas, como todas las tribus, vivieron una etapa nómada, época que ha sido ubicada entre los años 20,000 a 12,000 a. n. e. "Entre 12,000 a 8,000 a.n.e. se dió un notable avance. . . dando el primer paso grandioso en la emancipación del medio ambiente. Encendiendo y alimentando el fuego, transportándolo y utilizándolo el hombre se desvió revolucionariamente del comportamiento de otros animales, afirmando su humanidad y comenzó su evolución social...".[29] La acumulación de experiencias le permitió ir adquiriendo conocimientos y con la adquisición y transmisión de dichos conocimientos fue estableciendo las bases de la ciencia.

Neolítico. Pasó también por la etapa que se caracterizó por el descubrimiento, la práctica y el desarrollo de la agricultura, en la cual aparece el sedentarismo y el desarrollo cultural.

Revolución Urbana. Durante la Revolución Urbana se impulsó el desarrollo de la producción agrícola; se acentuó la división del trabajo; se definió la especialización de los artesanos, se domesticó al hombre, se incrementó la actividad comercial, se inició la arquitectura y la ciencia. Y como consecuencia del incremento del comercio y las múltiples migraciones, fueron propagadas las ciencias, las técnicas, las formas de organización social y creencias. . . Podemos decir que la Revolución Urbana fue la consecuencia de la obtención, por parte de las mexicas y de otros pueblos de Mesoamérica contemporáneos, un cúmulo de conocimientos científicos de experiencias a partir de su trabajo empírico y agrícola, que antes habían sido conocidos en forma artesanal, por medio de la tradición oral y por la observancia en forma directa, que después se registraron a base de signos convencionales o tipográficos, con los cuales se estructuraban los códices.

La cultura mexica, desde la fundación de Tenochtitlan hasta la llegada de los conquistadores, había alcanzado un cúmulo de conocimientos que aplicaron en la práctica y que abarcaba varios campos de las ciencias naturales y exactas: medicina, farmacopia y botánica, matemáticas, astronomía, cronología, etc. Esto permitió que los mexicas tuvieran un alto grado de desarrollo cultural cuando fueron sometidos por los conquistadores españoles.[30]

CÓDICES

Las diversas culturas indígenas de América contaban, antes de la llegada de los españoles, con un sistema que les permitía consignar ciertas informaciones materiales, manuscritos que hoy se conocen como Códices.

Los Códices son testimonios documentales del México antiguo y quien desee estudiar las culturales indígenas que en él florecieron, puede disponer de ellos como valiosa fuente bibliográfica.

La producción de los Códices prehispánicos fue abundante. Se sabe que las culturas mesoamericanas los conservaban en grandes recintos, como registros de su sabiduría, de los más importantes acontecimientos de su historia, de lo mitos de sus religiones.

Cada pueblo indígena creó sus propios Códices, pero fueron destruidos cuando eran vencidos, sus Códices como edificios fueron destruidos, para borrar los elementos que pudieran mantener la unidad cultural del pueblo sometido e imponer los del vencedor: Izcoatl mandó quemar los Códices y templos de los pueblos abasayados y, en la época de la conquista Cortés ordenó quemar Códices y edificios texcocanos.

Muchos Códices prehispánicos se enviaron a Europa, en donde la mayoría se extravió. Otros fueron destruidos por orden de los misioneros, como Juan de Zumárraga. Sólo una parte muy reducida se salvó.

Lista de Códices prehispánicos, ordenados según la cultura por la que fueron creados.

Códices prehispánicos:

—Maya	Dresden
	París
	Madrid
—Mixteca	Muttal
—Cholulteca-Mixteca	Borgia
	Coapi
	Fejervary-Mayod
	Land
	Vaticano B
—Mexicas	Borbónico
	Matrícula de Tributos
	Tonalámatl de Aubin
	Tira de la peregrinación azteca

Los Códices de la época colonial, trabajados en materiales indígenas y europeos, son pictográficos, ideográficos y rudimentariamente fonéticos. Representan números y nombres, y aparte llevan leyendas en letra manuscrita española, conservando su sentido artístico y simbólico. Subsisten características relacionadas con las concepciones filosóficas, religiosas, históricas y sociales de los pueblos indígenas, además su **peculiar sensibilidad estética.**

Códices de la época colonial (clasificación parcial):

Copias de Códices desaparecidos:
—Magliabecchi
—Talleriano Romensis
—Vaticano A-Ríos

Códices formados con la técnica indígena pura:
—Mendocino
—Tlotzin Quinantzin

—En cruz

—Florentino

—Osuna

—Cacatzin

Códices trabajados por manos de indígenas con influencia europea:
—Kingsborough o de Teplellaoztoc
—De Tlatelolco
—De la introducción de la justicia Española en Tlaxcala

Códices que carecen de la espontaneidad indígena:
—Durán Atlas
—Ramírez
—Aubin
—Cuauhtlancinco
—Huamantla y otros

La función de los códices se significó como registro de diversos hechos culturales propios de los pueblos mesoamericanos, por su enorme valor como fuentes de información para quien desee conocer de cerca y desde la perspectiva de los mismos indígenas y por el rescate de la inmensa riqueza de sus culturas.

LA CONCEPCIÓN MATEMÁTICA, ASTRONÓMICA Y CRONOLÓGICA DE LOS MEXICAS

Se encuentra resumida en la **Piedra del Sol o Calendario Azteca**. De acuerdo con las investigaciones realizadas por Vaillant, éste data del año 1479. En la Piedra del Calendario, se encuentra una variedad sorprendente de datos matemáticos, astronómicos y cronológicos.

Para conocer esa variedad de datos, a continuación citamos la descripción que Vaillant hace del Calendario Solar.

La piedra del calendario da forma a un resumen finito del infinito universo azteca. En el centro está la cara del Dios Sol, **Tonatiuh**, y a los lados hay cuatro cuadretes, cada uno de los cuales da las fechas de cuatro edades anteriores del

mundo y juntos representan la de nuestra era. Los veinte nombres de los días circundan este elemento central, y ellos, a su vez, están circundados por una banda de glifos de jade y de turquesa, lo que da idea de su preciosidad y al mismo tiempo simbolizan el cielo y su color. Esta tira está engalanada por los signos de las estrellas a través de los cuales penetran dibujos representativos de los rayos del sol. Dos inmensas Serpientes de Fuego que simbolizan el año y el tiempo circundan el perímetro para encontrarse cara a cara en la base. Penetrando profundamente a través de estas formas hasta lo que representan, encontramos una concepción grandiosa de la majestad del universo.[31]

Observando la Piedra del Sol, se llega a la conclusión de que los mexicas aplicaron frecuentemente las matemáticas, en una forma práctica.

Los habitantes del pueblo más poderoso del Anáhuac, usaban cotidianamente dos calendarios que eran: el **tonalpohualli** y el **xihuitl**, el primero registraba los días del año sagrado, el cual contaba con 260 días, agrupados éstos en tres meses, "meztli", de 20 días cada uno, el **Tonalpohualli** estaba relacionado con las fases de la luna y con el hombre mismo, pues un año sagrado o un año lunar es más o menos el tiempo que tarda la gestación de un niño "**piltzintli**".

El **Tonalpohualli** era sumamente importante para los mexicas, por esta razón era guardado celosamente en el **Tonalámatl**, que era el libro sagrado y a éste sólo tenía acceso el **Tonalpouhqui** "sacerdote divino". El calendario sagrado o **tonalpohualli** estaba compuesto de 13 meses y cada mes de 20 días, cada uno de estos días recibía un nombre, el cual estaba asociado con un punto cardinal y estaba dedicado a un dios.

Los mexicas representaban sus números con signos o glifos para numerar los días, hacían sus anotaciones o registros empezando por el número uno hasta llegar al trece y después del uno al siete para hacer un total de veinte días que eran los días que tenía en "**meztli**"

Cuadro 13. Nombres de los días en náhuatl, su significado en español del Calendario Azteca.

Número	Nombre en Náhuatl	Significado en español
2	Ehécatl	Viento
3	Calli	Casa
4	Cuetzpallin	Lagartija

Cuadro 13. (*continuación*)

5	Cóatl	Serpiente
6	Miquiztli	Muerte
7	Mázatl	Venado
8	Tochtli	Conejo
9	Atl	Agua
10	Itzcuintli	Perro
11	Ozomatli	Mono
12	Malinalli	Hierba
13	Acatl	Caña
1	Océlotl	Jaguar
2	Cuauhtli	Aguila
3	Cozcaquiuhtli	Zopilote
4	Ollin	Movimiento
5	Técpatl	Cuchillo de pedernal
6	Quiauitl	Lluvia
7 = 20	Xóchitl	Flor

El **Xihuitl** o año civil servía en los cómputos mexicas como medida del tiempo, y se componía de 365 días, estos se dividían en 18 meses "**meztli**", de veinte días cada uno más cinco días aciagos o complementarios, "**nemontemi**", más un cuarto de día, dando un total de 365.25 días, quiere decir que los mexicas no tenían en problema de los años bisiestos como el calendario gregoriano; el **xihuitl** nunca empezaba a la misma hora, por ejemplo, si el "**fuego nuevo**", o año nuevo empezaba a las seis de la mañana, el siguiente año comenzaría a las doce del día, el tercer año se iniciaría a las seis de la tarde y el siguiente daría comienzo a las doce de la noche, por lo tanto, los mexicas no necesitaban hacer ajustes cada cuatro años como se hace en la actualidad.

Cuadro 14. Duración del Año.

Duracion del año según la astronomía moderna	365.2422 días
El año según la reforma gregoriana vigente	365.2425 días
El año según la astronomía mexica	365.2420 días

Sabios del México Antiguo; estos astrónomos determinaban de acuerdo con su observación, la duración del "**xihuitl**", este tenía cuatro nombre diferentes, los cuales se habían tomado de algunos días que integraban este calendario, para designar al año civil, estos eran inalterables en su orden y se sucedían unos a otros hasta forma trecenas y al complentar 52 años, o sea un siglo azteca, se repetían. Observe el siguiente cuadro para una mayor comprensión de lo expuesto anteriormente

Cuadro 15. Cuatro trecenas del siglo mexica.

Acatl	1	5	9	13	4	8	12	3	7	11	2	6	10
Técpatl	2	6	10	1	5	9	13	4	8	12	3	7	11
Calli	3	7	11	2	6	10	1	5	9	13	4	8	12
Tochtli	4	8	12	3	7	11	2	6	10	1	5	9	13

Cuatro trecenas conformaban un siglo mexica ó **xiuhmolpilli**, el cual estaba integrado por 52 años y dos siglos formaban un **huehuetiliztli** o "ancianidad" esta tenía 104 años.

Los mexicas relacionaban la concepción matemática del mundo con las visiones místico-guerrera y estética, en el campo de la cosmovisión, también aplicaron sus conocimientos matemáticos al estructurar sus calendarios combinando la astronomía con las matemáticas en el campo de la cronología, utilizaban una serie de números como son: 4, 7, 13, 20, 52, 104, 260 y 365 relacionándolos como sigue: El 4, con los cuatro diferentes nombres que tenía el año civil; el 7, y la suma del 3, conteniendo el triángulo y del 4 conteniendo el cuadrado sosticial, da el número 7, sagrado en todas las religiones antiguas. El 7 sumado al 13 da 20, que eran los días que tenía el "Mextli", el 52 era la cantidad de años que tenía un siglo azteca; el 104 era una ancianidad, o sea, dos siglos,; el 260 era el número de días que tenía un año sagrado; y el 365 era igual de importante que todos los anteriores, porque eran los días que tenía un año civil mexica. Todos estos números vinculaban con la astronomía, la cronología y sus calendarios, estos guarismos les permitieron enmarcar, con exactitud asombrosa, infinidad de fenómenos astronómicos.

Los mexicas conocieron el tiempo que tarda el planeta Venus en recorrer su órbita, lo cual ocurre en 584 días, 9 horas, 36 minutos, estos datos convertidos a decimales, dan como resultado 584.4 días, los cuales integran un ciclo venusiano.

Cuadro 16. Relación existente entre los ciclos de este planeta, Venus con el cómputo del tiempo mexica.

100 ciclos lunares de 29.22 días cada uno son:	2922 días
8 años solares de 365.25 días cada uno son:	2922 días
5 ciclos de venus de 584.4 días cada uno son:	*2922 días*

El tiempo que abarcan los 2922 días, se suceden cinco ciclos de Venus, ocho años solares y cien ciclos lunares.Recordemos que los mexicas tenían dos calendarios, uno solar y otro lunar.

Con este cálculo, se comprueba la relación matemática que existe entre los movimientos de la luna, del sol y del planeta Venus en los llamados movimientos sinódicos, que son los que aprecia el hombre como observador terrestre. Finalmente, podemos afirmar que los años mexicas crearon verdaderos "relojes cósmicos" de gran precisión, por medio de los cuales era posible conocer la marcha de los astros y el ritmo de los tiempos.

MESOAMÉRICA ANTES DE LA CONQUISTA

ORGANIZACIÓN POLÍTICA ECONÓMICA

En resumen, la sociedad mesoamericana tenía como base económica la agricultura. Al momento de la conquista española existían varias clases de tierras. Dentro de un primer grupo se encontraban las adscritas a funciones políticas concretas. Tierras asignadas al Tlatoani, a funcionarios, a guerreros y sacerdotes. Dentro de un segundo grupo se encontraban las tierras patrimoniales que eran asignadas a los descendientes de guerreros destacados o a jefes de casas señoriales y, ocasionalmente, tierras de comerciantes y jefes de grupos de artesanos. El tercer grupo de tierras era las compuestas por las comunidades que pertenecían a quién las trabajaba y pagaba un tributo por ellas.[32]

En modo de producción se le asemeja con el "modo de producción asiático" porque su economía estuvo dirigida por el Estado; existía una estrecha relación de la actividad política con la economía.

En términos generales, la agricultura, la política, la religión, la ciencia, la economía y el comercio, el Estado los controlaba. Así en la economía política mesoamericana el cuerpo político organizaba los rasgos fundamentales de la

economía: la tierra y el trabajo, reglamentaba e incluso participaba de modo inmediato en el proceso de producción y decidía las líneas generales de la distribución de la riqueza.[33]

La organización social mesoamericana se ve como un conjunto de grupos estructurados que relacionan a la gente por su actividad, espacio y tiempo; en la organización social es más preciso utilizar el concepto de "estamento" como una categoría-jurídica que combina todo un conjunto de funciones económicas, políticas y sociales; un individuo tiene los derechos y obligaciones del estamento al que pertenece.[34]

Estamento de la sociedad mesoamericana:

Tecutli	Clase dirigente
Tlatoani	
Nobleza	Sacerdotes y militares
Piltin	
Clase media	Comerciantes cobradores de tributos
Pochteca	
Calpixque	
Gente común	Artesanos y campesinos
Macehualtin	
Servidumbre	Criados
Tlacotin	

ORGANIZACIÓN POLÍTICA TERRITORIAL

El imperio mexica estaba formado por varios señoríos o calpultin, cuyas características del calpuli son las siguientes:

1. **Autonomía.** El calpuli era esencialmente autónomo, su gobierno dictaba sus particulares normas basadas en las costumbres locales, con independencia de los demás calpulis, pero siempre de acuerdo con los lineamientos generales que establecía la legislación regional y federal del Estado.

2. **Autarquía.** El calpuli poseía un gobierno propio emanado de sus miembros conforme a las normas particulares establecidas en cada calpuli.

3. **Autosuficiencia.** El calpuli podía bastarse a sí mismo con sus propios recursos económicos ya fueran agrícolas o industriales y humanos, con su personal particular.

4. **Territorialidad,** porque para poder llenar sus funciones el calpuli necesitaba poseer en propiedad soberana, una fracción del territorio rural o urbano.[35]

COSMOLOGÍA

Sobre el origen de los gigantes en Mesoamérica, existen varias versiones. Un ejemplo se encuentra en la versión de *Cuauhtitlán* relatándose así: "Se cimentó luego el segundo Sol. Su signo era un tigre...y en este Sol vivían los gigantes. Decían los vientos que los gigantes se saludaban: "no se caiga usted porque quien se caía, se caía para siempre"...

Otra narración plantea: "...Por ser dios el *Tezcatipluca* se hizo Sol, y todos los dioses criaron entonces los gigantes... de tantas fuerzas que arrancaban los árboles con las manos...Dicen que como *Tezcatlipuca* dejó de ser Sol, perecieron y los tigres los acabaron..."

El ciclo día y noche fue extrapolado a la leyenda sobre el nacimiento del Sol: *Cuatlicue,* diosa de la Tierra, madre de *Coyolxauhqui* (la Luna) y de *Dentzonhuitznahuac* (las estrellas), encontró una bola de pulmónn y la guardó sobre su vientre. Cuando la buscó, ya no estaba y de inmediato se sintió preñada. Al saber ésto, la Luna y las estrellas se enfurecieron y decidieron sacrificarla; pero en ese momento nació Huitzilopochtli, el Sol, el guerrero, y con serpiente de fuego cortó la cabeza a la Luna y venció a las estrellas.

La gestación de *Huitzilopochtli* significa la salida del Sol y su esplendor en el cielo -la serpiente de fuego- opaca el brillo de la Luna y elimina las estrellas. Detrás del mito está un evento astronómico real. Esto señala que los antiguos habitantes de la Tierra no se encerraron en un cuarto oscuro a pensar cómo surgió el Universo; observaron el ámbito que los rodeaba.

Cuando la Luna muestra completa su plateada cara, los mares de la Tranquilidad y de la Fertilidad, el océano *Procellarum* y otros de sus grandes valles, vistos desde la Tierra, aparentemente forman la figura de un conejo, lo que también fue percibido y plasmado por los antiguos mexicanos.

En una traducción de la Leyenda de los Soles se lee: "Cuando fue el Sol al cielo, fue luego la Luna, que solamente cayó en la ceniza, y no bien llegó a la orilla del cielo, vino *Papáztac* a quebrantarle la cara con una taza de figura de conejo". Explica Jesús Galindo, arqueoastrónomo del Instituto de Astronomía de la UNAM.

Alfredo López Austin, especialista del Instituto de Investigaciones Antropológicas de la UNAM, señala otra constante en las versiones de los pueblos mesoamericanos sobre la creación, como es el plantear que, separados el Cielo -considerado lo masculino- y la Tierra -lo femenino-, se colocaban postes o árboles para evitar una nueva unión. Una parte de la historia de los mexicanos por sus pinturas, refleja lo anterior: "...y ariados estos cuatro hombres, los dos dioses *Tezcatlipuca* y *Quitzalcóatl* se hicieron árboles grandes... y con los hombres y árboles y dioses alzaron el cielo con las estrellas como está ahora... *Tezcatlipuca* y *Quitzacóatl* hicieron el camino que aparece en el cielo en el cual se encontraron, y están después acá en él y con su asiento en él."

En ese párrafo también queda sugerida esa senda láctea, brillante y nebulosa que actualmente sólo es posible admirar en cielos muy despejados, en lugares alejados de las ciudades, y que tanto ha llamdo la atención de la humanidad: el brazo de la galaxia a la que pertenecemos; la serpiente emplumada o *Quetzalcóatl*; el camino de polvo dorado de estrellas, según los incas; la banda celeste de nieve de los esquimales, o el trigo desparramado por Isis,como lo consideraban los egipcios.

Teotihuacan, Monte Albán, Chichén Itzá o Tenochtitlan, entre otras, fueron ciudades convertidas en centros de la cosmovisión mesoamericana, proyectada en leyendas que dejaban ver un conocimiento preciso de los movimientos del Sol de la Luna, de Venus y las constelaciones por ejemplo, el cálculo que hicieron en Chichén Itzá del desplazamiento del Sol durante el equinoccio, juego de luz y sombra, aprovechado para representar, en la pirámide llamada "*El Castillo, el descenso de Kukulkan*", o la creación que realizaron en el Templo Monolítico del *Malinalco* de la llegada de *Huitzilopochtli*, durante el solsticio de invierno, al momento en que el Sol alumbra directamente la escultura del Aguila Central; sabiduría astronómica desdeñada por los conquistadores pero que de alguna manera sobrevivió en nuestros astrónomos contemporáneos.[36]

BOTÁNICA Y MEDICINA.

De las plantas los indígenas pudieron obtener los más diversos productos: alimenticios, medicinas, fibras, telas, bebidas, instrumentos de trabajo, materiales de construcción, muebles, colorantes, pegamentos, cuerdas, perfumes, sustancias alucinantes. "Sus reconocimientos sobre la vegetación fueron tan extensos y penetrantes, y el número y la variedad de las plantas sometidas al cultivo fue tan grande, que difícilmente tienen paralelo en la historia universal, dentro de un nivel semejante de desarrollo social y cultural.

Los indígenas americanos contaron con jardines botánicos donde se cultivaban plantas medicinales y de ornato. Los jardines más antiguos fueron los establecidos por los *Acolhuas* en *Huetecpan*, *Cillan* y *Cuauhyacac*, éstos fueron engrandecidos por Netzahualcóyotl, quien también fundó el jardín de *Texcotzingo*, cerca de Texcoco el cual fue muy famoso por sus plantas medicinales.

Moctezuma Ilhuicamina estableció en *Oaxtepec* el que fuera el más famoso e importante de los jardines de plantas aztecas. El jardín de *Tenochtitlan* estaba dedicado a las ceremonias y se caracterizó por el cultivo específico de ciertas hierbas medicinales.

Existían otros jardines en *Chapultepec*, *Ixtapalapa*, *Azcapotzalco*, *Coyoacán*, *Tepoztlán*, *Cuernavaca* y *Atlixco*. En estos jardines botánicos, los médicos realizaban experimentos en sus propios cuerpos y luego los aplicaban a los enfermos; sin embargo, no todas las personas utilizaban los servicios médicos, ya que el conocimiento de las propiedades medicinales de muchas plantas era del dominio público, por lo que un gran número de personas las cultivaba por su propia cuenta.

La eficacia de las plantas medicinales residía en sus propiedades naturales, por lo cual una cantidad considerable de ellas aún se sigue aplicando en nuestros días; como son: **"barbas" de maíz**, cuya infusión ayuda a evitar los trastornos renales y hepáticos, problemas de la próstata, problemas del control de las esfínteres; el **ruibarbo**, cuya raíz y semillas (las hojas no porque son venenosas) tienen propiedades medicinales para el alivio de malestares estomacales, intestinales, dolores de cabeza, del hígado, escrofulosis; **la zarpaparrilla**, cuya raíz hervida ayuda al reumatismo, resfriados, catarros y fiebres. Los remedios preparados con los troncos, raíces, la corteza, las hojas, las flores, los frutos y las semillas fueron utilizadas

por médicos indígenas en forma de zumos, lavativas, píldoras, polvos, cataplasmas, supositorios, funciones, emplastos y ventosas.

La medicina se encontraba mezclada con prácticas mágicas y superticiosas, al mismo tiempo que las invocaciones y las demás actividades mágicas, los médicos mexicanos sabían emplear una terapéutica fundada en cierto conocimiento del cuerpo humano -sin duda bastante extendido en un pueblo en el que los sacrificios humanos eran muy frecuentes- y en las propiedades de las plantas o de los minerales. Sabían reducir las fracturas y aplicaban tablillas sobre los miembros rotos; sangraban hábilmente a los enfermos con navajas de oxidiana; etc.[37]

CONOCIMIENTO DE LA NATURALEZA, EL ARTE DE LA MEDICINA

Los médicos y profesores de medicina instruían a sus hijos en el carácter y en las variedades de las dolencias a que está sometido el cuerpo humano y en el conocimiento de las yerbas que la Providencia Divina han criado para remedio, y cuyas virtudes habían sido experimentadas por sus mayores. Enseñabales el modo de distinguir los diferentes grados de la misma enfermedad, de preparar las medicinas y de aplicarlas. De todo esto nos ha dejado pruebas convincentes el Dr. Hernández en su *"Historia Natural de Mégico"*.[38] "Ellos dieron a conocer mil y doscientas plantas con sus propios nombres megicanos, doscientas y más especies de pájaros y un gran número de cuadrúpedos, de reptiles, de peces, de insectos y minerales. De esta apreciabilísima aunque imperfecta historia podría formarse un cuerpo de medicina práctica para aquel reino, como la formaron en efecto el Dr. Farbàn en su libro de curaciones, el admirable anacoreta Gregorio López y otros célebres médicos":

Y si desde entonces en adelante no se hubiera descuidado el estudio de la naturaleza, ni hubiera sido tan grande la prevención en favor de todas las cosas ultramarinas, se hubieran ahorrado los habitantes de Méjico una gran parte de las sumas que se han gasto en drogas en Europa y Asia, y hubieran sacado mucha ventaja de los productos de su país.

A los médicos mejicanos debe la Europa: el tabaco, el bálsamo americano, la goma copal, el liquidàmbar, la zarzaparrilla, la tecamaca, los piñones purgantes, y otros simples que han sido, y son, de gran uso en la medicina; pero hai

infinitos de que carece la Europa, por la ignorancia y el descuido de los traficantes.

Además de los purgantes que hemos nombrado, y otros, hacían grandísimo
uso del mechoacan, tan conocido en Europa del *Izticpatli,* tan celebrado por el
Dr. Hernández y del *amamajtla,* conocido vulgarmente con el nombre de ruibarbo de los frailes...

Tenían muchos eméticos, como el *Mejochitl* y el *Neicotlapatli;* y el *Agitlacotl,*
que también celebra Hernández; antídotos, como la famosa Contrahierba, llamado por su figura *Coanenepilli* (lengua de sierpe) y por sus efectos *Coapatli* (ésto
es, remedio contra las serpientes): estornutarios, como el *zozojatic,* planta tan
eficaz, que basta acercar la raíz a la nariz para excitar el estornudo; febrífugos,
como el *Chiantzollin,* el *Ijtacjalli,* el *Huehetzontecomatl,* y sobre todo el *Izticpatli.*
Para preservarse del mal que solían contraer cuando jugaban demasiado al balón,
solían comer la corteza de *Apitzalpatli* macerada en agua. Sería infinita la enu-
meración que podría hacer de las plantas, resina, minerales y otras medicinas,
tanto simples como compuestas, de que servían como remedio en todas las
especies de enfermedades que conocían los megicanos...

Servíanse los médicos megicanos de infusiones, de cocciones, emplastos,
ungüentos y aceites y de todas estas cosas se vendían en el mercado, como refieren
Cortés y Bernal Díaz, testigos oculares. Sus aceites más comunes eran los de hule
o resina clásica del *tlapatl,* árbol semejante a la higuera, de chile o de pimentón
de chain y de ocotl que era una especie de pino. Este último se sacaba por
decocción. El chain servia más a los pintores que a los médicos.

Del *huitzilogitl* sacaban las dos clases de bálsamo, del que hacen mención
Plinio y otros naturalistas antiguos; el opobálsamo era el destilado del árbol y
el gilobálsamo sacado por decocción de las ramas. De las cortezas del *huaconej*
macerada por espacio de cuatro días continuos en agua, formaban otro liquido
semejante al bálsamo. De la planta llamada por los españoles *Maripenda,*
(Nombre tomado según parece, de la lengua Tarasca) sacaban igualmente un licor
semejante al bálsamo, tanto en su buen olor, cuanto en sus maravillosos efectos,
cociendo en agua los tallos tiernos con el fruto de la planta, hasta espesar a aquella
a guisa de mosto. De este modo formaban otros aceites y licores preciosos, como
el liquidambar y del abeto...

Sangrías y baños. Era muy común entre los megicanos y otros pueblos de
Anáhuac, el uso de la sangría, que sus médicos egecutaban con destreza y segu-

ridad, sirviéndose de lancetas de *itztli*. La gente del campo se sacaba sangre como lo hacen todavía, con puntas de maguei, sin suspender el trabajo en que se emplean. El lugar de sanguijuelas se servían de los dardos del puerco espín americano, que tiene un agujero en la punta...

Entre los medios que empleaban para conservar la salud era bastante común el baño, que muchos usaban diariamente en el agua natural de los ríos, de los estanques y de los lagos, y de los fosos la experiencia a hecho conocer a los españoles las ventajas de estos baños, sobre todo en los países calientes...

Cirugía . En cuanto a la cirugía de los megicanos, los mismos conquistadores españoles aseguran, por su propia experiencia la prontitud y la felicidad con la que se curaban las heridas . El mismo Cortés fue curadoperfetamente por los médicos tlascaleses de una gran herida que recibió en la famosa batalla de Otompan u Otumba. Además del bálsamo y de la maripenda, les aplicaban el tabaco y otros vegetales . Para las ulceras servían del *nanahuapatli*, del *zacatepatli*, y del *itzcuintpatli* para los absesos y otros tumores del *tlalamatl* y del electuario de *chilpatli* y para las fracturas de los huesos, del *nacazol* o *toloatzin*. Después de haber secado y pulverizado las semillas de esta planta, las aplicaban, y mezcladas, a la parte dolorida cubriéndola con plumas y poniendo encima unas tablillas para unir el hueso...

Los médicos eran por lo común los que preparaban y aplicaban los remedios; para hacer más misteriosa la cura, la acompañaban con ceremonias supersticiosas, con invocaciones a sus dioses y con imprecaciones contra las dolencias.- Veneraban como protectora a las medicina a la diosa *Tzapotlatenan* creyéndola inventora de muchos remedios, entre ellos del aceite que sacaban por destilación del ocotl.[39]

Al poco tiempo de que los españoles llegaron a tierras americanas comenzaron a advertir que la práctica de la medicina se encontraba en un estado de verdadero adelanto, que no dejó de sorprender a los conquistadores.

Entre los aztecas el conocimiento de al anatomía, la filosofía y la patología, sin olvidar el frecuente y acertado empleo de infinidad de plantas medicinales, motivo los mas calurosos elogios de quienes reconocieron en sus crónicas la mas preciada relación entre los pueblos recién ganados para la corona de España. Los aztecas que tenían a *Tzapotlatenan* y a *Xipe* como las más altas divinidades de la médicina. A la primera se le creía descubridora de *oxitl*, la resina sagrada, tan empleada en numerosos padecimientos. *Xipe* era el dios vengativo por excelencia, aquél que dirigía los mortíferos rayos de su indignación sobre los atemorizados mortales. También se tenía en alto aprecio a *Tetzcatlipoca*, dios creador del cielo y de la tierra, y adversario sempiterno de *Quetzatcoatl*. A *Tetzacatlipoca* se le consideraba el castigador implacable de los viciosos y de los malvivientes. A *Quetzatcoatl* se le impetraba la salud en casos de catarro y reúmas, así como en aquellos casos en que las mujeres desesperaban por su falta de capacidad procreadora. *Tlaltecium*, era el santo patrón de los niños enfermos ; una especie de divinidad pediátrica. Por otro lado, tenemos a las diosas: *Cihuacoatl*, que era según los antiguos mexicanos, la primera mujer que había parido; la Eva bíblica de los primeros pobladores de Tenochtitlan. *Xochiquetzal*, simbolizadora de la fuerza procreadora, era la diosa de la fertilidad y por ende de las mujeres embarazadas. Esta deidad, bajo otras advocaciones: *Matlacueye y Macuilxochitl* intervenían en el puerperio.

Centeotl, diosa de la tierra y de la medicina, era adorada por los médicos, por los cirujanos, por los sangradores, y también -como anota Sahagún- por las parteras y por las que daban yerbas para abortar. Esta *Centeotl*, diosa de los *Temazcalli* bajo la advocación de *temazcaltoci*.

El arte de la medicina, o *Ticiotl*, entraba en la categoría de los oficios que el padre enseñaba a sus hijos o protegidos ; mostrábales a los enfermos; indicábales la causa del padecimiento ; hacíales ver los síntomas principales y exponíales la conducta terapeutíca más conveniente a seguir en cada caso particular.

Entre los aztecas el oficio de curanderos tenía varias divisiones: el *Tlamatepatiticitl*, era el internista de hoy ; aquél que curaba con medicina ingeridas o aplicada sobre la piel. El *Texoxotla-ticitl* era el cirujano. El *Tezoctezoani* era el nombre que servia para los sangradores (Vemos con esto que en Tenochtitlan al igual que en diversos países europeos, existían vigentes las mismas diferencias sociales primero entre aquellos que practicaban la medicina. El de más categoría era el medico prominente propiamente dicho; luego seguía el cirujano y por último seguía el sangrador, oficio este desempeñado en europa por los barberos y flebotomianos). Finalmente, y por lo que al México precortesiano respecta, y no necesariamente en orden de menor importancia, venia el *papiani-panamacani*, que era el herbolario quien después de haber recorrido los lugares más intrincados de las selvas, los valles más agrestes, los parajes más abruptuos, tornaba a las ciudades con su cargamento de plantas medicinales, que luego emplearía en la curación de muchas enfermedades.

Para Bernardino de Sahagún los médicos mexicanos "tenían grandes conocimientos de los vegetales, sabían sangrar, sobaban, reducían las luxaciones y fracturas, sajaban y curaban las llagas, la gota y en las oftalmias cortaban las carnocidades". Es indudable que los antiguos médicos tenían grandes conocimientos de indole anatómica. Para confirmar esta opinión no tenemos más que admirar algunas esculturas en las que hay representaciones de craneos humanos u otras piezas anatómicas.

Merced a sus prácticas de descuartizamiento vinieron a saber, más cada día, de las diversas articulaciones del cuerpo humano. *Acolli* era la articulación del hombro; *Moliztli* la del codo; *Maquechtli* la de la muñeca y *Tlanquaitl* la de la rodilla. Supieron, también, los primeros detalles de la vícera cardiaca: el corazón, ya que en sus sacrificios humanos tenían por costumbre arrancarles el órgano vital a sus víctimas.

El doctor Fernando Ocaranza, en su extraordinario libro *"Historia de la medicina en México"*, señala que para los médicos mexicanos cada parte del cuerpo humano tenía su nombre especial:

La cabeza era *Totzontecan*; el tórax era *Elpantli* y así sucesivamente, cada segmento orgánico recibía un nombre determinado. La lengua era *Nenepilli*, la piel era *Cuatl*, no escaparon a su observación los organos internos y así tenemos que los pulmones era los *Tochichi*; el estomago; *Totlatlalizan* y el brazo *Elcomalli*. Continuar adelante con la lista de las palabras nahuas de las cuales los médicos aztecas se servían para expresar cualquier detalle anatómico corporal sería, en verdad, bastante prolijo...

Dentro de las limitaciones de la época en que tocóles vivir y florecer, aquellos médicos tenían ideas más que elementales de diversas funciones orgánicas. Supieron de la circulación de la sangre; llegaron a percatarce del choque de la punta del corazón y le llamaron *Tetecuicaliztli*. El pulso radical era *Tlahuatl*. Llegaron a tener ideas más o menos precisas de las causas de un gran número de enfermedades. Supieron de los contagios o *Temauhcocoliztli* y de las epidermias, *Temoxtli*. A las enfermedades en general les llamaron *Cocolli* y empleaban la palabra *Zahuatl* para designar una erupción en la piel...

Y así tenemos que el *Hueyzahuatl* era el nombre que le daban a la viruela y *Tepitonzahuatl* la designación del sarampión (pequeña lepra)...

Sin duda alguna una de las epidermias más desastrosas para los mexicas fue la de la viruela, traída a México por un negro venido en el ejercito de Pánfilo de Narvaez, cuando éste trató de someter al orden al conquistador estremeño Herán Cortes...

Amplísimo en verdad era el arsenal terapéutico del que disponian los médicos aztecas, y que estaba condicionado, principalmente, al empleo de sustancias vegetales, que eran administradas bajo diferentes formas. También hacían uso de sustancias minerales, tales como el agua de cal: *tenextle*; el azufre tlaquiquiztlalli, etc.[40]

Francisco Javier Clavijero uno de los historiadores más renombrados de México, escribió al respecto : "Servianse los médicos megicanos de infusiones de cocciónes, emplastos, ungüentos y aceites y de todas éstas cosas se vendían en el mercado como refieren Cortés y Bernal Díaz, testigos oculares."

Hernan Cortés describe así el tianguis de Tlatelolco:

"Tiene esta ciudad otra plaza tan grande como dos veces la ciudad de Salamanca, toda cercada de portales alrededor, donde hay cotidianamente arriba de sesenta mil ánimas comprando y vendiendo: donde hay todos los géneros de mercaderias que en todas las tierras se hallan. Hay calle de los herbolarios, donde hay todas las raíces y hierbas medicinales que en la tierra se hallan. Hay casas como de boticarios, donde se venden las medicinas hechas, así potables como ungüentos y emplastos. Hay casas como de barberos donde lavan y rapan las cabezas."[41]

Por su parte el cronista por excelencia Bernal Díaz del Castillo, fiado a su prodigiosa memoria escribió, varios lustros después de haber tenido lugar los acontecimientos, sus impresiones del Mercado de Tlatelolco: "Porque es para no acabar tan presto de contar por menudo todas las cosas, sino qué papel que en esta llaman *amatl*, y unos cañutos de olores, liquidámbar, llenos de tabaco, y otros ungüentos amarillos y cosas de este arte, vendían por si se e vendían mucha grana debajo de los portales en aquella plaza. Había muchos herbolarios y mercaderias".[42]

Cocimientos, maceraciones, polvos secos y aceites, eran la forma más común de administrar los medicamentos vegetales que tanto admiraron los europeos y que los antiguos mexicanos empleaban como purgantes eméticos, antieméticos, diureticos, *acitócicos, abortivos, paricidas*, antidiarréicos, etc.

La cirugía entre los mexicanos alcanzó gran desarrollo, debido quizá a las continuas acciones bélicas en las que frecuentemente estaban enfrascados con sus vecinos territoriales. Los doctores aztecas desarrollaron lo que en medicina se podria llamar traumatológica.

Muy diestros eran también los sangradores, y al respecto anota Clavijero lo siguiente:

Era muy común entre los megicanos y entre otros pueblos de Anahuac, el uso de la sangría que sus médicos realizaban con destreza y seguridad, sirviendoce de las lancetas de *iztli*. La gente del campo se sacaba sangre con puntas de maguei, sin valerse de otra persona y sin abandonar el trabajo en que se empleaban. En Lugar de sanguijuelas se servián de dardos de puercoespín americano que tiene un aujero en la punta. En cuanto a la cirugía de los megicanos, los mismos conquistadores españoles aseguraban por su propia experiencia, la protitud y facilidad con la que curaban las heridas... "El mismo Cortés fue perfectamente curado por los médicos tlascalenses de una grave herida que sufrio en la famosa batalla de Otompan u Otumba"[43]

Las heridas recibidas en la cara, procuraban tratarlas cuidadosamente para que no quedasen cicatrices muy marcadas Sahagún nos dice que:

Las cortaduras y heridas de las narices habiéndoce derribado por alguna desgracia, se ha de curar cosiendo con un cabello de la cabeza y poner encima de los puntos y heridas miel blanca con sal ; y después de esto si se cayeran las narices, y si no hubiera aprobechado la cura, las pondrá postizas de otra cosa. Las heridas de los labios se han de coser con un cabello de la cabeza y despúes derretir un poco de zumo de maguei que llama *meulli* y echarla en la herida; y si después no sano quedare alguna señal fea, para cerrarla se ha de sajar y quemarse, y tornarse a coser con un cabello de la cabeza y echar encima *ulli* derretido.[44]

Los historiadores españoles que escribieron acerca de la conquista de México tuvieron cuidado de mencionar, todos ellos, los conocimientos que los doctores mexicanos tenían de las virtudes curativas de las yerbas. Suponía, estos últimos, que para cada enfermedad existía la medicina apropiada en las plantas campestres, y la ciencia principal de estos primitivos profesores en la medicina consistía en saber administrar las hierbas según la naturaleza peculiar de las diferentes dolencias.

Muchas de las drogas de la actual farmacopea de europa se deben a los médicos mexicanos tales como la zarzapilla, la jalapa, el ruibarbo de los frailes, el michoacan, etc; del mismo modo proceden de ellos, diversos eméticos y antídotos para los venenos, remedios para la fiebre e infinito numero de plantas, minerales y gomas para medicinas simples. En cuanto a infusiones, conocimientos, emplastos aceites, Cortés mismo menciona la maravillosa cantidad de estos artículos que vio de venta en el mercado mexicano. De algunos árboles destilaban bálsamos y sabían obtener líquidos sedativos, así del conocimiento de las ramas, como de las cortezas hervidas en agua. Sus remedios favoritos lo eran la sangría y los baños. Para sangrarse, la gente, por lo general, se abrían las ventas con una espina de maguey ; y cuando no acertaban a encontrar sangijuelas, las suplían con las púaz del erizo americano.

Tenía remedios para las fracturas, para los malos humores, para todo. Algunas veces pulverizaban las semillas de las plantas y atribuían gran parte de su eficacia curativa a las supersticiosas ceremonias y conjuros que empleaban al aplicarlas, especialmente las preces dirigidas a *Tzapotlatenan*, diosa de la medicina.

Una parte importante de estos conocimientos se ha perpetuado entre los descendientes de los antiguos indios y siguen siendo considerados eficaces. Para cada enfermedad hay una hierba, para cada accidente un remedio; los baños se usan constantemente, si bien los *Temaxcalix* están reservados para los individuos de la raza indígena.

No hay familia en la que no se tengan ciertas nociones de medicina, cosa por cierto muy necesaria, sobre todo en las haciendas en donde no es cosa fácil conseguir un médico.*

EL SINCRETISMO DE LA CONQUISTA EN EL CONTINENTE AMERICANO Y LA SINCRONIA ENTRE LAS CULTURAS INDÍGENAS CON LA CULTURA OCCIDENTAL

En 1492 Cristóbal Colón llega al supuesto nuevo mundo y se perfila como el primer sincretista en América que trata de conciliar, más bien descubrir dos filosofías de la vida diferentes, la cultura indígena y la cultura occidental. En 1519 Hernán Cortés llega a las costas de lo que hoy es Veracruz y es el primer impostor y falso sincretista en México, coaligándose con los pueblos nativos inconformes para destruir el Imperio Azteca, que representaba la última concentración de las culturas indígenas mesoamericanas y norteamericanas.

El último emperador Azteca Moctezuma II, temeroso de la profecía de Quetzalcóatl, de que hombres blancos y barbados vendrían a conquistar tierras americanas, creyó que Cortés era ese dios legendario, trató de persuadir a los

---

* La marquesa Calderón de la Barca se documentó; principalmente en los escritos del historiador
  Clavijero, para excribir esta obra.

blancos para que se retiraran y ésta no se cumpliera, ofreciéndoles ricos presentes de oro. Al igual que lo hizo el emperador Inca Atahualpa con el invasor e impostor Fracisco Pizarro y sus cómplices. No teniendo más oro que dar estos emperadores a sus respectivos conquistadores: Cortés y Pizarro; Moctezuma y Atahualpa en sus respectivos lugares, por estrategias militares fueron hechos prisioneros y asesinados. Mientras tanto sucedían estos arteros crímenes de guerra, los conquistadores Cortés y Pizarro empezaron a gobernar los correspondientes imperios. Al derribar a los dos grandes gobiernos de América Precolombina el resto de los territorios fueron gradualmente conquistados. Por toda la crueldad de la aculturación y cohesión en la etapa de la colonia, para aquellos no partidarios del sincretismo al estilo del Continente Americano, ésta doctrina no se justifica aunque esté fincada en la lucha por conservar la filosofía de estas dos culturas opuestas, la cual no ha prosperado y ha sido infructuosa, a pesar de que muchos afirmen que existe un paralelismo armónico en el curso de ambas. La verdad es otra, la cohesión de estas dos culturas, solamente se ha dado en las mentes del occidentalismo por lo que sólo se puede afirmar que lo que se ha dado al respecto, es simplemente una sincronía obligada donde no han coincidido ni los hechos, ni los fenómenos, sino la violencia. Lo cierto es que tal sincretismo no se ha dado en las culturas indígenas prevalecientes, caso comprobado en la problemática que se presenta en las etnias de América.

Lo que sí existe de hecho es la sincronía e integración de una nueva cultura del mestizaje dentro de las modalidades del occidentalismo. Formas nuevas de culturas mestizas significadas en todo el Continente Americano que han dado vida a nuevas naciones.

De esta fusión del resultado de lo occidental y lo indígena en las diferentes etapas de la colonia, la independencia y contemporánea, hablaremos un poco de su historia respecto a las relaciones y al destino de la vida de los indígenas y los mestizos; concentrándonos específicamente en los habitantes de Norteamérica y Centroamérica.

Las florecientes culturas indígenas de aquella época se vieron sometidas violentamente a adquirir nuevas cotumbres, otra religión, otras autoridades, diferente lengua, en suma otra forma de concebir el mundo, con la cual no estaban identificadas. La cultura española se introdujo entre los indígenas, pero la fortaleza espiritual de éstos impidió la desaparición total de su valiosa cultura, de esta forma nuestra identidad nacional se origina de la fusión de ambas raíces históricas: la indígena y la occidental. La conquista de América quedó con un sello cultural europeo y como una continuidad de la civilización del Viejo Mundo aunada a la antigua esencia indígena. Esta es una de las tesis que sustentan los seguidores del sincretismo de lo occidental e indígena.

Por su parte, los teóricos sincretistas mexicanos afirman que por identidad nacional, debemos entender los elementos comunes que un pueblo ha compartido a lo largo de su desarrollo histórico y que por tanto lo unifican como grupo. Así tanto como la sincronía de las formas de organización social, económica y política, las normas morales, la religión, las costumbres, los valores y las manifestaciones artísticas son el producto del proceso histórico de la sociedad a la que pertenecemos: legado cultural de nuestros antepasados y a partir de ellos se crearon nuevos elementos culturales, es decir, nuestra identidad sin ser europeos, ni tampoco indios, sino una mezcla de dos cosmogonías diametralmente opuestas; es por lo que la identidad nacional y el pensamiento de las naciones latinoamericanas son muy complicados. Complejidad que radica en el sincretismo (pensamiento-occidental-indígena) residente en la tragedia mestiza que está muy aparte de la problemática indígena de las etnias que no se han sincretizado, sincronizado o mezclado; al contrario del hibridismo que se dió en el mestizaje.

Concluyendo, por una parte nuestros antecesores y nuestros antecedentes, el mundo indígena y el occidental, crearon una sociedad ambigua de la cual conformamos la identidad nacional: el mestizaje. Por otra, en general, algunos pueblos indígenas no abandonaron su cosmovisión, su forma de concebir el mundo que les rodea en su naturaleza material, religiosa e idológica: la problemática indígena actual en las regiones en el olvido.

SINCRONIZACION O ACULTURACION DE LOS PUEBLOS MESTIZOS DE NORTEAMERICA Y CENTROAMERICA

En esta parte exponemos una breve historia de las relaciones e interrelaciones de los pueblos indígenas del norte que fueron sometidos o integrados a los intereses de las formas de vida de la civilización occidental, pero que no dejan de ser indios por los lazos sanguíneos y algunos aspectos culturales que los identifican como tales. Para los hombres blancos les fue difícil someter y conquistar completamente algunas tribus y pueblos indígenas como a los chichimecas, los mayas y los nativos de norteamérica, pero con el tiempo tuvieron el control de toda América com-

pletamente. Los españoles, por ejemplo, dominaron desde el suroeste y sureste de Estados Unidos, México, Centro y Suramérica. Encontraron muchos elementos civilizadores existentes en las sociedades indígenas y fácilmente adoptaron los que eran compatibles con los suyos. Así la fusión de la sangre y cultura india y española produjo un nuevo individuo: el mestizo español americano.

La conquista militar, económica, cultural, religiosa y la colonización, están guardadas en el sentimiento de los pueblos indígenas americanos; es el choque de lo indígena y de lo occidental con la imposición de la cultura occidental: lucha y martirio de un pueblo que ha visto cómo se destruyen sus culturas. La historia siguió implacablemente su curso, desde que Cortés desembarcara en Veracruz y los colonos ingleses hubieran llegado a Virginia o a la Nueva Inglaterra y Pizarro a las tierras del Imperio Inca. Surge entonces la cuestión crucial sobre los procesos civilizadores: ¿Quién civiliza a quién? o ¿Cuál es el derecho de un pueblo conquistador para civilizar a otro pueblo? Derecho o injusticia, pero dió como resultado, como respuesta: la Historia Americana; la cohesión, integración, aculturación, formación e identidad de nuevos pueblos y naciones; y la destrucción de otros, la tragedia y el estigma de los pueblos indígenas americanos.

La mayoría de las culturas indígenas fueron destruidas, los sobrevivientes se integraron. Después del proceso de integración de doscientos o trescientos años de mestizaje; quienes se resistieron en derrota y derrota, decidieron sobreguardar sus costumbres y sus vidas, marginándose en las "zonas del olvido".

Después del doloroso coloniaje en América, llega la etapa de la Independencia: realizada por Jorge Washington, Simón Bolívar, Miguel Hidalgo y José Zucre en toda América; por el ejemplo libertador de las ideas republicanas de Inglaterra, Estados Unidos y de Francia; para también difundir los principios de reivindicación de los derechos en Latinoamérica, que repercuten en los pueblos indígenas y exterminan el coloniaje: factor libertador y de integración de las nuevas naciones de América, influyendo grandemente en la identidad de las nacionalidades entre lo indígena y lo occidental.

En el vasto territorio español al sur de Norteamérica y Centroamérica nace una nueva República: Los Estados Unidos Mexicanos, el más grande conjunto de territorios y pueblos de América de esa época constituida por esa identidad de pueblos y culturas Norte y Sur. En el México de principios del siglo XIX, llegó a determinarse la unificación y cohesión en la naciente República con grandes provincias, entre pueblos de mestizos, de criollos y de blancos por primera vez en la parte Norte y Centro de América (1810-1824).

Con esto, la historia nos demuestra que todo el Continente Americano puede tener similitudes en algunos aspectos de reencuentros que se repiten por diversos hechos e intereses comunes para poder convivir. En la actualidad, lo más cercano y factible de las interrelaciones que se dan, son las comerciales, culturales, de protección y convivencia mutua como naciones civilizadas. Ahora, con el paso del tiempo, México representa de nuevo la opción de ser el eslabón de engranaje entre las demás naciones americanas, así como lo puede ser hoy entre Norteamérica y Centroamérica para vincular a los indígenas con los demás indígenas y el resto de los habitantes de la región: Canadá, Estados Unidos de América, México, Guatemala, además de Centroamérica y Suramérica. En el presente, se están dando las condiciones del nuevo despertar, de tiempos nuevos de identidad global democrática para las Américas y el mundo entero, que se inicia en la alborada de un nuevo cielo, un nuevo sol, un futuro promisorio que se está despejando para los indígenas desde el sur de México, desde Chiapas, por la lucha de la reivindicación de sus derechos inalienables como lo son los derechos individuales y humanos: el trabajo a ser libres e iguales a todos los humanos, a ser protegido contra el genocidio, a la vida, integridad física, seguridad de la persona, a la educación, a preservar su identidad y tradiciones culturales, entre otros.

La postura paternalista, la explotación, la discriminación, las necesidades de nuevas formas de actuación que ayuden a los mismos indígenas a reconocer su valor y a tener voz y fuerza para defender sus derechos a través de la visión de ellos, nos estimula a muchas diferentes reflexiones a una revisión profunda de nuestros conceptos hacia el habitante original de nuestro continente en el que, por lo general, aparece como una figura folklórica, desprovista de conocimientos. No es así como lo creemos, desde un principio los nativos del Nuevo Mundo eran pueblos altivos, nobles, con una cultura propia y una conducta elogiable, con excelentes cualidades morales o espirituales; verdaderas civilizaciones formadas por Estados con organización política, económica y social que envidiaron los conquistadores.

Los pueblos indígenas fueron subyugados por el poder de la tecnología bélica y la ambición de los conquistadores de ostentar sus riquezas naturales, siendo muchas veces obligados a anular total o parcialmente sus costumbres, sus leyes, ritos, religión, lenguas...a olvidar su propia historia. Cometido el etnocidio

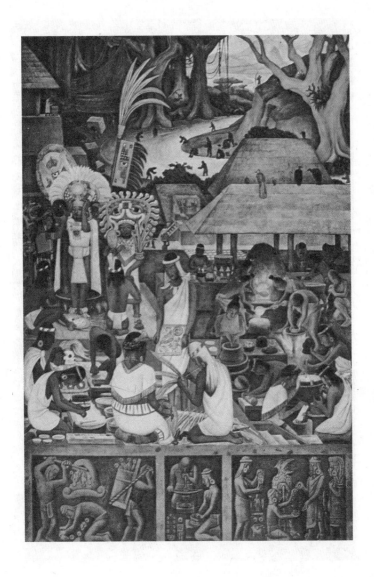

consciente e incon-scientemente, ahora que las nuevas naciones con sistema democrático de influencia occidental han madurado, llega el momento de recordar los testimonios de los representantes herederos de esos grandes pueblos o naciones que fueron sacrificados en aras del occidentalismo, y que hoy viven al margen de la llamada "civilización".

Los pueblos sobrevivientes de esa gloriosa grandeza, se están quedando tan pequeños, y tan grandes los territorios para aquéllos que les quitaron una patria. Ahora, de esa grandeza, sólo queda el doloroso recuerdo, como lo afirma en Brasil, Washington Araujo en su libro denominado "*Estamos desapareciendo de la Tierra*", así: "Contando los indígenas con pueblos subyugados por los poderosos, con naciones despojadas que se están muriendo poco a poco sin encontrar el camino, porque aquellos que nos despojaron, no nos han dado condiciones para la supervivencia". El mismo autor nos dice que el representante de la Tribu Guaraní, Marcal de Sousá en el discurso pronunciado en ocasión de la visita de Juan Pablo II al Brasil en Julio de 1980, a toda la humanidad, pidió por todos sus hermanos y exclamó: "Que llegue nuestro clamor, nuestra voz a otros territorios que no son nuestros, pero que el pueblo, una población más humana, luche por nosotros, porque nuestro pueblo, nuestra nación indígena está desapareciendo de Brasil. Este es el país que se nos quitó".[45]

Al recopilar estas protestas del mundo indígena, encontramos el valor de la nobleza, el espiritualismo, costumbres, cultura y el derecho divino y natural de los valores, de sus riquezas y pertenencias que le corresponden y que les han usurpado.

Asimismo, Araujo, nos explica que, Winincock, Jefe de los indios Yakima afirmó: "Cuando fuimos creados, recibimos nuestra tierra para vivir y de ese tiempo datan nuestros derechos... Fuimos puestos por el creador y este derecho es tan antiguo como el recuerdo de mi abuelo... No fuí traido ni llegué aquí de un país extraño. Fuí puesto aquí por el creador."[...] Nuestro pueblo no puede olvidarse de la tradición. [...]. Nos interesa sólo lo que es nuestro. Lo que es importante para nuestra vida es nuestra costumbre [...] No queremos emancipación ni integración. Queremos nuestro derecho de vivir. Jamás comprenderá el blanco al indio. Queremos ser un pueblo libre como antiguamente." Araujo, también expone lo dicho por Tupa, Jefe del pueblo Guaraní, que dijo: "El indio está cercado, amortizado por una burocracia que no funciona. Por eso nos vamos al campo". El autor citado prosigue el relato de estos testimonios: "Los indios son pueblos libres que hace miles de años vivían en estas tierras. No podemos aceptar que otro pueblo decida los caminos que debemos andar" (Xangré, tribu Kaengong). Washington Araujo cita al investigador Orlando Villas apoyándose en él para confirmar el principio universal de libertad y el derecho y obligación de preservar el acervo cultural universal: " El indio representa una cultura. Y esta cultura no es patrimonio nuestro ¡Es patrimonio de la humanidad!".[46] Es palpable que a pesar del despojo, de la humillación, de la miseria, de la marginación, de la muerte y el etnocidio, sin duda alguna los indígenas todavía guardan y cultivan dentro de ellos grandes valores espirituales, materiales y humanos tan fundamentales y tan escasos en nuestros tiempos. Washington Araujo nos exhorta a meditar respecto al problema indígena: "Ha pasado tiempo suficiente para que decididamente reflexionemos sobre los daños que nuestra llamada "civilización"causó a los pueblos indígenas, quizás se nos de una nueva oportunidad de demostrar que no descuidemos por completo aquellas características esenciales que forman la norma de la dignidad humana como lo son la justicia, el derecho y la benevolencia. [...] Dentro del contexto de la unidad en medio de la diversidad, bien podríamos dedicar atención, o un acto especial a aquellas minorías que a lo largo de la historia vienen siendo tratados como pertenecientes a clases inferiores.[...] "Este es un desafío no sólo para las instituciones sino para todos nosotros, que somos beneficiarios de una herencia común, heredera en primera instancia de nuestros antepasados indígenas". Terminamos con las citas de referencias mencionadas en el libro de Washington Araujo, finalizando con la exclamación del último Jefe apache, Jerónimo: "*Estamos desapareciendo de la Tierra, aunque yo no creo que seamos innecesarios, pues Dios no nos habría creado*".[47]

EL RETO

La valorización de las culturas indígenas nos dan la oportunidad para que retomemos nuestros orígenes, recpaitulemos nuestra historia, nuestra esencia de humanos para reencontrarnos. Volvamos los ojos, nuestros sentimientos al alma, al espíritu, a nuestro ser, a la naturaleza, a nuestras tierras, a nuestros campos y hacia los indígenas. Este es el reto, como gran reto de todos nosotros, para el bien de todos nosotros, de los indígenas y campesinos que a lo largo de la historia han persistido en sus derechos humanos, garantías individuales y sociales, sus formas de organización política y social, costumbres, derecho consuetudinario, cultura y autonomía.

ENCUENTRO DE DOS MUNDOS: MIGRACION A LOS ESTADOS UNIDOS

Como parte de este reencuentro, en esta etapa exponemos la continuidad de nuestra historia contemporánea como hechos y fenómenos de integración en busca de lo nuestro, de lo indígena, de la prolongación del desenlace, del desenvolvimiento de un pueblo que no quiere morir sin oportunidades para su desarrollo y subsistencia como grupo o como etnias, como raza, como la Raza de Bronce en el escenario de la vida humana, que ha resucitado de la nada, ubicándose o retornando al lugar de sus orígenes: Norteamérica; para obtener nuevas perspectivas y condiciones humanas de vida, en la frontera norte de México. El resultado es que después de muchos siglos esta frontera ofrece oportunidades atractivas a los indígenas, a las clases económicas inferiores de México y el resto de Latinoamérica, con la migración por la frontera norte de México. Migración, la cual expondremos a continuación junto con el protagonista de ésta, vinculándola con la identificación del personaje principal del México-norteamericano.

Referente al personaje Mexico-americano en el libro titulado " *Los Chicanos, una historia de los México-americanos*", Matt S. Meier y Feliciano Rivera nos informan que en Estados Unidos ya para 1976 existían cerca de siete millones de México-americanos:

Hoy en día en Estados Unidos hay acaso unos siete millones de personas de ascendencia mexicana; más de cuatro millones de ellos están concentrados en el sudoeste No hay un número único para estos siete millones de norteamericanos de ascendencia mexicana. En California suelen referirse a ellos como méxico-norteamericanos o "mexicanos", mientras que en Texas la designación común es "latinoamericano" o "Tejano" . En Nuevo México, los descendientes de los colonos que llegaron entre 1600 y 1700 prefieren llamarse a sí mismos "nuevos mexicanos" o "hispanos". Ahora muchos de los miembros más jóvenes del grupo y principalmente activistas, insisten en el nombre "Chicano".[48]

Los autores citados nos exponen la historia de los méxico-norteamericanos en cinco períodos: indohispánico, el mexicano, el conflicto cultural durante la última mitad del siglo XIX, la resurgencia en las primeras cuatro décadas del siglo XX; y el de regeneración desde la Segunda Guerra Mundial hasta el presente, resumiendo: "el primer período abarca el desarrollo de civilizaciones indias en México, su derrota por los conquistadores españoles; los principios del mestizaje; la mezcla de las culturas india y española; la colonización de lo que es ahora el sudoeste de Estados Unidos desde el centro de México; y, finalmente, el movimiento de independencia de España a principios del siglo XIX";[49] para Meier y Rivera, el segundo período empieza en 1810 y termina con el Tratado de Guadalupe Hidalgo, y la pérdida para México de la mitad de su territorio original (ver Tratado de Paz y Amistad, límites y arreglo definitivo entre México y Estados Unidos); el tercero desde 1848 hasta el fin del siglo XIX, por efectos de la migración angloamericana hacia el sudoeste y la relegación de la raza a una situación minoritaria de ciudadanía de segunda clase en lo que había sido su propia tierra; el cuarto período se caracteriza por una creciente migración desde México por la revolución mexicana de 1910 y durante la depresión económica de los años treintas; con la Segunda Guerra Mundial empieza el período contemporáneo, señalado por la continua migración a Estados Unidos como un renacimiento de la toma de conciencia y reconocimiento de los valores culturales de la herencia mexicana con el movimiento "chicano". Explican que hoy en día, los méxico-norteamericanos ocupan el segundo lugar por su número, y los que más rápidamente crecen en Estados Unidos, constituyendo la más grande minoría en el Sudoeste en los estados de California, Arizona, Nuevo México, Colorado y Texas. Continúan diciendo que los méxico-norteamericanos difieren de otras minorías inmigrantes por su proximidad a su patria cultural, formando una minoría étnica o cultural con un alto grado de visibilidad racial, religiosa y lingüística en la sociedad; es el producto de la fusión de las culturas hispana y mexicana; pero que sus miembros están muy lejos de formar un grupo homogéneo, por las diferencias de clase según la ocupación.[50]

A continuación se muestran algunas de las características más importantes de los periodos primero, segundo, tercero, cuarto y quinto.

LA REGION SUR INDOESPANICA DE ESTADOS UNIDOS

Para narrar algunos de los hechos de la sincronía histórica que ligan a los indígenas y mestizos del Continente Americano, en especial los de Norteamérica y

Centroamérica, hablaremos primeramente de lo sucedido en el norte, del sometimiento de los pobladores nativos de la regiones del sur de Estados Unidos en tiempos de la colonia española.

En 1528 Pánfilo de Narváez conquista para España la Florida. Alvaro Núñez Cabeza de Vaca, Fray Marco de Niza en 1539, Francisco Vázquez de Coronado en 1540 y Hernando de Soto en 1541 exploran el suroeste de Estados Unidos.

El descubrimiento de ricas minas de plata y oro en Zacatecas, Guanajuato, San Luis Potosí y Michoacán, distrajo la atención de los españoles en el suroeste durante el medio siglo siguiente. En 1570 Francis Drake, corsario inglés cruzó el Estrecho de Magallanes y navegó hacia el norte por la costa oeste de Norteamérica, cruzó el pacífico y dió la vuelta al mundo. Los españoles supusieron que Drake había encontrado el paso del Noroeste o Estrecho de Amin, que se suponía se hallaba en el Norte de México, por lo que decidieron proteger sus territorios del Norte, y por lo que Juan de Oñate encaminó una gran expedición y fundó en 1598 San Gabriel, llamado hoy Chamita. El sucesor de Oñate, en 1609 fundó Santa Fé de San Francisco, y más al sur Nuevo México, el cual era tan extenso que comprendía en aquel entonces el actual Estado de Nuevo México, algunas partes de Arizona, Texas, Nebraska y Oklahoma, por lo que no fue posible que ese territorio tan extenso tuviese desarrollo.

Después de un siglo, en la porción norte española se habían establecido cerca de veinticinco misiones con unos 60,000 a 90,000 indios congregados en noventa pueblos y como capital de esta región Santa Fe, con mil habitantes aproximadamente. Después surgieron algunos poblados entre Nuevo México y la zona minera norte de México a lo largo del río Grande superior, entre ellos, alrededor de 1680 se estableció el poblado de Nuestra Señora del Pilar del Paso del Río del Norte (Ciudad Juárez). Por la resistencia de los indígenas, comandados por el Jefe Popé, al tomar Santa Fe, la ocupación de los territorios se detuvo. En 1692 Diego de Vargas logró volver tomar a Santa Fe, restableciendo el orden en estas poblaciones; ya para 1706 se fundaba Albuquerque.

En 1700 los mercaderes franceses de la región de Illinois y de Louisiana penetraron en Nuevo México con la intención de comerciar con los españoles e indios, problema que preocupó bastante a los funcionarios virreinales, quienes respondieron a solucionarlo, aumentando las poblaciones y misiones, para atraer colonos hispanoamericanos; dichos esfuerzos fueron infructuosos porque al final del siglo XVIII había menos de 8000 colonos en más o menos catorce ciudades y pueblos. De esta manera, Nuevo México quedó como una provincia aislada con la capital del virreinato.

Por otro lado Arizona se desarrolló aún más lentamente que Nuevo México, y con los mismos problemas pero más acentuados. La colonización española fue principalmente realizada por el misionero padre Kino, predicando y convirtiendo a los indios Pima. En 1700 se fundó la misión de San Javier del Bac, cerca del actual Tucson y Tumacacori, hacia el sur. A principios del siglo XIX se había logrado la pacificación de los indios, había cerca de 2000 colonos en Arizona.

La colonización de Texas y California, tuvo un proceso diferente. En Texas, el interés inicial en la colonización fue resultado por la expedición de La Salle aguas abajo del río Misisipi en 1582, para después establecer una colonia francesa en su desembocadura. El interés de los franceses en esta zona produjo una mayor actividad militar y misionera de los españoles. En 1690 se establecieron misiones en el río Neches, al año siguiente Texas se convierte en provincia. Con el establecimiento de la misión, presidio y pueblo de San Antonio de Béxar en 1718, la colonización española en esta región fue hecha realidad con expansiones de más poblaciones y misiones, pero se agravó el conflicto entre España y Francia, hasta que en 1763 España adquiriró de Francia la Louisiana, pero en 1800 la Louisiana fue cedida de nuevo a Francia. En este lapso el desarrollo de Texas fue muy lento.

Mientras la expansión francesa estimulaba la colonización de Texas. Por otra parte, intereses rusos pretendían avanzar hacia el norte del territorio de California en tanto se interiorizaban en el sur de Alaska, España toma medidas enviando a la Nueva España al encomendador José Gálvez para dejar definida la colonización de California, para lo cual también se envió la expedición de Junípero Serra y Gaspar de Portolá. El Padre Serra estableció misiones, comenzando con la fundación de San Diego de Alcalá en 1769. El gobernador de Portolá fundó Monterey. Ya para principios del siglo XIX, se habían agregado más misiones, presidios y varias ciudades entre Baja California y la Bahía de San Francisco.

De 1530 a 1800 las zonas principales de colonización de los españoles en el hoy territorio sur de los Estados Unidos fueron Nuevo México, Texas y California. Debido a la evolución cultural de la Nueva España la gente que pobló Los Angeles en 1781, era diferente en formación cultural y étnica a la que se había establecido en Santa Fe en 1607. En Nuevo México y Arizona los españoles y mexicanos de aquel entonces, contribuyeron a su diversidad cultural en base a las más avanzadas culturas indígenas de la región, pero tanto en estas regiones como en California y Texas el nivel de desarrollo de los indígenas no representaba gran trascendencia para los españoles para hacer una rápida explotación de éstas, por las grandes distancias y poca población, así como por la incipiente infraestructura de recursos humanos y materiales.

Las condiciones geográficas y económicas acentuaron más las diferencias y determinación de dirección en que se desarrollaban las distintas zonas de las provincias y territorios de Norteamérica. Territorios que fueron sometidos primero por los españoles, franceses, ingleses y después por los norteamericanos. La colonización dió como resultado el desenlace de la tragedia indígena: la problemática de las etnias en América, derivada de la inhumana aculturación, e integración y genocidio en los pueblos aborígenes.

TRATADO DE GUADALUPE HIDALGO MEX. 1848

La investigadora en Ciencias Jurídicas Remedios Gómez Arau en su obra "*México y la Protección de sus Nacionales en Estados Unidos*", nos comenta sobre los articulos de este Tratado.[51] Nos dice que en relación al artículo VIII se señala:

Los mexicanos establecidos hoy en territorios pertenecientes antes a México, y que quedan para lo futuro dentro de los límites señalados por el presente Tratado a los Estados Unidos, podrán permanecer en donde ahora habitan; o trasladarse en cualquier tiempo a la República Mexicana, conservando en los indicados territorios los bienes que poseen, enajenándolos y pasando su valor a donde les convenga; sin que por esto pueda exigírseles ningún género de contribución, gravamen o impuesto. Los que prefieran permanecer en los indicados territorios, podrán conservar el título y derechos de ciudadanos mexicanos, o adquirir el título y derechos de ciudadanos de los Estados Unidos. Más la elección entre una y otra ciudadanía deberán hacerla dentro de un año contado desde la fecha del canje de las ratificaciones de este Tratado. Y los que permanecieren en los indicados territorios después de transcurrido el año, sin haber declarado su intención de retener el carácter de mexicanos, se considerará que han elegido ser ciudadanos de los Estados Unidos. Las propiedades de todo género existentes en los expresados territorios, y que pertenecen ahora a mexicanos no establecidos en ellos, serán respetadas inviolablemente. Sus actuales dueños, los herederos de éstos, y los mexicanos que en lo venidero puedan adquirir por contrato las indicadas propiedades, disfrutarán respecto de ellas tan amplia garantía como si perteneciesen a ciudadanos de los Estados Unidos.[52]

Prosigue explicando que en el artículo IX del referido instrumento legal se estipula inicialmente que los mexicanos que fuesen incorporados como ciudadanos de Estados Unidos, se admitirían lo más pronto posible al goce de la plenitud de sus derechos como tales, manteniéndoseles entre tanto protegidos en el goce de su libertad, su propiedad y de los derechos civiles que tuviesen según las leyes mexicanas. Sin embargo, el Senado de Estados Unidos modificó el artículo al aprobar el Tratado, que quedó como a continuación se reproduce:

Los mexicanos que en los territorios antedichos no conserven el carácter de ciudadanos de la República Mexicana, según lo estipulado en el artículo precedente, serán incorporados en la Unión de los Estados Unidos y se admitirán en tiempo oportuno (a juicio del Congreso de Estados Unidos), al goce de todos los derechos de ciudadanos de los Estados Unidos, conforme a los principios de la constitución, y entre tanto serán mantenidos y protegidos en el goce de su libertad y propiedad, y asegurados en el libre ejercicio de su religión sin restricción alguna.

Poco después de la firma del Tratado, el Congreso Norteamericano aprobó la Ley de Tierras de 1851, cuyo propósito aparentemente era aclarar los títulos de propiedad. En 1856 la tenencia de la tierra había sufrido cambios a favor de los norteamericanos. Los antiguos mexicanos perdieron muchas tierras, enfrentándose a la dificultad de probar la validez de sus documentos de propiedad. Sin embargo, desde 1850 la fiebre de oro en California, no fue impedimento para los movimientos provenientes de México que después paulatinamente, fueron incrementándose ya que el Oeste y Suroeste, que apenas se estaban poblando, empezaron a requerir trabajadores adicionales. En 1870 se inició la contratación de trabajadores mexicanos en las labores de la construcción de vías férreas de las regiones norte y este del país con el oeste. Hasta entonces, los Estados Unidos no habían impuesto restricciones legales a la entrada de ningún tipo de inmigrantes, por lo que la contratación se efectuó sin mayores problemas. En 1875 se aprueba en Estados Unidos la primera legislación restrictiva de inmigración, por "razones étnicas y morales", afectando únicamente la inmigración por mar; y la terrestre desde México continuó sin problemas.[53]

FLUJOS MIGRATORIOS

Basándonos en el orden formulado en periodos, continuando con su descripción apoyándonos en Remedios Gómez Arau, nos informa que los flujos migratorios se incrementaron en el

PERIODO 1875 - 1910:

Entre 1875 y 1877 continúa la contratación de trabajadores mexicanos y con la contratación de vías férreas en los Estados Unidos y a partir de 1882, los mexicanos llegan a los campos agrícolas del sur y oeste de ese país; en ese año los norteamericanos habían impuesto restricciones migratorias a los chinos, quienes hasta entonces habían sido la principal fuente de mano de obra de actividades agrícolas de la región (...) En 1891, fecha en que Estados Unidos promulgó la nueva Ley de Inmigración que buscaba que el gobierno federal tuvieran el control completo de los flujos migratorios hacia ese país, por primera vez se impusieron restricciones a la emigración por vía terrestre desde México y Canada (...)[54] En 1907 había ya gran actividad en uno de los consulados en Estados Unidos, en Texas, a favor de trabajadores mexicanos, por falta de recursos, la mayor parte de los casos en que se proporcionó asistencia consular, no fue porque los interesados hubieran acudido al consulado, sino porque el titular de la representación consular tuvo conocimiento de ellos por la prensa u otros medios.[55]

En el siguiente período, la escritora Gómez Arau se refiere a las primeras grandes salidas de mexicanos a Estados Unidos por consecuencia de la Revolución y durante la primera Guerra Mundial:

PERIODO 1910 - 1929

El descontento político y social que generó la dictadura porfirista y que habría de desencadenar la Revolución Mexicana continuó promoviendo la migración de trabajadores mexicanos a Estados Unidos y añadió a esta corriente migratoria la de muchas personas que huyeron por temor, ante las nuevas condiciones que vivía el país. No existen cifras precisas, pero se calcula que entre 1910 y 1916 entraron legalmente a Estados Unidos 370 mil mexicanos y alrededor de un millón de ellos sin documentos.

Se supone que varios pudieron dedicarse a las labores agrícolas, ya que al iniciarse la primera Guerra Mundial buena cantidad de empleos en los campos del suroeste norteamericano quedó disponible, pues los trabajadores estadounidenses se enrolaron en el Servicio Militar o bien se dirigieron a industrias de guerra que pagaban salarios más altos. La Ley de Inmigración formula la disposición legal de mexicanos que no supieran leer y escribir pagaran un alto impuesto de entrada por persona. Los mexicanos por el temor a ser enlistados empezaron a regresar a México, lo que obligó al Congreso Norteamericano suspendiera la prohibición de requerimientos de alfabetización así como el impuesto personal, lo que permitió un programa de contrato de trabajo que facilitó contratar mano de obra extranjera para trabajos agrícolas, mantenimiento de vías férreas, construcción y minería por un período de seis meses y seis de extensión.[56]

La abogada Gomez Arau, nos dice que en 1924 el Congreso Norteamericano ante un aumento de la inmigración mexicana indocumentada aprobó una nueva Ley de Inmigración que autorizaba la Patrulla Fronteriza y que entre 1925 y 1929 pasaron de 4,641 a 29,568 por lo que se aprobó la Ley Pública 1018 el 4 de marzo de 1929 que declaró la entrada ilegal como delito menor que debía ser penalizado con prisión no mayor de un año o con multa no mayor de 1,000 dólares o ambas.[57]

PERÍODO 1929 - 1980

Con la crisis económica de los años 1929-1932 se incrementan sustancialmente las labores de protección de los consulados de México en Estados Unidos, a la vez que el Gobierno de México se ve obligado a dar una atención especial a este asunto. El regreso masivo de mexicanos al país durante estos años y la ayuda de los consulados, se convierten en la circunstancia que, por primera vez, permite difundir con cierta amplitud la labor de protección del gobierno mexicano a sus connacionales:

El 14 de junio de 1940 el Congreso aprobó el Plan de Reorganización núm.V propuesto por el Presidente para transferir el Servicio de Inmigración y Naturalización (SIN) del Departamento del Trabajo del Departamento de Justicia (del que depende hasta la fecha). Esta transferencia se tomó como una medida de seguridad nacional, diseñada para proporcionar un control más efectivo de los extranjeros, especialmente para combatir a los elementos que pudieran considerarse subversivos, para lo cual consideraban necesaria una mayor cooperación entre los Procuradores de Justicia y el FBI.[58]

La autora citada nos relata que más tarde con la firma de los acuerdos sobre braceros durante 1942-1964 se incrementan notablemente las labores de protección a trabajadores mexicanos y se llevan a efecto dentro de las marcas legales mejor definidas como la "*Convención Consular*" firmada entre México y Estados Unidos en 1942. Sin embargo, el flujo de trabajadores que se había iniciado desde fines del siglo XIX al aplicarse en Estados Unidos la Ley de inmigración de 1891, aumenta de manera desproporcionada en relación a la corriente indocumentada, provocando que los mecanismos de protección para los trabajadores bajo convenio resultaran insuficientes, por lo que a partir de los principios de la década de 1970 el Gobierno de México se ve en la necesidad de aprobar una serie de medidas encaminadas a proporcionar asistencia a los trabajadores indocumentados. Así en el período 1929-1980 las labores de protección a mexicanos en el exterior se incrementan notablemente y se fortalecen debido a tres hechos: las participaciones masivas de mexicanos, los convenios sobre braceros y el crecimiento del flujo de mexicanos indocumentados. De 1942 a 1964, el inicio de la segunda Guerra Mundial, el desplazamiento de los norteamericanos hacia las industrias de guerra y el servicio militar propiciaron que en 1942 el Servicio de Inmigración y Naturalización estudiara la carestía de mano de obra principalmente agrícola. Planteó el asunto a México, que aceptó firmar el primer acuerdo de braceros; en él se garantizaba un trato no discriminatorio a los mexicanos con salarios equitativos a los recibidos por los norteamericanos y condiciones dignas de trabajo, situación que duró 22 años, comprendida en tres periodos: agosto de 1942 a diciembre de 1947, febrero de 1948 a 1951 y julio de 1951 a diciembre de 1964.[59]

Remedios Gómez Arau nos informa que el primer acuerdo sobre trabajadores agrícolas estipulaba que serían seleccionados por representantes de ambos gobiernos y la contratación se haría por sobre base de la forma de un contrato en ambos idiomas entre empleados y patrón, pero los empleadores estadounidenses empezaron a quejarse de los trámites burocráticos y pidieron que el reclutamiento fuese hecho directamente por ellos... La Ley Pública 45 de los Estados Unidos contenía en la sección 5 términos ambiguos en los que podrían interpretarse que se autorizaba a personal no gubernamental contratar legalmente mexicanos sin regulación alguna, lo que facilitó la entrada de trabajadores mexicanos sin documentos. El incumplimiento de Estados Unidos de los términos del acuerdo con México fue el inicio de los problemas del creciente flujo de trabajadores mexicanos indocumentados y esto sería la causa principal de la terminación de los acuerdos bilaterales. Prosigue explicándonos que después de finalizada la Segunda Guerra Mundial, los sindicatos estadounidenses afirmaban que ya no era necesario importar trabajadores, que solo deprimían los salarios y las prestaciones para los agricultores norteamericanos y si bien había trabajadores nacionales suficientes, éstos se negaban a realizar cierto tipo de labores agrícolas, por lo que el Departamento de Trabajo de los Estados Unidos anunció en noviembre de 1947 que había escasez de mano de obra doméstica para la temporada de cosechas del año siguiente, resultando la firma del convenio de braceros del 17 de febrero de 1948, con el cual se iniciaba el segundo periodo de contrataciones que vencía en 1951. Durante este periodo, el problema principal continuó siendo el flujo de trabajadores mexicanos contratados alentado por los agricultores norteamericanos. La guerra de Corea iniciada a mediados de 1950, obligo al Gobierno Norteamericano solicitar otro acuerdo con México, pero en ese se tomaron medidas legislativas en contra del tráfico, (*del tráfico de trabajadores indocumentados*), trabajadores "*ilegales*", medidas concretas para los "**traficantes**". La licenciada Arau nos comenta que tiempo después, el 24 de julio de 1963 el senador Philip Hart propuso al senado el proyecto de ley S.1932, mientras en la cámara de Representantes Emannuel Celler introdujo el proyecto H. R. 7700. La aprobación de las enmiendas de 1965 a la Ley de Inmigración de 1952, no buscaban aumentar el número de inmigrantes, sino únicamente cambiar los criterios de selección, que mostraba desde 1965, por lo que el número de extranjeros deportables había estado aumentando constantemente. El Subcomité de Asuntos Tradicionales de la Cámara de Representantes bajo la presidencia de Peter W. Rodino Jr., efectuó varias audiencias que lo llevaron a concluir: "... el impacto adverso de los extranjeros ilegales... [es]... sustancial ...[requiere]... una legislación tanto a la fuerza laboral como la economía de Estados Unidos y para asegurar la entrada ordenada de inmigrantes de este país.[60]

En la Ley de Inmigración y Nacionalidad de 1952 ya incluía sanciones penales para quienes entraran ilegalmente a Estados Unidos, pues estipulaba la aplicación de multas y/o prisión para aquellos que entraran sin ser examinados por el SIN o que violaran las condiciones de su admisión al país y los hacía también por estos hechos sujetos de deportación. Sin embargo, la ley exceptuaba específicamente de castigo a quienes emplearan a un extranjero indocumentado.

Por tal motivo desde 1971 comenzaron a proponerse diversos proyectos de ley para sancionar a los empleadores que contrataran trabajadores extranjeros indocumentados, pero consideraron necesario aprobar alguna forma de "**amnistía**" o de ajuste a una condición migratoria legal, para aquellos indocumentados que ya se encontraban en Estados Unidos y podían reunir ciertas características de ilegibilidad.[61]

La investigadora de Ciencias Jurídicas Remedios Gómez Arau, refiere también la participación normativa administrativa por parte de la iniciativa del Ejecutivo Federal estadounidense y nos relata que el 6 de enero, de 1975 el presidente Gerald Ford estableció en Comité de Consejeros Internos sobre Extranjeros Ilegales, presidido por el Procurador General Edward Levi, quien recomendó la aprobación de una ley que estableciera sanciones para quien empleara con conocimiento a extranjeros ilegales y que la deportación masiva de indocumentados "**sería inhumana e impráctica**", a la vez sugirió se permitiera regularizar la condición de ciertos extranjeros ilegales que hubiesen entrado al país desde el 1 de julio de 1968. El presidente James Carter, a través del Procurador General Griffin Bell, el 4 de agosto de 1977, en un mensaje dirigido al Congreso, propuso una "**serie de acciones**" para ayudar a reducir substancialmente el incremento en el flujo de extranjeros indocumentados y para regular la presencia de millones de... (estos extranjeros), y proponía sanciones administrativas a quienes los emplearan; una mayor vigilancia en la frontera suroeste; además, una contínua cooperación con los países expulsadores de mano de obra y otorgamiento de residencia permanente a los extranjeros que hubieren estado continuamente en Estados Unidos desde el 1o. de enero de 1970 y residencia temporal por cinco años para aquellos extranjeros que hubieran residido contínuamente desde el 1º de enero de 1977.

LAS LEYES DE INMIGRACION Y NATURALIZACION DE 1952 Y DE 1988

La licenciada Gómez Arau señala que la reforma de la Ley de Inmigración y Naturalización de 1952 fue enmendada en 1976, al incluírsele la prohibición a extranjeros que hubiesen entrado legalmente al país como no inmigrantes y que hubiesen violado los términos de su admisión al aceptar sin autorización un empleo y de ajustar su condición migratoria a la de extranjero residente y que el Servicio de Inmigración y Naturalización, también tomó medidas para enfrentar el creciente flujo de extranjeros indocumentados. Instituyó un plan de reconocimiento aéreo básicamente para la frontera suroeste; en 1968 puso en práctica un programa de regreso de indocumentados hasta sus ciudades de origen en el interior de México; en 1972 inició un programa de control aéreo para tratar de localizar indocumentados ya dentro del territorio norteamericano, y empezó a usar sistemas de alarma electrónicos a lo largo de sus fronteras norte y sur, a fin de detectar un mayor número de extranjeros que intentaran ingresar al país.

Finalmente la licenciada Remedios Gómez Arau, informa que la Ley de 1986 para el Control y Reforma de la Inmigración conocida como la *Ley Simpson-Rodino*,. después de más de quince años de analizar diferentes proyectos de reforma a la Ley de Inmigración y Naturalización de los Estados Unidos, el Poder Legislativo norteamericano finalmente aprobó el último: el denominado Simpson-Rodino. Dicho proyecto autorizado por el 99 Congreso de los Estados Unidos de América y aprobado el 6 de noviembre de 1986 por el presidente Ronald Reagan, se convirtió en Ley a partir de entonces.

La Ley de 1986 para el Control y Reforma de la Inmigración, que es como se conoce oficialmente al mencionado texto legislativo, contiene seis principales modificaciones desde la perspectiva de lo que resulta de interés para México:

• Establece sanciones civiles y penales para los empleadores que contraten a trabajadores extranjeros indocumentados.

• Contempla el reforzamiento de la vigilancia fronteriza y un aumento de los recursos para el Servicio de Inmigración y Naturalización.

• Acepta la legalización de extranjeros indocumentados que hayan residido en Estados Unidos desde antes del 1 de enero de 1982.

• Autoriza un programa para contratar trabajadores extranjeros para ocuparse en labores agrícolas.

• Otorga residencia temporal por dos años a trabajadores extranjeros agrícolas que hayan laborado por lo menos 90 días en Estados Unidos, entre el 1º de mayo de 1985 y el 1º de mayo de 1986.

• Establece una comisión sobre trabajadores agrícolas y otra para el estudio de la migración internacional y la cooperación para el desarrollo económico.

También estipuló un período de seis meses a partir del 1º de diciembre de 1986, para que su contenido fuese difundido ampliamente y un periodo de dieciocho meses, a partir del 1º de julio de 1987, para que los extranjeros que pudiesen calificar para cualesquiera de las posibilidades de legalización de su residencia en Estados Unidos, presentaran su solicitud para tal efecto. Por su parte, la contratación de trabajadores extranjeros para labores agrícolas estacionales podía iniciarse a partir del 1º de junio de 1987 y la aplicación de sanciones a empleadores de indocumentados debía entrar en vigor a partir del 1º de junio de 1988.

La ley de 1988 para el control y Reforma de la Inmigración también estipuló que de 1990 a 1993, antes de empezar cada año fiscal, las Secretarias de Trabajo y Agricultura de Estados Unidos conjuntamente determinarían el número de extranjeros adicionales que deberían ser admitidos o que de otro modo adquirían la condición de extranjeros legalmente admitidos para residencia temporal, para enfrentar una escasez de trabajadores agrícolas estacionales durante el año fiscal en cuestión. Sin embargo, existen límites numéricos para la admisión de los extranjeros adicionales. Para el año fiscal 1990 es el resultado de restar al 95% del número de individuos cuya condición migratoria haya sido ajustada a la de residentes temporales, el número de trabajadores agrícolas especiales que el Director del Censo haya estimado que desempeñaron labores agrícolas estacionales en el año fiscal 1989. Para los años fiscales 1991, 1992 y 1993, el límite numérico de extranjeros que pueden ser admitidos o que pueden adquirir la residencia legal temporal es el resultado de restar al 90% del número relativo al año fiscal previo, el número de trabajadores agrícolas especiales que el director del censo haya estimado que desempeñaron labores agrícolas estacionales en el año fiscal anterior..[62] Hasta aquí las cifras de la licenciada Remedios Gómez Arau.

INICIATIVAS DE REFORMA A LA LEY DE INMIGRACIÓN Y NATURALIZACIÓN DE LOS ESTADOS UNIDOS 1994 - 1995.

Las estimaciones hechas en 1994, sobre el aumento alarmante de trabajadores indocumentados en Estados Unidos propiciaron la Propuesta 187. Algunas observaciones recientes indican que el número de indocumentados de origen mexicano es de 2 millones de inmigrantes al año que tratan de introducirse, pero el 50% no lo logra ; indocumentados que dejan atrás sus raíces, su cultura, anteponiendo su sobrevivencia como reto a la preservación de la vida, jugándose su vida y la de su familia. Los últimos datos federales confirman que 1.6 millón de inmigrantes ilegales entraron a California, el Gobernador Pete Wilson estima que 2 millones de inmigrantes intentaron vivir en California, motivo por el cual se decidió implantar la Propuesta 187. Asi como también por causa de la crisis económica de México se han dado cambios significativos en las características de la actual inmigración de este país a Estados Unidos. Por el estancamiento de los empleos en México, tanto rurales como urbanos, se está dando una mayor migración de población con niveles de calificación más altos -que van de técnicos a profesionistas- incrementándose la de indígenas. Aumentándose también las medidas por parte de Estados Unidos para evitar el flujo de la inmigración.

Los últimos años la solución al problema migratorio se torna difícil por la desigualdad económica y social entre México y Estados Unidos. -La desigualdad en los niveles de vida entre Estados Unidos - es un factor que genera este proceso, como lo es también coyonturalmente la crisis económica. Sin embargo, en el aspecto social muchos estadounidenses están alzando su voz contra el racismo en su nación, que cada día se perfila más y más como, una nación de mayoria pluriétnica.

La mayoría de los estadounidenses considera injustificada "la golpiza propiciada en el Condado Riversidé. En 19 estados de la Unión, 1,133 latinoamericanos, en su mayoría mexicanos, fueron detenidos en sus lugares de trabajo y automáticamente expulsados. Una encuesta de Los Angeles Times, reveló que 71 por ciento de los 1,374 consultados considera injustificada la golpiza y 56 por ciento atribuyó la responsabilidad del incidente a los indocumentados. Un 53 por ciento desaprobó la decisión, contra 40 por ciento que la aprobó. Además de los hechos de Riversidé, la brutal golpiza a mexicanos se agrega a un sinnumero de faltas cometidas, por quienes deben guardar el orden y el derecho en Estados Unidos. Es preocupante que en una sociedad democrática se utilicen acciones antidemocráticas como el racismo y la violación a derechos universales los derechos humanos.

A partir de estos acontecimientos se agilizaron normas preventivas emigratorias, se aprobó el Proyecto Legislativo sobre nuevas medidas para acelerar la deportación de los indocumentados mexicanos y de otros países latinoamericanos y más limitaciones a los derechos de los trabajadores indocumentados (ilegales). Se dice que este Proyecto Legislativo es el peor que se haya dado en los Estados Unidos sobre inmigración. Este Proyecto Nacional de Inmigración "básicamente deroga toda la protección actual del proceso legal para los indocumentados", explicó la analista Garl Pendleton.[63]

La citada investigadora explica que las nuevas medidas determinan que si un agente del Servicio de Inmigración y Naturalización (SIN) establece que una persona se encuentra en este país por fraude, una mala representación de los hechos, o no tiene los documentos requeridos, ese agente puede ordenar que el extranjero sea removido (del país) sin más audiencia y revisión (del caso). Analizando la ley en cuestión y por el estado normativo actual, con estas nuevas medidas, se asientan las nuevas disposiciones entre los tiempos de aplicación de ambas normas:

Bajo la actual ley, los indocumentados son sujetos a una audiencia de deportación y deben ser presentados ante un juez de inmigración antes de su deportación. Bajo las nuevas previsiones la única posibilidad de una revisión judicial solo sería ante un agente del SIN, la misma agencia que está promoviendo la deportación. Estas nuevas medidas están diseñadas para limitar el derecho de los indocumentados o una revisión judicial de sus casos y circunstancias, facilitando así que los funcionarios del SIN puedan reportar sumariamente a las personas que detienen, ejemplo: Si un extranjero solicita asilo político, tiene derecho a una audiencia ante un oficial de asilo del SIN, pero el inmigrante sólo puede pedir la presencia de un abogado si ese trámite "no demora el proceso".

Las nuevas medidas podrían afectar al 85 por ciento de los indocumentados mexicanos en Estados Unidos. En los últimos meses el SIN ha estado arrestando a muchos indocumentados en sus operaciones en fábricas, en vez de tener una investigación independiente o una autoridad judicial investigando sus quejas. Será un agente del SIN el que decida sus casos opina Don Kesselbrenner, director del Proyecto Nacional de Inmigración.[64]

Comenta Pendlenton que la nueva legislación se dirige injustamente contra mexicanos y latinoamericanos. La legislación requiere que cualquier persona que ingrese a Estados Unidos de forma ilegal desde México o Canadá en tres o más veces sea deportado a una región por lo menos a 500 kilómetros de distancia de la frontera con Estados Unidos... Esta iniciativa contiene medidas para controlar e investigar incidentes terroristas, pero también prevé otra serie de disposiciones ampliamente criticadas por los defensores de los derechos civiles. Una de ellas limita la apelación de acusados por delitos estatales a los recursos judiciales estatales, iniciativa que tiene como fin acelerar el proceso para realizar ejecuciones. Incluye también la aplicación del poder federal para deportar extranjeros sospechosos de "terrorismo".

EL PROYECTO DE REFORMAS INMIGRATORIAS EN ESTADOS UNIDOS AFECTA A LOS INDOCUMENTADOS LATINOAMERICANOS.

El Senado de Estados Unidos aprueba el proyecto migratorio pero, el Presidente Clinton dice que no lo sancionará si no se revisan restricciones a beneficios sociales. Dicha Ley tiene como fin intensificar los controles contra la inmigración ilegal, Clinton advirtió que no convertiría en Ley mientras no sean revisadas algunas medidas que buscan negar beneficios sociales a inmigrantes legales.

El proyecto prevé el contrato de 4,700 agentes para la Patrulla Fronteriza: autorizaría la adaptación de proyectos pilotos que permitan a los patrones verificar si los solicitantes pueden trabajar legalmente en el país y aumentará las penas por falsificación de documentos de identidad y contrabando de inmigrantes; autorizar a intervenir en líneas telefónicas de los sospechosos y confiscar bienes de quienes sean convictos por ese delito: el Departamento de Justicia podrá autorizar a las corporaciones policíacas de los estados y ciudades el arresto de indocumentados, lo que ahora no se hace; además se les negarán beneficios sociales a éstos; se instruye al Departamento de Justicia para que desarrolle normas más estrictas en el otorgamiento de certificados de nacimiento, licencias de manejar y otros documentos de identificación personal.

La Cámara de Representantes aprueba una polémica cláusula por la cual se niega el acceso a la educación pública a los hijos de los indocumentados. Por otra parte los Senadores dejaron a criterio de la casa Blanca la decisión de construir una triple barda de unos 23 kilómetros entre las ciiudades de San Diego y Tijuana. La Cámara de representantes y el Senado presentaron medidas contra la inmigracion legal, pero ambas Cámaras decidieron separar la inmigración legal de la ilegal.

El Senado pretende negar beneficios de salud y seguridad social a inmigrantes legales, aunque sus hijos podrán recibir tratamiento médico de emergencia y desayuno escolar gratuito; Clinton advirtió que esta propuesta se excede, al negar a los inmigrantes legales el acceso a vitales programas de seguridad social, lo que pondría en peligro la seguridad y la salud públicas, por lo que pidió al Congreso revisar esas medidas antes de enviar el proyecto para su firma.

El Senador republicano, Bob Dole, sostuvo que "Estados Unidos ya no puede fracasar en el control de las Fronteras". El Senador demócrata Edward Kennedy afirmó que "la legislación será efectiva para contener la marea de ilegales".

DECLARACIONES DE LA CIDH Y LA IGLESIA CATOLICA MEXICANA SOBRE LOS DERECHOS HUMANOS DE LOS EMIGRANTES A E.U.A.

Por su parte la Comisión Iberoamericana de Derechos Humanos (CIDH) determinó verificar la situación de los derechos humanos de los trabajadores migratorios, a petición formulada por el Gobierno de México, motivada por los incidentes de Riverside, California, en contra de los abusos y maltratos a los trabajadores inmigrantes y sus familias independientemente de su **estatus legal**. Asimismo, la finalidad de los Consulados de México en Estados Unidos, es tratar de evitar que las autoridades locales y federales estadounidenses violen los derechos civiles y laborales de los inmigrantes de origen mexicano.

Por otro lado ante la inexistencia de mecanismos jurídicos para revertir la aplicación de la ley estadounidense antiinmigrante la Iglesia Católica Mexicana se pronunció por el establecimiento de un esquema global y a largo plazo de defensa que evite fricciones políticas y económicas entre ambos países pero sin vulnerar nuestra economía.

El Obispo Genaro Alamilla consideró injusto e ilegal para los derechos humanos que Estados Unidos impulse en "estos momentos de desesperación para México" una Ley que traerá consecuencias catastróficas para su propia economía, al tener que pagar salarios más altos a los actualmente devengados en la pizca de legumbres y que sus ciudadanos se niegan a realizar.

La Iglesia Católica indicó que ha quedado de manifiesto que la solución a este problema no es el cierre de fronteras, sino la desaparición del modelo económico neoliberal que sólo ha traído el cierre de miles de negocios y por ende un crecimiento exorbitante del número de desempleados.

NUEVA LEY DE INMIGRACIÓN EN E.U.A.
(Fronteras tirantes, acción legal rápida de ley)

Una nueva ley de inmigración entra en vigor a partir del 4 de abril de 1997, se agregará en las fronteras en contra de entradas ilegales y la deportación de extranjeros con documentación falsa o sin ella.

El presidente Clinton hizo notar que el anuncio "incluye la marca de la legislación de inmigración que refuerza los esfuerzos que hemos logrado los últimos 3 años para combatir la inmigración ilegal".

El dijo en la firma del 30 de septiembre, que la medida significa "Mantener la regla de la ley de entradas ilegales a inmigrantes en las fronteras, en los lugares de trabajo, y en el sistema criminal de justicia sin empujar a aquellos que viven en los Estados Unidos legalmente, o (sin serlo) ni aceptar que los niños se queden sin escuela y enviarlos a la calle".

A continuación se listan las principales previsiones de la Reforma de Inmigración Ilegal y Responsabilidad de inmigrantes en el año de 1996 que dieron como resultado la nueva Ley de Inmigración:

• Incrementa el número de agentes de la patrulla fronteriza con la adición de 5,000 nuevos agentes y 1,500 más como personal de apoyo durante los próximos 5 años y autoriza $ 12 millones de dólares para mejorar el equipo y tecnología de las fronteras.

• Establece multas civiles económicas para extranjeros que sean aprehendidos entrando (o intentando entrar) a los Estados Unidos en la hora o lugar que haya sido designado por los oficiales de inmigración.

• Requiere que el Procurador General tenga un plan para el Congreso, el 30 de Nov. de 1996, correspondiente a la contratación de personal para la aduana del interior al frente de las líneas de la frontera.

• Crea penalidades de 10 años o más, para extranjeros contrabandistas e impone pena de crimen por hacer un falso llamado a ciudadanos.

• Clasifica al ataque en alto vuelo en los puntos aéreos de inmigración como crímen, y la convicción de tal crimen, que requiere de deportación.

• Aumenta la máxima penalidad por fraude de documentos. De 5 a 15 años de prisión. También aumenta la clasificación de documento de fraude agresivo.

- Agregar 600 nuevos investigadores SIN para detener el crimen de extranjeros, a empleadores de inmigrantes ilegales y a visitantes que aumentan su estancia en visas.
- Autoriza la admisión de testimonio de video de un extranjero que ha sido deportado de los Estados Unidos.
- Un visitante requiere la documentación: una visa de inmigración y haber recibido vacunación para prevención de enfermedades como viruela, polio, tétanos y toxidifteria, influenza tipo B y hepatitis B.
- Excluye al extranjero que haya incitado la actividad del terrorismo.
- Requiere de un patrocinador de los familiares o conocidos del inmigrante que gane por lo menos 25% más que el nivel establecido al nivel pobre, o tener un co-patrocinador que acepta dar al inmigrante hospedaje.
- Corriente lineal de procedimientos para extranjeros que llegan con documentación falsa o sin ella, incluyendo a aquellos que solicitan asilo político. Se fija un tiempo límite de un año para solicitar asilo político después de entrar a los Estados Unidos con algunas excepciones.
- Otorga el reembolso del 100% del gobierno federal a hospitales que brindan servicio médico de urgencia a extranjeros ilegales, reembolso por encarcelación de extranjeros legales y autoriza al Procurador General y al Comisionado del Servicio de Inmigración y Naturalización a entrar al acuerdo cooperativo con el gobierno del estado local.
- Excluye a cualquier extranjero que haya renunciado a ser ciudadano americano con el propósito de evadir impuestos.
- Condena a cualquier extranjero que obtenga transporte sin consentimiento del dueño, o persona al frente de cualquier vuelo. Un pasajero que vaya con un boleto válido no es considerado ocultador.
- Agrega nuevo campo de deportación -un extranjero que es acusado de un crimen de violencia doméstica, o por un crimen correoso, o crimen de abuso de menor o por abandono de menor.
- Autoriza al Estado y a los gobiernos locales a limitar la ayuda pública a extranjeros.
- Impone nuevos requisitos en las tarjetas para pasar el puente. 18 meses después del día efectivo de este acto, todas las tarjetas deben contener una identificación biométrica y leerse por máquina y 3 años después de la fecha ninguno será admitido sólo que el o ella tengan la tarjeta.[65]

LA LEY DE ESTADOS UNIDOS DETIENE
LOS PASOS CONTRA RESIDENTES LEGALES
(Antecedentes en la Nueva Ley de Inmigración)

La nueva carta de inmigración firmada por el Presidente Clinton el 30 de Septiembre pretende reducir el flujo de extranjeros ilegales, pero detiene los cambios significativos en inmigración legal.

Cuando el Presidente Clinton firmó la carta de Reforma de inmigración el 30 de septiembre, dijo: "Esta carta incluye la reforma legislativa que hemos hecho a través de los últimos tres años para inmigración"

Republicanos y Demócratas generalmente aprobarían la carta que ha pasado a través de concesiones de los dos partidos, mientras los miembros del Congreso buscaban el pase de la legislación antes de la celebración de las elecciones nacionales.

Bajo la presión democrática, los republicanos removieron una estipulación que hubiera deportado inmigrantes legales que usaran beneficios públicos específicos por más de 12 meses en sus primeros 7 años en los Estados Unidos. También fue eliminada una estipulación que hubiera evitado que inmigrantes legales e ilegales enfermos de SIDA tuvieran tratamientos financiados por el Gobierno.

Los republicanos revocaron una estipulación que hubiera permitido a los estados negarle educación pública a los niños que estuvieran en el país ilegalmente.

Sin embargo, hubo un ligero descontento acerca de puntos en la carta que estaban enfocados en ser más estrictos acerca de la inmigración ilegal.

El objetivo de la carta era fortalecer la patrulla fronteriza a lo largo de 3,200 Kms de frontera con México, aumenta 5,000 oficiales fronterizos y 1,500 elementos de soporte dentro de los próximos 5 años. Además autoriza 12 millones de dólares para tecnología. Otra estipulación se enfoca en una barda de 22 Kms al sur de San Diego, esta barda está proyectada para costar más de $ 12 millones de dólares.

En suma, la legislación legal le da al Procurador General el derecho de postergar leyes de protección ecológica para la construcción del control de la fronteras, una medida que provocó protestas por parte de los ecologistas.

La legislación aumenta 600 nuevos investigadores del Servicio de Investigación y Naturalización para manejar casos que envuelven a criminales ilegales,

visitantes que alargan su estancia y patrones que contratan inmigrantes ilegales.

Los críticos dicen que la carta debilita las estipulaciones (disposiciones)
antidiscriminatorias protegiendo a trabajadores y extingue penalidades en contra
de patrones que contratan inmigrantes ilegales.

Otras estipulaciones en la legislación crean penalidades criminales hasta de
15 años por falsificación de documentos y hasta 10 años por pasar gente a través
de la frontera. Una penalidad criminal también va a ser impuesta para cualquier
persona que falsamente declare su ciudadanía.

Los republicanos se comprometieron a reducir los requerimientos de ingreso
propuesto para los auspiciadores de inmigrantes legales. En lugar de ganar el doble
de la cantidad que se gana en el nivel de pobreza, sea sólo el 25% más que el
nivel de pobreza, o tener un co-auspiciador que acepte responsabilidad compar-
tida por el inmigrante.

Las estipulaciones más estrictas de la carta, moderniza los procedimientos de
deportación. También, estipula que la gente que busca asilo con documentos
falsificados o prestados, pueden ser detenidos en la frontera, y se le puede negar
el asilo a menos que demuestre un "miedo honesto" de la persecución, sí ellos
regresan a su punto de origen.

El anuncio con algunas excepciones, establece como tiempo límite de un año
para la aplicación de asilo político después de entrar a Estados Unidos.[66]

INMIGRACIÓN LEGAL EN ESTADOS UNIDOS ESTA EN UN ALTO RÉCORD

(Nueva Ley para Inmigración).

La inmigración legal a los Estados Unidos está incluida en un alto récord, desde
la primer mitad de los años 90. De acuerdo al Servicio de Inmigración y Naturalización (INS), tiende a continuar por el resto de la década.

Durante los años 80, más de 7 millones de personas inmigraron a los Estados
Unidos, más que en ningún otro tiempo excepto por la primer década del siglo,
cuando llegaron 8 millones de personas.

A estos años 90, sin embargo, el rango de inmigración en los Estados Unidos
está en un alto nivel que en el principio del siglo, cuando la demanda de sos-

tenimiento para infantes era alta. De acuerdo al SIN, de 1990 a 1994, la inmigración legal fue de un total de 6 millones.

La nueva ley para determinar inmigrantes ilegales el cual se estima sean más de 300,000 anuales y cambia las reglas del gobierno de inmigración legal, no se espera que altere ni aumente ya que no se colocaron restricciones en el número total de inmigrantes legales que entraron, dijo el orador en la actual entrevista.

La ley en contra de inmigrantes ilegales fue conectada el 30 de septiembre "Determina la regla de la Ley de detención de inmigrantes ilegales en la frontera, en lugares de trabajo y en sistema criminal de justicia sin dañar a aquellos que viven legalmente en los Estados Unidos". El Presidente Clinton lo dijo después de haber firmado la legislación, la cual fue parte de un largo anuncio.

Las resoluciones de la migración -inmigración México-Estados Unidos, son de gran importancia para ambos países, pero no son asuntos a tratar profundamente en este libro, sino que se expone la relación de ellos de acuerdo al enfoque indígena, por lo que es suficiente relacionarlos a groso modo desde el punto de vista histórico. La solución al problema de los indocumentados tanto indígenas, como de otros sectores de la sociedad mexicana demandantes de empleo, es parte de trabajos e investigaciones de los estudiosos en esta materia, o en su caso como tarea en la inclusión de los asuntos a tratar en las reuniones bilaterales de los poderes legislativos de ambos países o en el Tratado (Convenio) de Libre Comercio Estados Unidos-México-Canada (T.L.C.).

Por lo que resta a este trabajo, se expone el siguiente resumen respecto a la migración indígena campesina, y su solución podría ser la misma a todos los demás casos similares por atender entre Estados Unidos y México.

LA MIGRACION INDÍGENA

En esta parte se analiza la migración de los indígenas campesinos hacia las ciudades mexicanas que a pesar de todas las medidas para detenerla ha rebasado todas las previsiones sobre el acelere del proceso de desarrollo en México y en los países no desarrollados; migración que refleja la transformación profunda de sociedades agrarias en sociedades urbanas. Respecto a la migración indígena la Doctora Lourdes Arizpe en su libro "*Campesinado y Migración*", más o menos se expresa así: "Hay migrantes que se integran en una nueva dimensión del proceso, y que vale la pena destacarse, con sus propios esfuerzos ayudan a construir un nuevo tipo de sociedad: urbanizada (...) Hay otros, en cambio, que pasan de la miseria del campo a una nueva miseria urbana, sin que su acceso a empleo, bienestar y servicios haya aumentado un ápice".• (67) Lourdes Arizpe nos dice que la migración se debe, por una parte, a que los campesinos perdieron poder de negociación frente al Estado y siguieron siendo explotados más allá de sus posibilidades de continuar con su reproducción social y por la industrialización dependiente de México, fueron limitando el ritmo de creación de empleo en las ciudades, con más migrantes y menos empleo. (...) De ahí la proliferación del subempleo y el brote de ciudades perdidas y de cinturones de miseria, y que para sobrevivir las familias campesinas envían a migrantes a las ciudades y hacia los Estados Unidos. La Doctora Arizpe, continúa expresándose al respecto:

El punto principal que se ha querido destacar, es que las condiciones actuales que afectan a las familias campesinas tienen una relación directa con el ritmo de modalidades del crecimiento industrial, con las fluctuaciones de precios en los mercados nacional, internacional y con las políticas agrícolas y agrarias que ha seguido el Estado. La crisis actual del sector agrícola campesino en México, resultado de políticas anteriores, se ha reflejado directamente en el éxodo rural. Cada clase social tiende a generar un tipo de migración en respuesta a los procesos económicos que los afectan; tanto por su complejidad como por el hecho de que constituye un sector mayoritario en el campo, en muchos países latinoamericanos, es la de campesinos minifundistas que practican la agricultura de subsistencia.(68)

Lourdes Arizpe para demostrar sus tesis, logró una profunda investigación de campo entre las comunidades indígenas de los Estados de México, Michoacán y Guanajuato, la que nos muestra y la sintetizamos así:

La descomposición de la economía campesina tradicional basada en la producción familiar.. El padre intensifica su trabajo en las dos primeras etapas del ciclo combinando el trabajo agrícola con el trabajo migratorio. Pero a partir de la tercera etapa los hijos o hijas mayores empiezan a sustituirlo en el trabajo migratorio. Esta migración por relevos constituye una estrategia para asegurarle al grupo doméstico en ingreso asalariado en cada una de las etapas del ciclo. Para cumplir con esta estrategia, que les asegure mínimamente la reproducción social, la unidad doméstica requiere cuando menos de cuatro hijos o hijas. Con más de cuatro hijos o hijas la unidad acumula los ingresos adicionales de los hijos después del cuarto, lo que fortalece sus posibilidades de reproducirse y asimismo les permite invertir en la educación de los hijos menores. Estos mecanismos podrían explicar por qué los padres siguen teniendo gran número de hijos aún cuando ya no hay tierras que repartirles ni empleos para ocuparlos. Si en donde todavía predomina una economía agrícola campesina, el promedio del número de hijos es menor en cambio hay mayor número de familias extensas: la migración se presenta entre los jóvenes(...) Las familias minifundistas: frente a la imposibilidad de entregarles tierras a todos los hijos, envían a los mayores en migración primero oscilatoria y luego permanente a la ciudad; si las familias disponen de tierras, los migrantes temporales regresan a vivir en ellas; si no las hay, permanecen en forma definitiva en la ciudad(...) Visto desde un punto de vista global, parecería que estamos frente a una estrategia que resulta funcional a nivel de las unidades campesinas y antifuncional para la economía en su conjunto.[69]

La doctora Arizpe analiza la tesis del capital industrial que ha "*refuncionalizado*" la economía de subsistencia para seguirla utilizando como reserva de mano de obra que le ahorre el costo social de sus reproduccións. Nos afirma que sin duda ésta ha sido y seguirá siendo una de las contribuciones del sector campesino al desarrollo industrial, pero que esta tesis no logra explicar las consecuencias negativas del crecimiento de la población para el desarrollo del capital ni el interés correspondiente de los grupos empresariales por reducir este crecimiento. En oposición a esta tesis pone como ejemplo la tesis de Paul Singer, que afirma " que el crecimiento de la población es funcional porque amplía el mercado interno. Sin embargo, la situación actual en los países en desarrollo parece mostrar lo contrario". Expone como conclusión a esta discusión "la explicación alternativa a la tesis de la "*refuncionalización*", afirmando que los campesinos no sufren pasivamente las presiones estructurales, y que en caso analizado a partir de una estrategia familiar, los campesinos están recuperando recursos a través de la emigración por relevos para continuar con una empresa agrícola ya incosteable y así asegurar su producción social". La doctora Arizpe asevera que: "Esta estrategia de migración la llevan a cabo en base a una producción ampliada de hijos-hijas trabajadores" Resume esta persistencia de la economía campesina debido a la estrategia de la migración por relevos a ciudades nacionales o a los Estados Unidos, -sin exclusión a otras estrategias semejantes o diferentes- dice que de esta forma el campesinado ha podido resistir la destrucción de su modo de vida impuesta por el proceso de desarrollo, y que al no aparecer razones ideológicas ni económicas precisas tendientes a reducir el número de nacimientos, se entendería el ilimitado crecimiento de población en el campo, y nos aclara: "Si la ciudad maneja la circulación de capitales en bienes y dinero; los campesinos, atomizada su tierra, manejan la circulación de su único "capital": sus hijos... En la migración rural-urbana, la pobreza no es sino un síntoma de la existencia de un proceso económico subyacente".[70]

LA EMIGRACION INDIGENA A LOS ESTADOS UNIDOS

Varios estudios en México anteriores a la década de los noventa han mostrado que los habitantes rurales más pobres sin tierras no emigran a los Estados Unidos, porque los campesinos más pobres no pueden costear los gastos de viaje o los costos del coyote para cuzar a Estados Unidos. La observación es que ahora hasta las clases más menesterosas de México como los indígenas por causa de la crisis financiera y económica, sí migran corriendo el riesgo y las consecuencias que todo esto implica.

El motivo que con más frecuencia se fundamenta para emigrar a los Estados Unidos es el de los salarios más elevados.[71] Sin embargo, el flujo de emigrantes no precisamente consiste principalmente en trabajadores que escogen entre dos niveles de salario, también son las condiciones laborales, así como los cambios totales de la productividad agrícola en la inversión del capital son los que tienen impacto mayor sobre la emigración de indocumentados. Bajo estas afirmaciones podemos agregar que el aumento intensivo de emigración hacia Estados Unidos hoy en día es más fuerte a causa de la crisis económica de México, por la cual indígenas, campesinos, obreros, hasta profesionales de la clase media y alta buscan en avalancha encontrar otras perspectivas de trabajo y económicas para subsistir ellos y sus familias.

Lo que sí quisiéramos dejar definido es lo tocante a la migración indígena que ya se ha fundamentado en la migración campesina minifundista, que es más directamente aplicable a las comunidades indígenas, porque la concentración de la población en el México de finales del siglo XX está en las zonas urbanas, los campesinos ya no son mayoría poblacional.

De acuerdo a esta observación, sin dejar a un lado a toda la población campesina, las tesis de la migración familiar campesina aquí expuestas, son más efectivas ahora, aclarar respecto a los indígenas, por el despertar reinvindicatorio del movimiento indigenista del sur. Lo mismo sucedió a las comunidades indígenas, al igual que a los campesinos minifundistas que disminuyeron sus "inversiones"en la producción agrícola y se hicieron más dependientes para su subsistencia del trabajo asalariado estacional, abandonando sus tierras; de allí la escasez de producción de grano. Esto explica la dependencia del empleo migratorio asalariado de los campesinos (que en Mexico este sector en su mayoria es indígena), buscándolo en las ciudades, en la agricultura y en los Estados Unidos.

Volviendo a las aportaciones a esclarecer el problema de migración campesina, indígenas o no indígena, Lourdes Arizpe se pregunta "¿Por qué ocurre que los campesinos minifundistas estén más interesados que los asalariados en el tipo de empleo temporal que ofrecen en Estados Unidos? " . Aclarándonos y respondiendo a la vez que, después que la respuesta se halla en la dinámica familiar de la migración entre los primeros, que la migración es consecutiva, con la salida según la etapa del ciclo doméstico de los siguientes miembros del hogar:

a) El padre es el primero que migra; se trata de una migración temporal o estacional en la que el migrante raramente permanece en los Estados Unidos de manera definitiva.

b) Los hijos mayores, que en un principio envían remesas pero de quienes se espera que se establezcan pronto por su cuenta puesto que no heredarán tierra, van temporalmente, pero tienden a permanecer allá si las condiciones se lo permiten.

c) Los hijos más jóvenes que también envían remesas, pero que tienen mayor probabilidad de heredar alguna tierra dada la ultimogenitura; muy probablemente sí regresen a establecerse en México.

d) Las hijas que también envían remesas, pero que viajan sólo si pueden hacerlo con el padre, un hermano, o un pariente cercano.

e) Miembros colaterales que el hogar campesino no puede emplear o mantener; estos parientes (por ejemplo, sobrinos, sobrinas, primos) tienen especial propensión a emigrar.[72]

La doctora Arizpe destaca la gran influencia migratoria rural, y anota: "el intenso éxodo rural en México en las últimas décadas, ha sido el resultado de los cambios, por una parte de la oferta de empleo en los centros industriales y comerciales en expansión en México y de Estados Unidos y, por otra parte, de la descomposición progresiva de la economía campesina", respecto a la economía

campesina sostiene que: "Debido a que han decrecido las fuentes de ingreso y los empleos tradicionales en las zonas rurales, muchos miembros de los hogares campesinos se han transformado en emigrantes. En México, la quiebra de la agricultura minifundista de temporal generó las condiciones para un éxodo rural masivo".(73)

Hasta aquí la narrativa, de la historia de la vida indígena y sus problemas. De la problemàtica de las etnias de México que tiene gran similitud o semejanzas a la de los demás pueblos indígenas de América. Emparentados por uno o algunos lazos de unión, de origen sanguíneo, cultural, socio-económico e ideológico-cosmogónico, así como la marginación o subdesarrollo en el que se encuentran actualmente, sumidos estos herederos -caídos- de las grandes culturas precolombinas; orígenes y antecedentes que de una u otra forma los han ligado e interrelacionado. Rasgos o características que los hermanan los cuales hemos tomado como principios convergentes de referencia para exponer y explicar esta semblanza histórica que se podría plasmar en el siguiente significado profundo de la Doctora Lourdes Arizpe como un gran esfuerzo de síntesis del movimiento evolutivo de la historia de la sociedad y a las sociedades en conjunto: "Describir lo anterior implica un gran esfuerzo, pero finalizaremos con la fuerza mayor que los identifica: la cultura y sociedad, que avanzan sorprendentemente sin nada que las detenga, hacia la aculturación natural y justificada; el avance o cambio social a que están expuestos todos los pueblos sin excepción alguna, ¿cómo detener el movimiento social un instante sin por ello interrumpirlo? ¿Cómo captar, describir y analizar la vida de una sociedad y a la vez explicar de qué manera está cambiando? El cambio se acrecentaba gradual y pausado, fácil de seguir cuando las sosciedades tradicionales vivían o viven en aislamiento".(74)

Al respecto la doctora Lourdes Arizpe nos contesta poética, sabia y equilibradamente:

Si el desaliño de los límites culturales que se analizan, se escurren y se confunden en el fluir de otra cultura; de ahí también la ventaja de una estancia de uno o dos años, pero al fin finita, en el área de un grupo indígena... Así, espacio y tiempo recortados, permiten sin interrupción, una observación encapsulada de las culturas... Y de pronto, los antropólogos miramos al igual que los "otros"por ese torrente de cambios. Hemos perdido la reconfortante visión estructural -funcionalista: la cultura como sólido edificio, inamovible y equilibrado. Lo que vemos ahora es una confluencia de culturas que se mezclan y se transforman constantemente bajo el influjo de otras... conscientes de esta sociedad plural de que somos miembros. De ahí el interés por entender ese movimiento, esa transformación colectiva que nos envuelve y no se detiene nunca. Aceptémoslo. Nos toca no sólo captar, sino también vivir ese fluir cultural perpetuo, como río que recibe afluentes de la tradición indígena, de la cultura campesina mestiza, de la nueva cultura mexicana urbana...[75] *De la nueva interrelación social de las naciones: de los pueblos y naciones de América y de todo el mundo.*

REFERENCIAS

1. **Betty J. Meggers Cit. Nelida (Gudoa).** América Pre-Histórica, Paz e Tera, pp. 11-12.

2. **Paul Rivet.** Los Origenes del Hombre Americano, tr. **José Recasens y Carlos Villegas,** t.o. Los Origines I.´homme Américain, ed. Librairie Galliman, Paris, Francia, 1957, 6a. ed. en Español, FCE. México, 1974. pp. 11-12-13-14.

3. **Rivet, cit. Cordier, (Henry)** Etat actuel de la Question do "Fou-SANG". Journal de la Societé des Americanistes de Paris. Paris, t1 1895-1896, pp. 34-41.

4. **Rivet, cit. Holand (Hjalmer R.)** America 1355-1364. A. New Chapter in Pre-Columbian History. New York, 1946; **Pohl (Frederack J.)** The Lost Discovery. New York, 1952.

5. **Espair (E)** The similarity of Chiniese and Indian Languages. Siencie. New York. New series, t. LXII, No. 1607, October 16, 1925, Sappel, p. XII.

6. **Fray Toribio de Benavente (Motolina)** Crónica: "Historia de los Indios de Nueva España."

7. **Alejandro de Humboldt.** "Ensayo Político sobre el Reino de la Nueva España, Imprenta de Niñez, Madrid, 1818.

8. **Patricia Carot.** Las rutas del desierto: de Michoacán a Arizona, Centro de Estudios Mexicanos y Centroamericanos (CEMCA) -Centro de Estudios Mexicaines et Centramericaines, 1995.

9. **Patricio Dávila.** La Frontera Noroeste de Mesoamérica un puente cultural hacia el Misisipi, Ventro INAH, San Luis Potosí, 1995.

10. **Pablo G. Macías Guillén.** Los Chichimecas, p. 39.

11. **Fernando Alva Ixtlixóchitl.** Obras Históricas, UNAM 1975.

12. **Enciclopedia de México**, Tomo IX, 1977, p.15.

13. **Ignacio Bernal y otros autores.** Historia Mínima de México, El tiempo prehispanico, ed. Colegio de México, 1981 p. 10.

14. **Ibid.** p. 13-20.

15. **Franz Blom.** La vida de los Mayas. Biblioteca Enciclopédica Popular, Secretaría de Educación Pública, México, 1936.

16. **Betty J. Meggers.** América Prehistórica, Paz e Tera, pp. 11-12.

17. **Ignacio Bernal y otros autores.** Historia Mínima de México, El tiempo prehispánico, de. Colegio de México, 1981 p. 10.

18. **Ibid.** pp. 29-30.

19. **Ibid.** pp. 42.

20. **Miguel León Portilla y otros autores.** Fuentes e interpretaciones históricas, ed. UNAM, México, 1977, p. 351.

21. **Ibid.** pp. 351-352.

22. **Jacquez Saustelle.** La vida cotidiana de los aztecas, ed. FCE, México, 1974, p. 88.

23. **Ibid.** pp. 81 y 90-91.

24. **Miguel León Portilla.** Tres formas de pensamiento nahuatl, ed. UNAM, México, 1979, pp. 70-71-72.

25. **Miguel León Portilla.** Literatura de Mesoamérica, ed. SEP. México, 1984, pp. 75-76.

26. **Ibid.** pp. 76-80.

27. **George Vaillant.** C. La Civilización Azteca, ed. FCE, México, 1960.

28. **Jesús Alvarez Constantino.** El pensamiento Mítico de los Aztecas, Balsas Editores, S.A., México, 1972, Morelia, Mich.

29. **Eli De Gortari.** La ciencia en la historia de México, ed. Grijalvo, S.A. México, 1980, p. 18.

30. **Ibid.** pp. 18 y 19-28.

31. **Avila Jiménez, Norma.** Cosmologis, El Origen del Universo, la Jornada ventural, Mayo 4 de 1996, p. 13.

32. **Enrique Semo.** Un pueblo en la historia, UAP, México, 1982, pp. 157-158.

33. **Ignacio Romero Vargas Iturbe.** El Calpuli de Anáhuac, ed. Romero Vargas, México, 1959, p. 5.

34. **Pedro Carrazco.** et al. Historia General de México, Tomo I, ed. El Colegio de México, 1981, p. 221.

35. **Ignacio Romero Vargas Iturbe.** El Calpuli de Anáhuac, ed. Romero Vargas, México, 1959, p. 5.

36. **Avila Jiménez Norma**. Cosmologis, El Origen del Universo, la Jornada ventural, Mayo 4 de 1996, p. 13.

37. **Gortari, Eli de**. La Ciencia en la Historia de México, ed. Grijalbo, México, p.p. 79.

38. **Clavijero, Cit. Dr. Hernández (médico de Felipe II)**. 24 libros de Historia, 2 tomos pinturas; plantas y animales; comp. **Nord, Antonio Ricchi** 1600, tr. español. Fray Francisco Ximénez, México 1615, tr. latin 1651 (Clavijero).

39. **Francisco Javier Clavijero**. Historia Antigua de México. R. Acherman, Strand, México, 1826.

40. **Miguel Guzmán Peredo**. Prácticas médicas en la América antigua tr. al inglés Joseph Doschneer, Ediciones Euroamericanas, México, D.F. 1992 PP. 9.21.

41. **Hernán Cortés**. Segunda carta dirigida al emperador Carlos V, Los Herbolarios contemplados en los concurridos tran... octubre de 1520.

42. **Bernal Díaz del Castillo**. Crónica sobre el mercado de Tlatelolco.

43. **Francisco Javier Clavijero**. Historia antigua de México, cron de los Tlaxcaltecas.

44. **Fray Bernardino de Sahagún**. Historia General de las cosas de Nueva España R., Editorial Pedro Robledo, México, 1948.

45. **Washington Araujo. cit**. Constitución de la República Federal de Brasil, 1984.

46. **Washington Araujo**. "Estamos desapareciendo de la Tierra," ed. en Portugués, Río de Janeiro, Brasil 1992, tra. español, ed. Bahái de España Terrassa Barcelona, 1992.

47. **A. Bee Brown**. Enterren meu coracao na curva do rio, círculo do Libro, pp. 151-153.

48. **Matt S. Meir y Feliciano Rivera**. Los Chicanos una Lista via de los mexicanos-americanos, tra. Español Manuel A. Hoyos, Editorial Diana 1976. p. 13.

49. **Ibid**. p. 14.

50. **Ibid**. pp. 15-16.

51. **Gómez Arau, Remedios**. México y la Protección de sus Nacionales en Estados Unidos, de. AM, México, D.F. 1990.

52. **Tratado de Paz, Amistad**. Límites y Arreglo Definitivo entre México y Estados Unidos. Firmado en la ciudad de Guadalupe, Hidalgo, 2 de febrero, 1848.

53. **Ver Patricia Morales**. Indocumentados mexicanos, ed. Grijalbo, México 1982, p.41, op cit. p.40.

54. **History of the Inmigration and Naturalization Service**. A report prepared by the Congressional Research Service, of the Congress Washington; Library, 1980, pp. 8-9.

55. **Patricia Morales**. Datos mencionados en Indocumentados... op. cit. p. 52.
56. **Ver Antecedentes** de los problemas de trabajadores extranjeros temporales en Estados Unidos. Mimeo del Departamento de Trabajo de Estado, 1981, pp. 3-4.
57. **Ver History of Inmigration**.. op. cit. pp.34-36.
58. **Ibid**. p. 27.
59. **Gómez Arau, Remedios**. México y la Protección de sus Nacionales en Estados Unidos, de. UNAM,México, D.F. 1990.
60. **Ibid**. p.27.
61. **Ibid**. pp. 23-30.
62. **Ver History of the Inmigration**... op. cit. pp. 54-78.
63. **Garl Pendleton**. Analista en asunto migratorios. Comentarios, Julio de 1996, U.S.A.
64. **Don Kessellbrenner. Esselbrenner**. Comentarios, del director del Proyecto Nacional de Emigración, U.S.A.
65. **Patricia, Gipple**. USIA, Escritoria de Staff.
66. **David, Pitts**. USIA, Escritor del Staff.
67. **Arizpe, Lourdes**. Campesinado y Migración, Consejo Nacional de Fomento Educativo, Dirección General de Publicaciones y Medios. SEP. Foro 200, 1985, pp. 9-10.
68. **Ibid**. p.29.
69. **Ibid**. p. 65.
70. **Ibid**. pp. 66-70.
71. **Ver Manue K Gollas**. La migración, el ingreso y el empleo urbanos, AMEP, Las Migraciones y la Política demográfica regional en México 1981.
72. **Arizpe, Lourdes**. Campesinado y Migración, ed. Consejo Nacional de Fomento Educativo Dirección General de Publicaciones y Medios, SEP., Foro 200, 1985, pp. 86-87.
73. **Ibid**. pp. 88-89.
74. **Ibid**. pp. 119-120.
75. **Ibid**. pp. 120-121.

EPÍLOGO

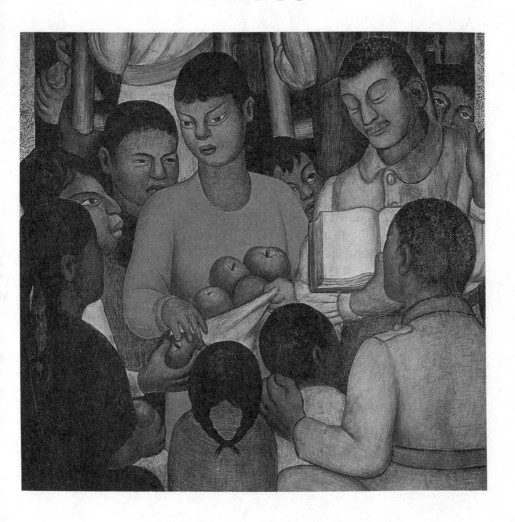

Dentro de todo este conjunto de ideas y conceptos, relacionados con nuestra temática desde el origen, desarrollo y situación actual de la Problemática de las Etnias en México y América, tratada en apego a los diferentes enfoques y puntos de vista, de acuerdo a las referencias documentales, ordenadas y expuestas en base al esquema elegido, representan el consenso de las tesis, inquietudes, demandas, señalamientos, inconformidades y propuestas de todo un universo de aportaciones nacionales e internacionales para encontrar soluciones en respuesta a la problemática expuesta, entre las que destacan las nuevas políticas emanadas de los principales foros del exterior y en nuestro país, que se han dado a partir del movimiento indígena de 1994, como son: "Las Propuestas de Cambio del EZLN: Derechos y Cultura Indígenas", así como las de "El Foro Nacional de Participación Indígena", convocado por el Poderes Ejecutivo y Legislativo Federales de la República Mexicana.

El problema es tan complejo, así como también su grado de solución. Han pasado cientos o miles de años y aún persiste, tan viejo y eterno, como lo es el antagonismo o la lucha de clases sociales que se enfrentan en la vida cotidiana por alcanzar un lugar digno entre la sociedad en turno que ostenta el control político, económico y social.

Nuestro objetivo general de dar a conocer esta problemática, está concluyendo con este resumen a manera de Epílogo. Este matiz de conclusiones finales, representa el producto de arduos trabajos realizados por las partes protagonistas de la histórica y trascendental Problemática de las Etnias en México, y porqué no decirlo, como reflejo fiel de la trajedia indígena de nuestro Continente; conclusiones en las que tratamos de resaltar los aspectos más sobresalientes, los hechos principales de esta problemática, acontecida desde el arribo formal del hombre blanco al territorio continental del Nuevo Mundo, hasta la actualidad.

Adentrándonos en la historia iberoamericana haciendo un recorrido rápido vemos con asombro la magnitud del problema. Así la llegada de los españoles, para los pueblos indígenas, se planteó como una problemática singular: integrarse a la civilización occidental ó conservar sus valiosas tradiciones y formas de vida.

Por el alto número de pueblos con idiomas, lenguas, usos y costumbres diferentes, esparcidos en el vasto territorio de la Nueva España, los esfuerzos de los evangelizadores y encomenderos, no fueron suficientes para que los indígenas aprendieran el español o que alguna lengua indígena desempeñara el papel de lengua franca, y poder facilitar uniformemente la aculturación en el siglo XVI.

Por los antagonismos infranqueables, la integración del cambio socio-cultural, se dio con grados diversos de contradicción interna.

Por las Guerras de Independencia, Reforma y Revolución Mexicana de 1910, se introducen corrientes de postulados, derechos sociales, individuales y principios agrarios que ya se observaban antes de la conquista.

Con el tiempo, la problemática de integración nacionalista: Los niveles de aculturación e integración de dos culturas, habría de desembocar en una sola.

El principio universal que establezca una carta de derechos y obligaciones sin barreras discriminatorias derivadas de diferencias raciales, sociales-culturales, económicas, políticas e ideológicas, pasarán siglos para que se cumpla.

En esta larga historia de concepciones entre el choque de lo occidental y lo indígena. La lucha de los indígenas por sus derechos, resulta comprensible, ahora, para que se les reconozcan sus aspiraciones y definir sus propias formas de vida.

En nuestros tiempos, es urgente reivindicar al indígena. Definir sus derechos, desarrollo sociocultural, su integración natural, y no el etnocidio cultural.

Los grupos étnicos, desde el punto de vista económico, están integrados a la sociedad nacional, pero de manera desigual, debido a los factores estructurales de orientación global del sistema socio-económico.

El problema ideológico no radica en el concepto "indio", sino en el nuevo pensamiento o concepción de lo mestizo, indianismo e indigenismo, que ha dado como resultado las diferencias de clases, la discriminación y el racismo.

Para el cambio político, normar en todos los aspectos, es la parte medular para resolver esta problemática. Es necesario definir la nueva política-jurídica-

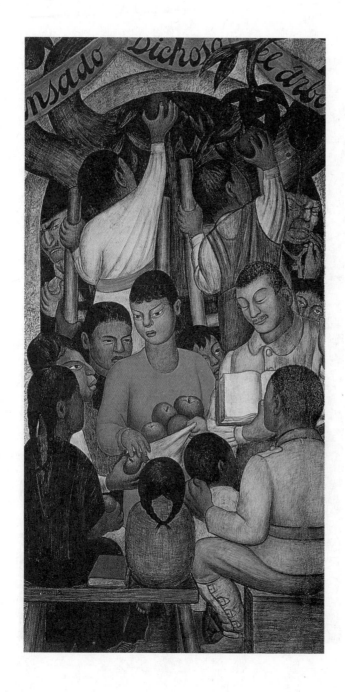

legislativa sobre los derechos indígenas, para el desarrollo y planeación económica, mantener y fortalecer sus identidades, lenguas y religiones dentro del marco del Estado.

El nuevo giro de la política indigenista de los países de la región, se da a partir de 1954, por la Declaración Universal de los Derechos del Hombre, aprobada por la O.N.U. desde luego, y por el Convenio de la O.I.T. de 1989, Nº 169.

En México, en el año de 1989, es cuando se plantea la necesidad normativa para la garantía de los usos y costumbres de las comunidades indígenas, instalándose la Comisión de Justicia para los Pueblos Indígenas. Esta Comisión, en 1990, preparó la Reforma Constitucional al Artículo 4º de la Carta Magna sobre los derechos, culturas, lenguas y costumbres de los pueblos indígenas. El 28 de enero de 1992, se reformó el Artículo 4º Constitucional para que el Estado mexicano, incluyendo a las autoridades federales, estatales y municipales del país, promovieran el desarrollo integral de los indígenas, de sus lenguas, culturas, usos, costumbres, recursos y formas específicas de organización social; así como de garantizar a los integrantes de las comunidades indígenas el efectivo acceso a la jurisdicción del Estado, pero la falta de positividad ó aplicación, hizo crisis dos años después. Así, el dogma liberal de igualdad ante la ley y de la uniformidad de la sociedad, no ha sido aplicado para los pueblos indígenas, porque se ha olvidado de que México es una nación pluricultural sustentada en sus pueblos aborígenes, que han conservado sus tradiciones durante siglos y que algunos de estos pueblos se resisten a la integración; porque nunca han visto su igualdad ante la ley, a pesar de tener los mismos derechos que los demás, como ciudadanos mexicanos y como ciudadanos del mundo. Debe de reconocerse que lo que faltó fue una propuesta integral del problema indígena, por lo que en Chiapas, en 1994, surgió el movimiento indigenista del EZLN. Ya para el 11 de marzo de 1995, el Congreso de la Unión dió a conocer en el Diario Oficial de la Federación, la Ley para el Diálogo, la Conciliación y la Paz Digna en Chiapas, abriendo las negociaciones con el EZLN. Poco después, se presentó el Plan Nacional de Desarrollo de 1995-2000 para establecer los progrmas de desarrollo para los indigenas. En el Primer Informe del Gobierno Federal, éste asume y asegura que debe crearse un nuevo Pacto con los indígenas. Abre las nuevas bases para concertar la paz.

Pero a pesar de los pocos o muchos avances de respuesta al problema, el ideal democrático de la sociedad en que vivimos, aspira al reconocimiento de las diferencias y de los iguales; Dirimir las desigualdades culturales en base a la

Constitución Política de los Estados Unidos Mexicanos, por contener esta el sistema federal y democrático de gobierno, y ser la única donde se equilibran las grandes diferencias, no sólo idiosincráticas, sino culturales, de unificar al país con el exterminio de las diferencias culturales y sociales de los Estados y regiones de México. La armonización de los grupos sociales no ha podido llegar a eliminar las barreras naturales que se han forjado por consentimiento y permanencia en la historia de una nación. Sí pretendemos desconocer la importancia de las minorías étnicas ¿cómo podemos justificar la existencia de otras minorías como las religiosas o las políticas? Sin embargo, la experiencia nos enseña que las leyes no son la solución mágica de los problemas sociales, sino lo ideal es cómo garantizarlas y protegerlas efectivamente, pero el avance y las exigencias de las minorías pueden ayudar a elevar el bienestar de la mayoría.

Con la reforma del Artículo 4º Constitucional de 1992, se reconoce el carácter pluricultural de la nación. Pero en ésta, los pueblos indígenas no fueron reconocidos como sujetos de Derecho, sino consagrados como objetos de atención -En particular, no se incluyeron sus derechos políticos- La reforma constitucional, remitía a la ley la garantía de promoción y desarrollo de los derechos que anunció, sin que tal ley llegara a concretarse. Entonces ¿Cómo desarrollar formas políticas y culturales que dan cabida a la diversidad y pluralismo que les ha sido sistemáticamente negados?. Con mucha atención debe entenderse que la problemática indígena ha dejado de ser solo un asunto relacionado con la cultura y la producción, para convertirse en problemas políticos, de desarrollo productivo, de bienestar social, de derechos humanos, de recursos naturales, de seguridad, de justicia, de autonomía, de no discriminación, de igualdad ante la ley y con las mayorías, y de flujos migratorios, etc.

El ciclo del indigenismo para unos ha llegado a su fin, pero entre la mayoría de la sociedad, aún persiste con arraigo. La problemática indígena ha llegado a una nueva etapa, ya no puede resolverse con el indigenismo tradicional, es un asunto de todos los sectores sociales de México. El cambio implica una reforma del Estado Mexicano. la nueva relación debe reconocer a los pueblos indígenas como sujetos de derecho, con capacidad jurídica de goce y de ejercicio -como constitucionalmente lo son- sin ser desiguales entre los iguales, en el marco de una necesaria política que los coloque en sus condiciones que les corresponde de igualdad, pero que consciente e inconscientemente las mayorías les han quitado o negado.

La nueva relación con los pueblos indígenas, debe ser correcta y diferente. No hay que equivocarnos, es un deber de todos, se trata de una política fundamental que permita a los pueblos indígenas desarrollar su vida, su cultura, cosmovisión, costumbres, tradiciones, usos y reafirmen su identidad, su autonomía y derechos humanos. Los pueblos indígenas no piden autonomía en el mismo sentido en que los Estados son autónomos. Lo que buscan es el respeto a sus vidas, a sus propiedades, educación, salud, justicia y seguridad pública. Esta es la mejor oportunidad que se nos presenta para lograr una reforma profunda que tenga y revierta una historia marcada por el olvido, la indiferencia, la marginación y la explotación. Reforma animada por la convicción de solidaridad, democracia y por la seguridad y participación de la unidad del Estado.

¿Cómo deben realizarse los cambios? Los cambios deben darse o salir de las propias comunidades indígenas; debe darse un cambio de mentalidades y patrones culturales, un abandono de mitos y dogmas; deben darse reformas jurídicas, no pueden darse solamente una modificación o creación de normas. Los cambios legislativos, no son garantía suficiente de las transformaciones de los procesos de la realidad política y social. Son indispensables, pero deben combinarse con otros elementos que promuevan el cambio, hacia la realidad indígena.

La sociedad en general, debe materializar la nueva y distinta relación con el indígena, con auténticos valores de solidaridad sin egoísmos, racismo y paternalismo. Que el Estado abandone las tesis del integracionismo forzado, indigenismo y el aislacionismo. La reforma exige cambios a corto, mediano y largo plazo. Una reforma integral con una actulización en la Ley Fundamental del Estado, bajo un proyecto nacional de un México pluriétnico, pluricultural y plurijurídico. La única manera para realizar este objetivo, es evitando las exclusiones y aceptar nuestra realidad histórica, no crear actitudes demagógicas, separatistas, sino buscar posiciones integradoras que nos lleven a la unidad nacional. Respetar la identidad de los indígenas y la aceptación de sus usos, costumbres y sus sistemas políticos-jurídicos en el sistema legal mexicano, etc.

Los derechos que reclaman los indígenas, son los mismos que reclaman todos los seres humanos. Respecto a la autonomía, no existe un arquetipo. El régimen federal y el sistema municipal, por ejemplo, son formas de autonomía que fortalecen al Estado. La autonomía no es necesariamente separatista, ésta debe entenderse como la capacidad de conducir la propia existencia sin vulnerar la de los demás, por lo que no puede ser absoluta. Se debe hacer compatibles el derecho consuetudinario con el estatutario. El reconocimiento de los derechos colectivos, es una garantía para los derechos individuales, detrás de cada derecho, tiene que existir un sustento de los ciudadanos para que éstos hagan que se respeten. Para otras opniones se deben revisar los Artículos 4º y 27 Constitucionales en vez de hablar de un fuero indígena ó elaborar una nueva Carta Magna.

Algunos tratadistas en materia indigena sostienen que la autonomía no significa soberanía, sino el derecho de pactar con el Estado. No puede haber autonomía si ésta no se ha determinado en las leyes federales. No hay un solo pueblo indígena que piense en la libre determinación como separación del Estado. Lo que desean, es que las decisiones sea obra de las propias comunidades. Para ésto, podría pensarse en el establecimiento de dos jurisdicciones diferentes, que hagan compatibles los dos mundos existentes: El liberal individualista y el uniformador con el comunitario indígena. Otras opiniones están de acuerdo que el fuero indígena constituye un derecho alternativo que no riñe con la Constitución, ya que ésta contempla, por ejemplo, el fuero militar. El derecho a su propia jurisprudencia indígena, podría operar tratándose de delitos y actos cometidos dentro del territorio de la comunidad y siempre sobre personas de la comunidad. La ley debe ser útil para delinear el marco de referencia dentro del cual se dará el fuero indígena y poder desarrollar la jurisdicción especializada sobre la materia:

- La legislación federal estatal debe ser considerada como de aplicación supletoria a los usos y costumbres indígenas.
- El Registro Civil de cada entidad debe llevar una sección de la nacionalidad indígena y reconocer la libertad de opinión de los padres y de los individuos en su mayoría de edad para pertenecer ó no a la nacionalidad indígena.
- Se deben reconocer todas las formas de gobierno indígena, haciéndolas equivalentes al gobierno municipal, pero sin los controles tradicionales a que los municipios estén sometidos. Las autoridades indígenas gozarán de fuero constitucional que los protege de los posibles excesos de la administración de justicia federal y estatal, si existe una acusación criminal en su contra, solo los Congresos respectivos podrán autorizar el enjuiciamiento de dichas personas, previo desafuero.

Desde luego, existen diferentes opiniones. Respecto al tema de la autonomía, hay el temor de que podría darse un proceso que podría volverse separatista por la gran complejidad de su instrumentación y que al definir el tipo de autonomía, se estabelcería para que no hubiera una escisión en el país. Hay el consenso de que las reformas a las leyes no son la solución total de la problemática indígena, y en que las autonomías no resuelven su explotación. La explotación es un problema étnico más que jurídico.

La política de las autonomías indígenas, es de lo más controvertida, algunas opiniones sustentan que no se está en condiciones y aptitud para alcanzar el conjunto de fórmulas jurídicas que para cada caso permita identificar los conflictos de normas y las reglas de solución. No se podría hablar de un solo derecho consuetudinario indígena, sino por lo menos de cincuenta y seis.

Hay obviamente muchas demandas, tan importantes como la autonomía, como la representación y la participación política, el derecho consuetudinario, salvaguardar las lenguas e identidad cultural que conciernen a todos los grupos y constituyen un derecho primario igual que la autonomía y la restitución de tierras. Para los pueblos indios, la tierra no es solo un objeto de posesión y de producción. Constituye la base de una existencia en los aspectos físico y espiritual, en tanto que identidad autónoma, el espacio territorial, es el fundamento y la razón de su relación con el universo y el sustento de su cosmovisión, pero tanto el Artículo 4° como el 27 Constitucionales, en sus términos actuales, han sido reformados y marchan por otros derroteros. Así como están los derechos políticos, sociales y culturales, también están los derechos económicos. Es decir, la participación constante en los programas económicos de desarrollo, que para elaboración y aplicación de proyectos, se consulte a las comunidades donde los mismos pueblos participen en los programas de desarrollo.

Encontramos que las respuestas para solucionar las demandas indígenas, no son satisfactorias, de acuerdo a los diversos enfoques que se le han dado a la problemática indígena. A pesar de su compeljidad, podemos encontrar que varios de los temas abordados en este trabajo, han prevalecido en torno a la integración de los indígenas a la comunidad nacional, como es el proceso de aculturación; se complementron también algunas políticas para encontrar los principios de armonización sobre la vida económica, política, social, cultural, ideológica y religiosa, así como generar los cambios para vivir dentro de un régimen de auténtica justicia formal y social, de libertad, de seguridad, de democracia, de paz y de auténtica convivencia, para fortalecer la unidad de una vida más justa para los indígenas. Cambios que implican una reforma integral y la actualización de la Ley Fundamental del Estado, bajo un proyecto nacional de un México pluriétnico, pluricultural y plirujurídico. Encontrar los principios rectores que resulten compatibles y armónicos con las decisiones jurídico-políticas fundamentales de nuestra Constitución, que no se contradigan la idea de la soberanía nacional, el reconocimiento de la tutela de los derechos humanos, el control efectivo del poder público y el sistema de democracia representativa, el régimen republicano, el sistema federal y la supremacía constitucional; encontrar mejores fórmulas que permitan impulsar el desrrollo indígena, impedir la discriminación, el paternalismo, garantizar la autonomía, reconocer los derechos específicos, hacer a los indígenas verdaderamente justificables y redimir su miseria.

Sin embargo, el problema surge a partir del cómo, de las estrategias, de los procesamientos de las transformaciones. cómo y con qué extensión deben realizarse los cambios, en dónde se requiere la conjugación de diversos elementos que deben ser administrados por las propias comunidades indígenas con autonomía, así como de la ayuda de los diversos grupos e instancias de los sectores sociales y por los poderes públicos de los gobiernos federal, estatal y de los municipios; un cambio de mentalidades y patrones culturales, un abandono de mitos y dogmas, un recuerdo de la historia y gran convicción de solidaridad, justicia, libertad, democracia y de seguridad jurídica; un pacto nacional para el desarrollo y bienestar integral del indígena.

El cambio no puede ser únicamente modificación o creación de normas. Los cambios legislativos son indispensables pero deben combinarse con elementos que produzcan el cambio integral.

Cambios que se proponen en donde participe no solo el Estado, sino también la sociedad nacional, con enfoques prácticos hacia la realidad indígena; con políticas y proyectos viables con una reforma indígena justa.

Para los cambios la nueva política, resume la vieja discusión entre integración nacional por la vía de la asimilación y la que asume la pluralidad socio-cultural. La integración nacional no ha concluído en México. La posibilidad de incluír en la modernidad política los derechos específicos a los indígenas respetando su identidad y cultura, sigue vigente, por lo cual, se propone una nueva igualdad ciudadana que no se levante sobre la destrucción de las libertades y culturas indígenas

Así como el problema político hace crisis, lo mismo sucede con el problema económico. Estos dos factores de desequilibrio, reprecuten en la población que quiere paz, un lugar seguro de trabajo y de mayores perspectivas para el bienestar y una vida tranquila de progreso, al no encontrarlos, se ven obligados a emigrar al país que les ofrece mejores posibilidades: Estados Unidos de América, como es el ejemplo de la zona más poblada del planeta, la zona conurbada del Valle de México y Anexos.

En conclusión mensionaremos algunas de las ideas más representativas que le dieron forma a este trabajo, ideas que de una u otra manera comprenden sendos principios ideológicos, políticos, sociales, económicos, que ubican a las sociedades que intervinieron en la occidentalización, integración, aculturación o cohesión de las culturas indígenas; sustentadas en la investigación de las concepciones que hicieron posible la interpretación de la dinámica socio- cultural de alguno de los aspectos de la marginación de las etnias, como son los temas de ideología, antagonismos sociales y culturales de como aconteció dicha divergencia, los modos de producción, tenencia de la tierra, problemas económicos, el aspecto lingüístico, la política indigenista; la oposición que ha surgido dialécticamente de la unidad o cohesión entre los miembros de estas culturas afectadas y los grupos privilegiados o dominantes; la legislación, autonomía, derechos humanos, territoriedad, usos, costumbres, orígenes del problema; y la migración indígena, entre otros.

Todos estos tópicos fueron fuente importante fundamental, considerados para definir los valores intrínsecos de los indígenas y sus culturas, la profundidad pensante, mística y realista de su pretérito y presente que han pasado al plano de actualización de las ideas, tanto para expresarse en los niveles de articulación ideológica como el proceso de integración, aculturación y la cohesión de lo indígena-mestizo-occidental. En sí, todo aquello que represente la historia y la nacionalidad de México, protagonizada y representada por el indígena.

Estas ideas fueron escudriñadas en el transcurso de la elaboración del presente trabajo, procesadas bajo los métodos de la síntesis, análisis, conclusiones, diagnóstico y soluciones planteadas conforme al tema "La Problemática de las Etnias en México".

Tal vez una conclusión general en toda la extensión de la palabra, en este caso no sea necesaria porque ya se hizo al final de la Parte II, y en casi toda la exposición de las Partes III, IV y V, sin embargo, se ha hecho un gran esfuerzo para poder tratar de concluir los aspectos generales de los temas más sobresalientes y en concreto, de algunos como el ideológico, jurídico- político-legislativo e histórico que se exponen en esta obra.

Como se habrá notado, todo el trabajo ha sido un constante examen de síntesis, análisis y soluciones en cada una de las cinco partes. Se trata de las valiosas aportaciones de los componentes de las fuentes citadas. Probablemente la utilidad o aportación hecha por el autor en esta obra, radica en la presentación global del problema, y el Pacto Nacional de Solidaridad con los indígenas, en el cual se propone sea partícipe toda la sociedad mexicana en respuesta a las necesidades, demandas, respeto a los derechos humanos (sociales) e individuales, rescate de las culturas indígenas, aportaciones en contestación a la política indigenista y su problemática.

En el examen de las formas estructurales planteadas por todos los autores citados, en consenso general se afirma que las culturas indígenas han sido destruidas premeditada y lentamente desde la conquista hasta la actualidad; exigen soluciones, porque ya es tiempo de rescatarlas antes de que sean destruidas totalmente, así como reivindicar a sus miembros componentes con justicia social.

Visto está, en la presente exposición, que el aniquilamiento de la estructura política, económica, socio-cultural e ideológica de estos grupos sociales, ha sido propiciado, tanto por el conquistador opresor en turno, como los propios mestizos, así como nacionales y extranjeros que han humillado, explotado apropiándose de sus recursos naturales y humanos (esclavitud y racismo) y en ocasiones, de su cultura para tranzar con el dolor, la pobreza y miseria; pero con su pobreza económica, porque la riqueza espiritual, esa no hay que permitir de una vez por todas, que se siga violando.

También expuestos están, los diferentes temas y subtemas de las cinco partes que forman esta obra, donde se manifiestan principios formales definidos. . . presentes en el problema del mundo indígena como son sus características más fundamentales, de expresiones de las emociones, pensamientos, conceptos y técnicas que dieron formas fijas para sustentar las tesis o plantear las hipótesis y soluciones al problema. Se observa también, que la repetición rítmica de los conceptos corre ordinariamente entre las ideas planteadas, citando conceptos de otros autores que significan importancia para apoyarse en ellos, señalando el hecho general del panorama de la perspectiva de la situación, pero coincidiendo todos en dar solución al problema.

Se nota que se han tocado los temas, con diferentes puntos de vista, enfoques y corrientes, asimismo, se percibe que todos los planteamientos se concentran de una u otra forma, a favor de que las culturas contemporáneas y la civilización occidental deben mucho de valor a los valores de forma representativos y simbólicos de las culturas indígenas, y que mientras todas éstas tengan un significado que pueda revertir un profundo del deber ser y el deber estar, se tocan aquellos aspectos de la vida que existen para la exhaltación del ser como humano, como ser pensante y actuante; y que el indígena merece que se le respeten sus derechos humanos, individuales y sociales; respecto a la vida armoniosa, equilibrada, equitativa y justa, porque todo esto es parte de la vida de todo ser pensante con emociones, anhelos, esperanzas, sinsabores, progreso, civilización y el avance elevado infinito.

En el desarrollo de este trabajo se ha observado que la aspiración a llegar para resolver esta problemática, es nacional y universal. Todos sentimos la necesidad de llegar a una solución: Se palpa que la masa de la sociedad indígena y la no indígena, sienten necesidad de vivir con más comprensión, de enriquecer su vida con más progreso, a la par del hombre privilegiado, con los deseos de conseguir la proyección al avance global, cuando menos nacional, con aspiración de que el indígena llegue a la integración natural, porque al fin y al cabo el goce de los derechos de cada pueblo, es el mismo. Quizá la exhaltación producida de este goce, en los indígenas es probablemente mayor.

No existe ni debe existir la limitación caduca del goce de estas emociones, libertades y derechos, ya no existe la esclavitud al menos legalmente. La complejidad de nuestras estructuras sociales e intereses más variados, permiten percibir hasta las libertades más ocultas para los seres que tienen una vida más limitada, como es la explotación y el sufrimiento, la lucha y muerte de las culturas y comunidades indígenas y de los individuos que las forman.

Como afirma Alfredo López Austin: Entre ambos tipos ideológicos, el indígena y el occidental, surgió y fue incrementada una brecha de incomprensión mutua: La indiferencia del dominante hacia el pensamiento indígena y la imposibilidad del indígena en participar en el pensamiento dominante más allá de ciertos límites permitidos.[1]

También nos confirma López Austin, que la incongruencia de cosmovisiones dentro del complejo ideológico, ha servido según las circunstancias históricas, tanto por defensa de los intereses de los dominados como para sostener la acción dominante. Por una parte, la función cohesiva de la ideología, protege a los grupos sometidos; por otra, limita a los dominados el acceso a importantes medios de defensa y crea el mito de la necesidad de tutela. En las cosmovisiones marginadas, las representaciones, ideas, creencias, se transforman lentamente, dando la falsa impresión de que los indígenas se mantienen ajenos a las relaciones sociales de la sociedad global. No sólo se mantienen ajenos sino que la reducción de su dinámica ideológica debe de explicarse dentro del contexto de la explotación existente. Las grandes transformaciones de la sociedad global, repercuten indudablemente en las culturas indígenas, pero es más notoria la refuncionalización de los elementos ideológicos que la transformación de éstos. (Ver Ideología y Cosmogonía Mexica).

Uno de los sistemas ideológicos más sensibles a las transformaciones, es el político: Las repercusiones se producen en breve tiempo, sobre los elementos y la estructura de este sistema, alertando de inmediato la congruencia relativa que le da cohesión, al contrario del sistema social y el sistema mágico cosmogónico se hacen patente en un tiempo más prolongado,[2] como ha sucedido en el cambio cultural y social de las etnias relativamente en los pueblos más resistentes y marginados, la aculturación ha sido lenta.

Así, los cambios, —replica López Austin—, pueden llegar a descargar un peso considerable dentro de los grupos sociales que los generan y que poseen recursos idóneos para la difusión de su pensamiento. Es el caso de los diferentes grupos sociales en México, durante el régimen colonial y los consecuentes hasta nuestros tiempos, por una cohesión ejercida a través de la fuerza pública y privada, la fuerza económica, la burocracia colonial, y contemporánea, disminuyó la importancia de la penetración ideológica de los dominantes en aquellas zonas en las que la imposición de los grupos desarrollados fue más onerosa. El grupo dominante se interesó por inculcar a los dominados sólo un poco de las relaciones productivas. Esto dio como resultado, la reducción de la dinámica del pensamiento: La marginación.[3]

Todo esto podría verse, por algunos lectores, como un pensamiento meramente idealista; como podría ser para otros, idealista el indígena. Ojalá que los conceptos que aparecen aquí, no queden en lo meramente ideal o en el olvido, en el cesto, sino que se lleve a la práctica, abandonando la vieja política indigenista: integracionalista de educación y producción.

Afortunadamente no sucederá así porque con el movimiento indigena del EZLN se ha roto el tradicionalismo anacrónico antidemocrático, el mutismo indiferente, escuchándose las voces indígenas. Bajo las inquietudes libertadoras de Chiapas han surgido otras demandas y acciones en todo el país que repercuten internacionalmente, obligando a hablar al gobierno, a sentarse en la mesa del debate y dar soluciones, pero las respuestas de parte del gobierno deben ser más positivas y justas. No en vano han sido los esfuerzos y sacrificios de los pueblos indígenas que se cansaron de su estoicismo enmudecido por las afrentas sufridas a lo largo de más de cinco siglos: Surge el movimiento libertador del sur de México de Chiapas aunque tarde pero oportuno -en salvación- para reivindicar a los indígenas de nuestro país y los marginados del mundo, que perturbó las estructuras jurídicas, económicas, políticas y sociales como llamada de atención a los gobiernos de las naciones con pluralidad étnica, fincando el precedente para las reformas de las políticas del gobierno por el bien de todos los indígenas y los hermanos marginados del orbe que al fin y al cabo como subdesarrollados todos estamos considerados como indios.

Analicemos y consideremos la magnitud del problema y apliquemos todas las aportaciones meritorias para su solución, con la participación de todos los sectores de las sosciedades conacionales e internacionales. Nos resta concluir esta exhortación con las palabras del escritor e investigador alemán Carlos Lenkerdorf:

Nos hace falta vivir en la comunidad cósmica de los tojolabales indígenas mayas, seguir en el camino que hoy nos está interpelando: aprender de aquéllos a quines por 500 años la sociedad quiso enseñar", los pueblos indígenas (...) No es una descripción objetiva de aquellas culturas, sino narración testimonial de la otredad, esa que interpela a la civilización occidental que discrimina y oprime a sus diferentes (...) Es una lucha contra la cosificación del otro en momento en que persiste una política e ideología de las exclusiones, como aclara Lenkendorf, que no existe un interés personal, sino él sólo espera su "comprensión y entendimiento de un grupo discriminado y olvidado en los corazones de quienes creen que sólo ellos tienen alma y derecho de vivir.

ASÍ NOSOTROS ESPERAMOS QUE SE ABRAN LOS CORAZONES O ALMAS HUMANITARIAS DEL UNIVERSO Y ACUDAN AL AUXILIO DE LOS INDÍGENAS DE MÉXICO, DE AMÉRICA Y DE TODO EL MUNDO.

REFERENCIAS

1. **Alfredo López Austin.** Cuerpo Humano e Ideología, UNAM, México, 1980, pp. 13-19 y 20.
2. Ibid. p. 20.
3. Ibid pp. 25-26.

Estado de la
POBLACIÓN
MUNDIAL

BIBLIOGRAFÍA

Aguirre Beltrán, Gonzalo y Ricardo Pozas. Instituciones Indígenas en el México actual, México, 1954.

Aguirre Beltrán, Gonzalo. "El Indigenismo y su contribución a la idea de nacionalidad", América Indígena, Vol. XXIX, ed. INI, México, 1969.

Aguirre Beltrán, Gonzalo. "El Proceso de Aculturación", ed. UNAM, México 1957. 2a. ed. INI-FCE, México, 1970.

Aguirre Beltrán, Gonzalo. "El Proceso de Aculturación", 2a. ed. Comunidad, Instituto de Ciencias Sociales de la Universidad Iberoamericana, México, 1970.

Aguirre Beltrán, Gonzalo. "Aculturación" (concepto). El Proceso de Aculturación, 2a. ed., INI-FCE, 1970.

Aguirre Beltrán, Gonzalo y Ricardo Arciniaga. "Política Indigenista en México", 3a. ed. INI-FCE, 1981.

Aguirre Beltrán, Gonzalo. "La Política Indígena en México-Métodos y Resultados", 3a. ed. INI-FCE, México, 1981.

Araujo, Washington. Estamos desapareciendo de la tierra, de. Baháí de España Terrasa, Barcelona 1992.

Alvarez Constantino, Jesús. El pensamiento mítico de los aztecas, Balsas Editores, S.A. México, 1972, Morelia, Mich.

Arizpe Lourdes. Campesinado y Marginación, Consejo Nacional de Fomento Educativo. Dirección General de Publicaciones y Medios SEP. Foro 200 1985.

Arreola Valenzuela, Antonio. Los Origenes de la Mineria en Durango, México, 1993.

Austin López, Alfredo. Cuerpo Humano e Ideologia, UNAM, México, 1980.

Bartra, Roger. "Estructura Agraria y Clases Sociales en México", ed. Era 1974.

Bartra, Roger. "Campesinado y Poder Político en México", 2a. ed., ed. Era 1985.

Benitez, Fernando. Los Indígenas de México 6 Tomos, 7a. reimpresión, ed. Era, México, 1991.

Benitez, Fernando. "El Libro de los Desastres", ed. Era, México, 1988.

Benitez, Fernando. "Democracia Indígena", ed. Era, México, 1972.

Bernal, Ignacio y otros Autores. Historia Mínima de México I, El Tiempo Prehispánico, ed. Colegio de México, 1981.

Carot, Patricia. Las Rutas del desierto: de Michoacán a Arizona, ed. Centro de Estudios Mexicanos Centroamericanos, México 1995.

Carrazco, Pedro. Historia General de México, Tomo I. ed. El Colegio de México, 1981.

Caso, Alfonso. "Definición del indio y lo indio en América Indígena", Vol. VIII, México, 1948.

Caso, Alfonso. "El Pueblo del Sol", ed. FCE, México, 1953.

Caso, Alfonso y otros. "Métodos y resultados de la política indígena en México", Vol. VI de las Memorias del INI, México, 1954.

Coello M. S.M. Lara y Cartón H. "Capitalismo y Campesinado Indígena", y **Luisa Pare.** "Relaciones Interétnicas en México", Informe presentado a la Reunión sobre las Relaciones Interétnicas en América Latina y El Caribe, UNESCO, Ciudad de México, 1-5, de Julio de 1974.

Cosio Villegas, Daniel. "Llamadas", ed. El Colegio de México. México, 1982.

Cordero Avendaño Durán de, Carmen. El Derecho Consuetudinario, Foro Nacional Org. Senado de la República, Oaxaca 1996.

Cordero Avendaño Durán de, Carmen. El Derecho Consuetudinario. Foro Nacional sobre las Relaciones de los Indígenas como Integrantes del Estado Mexicano. Org. Senado de la República, Oaxaca, Oax. Marzo, 1996.

Cordero Avendaño Durán de, Carmen. "La Vara de Mando", 1ª. ed. H. Ayuntamiento Constitucional de Oaxaca de Juárez, Biblioteca, 465 Aniversario, 1997.

Chávez Padrón, Martha. El Derecho Agrario en México, ed. Porrúa, S.A., México 1974.

Dávila Patricio. La frontera de Mesoamérica: un puente cultural hacia el Misisipi, Centro INHA, San Luis Potosí, México, 1990.

De Gortari, Eli. La Ciencia en la Historia de México, ed. Grijalbo, S.A. México, 1980.

Escárcega López, Everardo y Botey Estape, Carlota. "La Recomposición de la Propiedad Social como precondición necesaria para refuncionalizar el Ejido en el orden económico productivo", Centro de Estudios Históricos del Agrarismo en México, 1990.

Fabila, Alfonso. "Valle del Mezquital, ed. Cultura, México, 1938.

Gallas, Manuek. La Migración y la Política Demográfica Regional en México, ed. AMEP, México, 1981.

Gamio, Manuel. "Forjando una Patria", pronacionalismo. ed. Porrúa Hnos. México, 1916.

Gamio, Manuel. "Forjando una Patria". 2a. Ed., ed. Porrúa, México 1960.

Gamio, Manuel. "Hacia un México Nuevo: Problemas Sociales, ed. INI, México, 1987.

Gómez Arau, Remedios. México y la Protección de sus Nacionales en Estados Unidos, ed. UNAM México, 1990.

González Galván, José Alberto. El Estado y las Etnias Nacionales en México, ed. UNAM, IIJ Serie E: Varios, Num. 65, 1995

Gúzman Peredo, Miguel. Prácticas Médicas en la América Antigua. ed. Euroamericanas, 3ª. ed. México, 1992.

Katz, Friedrich. Revuelta, Rebelión y Revolución, ed. Era, México, 1968.

Kelsen, Hans. Teoría del Derecho, ed. UNAM, México, 1917.

Meir S., Matt y Rivera, Feliciano. Los Chicanos una historia de los México-americanos, tra. español, Hoyos A., ed. Dua, 1976.

Megger, J., Betty. América Prehispánica Paz e Terra, Brasil, 1990.

Molina Piñeiro, Luis J. Dos constantes en la Teoría y en la Práctica Política, Cuadernos de Trabajo, División de Estudios Superiores de Posgrado, Facultad de Derecho UNAM 1995.

Leif, Korbaek. Introducción al Sistema de Cargos, ed. UNAM, 1996.

Moreno Tozacno, Alejandra. "Historia de México", cout., Va. Volums. 3ª ed., Colegio de México, México, 1985.

Loewenstein, Karl. Teoría de la Constitución, ed. Ariel Barcelona, 1965.

López Moreno, Javier. "Reformas Constitucionales para la Modernización", ed. FCE, México, 1993.

Portilla León, Miguel. "Literatura indígena", 2a. Ed, ed. FCE, México 1992.

Portilla León, Miguel. Fuentes e Interpretaciones Históricas, UNAM, México, 1977.

Portilla León, Miguel. Tres formas de pensamiento nahuatl, UNAM, México, 1977.

Pozas, Isabel H. de y Pozas, Ricardo. "Del nacionalismo indígena al bilingüismo en la lengua nacional", "Una experiencia educativa del Centro Coordinador Indigenista del Papaloapan", Nvo. Paso Nacional, Oaxaca. ed. INI, México, 1956.

Recasens, Siches, Luis. Antología 1922-1974, ed. Fondo de Cultura Económica, México, 1959.

Rivet Poul. Origen del Hombre Americano, Sexta Ed., tr. José Recasens y Carlos Villegas "Les Origenes de Phomme Americain" 1943 Libra yris, Gallimard París Francia, 6a. reimpresión, Fondo de Cultura Económica, México 1974.

Romero Vargas Iturbe, Ignacio. El Calpulli de Anáhuac. ed. Romero Vargas, México, 1959.

Rosas Kifure, Mauricio Eduardo. "Instituto Nacional Indigenista" (Creación), Evaluación de la Política Indigenista, ed. INAH-INI, México, 1982.

Rouseau, Juan Jacobo. El ContratoSocial, ed. Taurus, Madrid, 1966.

Sánchez Vismontes, Carlos. Los Derechos del Hombre en la Revolución Francesa, ed. Facultad de Derecho, UNAM México, 1956.

Saustelle, Jacques. La Vida Cotidiana de los Aztecas, ed. Fondo de Cultura Económica, México, 1974.

Silva Herzog, Jesús. El Agrarismo Mexicano y la Reforma Agraria, ed. Fondo de Cultura Económica, México, 1959.

Stima Jo., Kucha. El Santo Padre Sol. ed. Biblioteca Pública Central de Oaxaca, Cultura y Recreación Gobierno del Estado de Oaxaca, 1995.

Stavenhagen, Rodolfo. "Problemas étnicos y campesinos" (Ensayos), ed. INI-FCE, México, 1989.

Tamayo, Franz. "Creación de una Pedagogía Nacional", La Paz, Méx. ed. México, 1980.

Vaillant, George. La Civilización Azteca. ed. FCE, México, 1960.

Villoro, Luis. "Los grandes momentos del indigenismo en México", ed. Colegio de México, México, 1950.

Varios Autores. Cultura y Derechos de los Pueblos Indigenas de México, ed., Archivo General de la Nación, Fondo de Cultura Económica, México, 1996

OTRAS FUENTES DE INFORMACIÓN

Código Penal del Estado de Chiapas. Periódico Oficial 31 de diciembre, 1988.

Constitución Política de los Estados Unidos Mexicanos. ed. Porrúa, S.A., México, 1995.

Diario Oficial 15 de Junio 1941. El Instituto tiene doble personalidad, es filial del Instituto Interamericano Indigenista, Diario Oficial, organismo centralizado del Gobierno Federal Mexicano, 4 de Diciembre de 1948.

Instituto Nacional de Estadística, Geografía e Informática. Hablantes de Lengua Indígena, XI Censo de Población y Vivienda, México, 1990.

Instituto Nacional Indigenista. ¿Qué es el INI?, ed. INI Historia, México, 1955.

Instituto Nacional Indigenista y SEDESOL. Pueblos Indígenas-México-Derechos, ed. INI-SEDESOL, México, 1993.

Legislación Mexicana. Colección completa de Leyes y Decretos. de. Juan N. Navarro, México 1856.

Ley Federal de la Reforma Agraria. ed. CNC, México 1980.

Ley General Agraria. Expedida por Francisco Villa, Gral. en Jefe de Operaciones del Ejército Convencionista, Cd. de León Gto. 1915.

Memoria de la Consulta Nacional sobre Derechos y Participación Indígenas. ed. Poder Ejecutivo Federal y Congreso de la Unión de los Estados Unidos Mexicanos, México, 1996.

Memoria. Informe de Resultados de la Consulta Nacional sobre Derechos y Participación Indigenas, ed., Ejecutivo Federal y Congreso de la Unión México D.F. 1996

Secretaría de Educación Pública. Indigenismo en México ¿Ha fracasado el indigenismo?, Reportaje de una controversia (13 de Septiembre de 1971), ed. SEP, México, 1972.

Secretaría de Educación Pública. Dirección General de Publicaciones y Medios, Diego Rivera "Los Murales en la Secretaría de Educación Pública, México D.F. 1986

Secretaría de Gobernación. Adiciones y reformas Políticas de los Estados Unidos Mexicanos 1990-1992, las reformas a los artículos 27, 28, 115 y 130.

Síntesis de las Conclusiones de la Mesa 1. "Comunidad y Autonomía: Derechos Indígenas", Acuerdo de la Negociación de Paz entre el Gobierno Federal y el EZLN, San Andrés Larrainzar, Chis. México, 1996.

Tratado de Guadalupe Hidalgo. Tratado de Paz, Amistad, Límites y Arreglo definitivo entre México y Estados Unidos, Febrero 2 de 1848.

Universidad Autónoma de México, UNAM. Cosmovisión y Prácticas Jurídicas de los Pueblos Indios, Serie L: Cuadernos b) Derecho Indígena Num. 2, México 1994

Universidad Autónoma de México, UNAM. Antropología Jurídica, IIJ, Serie L: Cuadernos b) Derecho Indígena, Num. 3, México 1995.

Universidad Autónoma de México, UNAM. Etnicidad y Derecho, Un Diálogo Postegrado entre los científicos sociales, IIJ Serie L: Cuadernos, a) Derecho Indígena Num. 4, México, 1996.

Universidad Autónoma de México, UNAM. VI Jornadas Lascasianas, La Porblematica del Racismo del Sigol XXI, IIJ, Serie L: Cuadernos, Derechos Humanos, Num. 2 México 1997.

Washington Library. History of hi Inmigration and Naturalization Service, USA 1980.

INDICE DE CUADROS

PARTE II

Cuadro 1. Integración del Cambio Socio-Cultural. 43

PARTE III

Cuadro 01. Agrupación Poblacional por Zonas Étnicas. 106
Cuadro 02. Agrupación por Regiones. 106
Cuadro 03. Agrupación Región 1. 107
Cuadro 04. Agrupación Región 2. 107
Cuadro 05. Agrupación Región 3. 107
Cuadro 06. Agrupación Región 4. 108
Cuadro 07. Agrupación Región 5. 108
Cuadro 08. Agrupación Región 6. 108
Cuadro 09. Agrupación Región 7. 109
Cuadro 10. Población hablante de lengua indígena de 5 años por
sexo y tipo de lengua, según grupos quinquenales de edad. 109
Cuadro 11. Estructura aproximada de la propiedad rústica. 114

PARTE V

Cuadro 12. Barrios de la Ciudad de la Gran Tenochtitlan. 282
Cuadro 13. Nombres de los días en náhuatl, su significado en español
del Calendario Azteca. 305
Cuadro 14. Duración del año. 306
Cuadro 15. Cuatro Trecenas del siglo mexica. 307
Cuadro 16. Relación existente entre los ciclos de este planeta,
Venus con el cómputo del tiempo mexica. 308

ÍNDICE DE GRÁFICAS

PARTE V

GRAFICA 1. Restos de culturas y hombres prehistóricos de América 251

GRAFICA 2. El horizonte preclásico 261

GRAFICA 3. Sitios olmecas del preclásico superior 262

GRAFICA 4. El horizonte postclásico 275

GRAFICA 5. El horizonte histórico 276

GRAFICA 6. Representación pitográfica de la numeración mexica 304

INDICE DE OBRAS Y FOTOGRAFÍAS

1. La Pirámide del Sol. Obra monumental en la Gran Teotihuacan, Civilización Teotihuacana, Edo. de México, Méx. iii

2. La Cosecha. (Detalle del Mural) Diego Rivera, Edificio de la Secretaría de Educación Pública, México, D.F. iv

3. La Lluvia. (Detalle del Mural) Diego Rivera, Edificio de la Secretaría de Educación Pública, México, D.F. 1

4. El Arribo de Hernán Cortés a Veracruz. 1519 (Mural) Diego Rivera, Palacio Nacional, México, D.F. 9

5. La Esclavitud. Sistema de Haciendas del Siglo XIX (Mural) Autor: Lourdes, Palacio de Gobierno, Durango, Dgo., Mex. 33

6. Independencia de México —15 de Septiembre de 1810— (Fragmento del Mural) Diego Rivera, Palacio Nacional, México, D.F. 37

7. La Virgen de Guadalupe. 38

8. Escenas de la Batalla Final. (Aztecas y Españoles) Cuadro Anónimo de la Colección Banamex. 61

9. Cortés y la Malinche. (Mural) José Clemente Orozco, Edificio Escuela Nacional Preparatoria. "Justo Sierra" México, D.F. 62

10. Semana Santa Cora. (Fotografía) Sierra del Nayar, Nayarit, México. 89

11. Fraternidad. (Mural) Diego Rivera, Edificio de la Secretaría de Educación Pública, México, D.F. 119

12. La leyenda del Dios Quetzalcóatl (Mural) Diego Rivera. Palacio Nacional, México, D.F 247

13. La caza del Mamut en el Valle de México (maketa) fotografía Museo
    Nacional de Antropología, México, D.F 252
14. Cabeza Colosa Número 6 de San Lorenzo, Ver.
    Monolito de Adesita, 167 cm. de altura, Preclásico superior,
    Cultura Olmeca. 267
15. Máscara del Templo de las Inscripciones Palenque, Chiapas. 268
16. Palenque, Chiapas. Al frente, Palacio (Pirámide Principal). Al fondo.
    Templo las Inscripciones y detalle de la Tumba. Clásico, Cultura
    Maya. 271
17. Tumba de Templo de las Inscripciones. Palenque, Chis. (interior)
    Clásico, Cultura Maya. 272
18. Tláloc. Proveniente de Coatlichan, Estado de México, Clásico,
    Cultura Teotihuacana monolito arquitectónico. 279
19. Chalchiuhtlique. Diosa del agua, Zona arquiológica de Teotihuacan.
    319 × 165 cm. 280
20. La Gran Tenochtitlan (Mural) Diego Rivera, Palacio Nacional,
    México, D.F. 283
21. Fundación y Barrios de la Gran Tenochtitlán 284
22. Ritual del sacrificio humano (gravado). Autor Anónimo Colección
    Banamex. 293
23. Piedra del sacrificio humano o piedra de Itzcoatl. Templo Mayor Azteca.
    Cultura Mexica. 294
24. Coatlicue. Ciudad de México, Templo Mayor, (Tenochtitlán)
    350 × 130 cm. de diámetro. Piedra. Posclásico, Cultura Mexica. 297
25. Coyolxauhqui. Cultura Mexica, Templo Mayor. México, D.F. 298
26. Piedra del Sol. Ciudad de México, (Tenochtitlán) 358 cm.
    de diámetro. Piedra. Posclásico, Cultura Mexica. 303
27. Un viaje a través del infierno sobre el planeta Venus. Códice
    Mendocino. 309
28. Cabeza de Caballero Aguila. Serpiente Emplumada. Museo Nacional
    de Antropología-INAH. 310
29. Aplicación de Tablillas sobre los miembros rotos o fracturas. (Medicina
    indígena). Museo de la Medicina Indígena. Palacio de Medicina de la
    Facultad de Medicina de la UNAM. México, D.F. 315

30. Mercado de Tlatelolco (Maqueta) Museo Nacional de Antropología, México, D.F. 316

31. Rendición de Cuauhtémoc, Pintura Autor anónimo de la colección de Banamex. 327

32. Civilización Totonaca (Mural) Diego Rivera, Palacio Nacional, México, D.F. 328

33. Civilización Zapoteca (Mural) Diego Rivera, Palacio Nacional, México, D.F. 331

34. Civilización Tarasca (Mural) Diego Rivera, Palacio Nacional, México, D.F. 332

35. El antíguo canal de Santa Anita (Mural) Diego Rivera. Edificio de la Secretaría de Educáción Pública, México, D.F. 361

36. La China y el Chinaco. Anónimo del Siglo XIX 362

37. Los Frutos (detalle del Mural) Diego Rivera. Edificio de la Secretaría de Educación Pública, México, D.F. 369

38. Los Frutos (Mural) Diego Rivera. Edificio de la Secretaría de Educación Pública. México, D.F. 373

39. La Fiesta del Maíz. Mural de Diego Rivera. Edificio de la Secretaría de Educación Pública, México, D.F. 374

40. Niña o niño indígenas de Chiapas. Fotografía. Fondo de la Población de las Naciones Unidas. FNUAP. 387

41. Niño Indígena Mecedor Tepehuano (Municipio del Mezquital, Dgo.) 388

MEXICO 1998